知財実務シリーズ8

競争力を高める
特許調査分析
～つながる特許調査分析～

弁理士法人志賀国際特許事務所
知財実務シリーズ出版委員会 編

発明推進協会

はじめに

村山 靖彦

企業において、生産設備、土地、建物などの「有形資産」はもとより、イノベーションの源泉となる知財資産・無形資産を増強・活用することの重要性が高まっている。これは、グローバル社会での競争力がますます求められている中、知的財産等の無形資産が企業の国際競争力の源泉として重要な経営資源である、との認識の高まりによる。そのような背景からも2021年に東京証券取引所が公表したコーポレートガバナンス・コードの改訂版には、知的財産に関わる項目が盛り込まれた。

コーポレートガバナンス・コードの改訂による影響のみならず、研究テーマの選定のほか、他社との比較による自社技術における弱み・強みの明確化、他社との連携といった企業活動の場面において、知的財産の代表ともいえる特許の見える化のための特許調査分析の重要性が高まっている。すなわち、事業貢献のために知的財産の代表の一つである特許を活用していくための企業分析ツールとしても、特許調査分析の重要性が高まっている。

従来、特許調査というと、新たな特許出願における発明が新しいかどうかを確認するための先行技術調査、他社が所有する特許を無効にするための無効資料調査、及び他社の権利を踏まないようにするための侵害予防調査が中心であった。しかし、近年、従来型の特許調査から企業分析ツールとしての特許分析へと、そのウエートが変わりつつある。こうした背景から、当事務所の設立50周年を記念して発刊した知財実務シリーズの初作から数えて８作目において、「特許調査分析」をテーマとする本書を発刊するに至った。

本書では、まずは初心者のために特許調査の基礎や調査の種類別における注意ポイントを紹介する。加えて従来の特許調査と異なる視点で行われる、特許の状況を俯瞰する企業分析のための特許分析の事例についても紹介する。

本書が、知財に関わる実務者にとって何らかのヒントを与えるものであり、日本の知財業界の発展に微力ながらも貢献できるものとなれば幸いである。

目次

第1章

概論

つながる特許調査分析

つながる特許調査分析

西澤 和純

競争力を高める特許調査分析とは、「つながる特許調査分析」である。

「つながる特許調査分析」は、知財活動とつながる特許調査分析であり、戦略、アイデア創出、発明発掘、特許出願、外国、鑑定／審判等の知財活動と連動する特許調査分析である。「つながる特許調査分析」において、特許調査分析やその報告書の位置付けは、目的や最終成果物ではなく、手段や中間成果物である。つまり、「つながる特許調査分析」では、最終的な顧客の事業活動・知財活動のゴールを見据え、そのゴールからバックキャストして、次の成果物へつながる特許調査分析を行うものである。

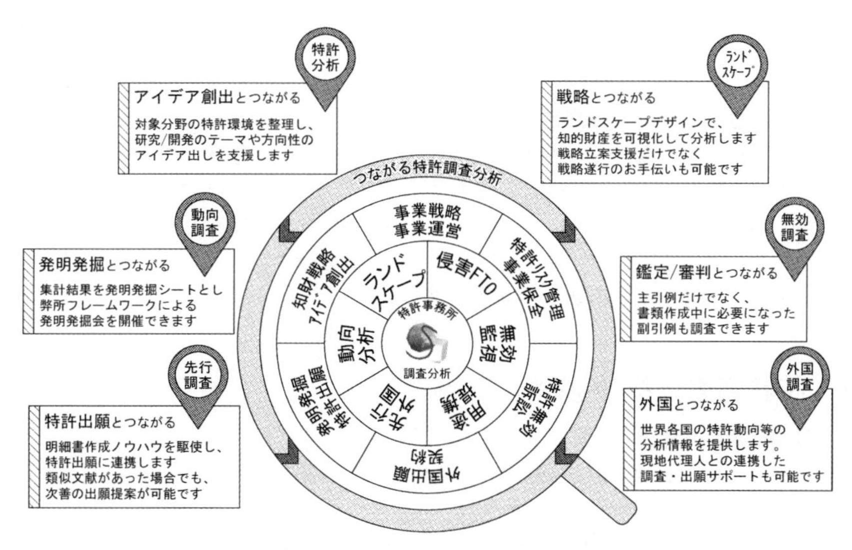

【図表１】 つながる特許調査分析

また、「つながる特許調査分析」は、知的財産部門や特許事務所の強みを最大限にいかすことで、実効的なものになる。この強みとは、日常業務の積み重ねによるものであり、具体的には、最新技術やその動向、国内外の法律を理解し、自社の経営計画や事業、他社動向等を把握しながら、知財プラクティスを行い、出願書類・鑑定書・審判請求書・発明発掘シート・アイデアシート・戦略提案書等の成果物を創出するといった、日々の経験から醸成されるものである。また、この経験が単体の事業や技術分野にとどまるものではなく、多岐にまたがることが、多様かつ広範な視点をもたらし、強みを成熟させるのである。

本書では、この「つながる特許調査分析」を紹介するとともに、前提となる特許調査分析の基礎についても説明する。

１．本書の構成

本書の内容は、大きく、「特許調査分析の基礎」と「つながる特許調査分析」の２つに分類される。

「特許調査分析の基礎」では、特許調査について、全般的な基礎、技術分野別の基礎を説明し、その後、特許分析の基礎について説明する。前提となる基礎知識について説明することで、特許調査分析の初心者に基礎知識を習得していただくとともに、本書を読み進めることができるようにした。

「つながる特許調査分析」では、①　共創、②　共衛、③　探索、④　適応の４つを主要テーマに掲げた。①　共創する特許調査分析は、いわゆる「攻めの特許」に関連し、事業価値創造につながる特許調査分析である。②　共衛する特許調査分析は、いわゆる「守りの特許」に関連し、事業保全につながる特許調査分析である。共衛するという用語は、社内やパートナー等とともに事業を衛(まも)るという意味で用いた。③　探索する特許調査分析は、用途やパートナーの探索に関連し、外部とつながる特許調査分析である。④　適応する特許調査分析は、固有の要望の適用に関連し、顧客の要望や課題解決とつながる特許調査分析である。

２．特許調査分析の基礎

（１）特許調査の基礎

特許調査分析の基礎では、特許調査の基礎、技術分野別の特許調査、外国特許調査、特許分析について説明する。

特許調査の基礎では、調査の種別や特許分類等の前提知識、検索式の立て方について解説する。

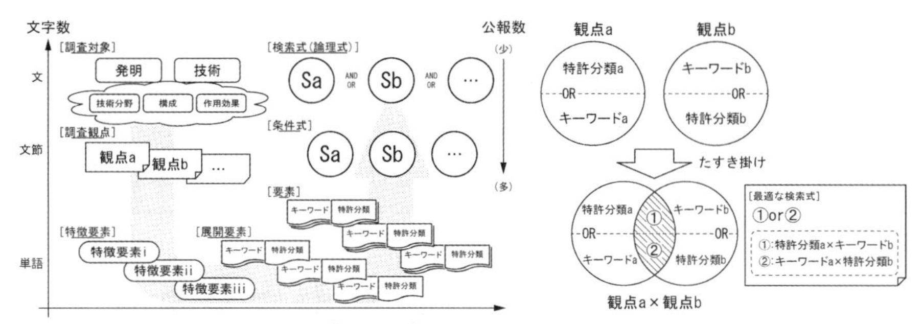

【図表2】特許調査の基礎

(2) 技術分野別の特許調査の基礎

次に電気・ソフトウエア系、機械・構造系、化学・材料・バイオ系といった技術分野別の特許調査について、特徴的な部分の説明をする。

技術分野	調査対象の視認性	用語の自由度	特許調査の特徴例
電気・ソフトウエア系	× (ソフトウエアは無体物)	高い	用語の選択と 分類の活用
機械・構造系	○	やや低い	図を活用
化学・材料・バイオ系	△ (ミクロで見えないが、 一定法則で可視化される)	低い	構造検索・配列検索 を活用

【図表3】技術分野別の特許調査の基礎

(3) 外国特許調査、特許分析の基礎

外国特許調査と特許分析の基礎について説明する。特許情報には、主に出願日や出願国、出願人・権利者、特許分類といった書誌事項と、権利範囲や明細書といった技術内容が記載されている。これらの記載内容からは、いつ、どこで、誰が、どのような特許出願を実施したのかを把握することができる。特許分析では、特許情報から把握できる種々の情報を用いて、目的に応じた分析を実施する。

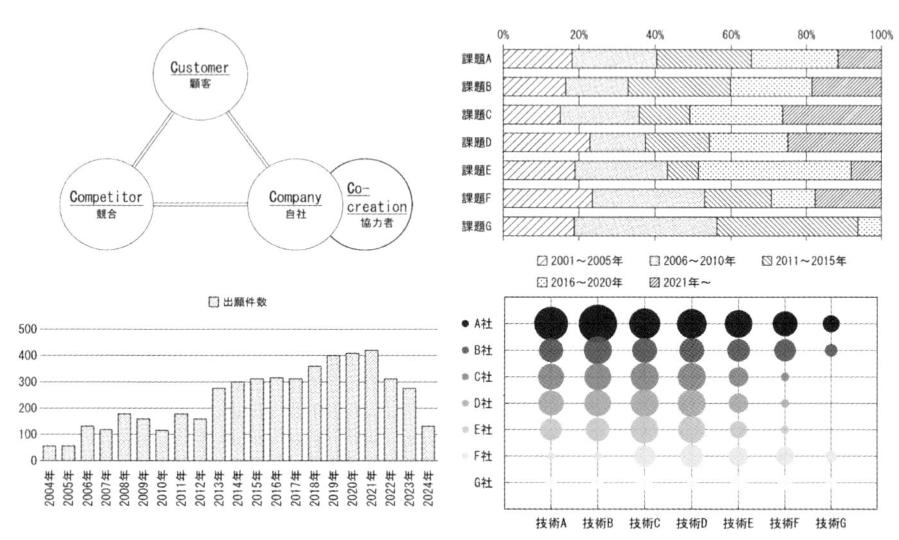

【図表４】特許分析の基礎

３. つながる特許調査分析

つながる特許調査分析は、大きく、「共創する特許調査分析」「共衛する特許調査分析」「探索する特許調査分析」の３つに分類される。「共創する特許調査分析」は、事業等の強化や機会創出を主目的として、自身の知的財産を創るための特許調査分析である。「共衛する特許調査分析」は、事業保全を主目的として、事業等と連携し、他者の知的財産権から事業等を防衛するための特許調査分析である。「探索する特許調査分析」は、事業展開を主目的として、展開先を探索するための特許調査分析である。「共創する特許調査分析」と「共衛する特許調査分析」は、いわゆる「攻め」と「守り」のための特許調査分析である。これらは、事業活動や知財活動とつながることを前提にした特許調査分析である。

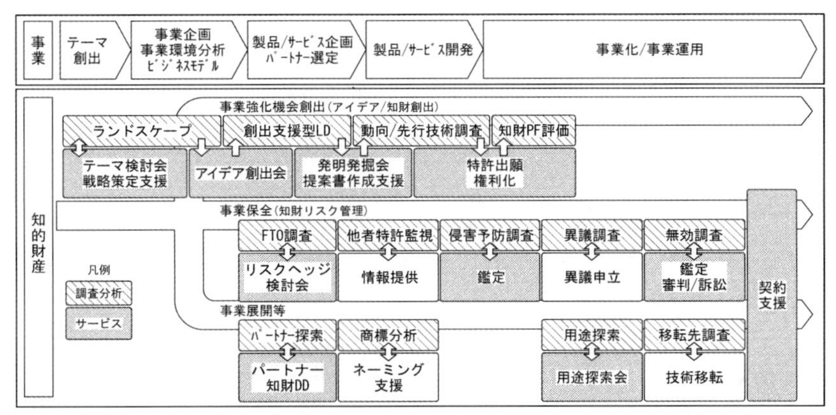

【図表５】特許調査分析とのつながり

（１）共創する特許調査分析

本書では、共創する特許調査分析として、「事業戦略とつながるランドスケープデザイン（※）」「アイデア創出とつながる特許分析」「発明発掘とつながる動向調査」「特許出願とつながる先行技術調査」、及び「外国出願・権利化とつながる特許調査」について紹介する。これらの特許調査分析は、それぞれ、事業戦略、アイデア創出、発明発掘、特許出願、及び外国出願・権利化といった活動とつながることを意識した特許調査分析例である。

共創する特許調査分析では、知的財産を創出するために、特許情報を用いた外部環境情報を提供することが、特許調査分析の大きな役割となる。また、特許情報は、決まったフォーマットであり、特許庁により特許分類が付された特許文献から抽出されるため、客観的かつ定量的な情報を提供できる。共創する特許調査分析は、これらの情報を提供する一手段として、次の知財活動につなげることを念頭に進化させている特許調査分析である。

（２）共衛する特許調査分析

本書では、共衛する特許調査分析として、「特許リスク管理とつながる特許リスク俯瞰調査」「事業保全とつながる侵害予防調査」、及び「特許無効とつながる無効調査」について紹介する。これらの特許調査分析は、それぞれ、特許リスク管理、事業保全、及び特許無効といった活動とつながることを意識した特許調査分析例である。

知財活動を持続的に事業等へ連携させるためには、コストも意識して優先度のバランスを図ることも特許調査分析に求められる。共衛する特許調査分析は、コストと優先度のバランスを図りつつ、また、鑑定や無効理由検討等の次の知財活動につながる工夫をして進化させている特許調査分析である。

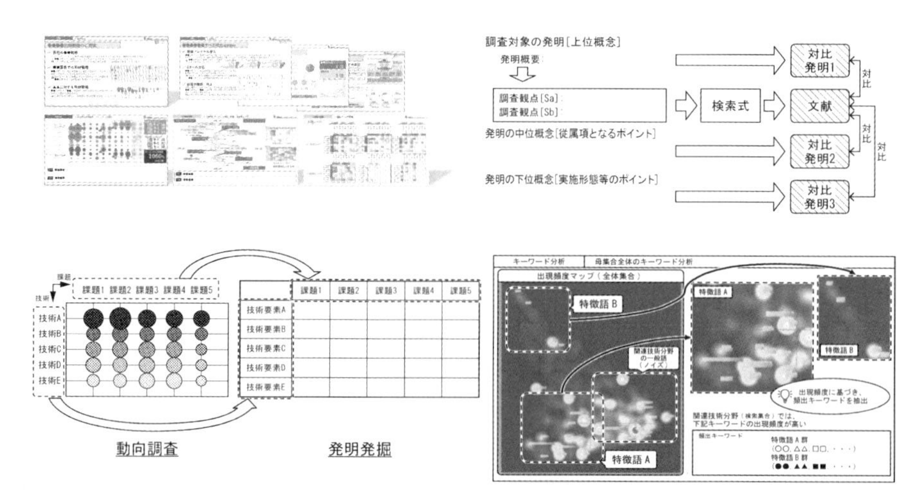

【図表６】共創する特許調査分析

出願人/権利者（出願件数）	衝突防止システム G08G 1/16	事故から乗員等を負傷から保護するための車両装置 B60R 21/00	運転者に情報、警告を伝える手段 B60W 50/14	車載装置のみで行う衝突防止システム G08G 1/16@C	可変の交通指令を与えるための装置 G08G 1/09	自律走行車両に適合される運動制御システム B60W 60/00	車両に対する交通制御システム G08G 1/00	車間距離制御 B60W 30/16	クルーズコントロール B60W 30/14	走行軌跡維持制御 B60W 30/10	自動的に操向装置を制御する装置 B62D 6/00
T自動車（1931）	1594	673	343	935	399	39	460	642	373	266	638
D社（1065）	1275	529	529	575	491	29	493	521	266	165	336
H工業（970）	529	174	234	273	129	13	192	120	186	111	212
N自動車（468）	382	186	142	240	93	1	57	153	102	46	66
S社（417）	325	167	104	178	50	3	46	182	83	57	155
A社（115）	302	89	92	196	96	1	105	77	86	68	62
F工業（101）	207	173	77	120	11	0	20	123	54	72	100
HM（255）	143	81	131	91	45	11	66	60	9	50	37
HA社（232）	126	66	131	74	44	11	60	38	6	41	27
MD社（270）	187	42	45	111	117	11	56	36	23	35	54
PI（204）	149	39	93	73	61	18	98	16	17	10	22
M社（60）	183	119	20	69	40	12	63	0	0	0	2
MaT社（246）	164	33	22	101	2	0	45	56	22	29	29
MJ工業（169）	133	42	58	83	45	0	14	58	27	10	15
DI社（87）	128	66	27	74	41	6	18	27	1	6	0
CL社（47）	72	36	13	42	28	3	8	24	12	0	11
I自動車（227）	24	7	16	9	8	4	5	40	33	1	0
AA社（44）	77	49	48	49	15	7	31	3	0	9	1
TC研究所（39）	77	28	0	44	6	0	17	17	3	20	32

用途	上位用途		
	用途		
サービス	ビジネスモデル		
	利活用a	利活用b	…
	分析a	分析b	…
モジュール	蓄積a1　蓄積a2	蓄積b1	…
	通信a1　通信a2	通信b1	…
	取得a1　取得a2	取得b1	…

実施予定品	実施予定品の構成	特許文献①の請求項	特許文献①のサポート箇所	備考
ランク		A	B	
構成A	●●プログラムは、XXをXXする	XXXする●●部と、	【0012】●●部123は、…	XXは、…をいう【0023】
構成B	■■プログラムは、YYをYYする	YYYする●●部と、	【0034】●●部124は、…	YYは、…をいう【0023】
構成C	－			
不実施構成	－			

【図表７】共衛する特許調査分析

（3）探索する特許調査分析

本書では、探索する特許調査分析として、「用途探索とつながる特許分析」、及び「パートナー探索とつながる特許分析」について紹介する。これらの特許調査分析は、それぞれ、用途探索、及びパートナー探索といった活動とつながることを意識した特許調査分析例である。

事業等の多角化やオープンイノベーションが進展する中、特許情報を用いた外部環境情報は、事業等の用途展開・パートナー連携の展開先・連携先を探索可能にする。近年の新規事業やイノベーションは、一者による垂直統合型ではなく、多者でエコシステムも構築し、シナジーを発揮することで創出される傾向にある。その際、どの用途で自社の強みをいかし、どのパートナーと組むかは、死活問題ともなり得る。事業等を成功する確率を上げるためには、市場情報に加えて特許情報も用いて、用途やパートナーを探索することが重要である。探索する特許調査分析は、事業分野や他者の技術等の情報を具体的かつ網羅的に把握し、新たな発見や最適な選択につなげることを目標に進化させている特許調査分析である。

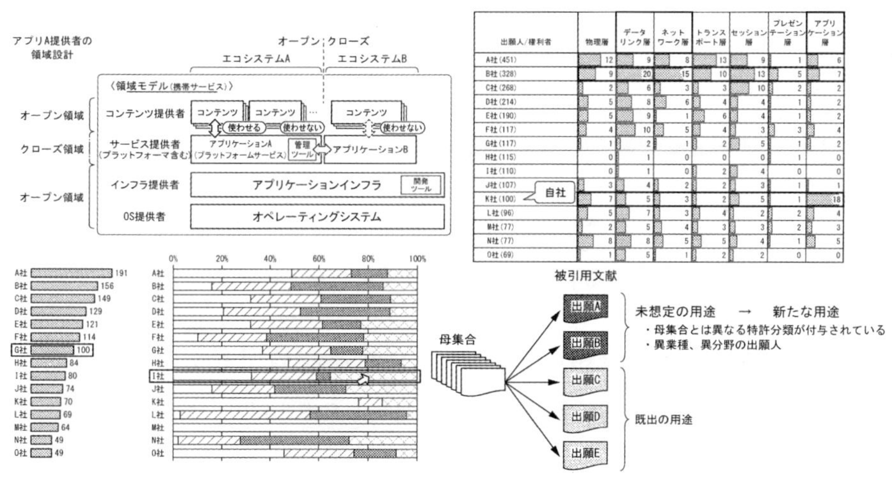

出願人/権利者	物理層	データリンク層	ネットワーク層	トランスポート層	セッション層	プレゼンテーション層	アプリケーション層
A社(451)	12	9	8	13	9	1	6
B社(328)	9	20	15	10	13	5	7
C社(268)	2	6	3	3	10	2	2
D社(214)	5	8	6	4	4	1	2
E社(190)	5	9	1	6	4	1	2
F社(117)	4	10	5	4	3	3	4
G社(117)	1	2	1	2	5	1	2
H社(115)	0	1	0	0	0	1	0
I社(110)	0	1	0	2	4	0	0
J社(107)	3	4	2	2	3	1	1
K社(100)	7	5	3	2	5	1	18
L社(96)	5	7	3	4	2	2	4
M社(77)	2	5	4	3	3	2	3
N社(77)	8	8	5	5	4	1	5
O社(69)	1	5	1	2	2	0	0

【図表8】探索する特許調査分析

4. 適応する特許調査分析サービス

本書では、適応する特許調査分析サービスとして、「ランドスケープデザイン」とその仮想事例、「アレンジサービス／アウトソーシング」「大学／研究機関向けサービス」について説明する。「ランドスケープデザイン」は、弊所の特許分析サービスであり、特許情報を用いて俯瞰的（Landscape）で有用な情報を提供するとともに、情報の提供だけにとどまらず、発明発掘や特許出願等によって知財戦略を具体化し、経営や事業に資する知的財産ポートフォリオをデザイン（Design）することを意図した名称となっている。換言すれば、「ランドスケープデザイン」は、お客さまの知的財産ポートフォリオとつながる特許分析である。また、人材・時間・費用といったリソースの最適化のための「アレンジサービス／アウトソーシング」、大学や研究機関向けの「大学／研究機関向けサービス」について紹介する。適応する特許調査分析サービスは、お客さまのニーズに応えられるように適応的に進化させている特許調査分析である。

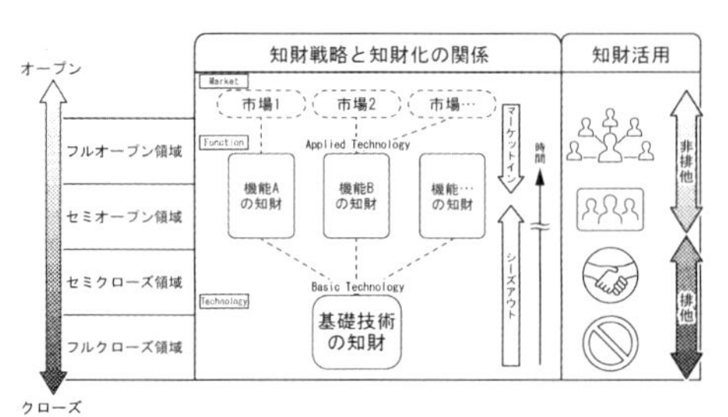

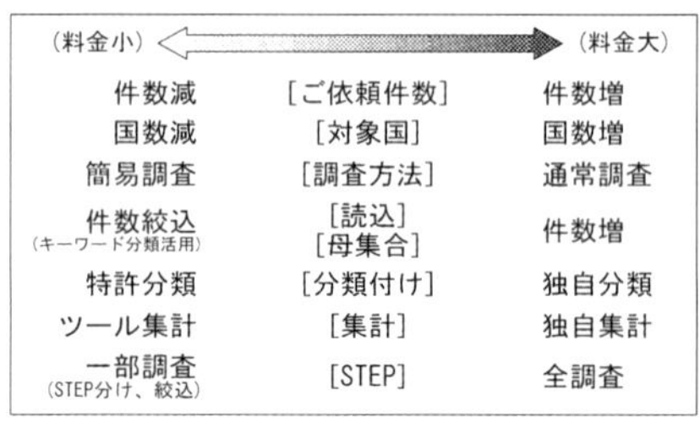

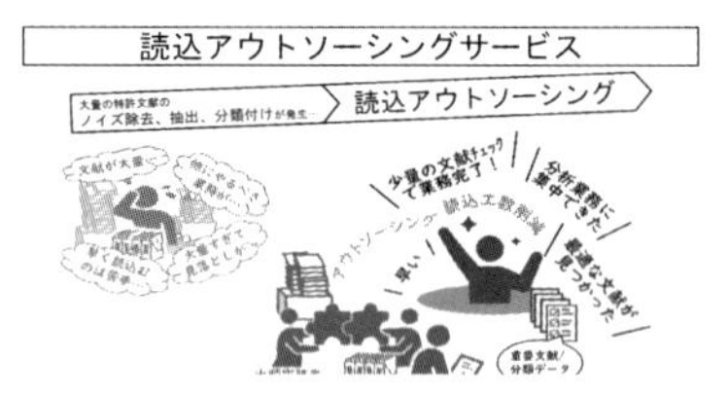

【図表9】適応する特許調査分析サービス

5. 最近の特許調査分析の動向とつながる調査分析

特許法の目的を達成するための手段は、「発明の保護と利用を図る」ことである（特許法第1条）。

このうち、「発明の利用」に、近年、大きな変化があったと捉えることができる。従前、発明の利用とは、公開公報等が技術文献として利用され、第三者が発明を理解して利用する機会を与えることであった。このミクロ的な発明の利用に対して、近年は、マクロ的な発明の利用が進展していると考えられる。

元々、特許出願は、決まったフォーマットであり、実施可能要件を充足するため具体的な内容が記載されており、特許庁により特許分類が付されたその特許文献は、統計処理にも客観的な評価にも非常に適していた。最近のIT（Information

Technology）技術の進展により、マップ化やテキスト解析等の統計処理技術が発達し、特許情報の見える化がより高品質かつ簡便になった。このような状況で、特許情報を用いて、自社・他社等の技術動向や無体財産を見える化し、大局的な視点から経営・事業戦略の支援や知財戦略の立案・遂行が行われるようになってきたと考えられる。このような流れは、「コーポレートガバナンス・コード」の改訂により、更に経営部門やIR（Investor Relations）部門を巻き込みながら、一層勢いが増すと考えられる。

このような状況下で、「つながる特許調査分析」は、従来の知財活動とつながりながら、マクロ的な発明の利用を発展させ、新たな知財活動ともつながる特許調査分析へと進化を続ける。「つながる特許調査分析」は、次の知財活動を行う方々から要望を引き出し、一つずつの要望に応えていく、日進月歩の活動から創出されていくものである。

＜参考文献・注釈＞

※　ランドスケープデザイン（LD）は、弁理士法人志賀国際特許事務所の登録商標（登録第6666556号）である。

第２章

特許調査分析の基礎

1節　特許調査の基礎

相川 陽子・樋口 晃士

特許調査とは、公知の特許文献・非特許文献の中から、調査目的に合った先行技術文献を収集し、その内容を確認・分析することである。調査目的、タイミングは次のように様々であり、その目的に沿って必要な調査が存在する。

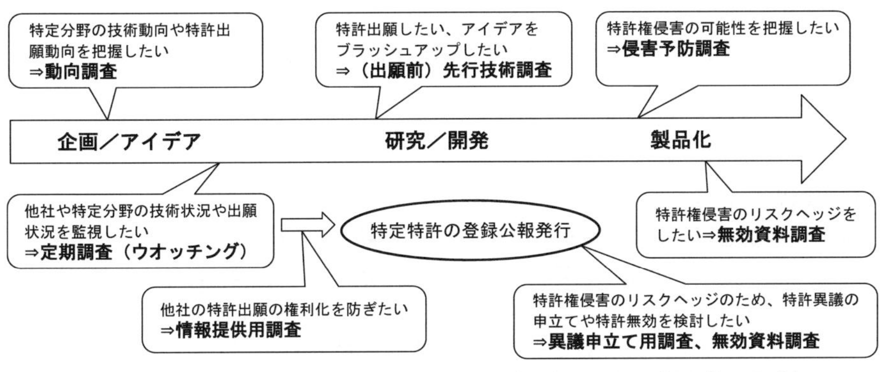

【図表１】主な特許調査とそのタイミング（研究～開発～製品化の場合）

どの調査でも、その実施目的や必要なタイミング、目的に応じた母集合の作成、効率的なスクリーニングのポイントを事前に把握した上で臨むことが望ましい。

本稿では、主な特許調査の種別、その目的や概要、また、特許調査全般で気を付けるべき点、実際の進め方等、基礎的な観点からポイントを紹介する。

１．調査の種別（調査目的、実施概要）

調査の種別	調査目的	検索元情報	読み込み件数の目安	読み込み箇所
①先行技術調査	特許出願の判断 権利の品質向上	特許出願予定の発明	30－200件	文献全文
②動向調査	技術動向の把握 特許環境の確認	特定分野	統計情報による調査	独立請求項など
③侵害予防調査	製品／サービスの提供 特許権侵害予防	製品／サービス	200件－数千件	全請求項
④無効資料調査	特許無効／リスクヘッジ	他者特許	500－2000件	文献全文

【図表２】調査種別の概要

以下、各調査について説明する。

（１）先行技術調査

先行技術調査は、特許出願前、又は特許出願後の審査請求前、外国特許出願前に実施するもので、その主たる目的は、特許出願や審査請求の要否、特許出願予定の発明や特許明細書等のブラッシュアップ等、特許出願の権利化の可能性や品質、コストパフォーマンスを高めることである。その目的達成のため、この調査では、他人によって自身の特許出願予定の発明と同様の特許出願が、既にされていないかを調べる。

特許法によれば、新規性違反として「特許出願を予定している発明が、日本国内又は外国において頒布された刊行物に記載された発明又は電気通信回線を通じて公衆に利用可能となった発明」である場合（特許法第29条第１項第３号）、また、進歩性違反として、公知でなくても「公知となった発明に基づいて容易に発明をすることができたとき」（特許法第29条第２項）、その発明について特許を受けることができない。

そのため、例えば特許出願の前には、特許出願を行う者は、特許出願を予定している発明が新規性・進歩性を有するのかどうかを検証し、特許出願の要否を事前に判断する。具体的には、特許出願を予定している発明の内容が、既に公開された特許文献や非特許文献に記載されていないかどうかを確認する作業となる。本調査のために作成した母集合に含まれる文献について、まずは抄録を確認し、関係のない文献を除去した後、残った文献の全文を確認し、特許出願を予定している発明に関連する文献の抽出を行う。特許出願を予定している発明と同じ発明が見つかった時点で調査は終了となる。

なお、審査請求前や外国特許出願（PCT 出願を含む。）前に、再度同様の調査を行う場合がある。これは、費用との関係から、より精度の高い先行技術調査を実施し、改めて特許性を確認するものである。

以上のとおり、先行技術調査を実施することによって、特許出願や審査請求の要否を検討することができる。また、先行技術調査で自身の発明に関連する発明が記載された文献が見つかった場合、自身の発明を改良することや特許出願のポイント（特許請求の範囲、特許明細書の記載）を見直すことなどができる。

（2）動向調査

動向調査は、企画･アイデア段階、製品･サービスの開発方向性や研究開発のテーマの検討の際などに実施するもので、特定分野（技術分野、業界、製品・サービス分野等）の特許出願の傾向から、特定分野の技術や特許等のトレンド把握、競合や共創する他者やその動向把握、研究開発・製品・サービスの方向性の判断材料を得ることを目的としている。競合他社など、特定の出願人の特許出願傾向を知るために実施するケースもある。

具体的には、特定分野の特許文献の集合をマップ化するパテントマップ等により、統計情報を可視化する。例えばマップとしては、図表３のパテントマップ例のように、特許出願件数の年別推移、出願人ランキング等の単純集計、また、出願年、出願人、技術や課題等の分類を軸として用いたクロス集計のマップを作成する。

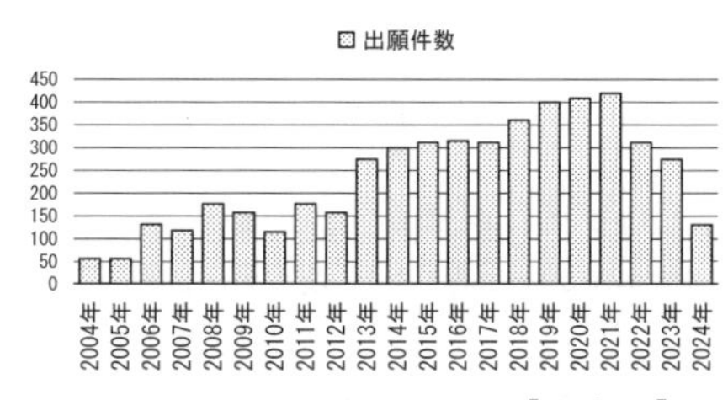

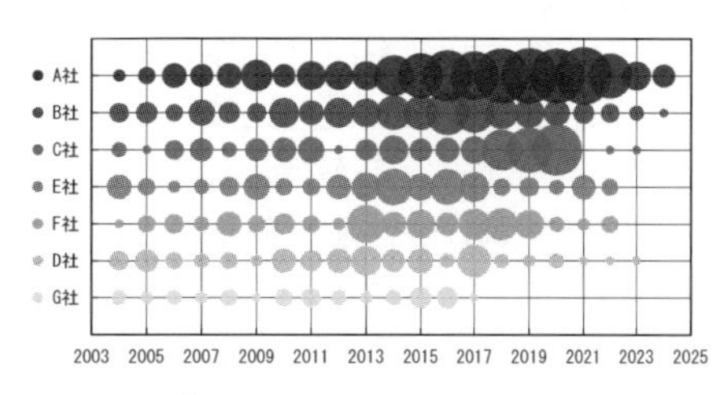

【図表３】パテントマップ例

課題・解決手段など技術的視点からのトレンド推移等から業界全体の特許出願傾向や業界内での自社の立ち位置、また、他者と比べた自社の強み／弱みなど、現在までの技術動向を把握する。例えば技術や特許出願の観点で、ポジショニング戦略やSWOT分析等を行うことができる。

動向調査を実施することによって、他者との差別化、自社の開発方向性検討、重複研究の回避のために必要な情報を得ることができる。技術収集調査、テーマ探索調査などとも呼ばれる。

（3）侵害予防調査

侵害予防調査は、自身の製品・サービスの販売等を行う際の特許リスク（関連する他者の特許権が存在するか否か等）を調査し、製品・サービスに対する特許リスクを把握することを目的とする調査である。

具体的には、本調査のために作成した母集合に含まれる特許文献の請求項記載内容を確認し、自身の製品・サービスの実施の障害となる権利範囲を有する公報の抽出を行う。母集合に含まれる特許文献は全件が確認対象となり、実施の障害となる可能性があると判断した公報は、全て（漏れなく）抽出しなければならない。

他者の特許発明を実施してしまうと、その特許権者から警告を受け、場合によっては生産や販売等の差止めや損害賠償請求などに発展してしまう可能性がある。このようなリスクを事前に回避するという意味でも、侵害予防調査は、重要な調査となっている。

なお、「特許権の効力は、特許権を取得した国の領域内に限られ、その領域を超えて外国まで及ぶものではない」とされている（属地主義）。そのため、侵害予防調査は、製造・販売を想定している国それぞれで実施する必要があることにも注意が必要である。

侵害予防調査では、特許権侵害の可能性のある特許を、可能な限り漏れなく抽出して検証することが求められる。具体的には調査対象の製品・サービスの技術的特徴が含まれる検索式を作成し、検索式による検索結果に含まれる特許文献の中から該当する特許文献を抽出する。抽出した各特許文献の特許発明の技術的範囲と調査対象の製品・サービスを比較していく作業となる。関連性が高い特許については、その後、侵害鑑定等が行われることがある。

侵害予防調査の結果から、製品・サービスへのリスクを事前に把握することができれば、例えば製品・サービスの設計変更、特許無効の検証や無効資料の準備、特許権者との協業、ライセンス交渉の検討・準備などのリスクヘッジが可能となる。

なお、侵害予防調査は、侵害防止調査、侵害回避調査、抵触調査、クリアランス調査、FTO 調査など、別の名称が用いられる場合もある。

（4）無効資料調査

無効資料調査は、他者の特許を無効にする、又はその備えをしておく際に行う調査で、リスクヘッジを目的とする調査である。無効資料は、侵害予防調査等でリスクとなる特許が発見された場合、製品・サービスの障壁となる特許を把握した場合、特許権者から権利侵害の警告を受けた場合などに、これらの他者の特許を無効にする材料となる。なお、本書では、自身の特許権の有効性確認を目的として、対象特許について、新規性や進歩性を否定できる先行技術文献（特許文献、非特許文献）を収集する調査も含む。

特許は、特許庁の審査官が審査して特許査定になったものであるが、審査過程で先行技術文献を全て完全に把握することは困難であり、文献が見落とされている可能性や、審査官が探していない検索範囲から文献が発見され、これらの文献に基づいて特許無効にできる可能性がある。本調査はそのような文献を改めて探し出すものである。

具体的には、本調査のために作成した母集合の文献について、記載された内容全てを確認し、無効にしたい登録特許の請求項（一部又は全て）を開示する文献の抽出を行う。無効化の可能性のある文献がそろった時点で調査は終了となる。また、所望の文献が見つからない場合は、母集合を再度構築し、文献を探すことがある。

特許庁によると、毎年、特許無効のために請求される「無効審判」の数は100件以上、「特許異議の申立て」の数は、1000件以上となっている（図表４）。日本の無効審判における審理結果は、図表５－１のとおりであり、特許庁で審査された特許であっても、権利範囲（請求項）が訂正されたり、特許無効となったりするケースが一定数存在している。また、特許異議の申立ての処分結果も、図表５－２のとおりであり、取消しが一定数存在し、申立て全体の半数以上は権利範囲が訂正されている。したがって、「無効審判」や「特許異議の申立て」のため、又は特許権侵害のリスクヘッジとして有効な文献を探し出す本調査は、他者特許に対するアクションとして有効であることが分かる。

なお、特許無効の対象が他者の特許である場合には無効資料調査、自社の特許が無効化されないよう確認する場合には有効性確認調査と分けて述べられるケースがあるが、どちらも対象特許の新規性や進歩性を否定するための資料の有無を確認する調査であり、具体的な作業内容は同じである。また、調査対象となる文献としては、公開公報等の特許文献だけでなく、非特許文献（書籍、論文、技報、Web、カタログなど）も有効となる。

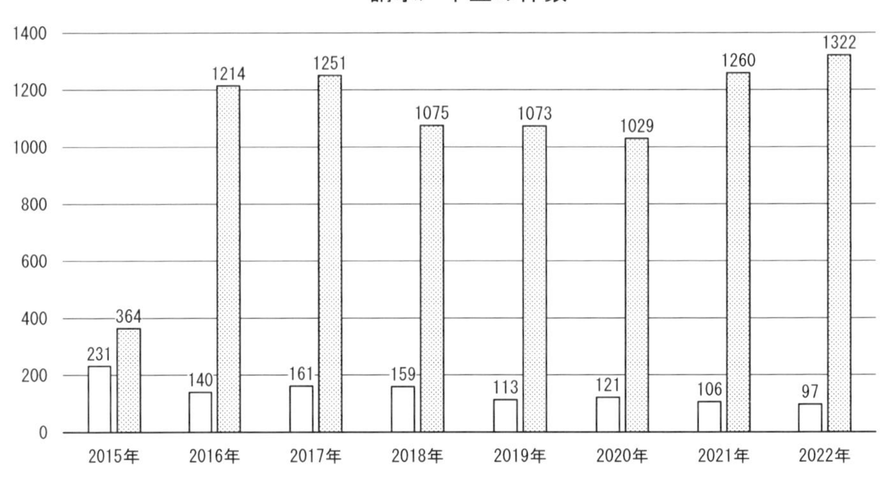

【図表４】日本における特許無効審判・異議申立の件数（※１）

〈特許庁審査部長 安田太「特許権に対する無効・異議制度の実情」（2022年）より作成〉

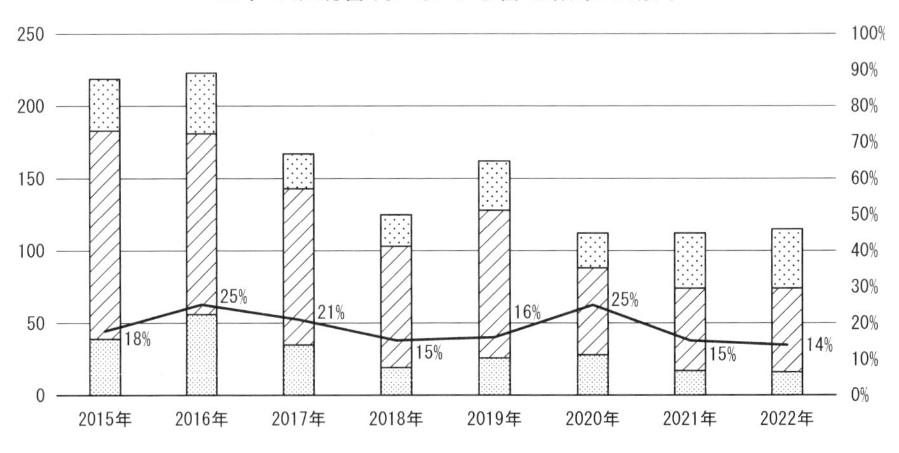

【図表５-１】無効審判における動向

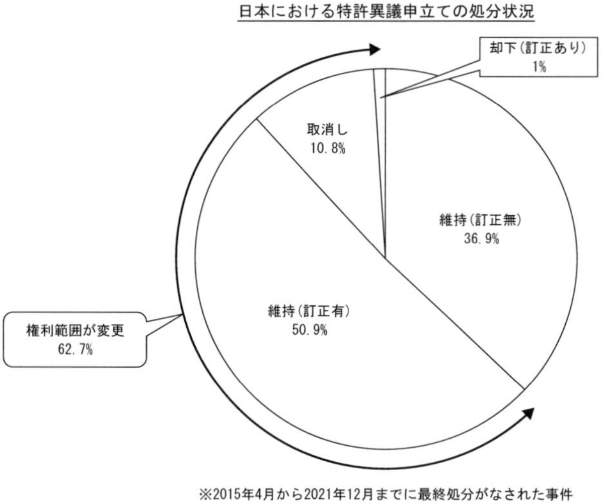

日本における特許異議申立ての処分状況

却下（訂正あり）
1%
取消し
10.8%
維持（訂正無）
36.9%
維持（訂正有）
50.9%
権利範囲が変更
62.7%

※2015年4月から2021年12月までに最終処分がなされた事件

【図表5-2】異議申立ての処分状況（※1）

〈特許庁審査部長 安田太「特許権に対する無効・異議制度の実情」（2022年）より作成〉

（5）調査種別（まとめ）

調査種別ごとの目的や、主な作業、実施のタイミングを以下にまとめた。

調査種別	調査の目的	必要な作業	実施のタイミング	公報（文献）のどこを確認？
①先行技術調査	権利化可能な内容で出願したい	既に同じような出願がされていないかを確認。調査結果に応じて出願内容の変更を行う（特許文献・非特許文献）	・出願前 ・審査請求前 ・外国出願前	文献全文
②技術動向調査	他社がどのような技術に出願を強化しているのか知りたい	他社の出願動向や、特定業界の出願動向を可視化（特許マップなど）	・開発前 ・出願方向性検討前	特許文献の独立請求項など

調査種別	調査の目的	必要な作業	実施のタイミング	公報（文献）のどこを確認？
③侵害予防調査	自社製品・サービスを、知財的に問題なく実施したい	製品・サービスが侵害する可能性がある他社権利の有無を確認	・製品化前 ・サービス実施前	特許文献の**請求項**
④無効資料調査（有効性調査）	・製品・サービス実施の障害となる第三者の権利を何とかしたい ・自社権利を無効化できる先行技術文献がないことを権利行使前に把握しておきたい	・障害となる権利を無効化するために必要な先行文献を探索（特許文献・非特許文献） ・自社権利を無効化できる先行技術文献を探索（特許文献・非特許文献）	・懸念特許発覚後（警告受領後、侵害予防調査後） ・自社権利行使前	文献全文

【図表６】調査種別ごとの目的、必要な作業、実施のタイミング、読み込み箇所（まとめ）

２．特許調査に関わる基礎事項

（１）特許文献

各国で特許出願された内容は、基本的には一定期間経過後に、公開特許公報が発行される。日本の場合は、例えば公開特許公報は、特許出願から１年６か月以降に発行される）。また、設定登録された特許は、特許公報が発行されるケースがある。

本書の公報名		正式公報名	概要
特許文献（又は公報）	公開公報	公開特許公報	国内出願の公報である。出願日から起算して、１年６月経過後２週間程度で発行される
		公表特許公報	国際出願のうち外国語でされたものの公報である。国内処理基準時から７か月程度で発行される

本書の公報名		正式公報名	概要
特許文献 （又は公報）	公開公報	再公表特許	令和３年12月23日をもって廃止
	特許公報	特許公報	設定登録から２週間程度
非特許文献	上記以外	上記以外	論文や記事等

【図表７】日本の公報等

国によって公報の種別や番号の振り方には違いがある。各国の公報は、それぞれの国の知的財産を扱う機関のウェブサイトや、各種データベースで確認可能である。

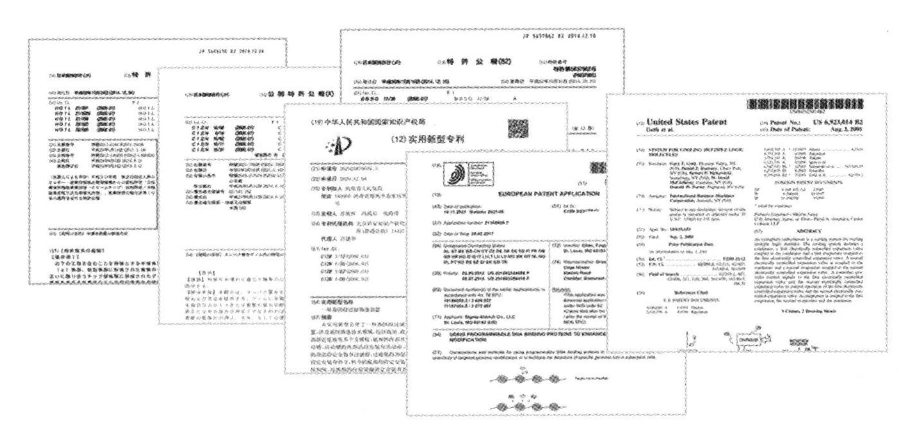

【図表８】各国の特許文献（例）

（2）特許分類

各公報には、その発明の技術分野を特定するためのインデックス（分類）が付与されており、いわゆる「特許分類」と呼ばれる。主な特許分類として、国際特許分類（IPC）のほか、日本独自の特許分類（FI、Ｆターム）、CPCなどがある。

特許分類名	付与国	特徴
IPC	国際	世界各国で共通に使用される特許分類である。セクション、クラス、サブクラス、メイングループ、サブグループへ細分化する階層構造を持つ

特許分類名	付与国	特徴
FI 記号	日本	IPC を基礎として細展開された日本特許庁独自の分類である
Ｆターム	日本	種々の観点（目的、用途、構造、材料、製法、処理操作方法、制御手段など）で、FI 記号を再区分又は細区分したものである
CPC	米国・欧州	米国特許商標庁（USPTO）と欧州特許庁（EPO）との間で共通で利用される特許分類である

【図表９】特許分類の概要

IPC は各国で共通して利用されているが、日本では、国内独自の特許分類である FI、Ｆタームも使用されている。

国際的な分類としては、IPC のほか、2013年１月に導入された CPC を使用している国が多くなっている。なお、過去には、米国独自の特許分類（USC）や、欧州の特許分類（ECLA）が利用されていたが、CPC の導入もあり、これらの分類は現在は利用されていない。

全ての公報に、基準の統一された特許分類を用いることで、各国の特許文献を効率的・共通的に調査することができるほか、統計的に集計して動向を調査することが可能となっている。なお、技術は常に進化するため、その進化に対応して特許分類も改正（細分化、新規追加、統合など）される。そのため、特許分類の定義を確認する際は、常に最新の状況を把握する必要がある。

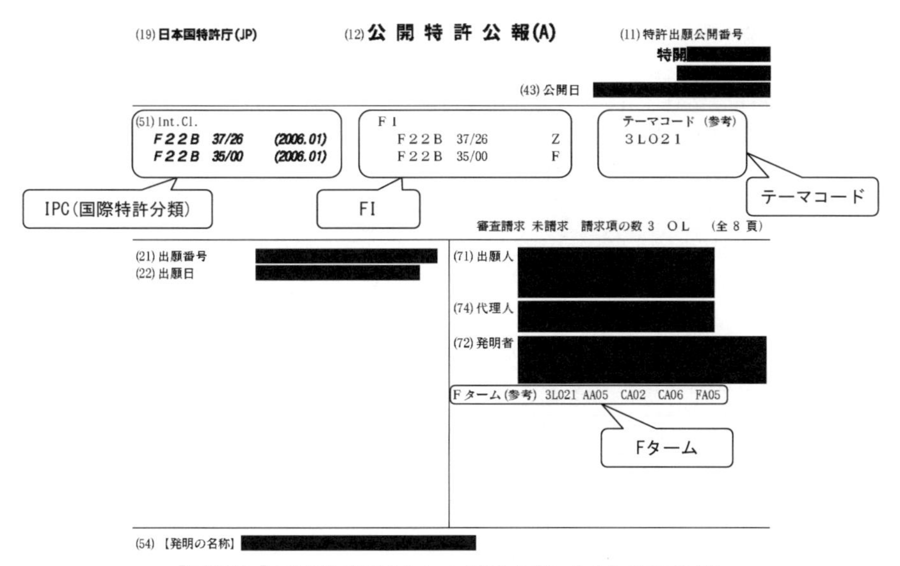

(19)日本国特許庁(JP)　(12)公開特許公報(A)　(11)特許出願公開番号
特開
(43)公開日

(51)Int.Cl.
F22B 37/26 (2006.01)
F22B 35/00 (2006.01)

F I
F22B 37/26 Z
F22B 35/00 F

テーマコード（参考）
3L021

審査請求 未請求 請求項の数 3 OL （全 8 頁）

(21)出願番号
(22)出願日
(71)出願人
(74)代理人
(72)発明者
Fターム(参考) 3L021 AA05 CA02 CA06 FA05

(54)【発明の名称】

【図表10】公報に記載された特許分類（国内公報の例）

特許分類は、その構造が「大分類 → 中分類 → 小分類」のように階層化されている。例えば国際特許分類 IPC の階層は、図表11のようにセクション、クラス、サブクラス、メイングループ、サブグループへと細分化した構造となっている。階層が下位になるに従って技術は細分化されている。後述の FI、F ターム、CPC、USC、ECLA も細部は異なるが階層構造を有する分類である。

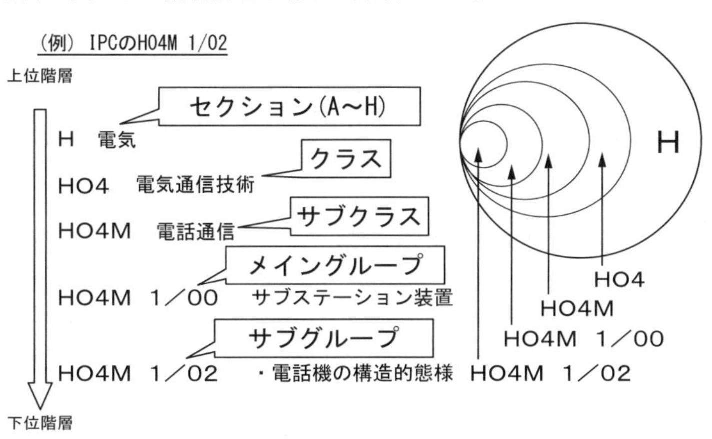

【図表11】IPC 階層構造の説明（※2）

以下、主な特許分類（IPC、FI、Fターム、CPC、USC）を紹介する。

・IPC（Internatioal Patent Classification）

IPCは国際特許分類と呼ばれる。日本をはじめとした世界の国で共通して使用されている特許分類である。図表11のように階層構造を有しており、図表12は8つに分けられたIPCのセクションである（後述のCPCも同様）。

発明の主題や技術的主題について付与されている。実施例の一部にしか記載がない技術には付与されていない。

セクション	内容
A	生活必需品
B	処理操作、運輸
C	化学、冶金
D	繊維、紙
E	固定構造物
F	機械工学、照明、加熱、武器、爆破
G	物理学
H	電気

【図表12】IPCとCPCのセクション

・FI（File Index）

FIは日本の特許庁が採用している日本独自の特許分類である。日本の技術事情に合わせて、IPCをベースとして日本独自に細展開した分類がFIである。原則としてIPC（最新版）を細展開しており、IPCのサブグループまでに「展開記号」や「分冊識別記号」を加えた体系となっている。階層構造を有しており、また発明の技術的主題について付与されている。実施例の一部にしか記載がない技術には付与されていない（図表13）。

日本の技術事情に合わせて細分化されているため、日本に特許出願された特許文献を探す場合には、FIを検索条件とすれば、IPCを用いて検索するより効率良く探すことができる。一方、それ以外の特許出願（国際特許出願や外国特許出願）にはFIは付与されていないため、調査範囲（国）によっては利用ができない。

（ＦＩの例）
　　Ｈ０１Ｌ　２１／３０　５３１　Ｍ
（ＩＰＣのサブグループまでの記号 ＋ 展開記号 ＋ 分冊識別記号）
　　　Ｇ０３Ｆ　１／９２　Ａ
　　（ＩＰＣのサブグループまでの記号 ＋ 分冊識別記号）
　　　Ｈ０１Ｌ　２１／２８　３０１
　　（ＩＰＣのサブグループまでの記号 ＋ 展開記号）

【図表13】FIの例（※2）

・Ｆターム（File Forming Term）

Ｆタームは FI 同様に日本国内の文献量の著しい増大及び技術の複合化、融合化、製品の多様化に対応して開発された日本独自の検索インデックスであり、図表14のように FI を所定技術分野ごとに種々の技術観点から細区分したものである。多観点での解析、付与が可能であることが特徴となっている。FI で規定された技術分野のうち、約６割の技術分野において整備されている。

Ｆタームは、発明の主題だけでなく、公報に記載された技術的事項の全てに対して付与されており、種々の技術観点（目的、用途、構造、材料、製法、処理操作方法、制御手段等）で設定されたＦタームリストに照らして付与されている。

FI よりも様々な観点で細分化して付与されているケースが多く、また、発明の主題だけでなく、実施例に対して付与されていることが特徴である。国内調査（先行技術調査、無効資料調査など）の検索時にＦタームをうまく使いこなすことができれば、効率良く必要な文献を検索することができる。なお、FI と同様国内文献の検索時に使用されるものである。

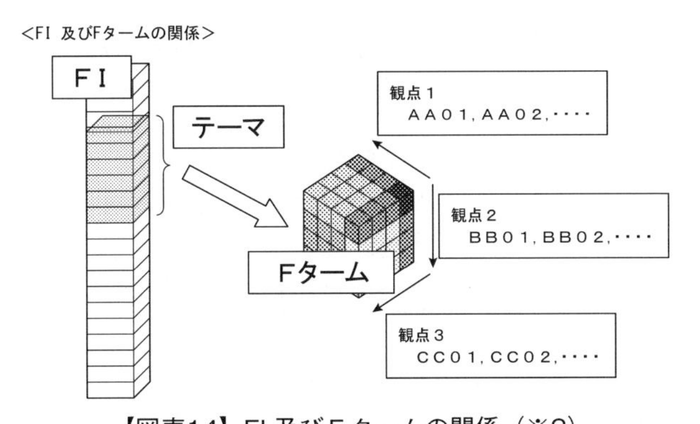

【図表14】FI 及びＦタームの関係（※2）
（特許庁「2023年度知的財産制度入門テキスト」より作成）

・CPC（Cooperative Patent Classification）

CPCは欧州特許庁（EPO）と米国特許商標庁（USPTO）との間で合意された特許分類であり、2013年１月から付与されている。欧州、米国だけでなく、中国や韓国の特許にも付与されている。IPCとも類似した分類（階層）体系になっている。

IPCと同様に、発明の主題や技術的主題について付与されている。実施例の一部にしか記載がない技術には付与されていない。欧州特許や米国特許を検索する際にはCPCを用いて検索する必要がある。

・USC（US Patent Classification）

USCはUSPTOが米国への特許出願に対して付与していた、米国独自の特許分類である。2013年、米国においてCPCの採用が決まり、USCからの移行期間を経て、現在では使用されていない。

（3）データベース（特許文献）

特許出願された発明は、基本的には特許出願された国の公的機関により、原則公開される。そして、これら公開された発明を検索・閲覧できるようデータベースが存在している。公の機関である官庁等が運営しているデータベース（基本的に無料でデータにアクセスできるものが多い。）や、商用利用を目的とした有料データベースである。

DB名	提供官庁	特徴
J-PlatPat	JPO	日本特許庁が発行した特許・実用新案、意匠、商標に関する公報に加え、そのファミリーの外国公報を検索でき、審査状況も確認できる
USPTO	USPTO	米国の特許・商標について、無料で検索することができるベータベースである
Espacenet	EPO	欧州特許だけでなく、日本を含む欧州以外の公報等も検索することができる
PATENTSCOPE	WIPO	PCT国際出願をはじめ、62の国や地域の特許文献を検索することができる

【図表15】各国特許庁のデータベース例

官庁等の公の機関が運営するデータベースは、情報の整備が進んでいる国においては、その国が保有する最新の知財情報を、基本的には無料で閲覧できることが特徴である。

ただし、検索や閲覧のしやすさという面では余り整備されていないものや、詳細な検索ができない、利用者の登録が必要であるなど、利用時の各種条件や使いづらさがある。なお、データの整備が進んでいないマイナー国では、データの不正確さや、最新情報が更新されていない、収録自体がされていないといった可能性もあるため、各国の収録状況には注意が必要である。

一方、基本的にユーザーが使用料を払って使用する商用データベースは、各国の官庁から発行された知財情報を入手し、総合的に収録されたものであり、ユーザーがそれぞれの国のデータベースで検索しなくても、各国の知財情報を効率良くデータ検索ができるよう、独自分類や独自抄録を作成したり、検索インターフェースを工夫したりすることで、ユーザーの利便性が図られていることが特徴である。

各国からの情報入手後にデータが更新されるため、最新情報が収録されるまでのタイムラグ発生や、各国から入手できる情報不足によってデータ収録が不十分な場合がある点を考慮して利用することが望ましい。

公の機関が運営しているデータベースと商用データベースにはそれぞれのメリット、デメリットがあるため、検索時にはこれらを考慮して、両方をうまく使い分けることが好ましい。

例えばまず有料データベースで検索や必要と考えられる公報の抽出(特定の公報)を行い、抽出された公報（番号まで特定された公報）の最新情報を確認する際には、各国の公の機関が運営しているデータベースを用いることなどが挙げられる。

ここでは、公の機関が運営しているデータベース、J-PlatPat（日本)、USPTO（米国)、Espacenet（欧州)、PATENTSCOPE（WIPO）の概略を説明する。

・J-PlatPat（日本）

独立行政法人工業所有権情報・研修館（INPIT）が運営し、日本の特許庁が発行した特許・実用新案、意匠、商標に関する最新情報を無料で検索できるデータベースである。国内特許は、明治48年に初めて発行された特許第１号から収録されている。日本の公報に対応する外国公報（ファミリー公報）の情報や、一部の外国（米国、欧州、国際特許出願（WO)、中国、韓国、英国、ドイツ、フランス、スイス、カナダ）の公報についても検索できる。

日本語で検索可能で、出願人、各種番号（出願、公開、登録、公表など)、特許分類、キーワードなどを用いた検索ができる。また、特定の特許出願についての情報(法的状況、ステータス、特許分類、ファミリー特許の状況など)、特許分類（FI、Ｆタームなど）自体の説明・解説を検索することができる。

また、分類対象ツールを用いれば、IPC、FI、CPC の対応関係を一目で確認することができ、日本語にも対応しているため、分類を調べるのに役立つツールである。

・USPTO（米国）
USPTOは、米国の特許・商標について、無料で検索することができるベータベースである。米国の特許について、最新情報を最も早く、正確に入手することができ、各特許出願のステータス（生死情報や年金情報など）も入手できる。

・Espacenet（欧州）
Espacenetは、欧州特許庁及び欧州特許条約加盟国の特許庁が提供する特許情報等を、無料で検索できるデータベースである。欧州特許だけでなく、日本を含む欧州以外の公報等も検索することができる。また、インターフェースを日本語で表示することもでき、日本のユーザーにも配慮されたつくりとなっている。

・PATENTSCOPE
PATENTSCOPEは世界知的所有機関（WIPO）が提供する特許データベース検索サービスである。公開されているPCT486万件をはじめ、合計1.17億件の特許文献が検索できる。国際特許出願が、その後、各国に移行されているかなどの経過も確認可能となっている。また、インターフェースを日本語で表示することもでき、Espacenetと同様、日本のユーザーに配慮されたつくりとなっている。

・その他（各国特許庁ウェブサイトなど）
上述のように、パリ条約加盟国は、原則として、各国で公報を発行しており、公の機関で各公報を検索できるデータベースがある。そして、公の機関が運営しているデータベースは、原則として、他の商用データベースよりも、早く、正確なデータが記載されている。そのため、特定の公報の最新データを取得する必要がある場合には、各国の公の機関（知財取扱機関）が運営しているデータベースで検索するのが好ましい。ただし、国によっては、言語が英語や日本語で記載されていないケース、データベースの仕様（インターフェースなど）が変更されるケース、マイナー国ではデータ自体が更新されていないケースがあるため注意が必要となる。

（４）データベース（非特許文献）

先行技術調査や無効資料調査、動向調査では、先行技術文献として特許文献だけでなく、非特許文献（論文、カタログなど）の調査を行う場合がある。非特許文献を探すメリットとしては、特許出願後１年６か月後に公開される国内特許出願に比べ、公開までのタイムラグがないため、最新の先行技術文献とすることができる点がある。また、特許文献では記載されていないような技術内容、構成、製法などについて記載されたものを探したい場合に有効なケースがある。非特許文献を検索できるデータベースとして、J-PlatPat、国立国会図書館(NDL：Natinal Diet Library)のNDL SEARCH、Google Scholar、JDreamⅢ、J-GLOBAL、J-STAGE、CiNii、PATENTSCOPEなどがある。特許文献ほど分類整備されていないため、発行年、キーワード（抄録がある場合)、著者名、著者所属機関名などを検索条件とする。
以下、各データベースについて簡単に紹介する。

・J-PlatPat
CSDB（ソフトウエアマニュアル、非技術雑誌を含むコンピュータソフトウエア関連技術の文献を蓄積した特許庁内のデータベース）等の著作権者から承諾を得た一部の文献を検索できる。後述するJ-GLOBAL検索との連携もある。

・NDL SEARCH
国立国会図書館や連携している全国の図書館で所蔵している資料やデジタル資料の一部について、検索することができるデータベースである。

・Google Scholar
Googleが提供する検索サービスであり、論文、学術誌、出版物を検索することができる。

・JDream Ⅲ
国内外の学術文献や論文情報が検索できる日本最大級の文献・論文データベースである。科学技術や医学・薬学関係の学協会誌（ジャーナル)、会議・論文集／予稿集、企業技報、公共資料などを情報源とするデータベースで、網羅的に収集している国内文献と著名な海外の出版社が発行する多数の外国文献を収録。外国文献にも日本語による抄録（要約文）を掲載している。有料のデータベースであるが、日本で非特許文献を検索しやすいデータベースの一つである。

・J-GLOBAL、J-STAGE
国立研究開発法人科学技術振興機構（JST）が運営する情報提供サービスで、研究者情報、文献情報、特許情報等の7000万件以上の科学技術情報を検索できる。

・CiNii
国立情報学研究所（NII）が運営するデータベースで、論文、図書・雑誌や博士論文などの学術情報で検索できる。文献だけでなく研究データやプロジェクト情報など、研究活動に関わる多くの情報を検索できる。

・PATENTSCOPE
WIPOが運営するPATENTSCOPEでは、特許文献だけでなく非特許文献の検索も可能である。

なお、データベース内での検索によって文献の存在が判明した場合、その文献（複写）の取り寄せや、図書館での確認等が必要となる。

3．各調査の作業の流れ（共通）

各調査に共通する作業の基本的な流れは以下のとおりである。

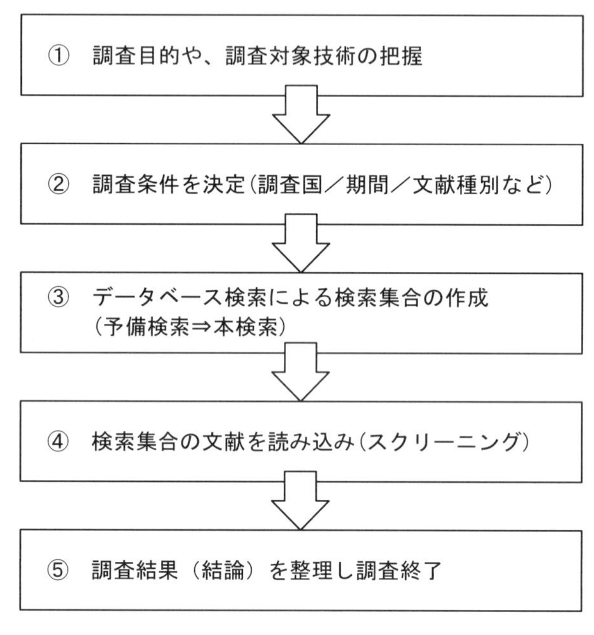

【図表16】特許調査の作業の流れ（基本）

各ステップについて概要を説明する。特に検索式作成に関わる③、読み込み（スクリーニング）に関わる④を重点的に紹介する。その他の具体的な実施の方法については、次節以降の分野ごとの調査基礎にも記載されているため省略する。

（1）調査目的・調査条件

ア．調査目的や調査対象技術を把握

調査対象技術の詳細や、なぜその調査が必要かについて、背景や目的を整理する。

イ．調査条件を決定

ア．で定めた目的に応じて調査範囲（国、文献種別、期間（○年以降）など）を設定する。

ウ．データベース検索による文献集合の作成

データベース検索では、検索式と呼ばれるキーワードと前述の特許分類を組み合わせた検索条件を作成し、その検索結果が各調査で確認が必要な文献の集合、すなわち母集合となる。なお、検索条件を作成する前には予備検索（簡易的なキーワード検索、出願人検索等）を実施することが一般的である。

具体的には、調査対象技術の特許出願に、どのような特許分類やキーワードが出現しているかを確認し、それらを検索条件とするための作業である。

（2）検索の方針

母集合の作成に当たっては、対象技術の上位概念をどこまで含めるか、調査対象国、調査期間といった条件を、各調査の戦略やイメージに合あわせて設定する必要がある。

母集合の作成において、「必要な情報を漏れなく網羅的に抽出する」又は「多少の漏れは気にしないが、必要な情報を効率的に抽出する」という考え方がある。どちらが正しいというわけではなく、前述の調査の種類や、その調査の最終目的によって、どちらを重視するのかを検討する必要がある。

このような考え方を理解するのに役立つ話として、再現率と適合率がある。再現率とは、設定した調査範囲において、必要な情報を漏れなく抽出できたかどうかを示す指標であり、全体の情報に含まれる有用な情報のうち、どれだけを抽出できたか、その割合のことを指す。一方、適合率とは、設定した調査範囲において、不要な情報（ノイズ）がどれだけ含まれているか、つまり、調査効率を示す指標であり、設定した調査範囲にどれだけ有用な情報が含まれているかの割合のことを指す。

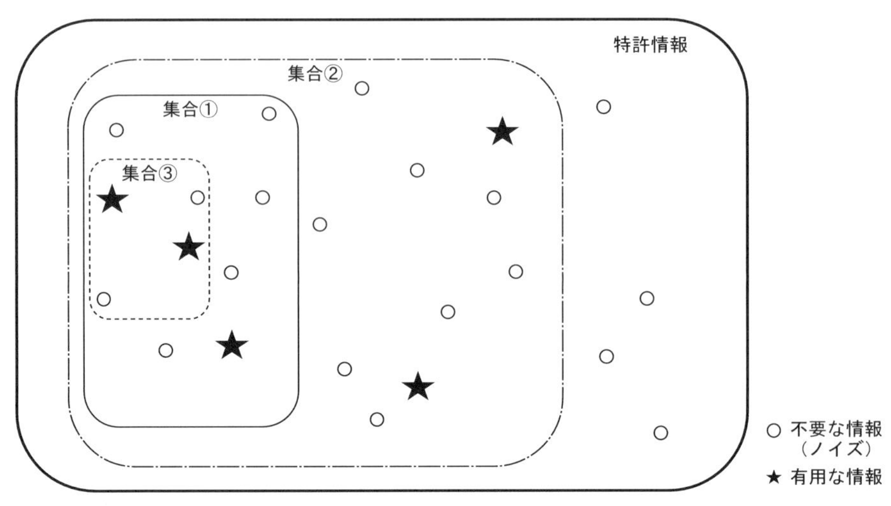

【図表17】母集合の考え方（再現率・適合率）

再現率、適合率について図表17において、集合①を検索により作成した場合で説明する。★マークが必要な特許情報、○が不要（ノイズ）な特許情報である。

集合①
再現率：60％
全体には５個の★（有用な情報）があり、集合①にはそのうち★が３個含まれているため、再現率＝60％
適合率：30％
集合①に含まれる10個の特許情報のうち、３個が★（有用な情報）、７個の○（不要な情報）となり適合率＝30％

理想的な特許調査は、再現率と適合率の両方が適度に高いことであるが、集合①の再現率を上げるために集合を広げて集合②にすると有用な情報★を５個全て抽出し、再現率5/5＝100％になる一方、不要な情報○も８個増えるため適合率5/20＝20％となる。また、集合①の適合率を上げるために集合を狭めて集合③にすると、再現率2/5＝40％となるが、適合率は2/4＝50％となる。つまり、再現率は下がるが、適合率は上がることになる。

このように、一般的には再現率を上げると適合率が下がり、適合率を上げると再現率が下がることになる。

侵害予防調査のように漏れを防止する調査においては、再現率を重視する傾向にある。また、先行技術調査や無効資料調査においては、有用な文献の全てを抽出する必要はなく、必要な事項が記載されている文献が１件でも見つかればよいため、再現率よりも適合率を重視する傾向にある。

具体的には、図表18に示すように、調査種別によって検索（母集合作成）の考え方には違いがある。★が欲しい情報であるとすると、侵害予防調査は、関連する文献をもれなく拾うようにいろいろな観点の検索を組み合わせる母集合づくりが求められる。また、無効資料調査や先行技術調査のように、必要な文献を全て抽出する必要がなく、関連の高い文献を効率良く見つけたい場合、検索はピンポイントで狭く集合を作成したものの組合わせにするとよいとされている。また、動向調査は欲しい情報を網羅的に含むように大きな集合で実施するケースが多い。このように調査の種別によって検索の方針を変える必要がある。

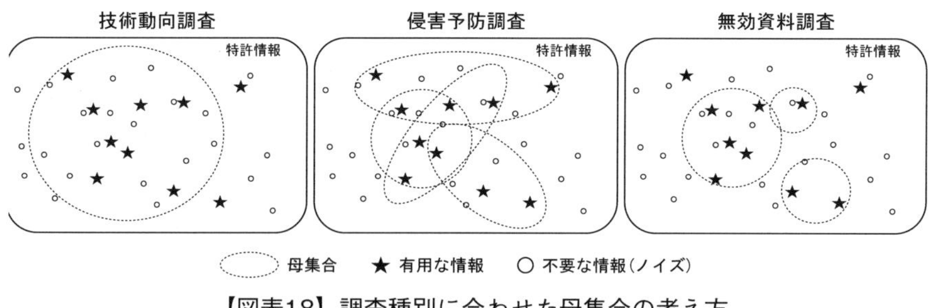

【図表18】調査種別に合わせた母集合の考え方

前述のように、調査には主として４つの調査（先行技術調査、動向調査、侵害予防調査、無効資料調査）があるが、それぞれの調査においても画一的な戦略をとる必要はなく、その調査の状況（かけられる時間〈工数〉など）に応じて設定すればよい。戦略は、調査者が単独で判断するのではなく、調査を依頼する依頼者（開発者、発明者等）と擦り合わせを行い、調査にかけてもよい工数（費用）を考慮して行う必要がある。

（３）検索式の作成

ア．検索式の留意点（キーワードと特許分類の選択）

どのような母集合を作るかという戦略を設定した後に、具体的な検索式の作成となるが、特許分類やキーワードを組み合わせて作成することが一般的である。

検索で特許分類を使用するメリットは、対象技術に関する文献を漏れやノイズが少なく抽出できること、古い文献にも付与されていること、言語化（キーワード化）が難しい技術であっても抽出できることなどが挙げられる。

一方で、特許分類を使用するためには、特許分類の知識が必要であり、また、最新の技術には特許分類自体が整備されていない場合があることなどに注意が必要である。

検索でキーワードを使用するメリットは、特許分類の知識がない、又は特許分類が付与されていないような最新の技術であっても、技術的特徴を示す用語等から検索ができることである。

一方で、想定される意図以外にも使用され得るキーワードの場合、ノイズが多く含まれてしまったり、同義語等を、網羅的に使用しなければ母集合に必要な公報が含まれない（漏れる）可能性があることに注意が必要である。

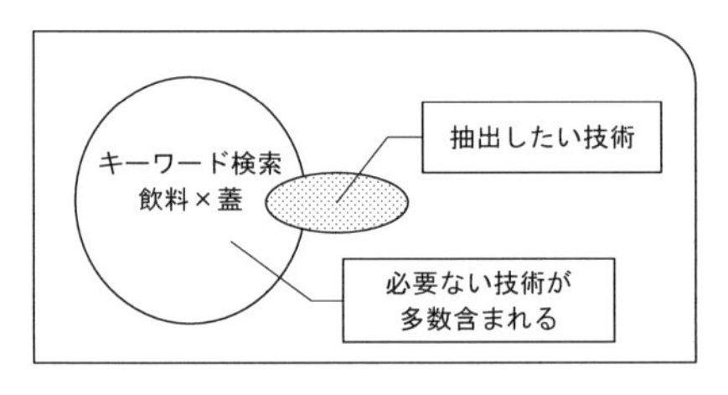

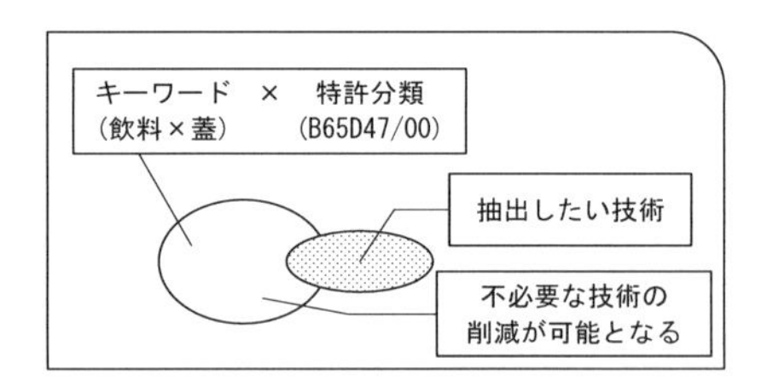

【図表19】キーワード検索とキーワード・特許分類組合せ検索

したがって、特許分類とキーワードのそれぞれのメリット、デメリットを理解した上で、それぞれをうまく利用した検索式を作成するのがよい。

ここで、特許分類を使用する際の注意点として特許分類の階層構造を考慮した式にすることが挙げられる。特許分類は階層構造になっており、必要な特許分類について、その分類より下位の分類を含めた調査範囲にしなければ、所望の検索結果にならない（母集合に漏れが生じてしまう。）点に注意が必要である。

イ．予備検索及び検索式作成の流れ

検索の方針が固まったら、予備検索をするとよい。予備検索とは、実際の検索をする前に、関連する技術や技術常識、特許分類やキーワードの把握を目的として予備的に行う検索である。通常、複数のキーワードを掛けて数十件程度の母集合を作成し、該当する特許文献を数件抽出する。予備検索では母集合を全てスクリーニングしたり、母集合の件数を限定したりする必要はないが、該当する数件の特許文献を効率良く抽出するには、母集合は数十程度が望ましい。

そのため、予備検索で使用するキーワードは、必須となる用語を選定すべきである。
該当する特許文献を抽出すると、当該文献に付与されている特許分類を調べ、適切な特許分類が存在するかどうかを確認する。適切な特許分類があれば、先ほどのキーワードの代わりに特許分類を用いて再度検索を行い、キーワードの類義語や同義語を確認する。これを繰り返すことで、適切な特許分類やキーワードを抽出していく。
予備検索で適切な特許分類やキーワードの抽出が終わると、各調査に応じた検索式を作成することとなる。先行技術調査や無効資料調査では、新規性を否定できる範囲から進歩性を否定できる範囲に徐々に拡大して検索式を作成する。また、侵害予防調査では、侵害する可能性の高い箇所から順に検索式を作成する。

（4）母集合のスクリーニング

検索式を作成してできた母集合の公報をスクリーニングし、調査目的に応じた文献を探し出す際の留意点について説明する。一般的に、スクリーニングは、その結果が調査の最終結論となるため、調査の中で最も時間がかかる作業の一つである。
そのため、必要な確認には十分に時間をかける必要がある一方で、どのようにすれば効率的にスクリーニングできるのかを工夫する必要もある。

検索式は、通常、複数の観点で作成する必要があり、図表20のように、複数の小さな集合が集まって、１つの母集団になっている。スクリーニングする際には、実際に見ている公報が、どの集合に含まれているかを想像しながらスクリーニングするとよいが、各公報をどのような基準で、どこの記載を重点的に見るか等の戦略は、検索式作成の段階で、併せて検討しておくのがよい。
具体的なスクリーニング基準としては、例えば以下のようなものが挙げられる。

・優先する公報種別（公開公報、特許公報）
侵害調査なら特許公報、先行技術調査や無効資料調査なら公開公報が一般的である。近年では、早期審査の利用で公開公報が発行されずに特許公報のみ発行される場合もあるため、先行技術調査や無効資料調査において、公開公報が発行されていない特許については特許公報を含めることもある。

・公報のどこの記載を確認すべきか（請求項のみ、全文）
侵害調査なら全請求項、先行技術調査や無効資料調査なら全文が一般的である。また、動向調査においてミクロ調査をする場合には、請求項（独立請求項）のみを確認することが多い。

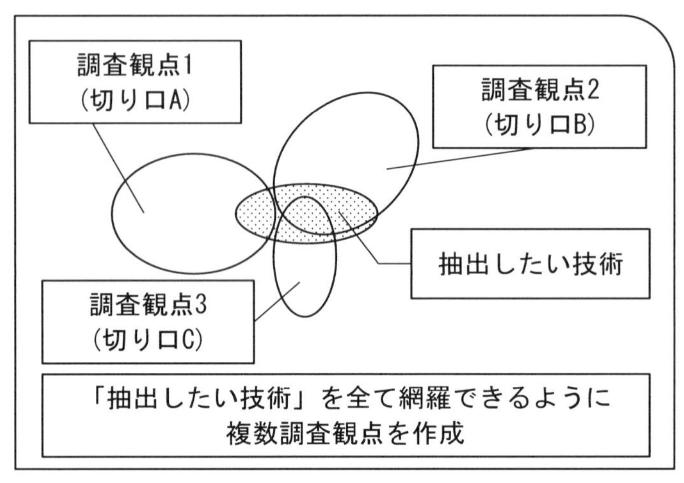

【図表20】母集合作成の考え方

・外国特許も含む調査の場合、ファミリーでまとめて見るか、１件ずつ見るか

上記のほかにも効率良くスクリーニングを進めるため、検索式作成の際の各集合に優先順位を付けて見てもよいし、侵害予防調査の場合、出願人や、筆頭FI（一番目に付与されたFI）等で並び替えると関連する技術ごとに確認することができる。

また、先行技術調査や無効資料調査の場合、１件でも新規性を否定する文献が見つかれば調査の目的は達成されるため、技術的に関連する可能性の高い公報から順に見る方法がある。近年の商用データベースのAI機能などにより、作成した母集合を、検索条件に対して関連性の高い順番に並び替えてもよい。

（5）調査結果（結論）を整理

（4）で探し出した文献を精査・分析し、各調査目的に該当する文献が抽出されているか（該当する文献がなかったか）を確認し、特許調査は終了となる。ただ、調査終了で全て終わりではなく、その後、いかに有効な知財アクションにつなげていくかが重要である。調査の目的、その調査結果をその後の企業活動（研究開発）にどのようにいかすか、具体的に何を検討すべきかを念頭に置きつつ調査を進めていただきたい。

なお、下記のアクションは飽くまで一例となるが、より具体的には他章（節）において紹介しているため詳細な説明は省略する。

調査種別	調査結果から得られること	つながる知財アクション(例)
①先行技術調査	・関連特許の有無 ・関連特許の類似度	・出願の方針を決定（出願要否検討） ・内容変更を検討（請求項見直し）
②技術動向調査	・業界動向（件数推移、年別推移） ・主要プレーヤー情報（ランキング） ・急伸プレーヤー情報（直近出願増プレーヤー） ・急伸技術情報（直近出願増技術）	・開発の方向性検討 ・出願戦略検討 ・ライセンス検討
③侵害予防調査	・懸念特許の有無 ・侵害の可能性 （登録⇒権利範囲確認要、公開⇒経過確認や登録後対策検討）	・侵害鑑定 ・製品実施可否、設計変更検討 ・無効鑑定・異議申立て用調査検討 ・ウオッチング（経過観察）実施
④無効資料調査（有効性調査）	・無効化の可能性 （抽出特許の組合せによる）	・異議申立て、無効審判請求実施 ・設計変更・ライセンス検討 ・ウオッチング（経過観察）実施 ・訂正審判請求（有効性調査の場合）

【図表21】各調査終了後の知財アクション（例）

4．つながる特許調査

つながる特許調査として、基本的な意識や手法は、例えば次のとおりである。

（1）つながる先行技術調査

つながる先行技術調査では、先行技術調査を、特許出願の権利化の可能性や品質、コストパフォーマンスの向上につなげる意識を持つことが重要となる。例えばつながる先行技術調査では、上位概念の発明だけでなく、背景や課題、又は下位概念の発明の把握や背景・課題も把握した上で調査を行う。これらの情報に基づいて、背景や課題も含めて、先行技術文献との相違点や論理付けを明確に報告するとともに、上位概念だけではなく、下位概念の発明も含めて先行技術文献に記載の発明との差別化ポイントを整理・提言する。

（２）つながる動向調査

つながる動向調査では、動向調査を、企画・アイデアにつなげる意識を持つことが重要となる。つながる動向調査では、分野の特定だけではなく、企画・アイデアの背景や目的、業界地図、自身の特徴（得意な技術、解決課題、製品サービス等）、競合他社も把握した上で調査を行う。背景や目的に応じた特許分類の軸を設定するとともに、業界地図との整合性も確認しながら、必要に応じて自身の特徴や競合他社については簡単なミクロ調査も行う。これにより、マップ上で自身と他者の強み／弱みを明確にでき、自身や競合他社の動向を細かく察知できることがある。

さらに、集計の結果、特許出願動向の特異点（件数の急激な変化等）がある場合、その理由を特定して説明の準備をしておくことが望まれる。特異点となった公報を読み込む（特に背景技術）と、技術革新・規制緩和等の市場の変化を見つけやすく、例えば自身が変化に十分対応できているか、他者はどのように変化に対応しているか等の議論につながることもある。

（３）つながる侵害予防調査

つながる侵害予防調査では、製品・サービスに対する特許リスクの把握とリスクヘッジにつなげる意識を持つことが重要となる。つながる侵害予防調査では、業界地図（特に競合他社や新規参入者）、製品・サービスの特徴（セールストーク、効果、解決課題等）も把握した上で調査を行う。例えば競合他社の特許件数で検索式の精度を確認しながら漏れのない調査を行う。侵害予防調査の結果によっては、自身の特許も含めた特許リスクの検討を行うため、同一の母集合において、自身と競合他社との特許件数や特許評価値を比較することもある。また、侵害予防の対策として、侵害回避の提案を行うが、その際、製品・サービスの特徴も考慮し、それらの特徴を損なわないような提案を第一優先とすることがある。

その他、リスクヘッジとして、母集合に含まれる自身の特許が、競合他社へのクロスライセンスの対象にならないかどうかを検証する場合もある。

このように、特許権侵害の検証対象となる特許文献を選定するだけでなく、自身の特許も検証することで、特許リスクの把握とリスクヘッジにつなげることができる。

（４）つながる無効資料調査

つながる無効資料調査では、他者の特許を無効にする意識を持つことが重要となる。無効審判請求書や無効鑑定書では、対象特許の特許発明と公報等に記載された引用発明が、構成要件ごとに対比される。よって、つながる無効資料調査では、構成要件ごとに、特許発明と引用発明を対比して報告することがある。

また、進歩性違反を理由とした特許無効では、主引用発明を示す証拠「主引例」と、特許発明と主引用発明の相違点に係る構成を示す証拠「副引例」が提出される。つながる無効資料調査では、「主引例」の調査結果によっては、「副引例」も調査する。ここで、「主引例」と「副引例」は、課題・作用効果の共通性等により、組合せの容易性が求められる。例えば課題・作用効果で絞り込んで「副引例」を探すことで、「主引例」と組み合わせ容易な「副引例」を見つけ出し、より有効な無効理由につなげることができる。

5．まとめ

本稿では、主な特許調査の種別や実施すべきタイミング、特許調査を実施するために知っておくべき情報（公報種別、特許分類、特許検索で利用するデータベース）、各調査に共通する作業の流れ、そして本書籍のテーマでもある「つながる特許調査」について、基礎的な観点から紹介した。調査を実施する際には、調査種別や対象技術分野によって、更に詳細な手順や進め方、結果の活用方法が存在する。それらの詳細については、該当する他の節を参照されたい。

<参考文献・注釈>

※1　特許庁審査部長　安田太「特許権に対する無効・異議制度の実情」(2022年)
https://www.jpo.go.jp/news/kokusai/seminar/document/chizaishihou-2022/shiryo-2_7.pdf

※2　特許庁「2023年度知的財産制度入門テキスト」
https://www.jpo.go.jp/news/shinchaku/event/seminer/text/document/2023_nyumon/all.pdf

※3　J-PlatPat操作マニュアル

※4　JDream Ⅲのウェブサイト
https://jdream3.com

※5　J-GLOBALのウェブサイト
https://jglobal.jst.go.jp
J-STAGEのウェブサイト
https://www.jstage.jst.go.jp/browse/-char/ja

※6　CiNiiのウェブサイト
https://cir.nii.ac.jp

2節　検索式の作り方の基礎

西澤 和純・鈴木 佐知子・石井 友莉恵

特許調査分析において、最初の難関となるのは、検索式の作成という者も多い。検索式を作成するときには、検索結果の特許文献の件数だけではなく、所望の特許文献が含まれている確率等も意識しなければならない。また、検索式の作成には、特許分類を知り、最適な特許分類を選択する必要もある。

本稿では、特許調査を実施するときに、検索式を作成する際の考え方や手順を説明し、また、注意事項及び禁止事項についても紹介する。

1．検索式の作り方

（1）調査観点の抽出

初めに、調査対象のどこに着目して調査を行うかを明確にするために、調査対象から調査観点を抽出した上で、検索式を作成する必要がある。

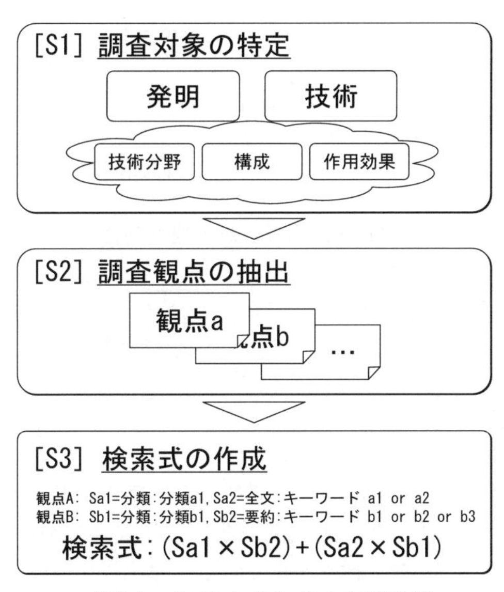

【図表１】検索式作成の事前準備

ア．［ステップＳ１］調査対象の特定

まず、調査対象を特定する。調査対象とは、調査をする対象であり、先行技術調査や無効資料調査などの場合は出願前の「技術」が調査対象となり、侵害予防調査などの場合は「特許発明」が調査対象となる。調査対象の簡単な例としては、請求項に係る発明又は技術であり、特徴を単刀直入に表したものである。調査対象は、請求項に係る発明の構成の一部あるいは全部を技術分野や作用効果などで特定する。これらを踏まえた上で、適切な調査観点を抽出し、抽出した調査観点に基づき検索式の作成を実施する。

イ．［ステップＳ２］調査観点の抽出

次に、ステップＳ１で特定した調査対象から調査観点を抽出する。調査観点とは、調査対象の要素であり、簡単な例としては調査対象の発明又は技術を分節したものである。調査観点については、調査観点の論理積で調査対象を包含することが原則である。ここで、特許文献は、発明の技術的主題に応じて、付与される特許分類や、キーワードが含まれる範囲が異なる。そのため、検索式の作成においては、多角的な視点から調査対象を捉え、調査観点を抽出することで、漏れの少ない母集合を作成することができる。

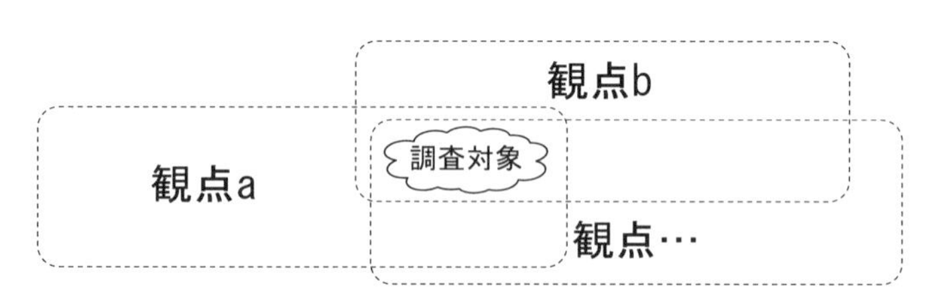

【図表２】調査観点の設定方法

ウ．［ステップＳ３］検索式の作成

ステップＳ２で抽出した調査観点から検索式を作成する。検索式の作成手順は、次のとおりである。

（２）検索式の作成手順

ステップＳ３の検索式の作成について具体的な手順を説明する。

図表３は、検索式の作成手順を表す図であり、調査対象から調査観点（観点ａ、観点ｂ、…）を抽出した後の手順を表している。検索式を作成するときには、まずは調査観点から特徴となるキーワードや特許分類等（特徴要素）を抽出し、各特徴

要素を類語（同義語、上位／下位等）へ展開する。類語のうち、キーワードについては､表記揺れも考慮したキーワードへ展開する。展開した分類やキーワード（要素）を用いて条件式を作成し、条件式を組み合わせた論理式を作成することで、検索式が完成する。

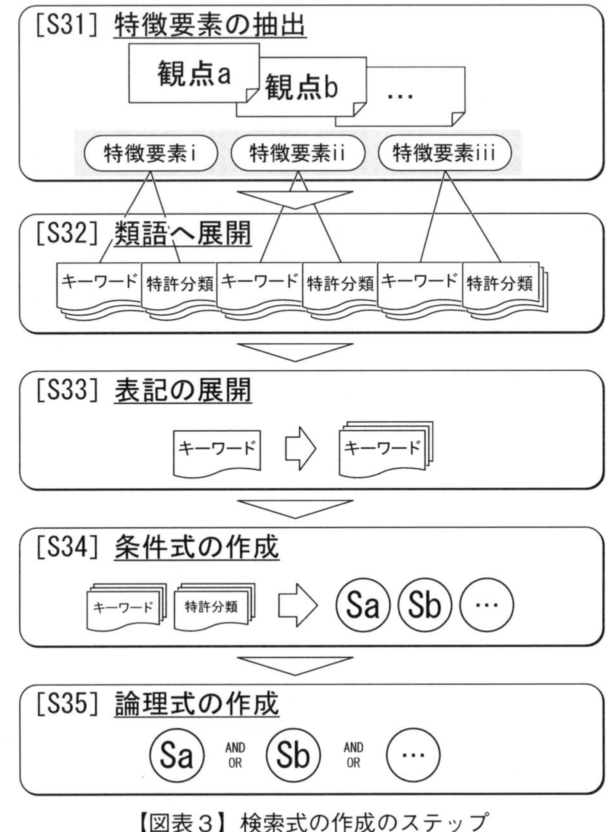

【図表３】検索式の作成のステップ

以下、各手順について、詳細を説明する。

ア．［ステップＳ31］特徴要素の抽出

各調査観点から特徴となる特徴要素（特徴的なキーワードや特許分類等）を抽出する。

具体的には、調査観点を分割するなどして発明や技術を単語にする。それらの単語から、特徴的な構成や機能、作用等のキーワードを選択し、特徴要素とする。また、特徴要素となる特許分類については、調査対象の技術分野や用途等で特定する。

イ．［ステップＳ32］類語へ展開

ステップＳ31で抽出した特徴要素を類語へ展開する。類語とは、同義語／類義語等（例えば同義語、広義語、類義語、狭義語、関連語、連想語）、又は上位語／下位語である。類語へ展開するときには、図表４に示すような類語展開シートを用いて特徴要素を表す「キーワード」と「特許分類」に分けて整理していく。

類語展開（類語展開シート）

		調査観点a	調査観点b	…
キーワード	検索キー			
	同義語/類義語等			
	上位語/下位語			
特許分類	IPC			
	FI			
	Fターム			

【図表４】類語展開シート

（ア）キーワードの展開

キーワードは、特徴語だけでなく、これらの同義語／類義語等、上位語／下位語についても展開することが重要である。その理由は、特許文献は、出願人や特許明細書の作成者によって、使用される用語や上位概念化が様々であり、異なる同義語や別レベルの概念の用語が使用されるからである。キーワードの検索ツールによっては、類語検索が搭載されているものもある。また、Web検索などを活用するのも良い手段である。

（イ）特許分類の展開

特許分類は、特許情報を体系的に分類するために、特許庁により付与された分類である。有限、かつ、発明に応じて付与された特許分類を活用することで、ほぼ無限に存在するキーワードよりも、所望の特許文献が抽出される確率を上げる〈関連の低い特許文献（ノイズ）を減らす〉ことができる。

なお、特許分類は、調査観点に関連するものを調査対象（国など）に応じて、IPC、FI、Ｆタームなどから抽出するとよい。

IPC 等の特許分類は、階層化されているので、上位の特許分類や下位の特許分類にも展開するかどうかも同時に検討する。また、留意点として、階層化されているがゆえに、分類同士の重複がないこともある。このことは、各分類の検索結果の集合同士の論理積を取った場合に、論理積に属する公報がないことを意味する。ここを注意点として、後に言及する。

（ウ）予備検索

キーワードや特許分類を抽出する際には、予備検索を行うことが有効である。予備検索は、簡単な検索によって、調査対象と同一又は類似の発明等が記載された特許文献を抽出することである。抽出した特許文献には特許分類が付与され、類語のキーワードも記載されていることがあるので、特許分類や類語が抽出できる。

なお、予備検索は、一般的には、要素を表すキーワード同士の掛け合わせにより、数十件程度の母集合を作成する。調査観点に近しい特許文献を抽出することを目的とするため、特に関連性の高いキーワードに絞って検索に用いることが望ましい。作成した母集合に含まれる特許文献について、付与されている特許分類や用いられているキーワードを確認することで、実態に即したキーワードや特許分類の抽出が可能となる。

ウ．［ステップＳ33］表記の展開

キーワードには、同じ内容を表すものであっても、異なる言葉で表されているものや、漢字・平仮名・カタカナによる違い、送り仮名の付け方の違いなど、表記揺れが存在する。前述の類語展開シートでは、同義語や上位概念及び下位概念などの異なる言葉で表される異表記について検討した。ここでは、漢字・平仮名・カタカナによる違い、送り仮名の付け方の違いなどの表記揺れについて検討する。前述したとおり、特許文献は特許明細書の作成者によって使用される用語が様々であるため、これらの表記揺れについても対策が必要となる。

図表５に示すような表記展開シートを用いることで、類語展開シートで展開したキーワードについて、表記揺れを整理する。

また、複数のキーワードを組み合わせる場合、AND 演算では、関連の低いノイズを多く含み、調査観点を適切に表現することが難しい場合がある。そのような場合において、複数のキーワードの間隔を指定して検索を行う近傍検索を利用するとよい。近傍検索には、キーワードが順序どおりに並んでいる場合にヒットするものと、キーワードの順序は考慮しないものがあり、必要に応じて選択する必要がある。

例えば「つながる adj5 調査」では、「つながる」と「調査」の間が５文字以内となるものが抽出されるので、「発明発掘とつながる動向調査」や「特許出願とつながる先行技術調査」が抽出される。

表記展開（表記展開シート）

調査観点	キーワード	表記揺れ	近傍検索
調査観点a	●●●●	●●、○○、…	（●●+○○）adj5（■■+□□）
	■■■		
調査観点b			
・・・			

【図表５】表記展開シート

エ．［ステップＳ34］条件式の作成

（ア）調査対象とキーワード・特許分類

ステップＳ32の類語展開シート及びステップＳ33の表記展開シートで抽出したキーワード及び特許分類（要素）を用いて、条件式を作成する。

具体的には、条件式は検索範囲を表す検索対象と、当該検索対象内で検索に用いるキーワードや特許分類から構成される。キーワードを用いる検索対象には、発明の名称、要約、特許請求の範囲、全文などがある。特許分類を用いる検索対象としては、IPC、FI、Ｆタームなどの特許分類の種別を選択する。

（イ）検索対象の注意点

検索対象を全文とする場合、広範囲での検索を実行することができるが、ヒット件数が多くなるだけでなく、発明等の主題に関連しない箇所に記載された言葉により抽出されてしまう可能性がある。そのため、意図している特許文献が抽出されるように、どの範囲について検索を行うかを検討する必要がある。

一方、検索対象を、発明の名称、要約、又は特許請求の範囲とする場合、発明等の主題に関連する特許文献が抽出されるが、これらの箇所は上位語が用いられる。そのため、良い上位語を抽出できなかった場合、所望の特許文献を抽出できない可能性がある。一般的には、用途などの技術分野に係る記載が「発明の名称」に、課題や効果などの発明の背景が「要約」に、技術構成などの発明の技術的主題に係る記載が「特許請求の範囲」に記載されていることが多い。

また、特許明細書等では、発明の名称、要約、又は特許請求の範囲は上位語、全文（明細書）は下位語及び上位語が用いられる。類語展開シートを用いる際の予備調査の段階で、キーワードが特許文献のどの検索対象に記載されているかを確認し、検索対象ごとにキーワード等を整理することも重要になる。

条件式

調査観点	条件式	検索対象	
調査観点a	Sa1	特許分類	A12B34/56
	Sa2	キーワード	(●●+○○) adj5 (■■+□□)+▲▲
	Sa3		
調査観点b	Sb1		
	Sb2		
・・・			

発明の名称、要約、特許請求の範囲、全文、など

【図表６】条件式

オ．［ステップＳ35］論理式の作成

最後に、ステップＳ34で作成した条件式を組み合わせて、論理式を作成する。論理式では、異なる調査観点同士の論理積／和／否定演算を行う。

論理積演算は、一般的にANDや＊で表される。論理積演算を用いることで、複数の調査観点を有する特許文献に絞り込むことができ、調査対象への関連度が高い（濃度の濃い）特許文献を抽出することができる。少ない件数で、効率良く関連する特許文献を抽出したい出願前先行技術調査に、特に適した演算方法である。

論理和演算は、一般的にORや＋で表される。論理和演算を用いることで、複数の調査観点の少なくとも一方を有する特許文献に絞り込むことができる。漏れの少ない調査を実施する必要のある侵害予防調査に、特に適した演算方法である。

論理否定演算は一般的にNOTや＃で表される。論理否定演算を用いることで、不要な要素を含む特許文献を除外できるため、ノイズを減らす目的で使用されることがある。ただし、必要な要素と不要な要素のいずれも含まれている特許文献がある場合、論理否定演算を用いると、必要な要素を含む特許文献も除外されてしまう。

このように、意図しないものまで除かれてしまうおそれがあるため、論理否定演算を用いる際は注意が必要である。

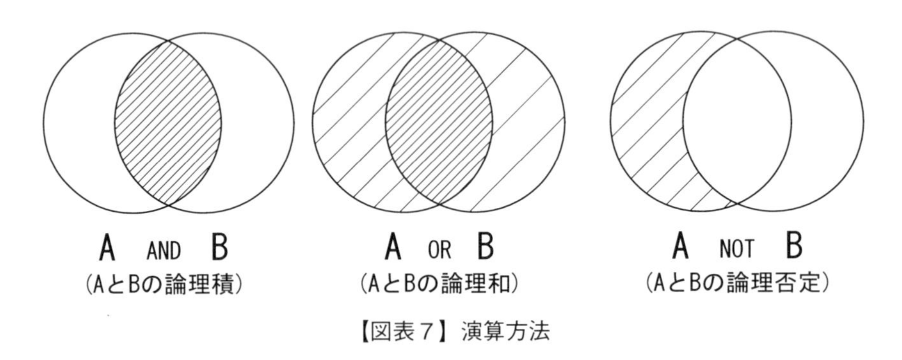

【図表７】演算方法

基本的には、１つの調査観点にキーワードと特許分類が含まれている。キーワードａと特許分類ａを含む観点ａと、キーワードｂと特許分類ｂを含む観点ｂの２つの調査観点について論理式を作成する場合は、特許分類ａ×キーワードｂの式①と、キーワードａ×特許分類ｂの式②の論理和演算を構築することが最適である。この時、特許分類ａ×特許分類ｂや、キーワードａ×キーワードｂを用いることは、漏れやノイズを増やす原因となるため推奨しない。

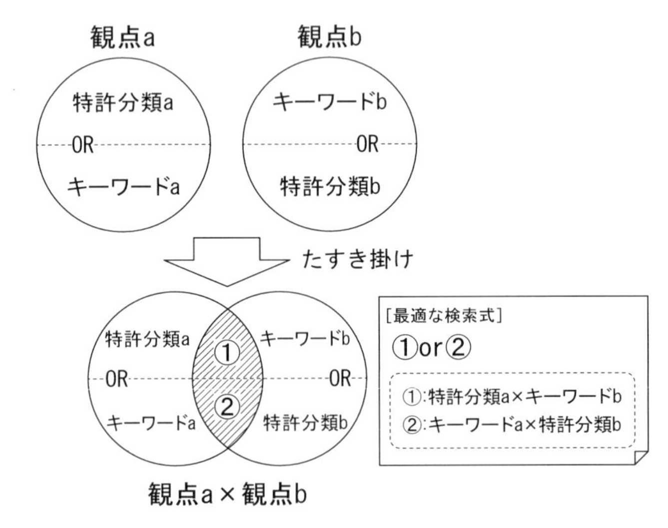

【図表８】論理式の考え方

また、３つ、４つと複数の調査観点を組み合わせて論理和演算をすることで、異なる視点からアプローチをすることができ、漏れを減らすことができる。一方で、多数の調査観点を網羅したものが対象技術となるため、ノイズが増える原因ともなり得る。ノイズが少ない効率的な調査を実施する際には、調査観点は２つが望ましいと考える。実際には、調査の目的（先行技術調査、侵害予防調査、無効資料調査など）に応じて、調査観点の数、内容などを設定する必要がある。

（３）検索式の作成事例

前述した調査観点の抽出及び検索式作成手順に基づき、検索式の作り方について説明する。

ア．［ステップＳ１］調査対象の特定

本事例では、「断面が六角形で転がりにくい鉛筆」を調査対象とした。

イ．［ステップＳ２］調査観点の抽出

調査対象を分節すると、「断面が六角形で転がりにくい」と「鉛筆」を挙げることができるため、これらを調査観点ａ、調査観点ｂとした。

ウ．［ステップＳ３］検索式の作成

（ア）［ステップＳ31］特徴要素の抽出

ステップＳ２で抽出した調査観点について、特徴要素として、調査観点ａから「六角形」を抽出した。調査観点ｂについては、調査観点の抽出段階で具体的なキーワードを設定していたため、「鉛筆」を特徴要素として抽出した。

（イ）［ステップＳ32］類語へ展開

ステップＳ31で抽出した特徴要素を、類語展開シートを用いて類語へ展開した。特徴要素を検索キーとして、「六角形」から、三角形、四角形、五角形、多角形、角形のキーワードを抽出した。「鉛筆」から、筆、ペン、筆記用具のキーワードとB43K19/02（繰出さない鉛筆；尖筆；クレヨン；白墨＞鉛筆；色鉛筆）のIPCを抽出した。

類語展開（類語展開シート）

		調査観点a	調査観点b
キーワード	検索キー	六角形	鉛筆
	同義語/類義語等	三角形、四角形、五角形	筆、ペン
	上位語/下位語	多角形、角形	筆記用具
特許分類	IPC		B43K19/02
	FI		
	Fターム		

【図表９】（事例）類語展開シート

IPCを抽出する際には、下記のような予備検索を実施し、特許文献に付与されている特許分類を確認した

［予備検索］　発明の名称　=　鉛筆

（ウ）［ステップS33］表記の展開

ステップS32で抽出したキーワードについて、表記展開シートを用いて表記揺れを抽出した。「六角形」の類語については算用数字へ、「鉛筆」の類語については平仮名や異なる言葉での表現について展開した。

表記展開（表記展開シート）

調査観点	キーワード	表記揺れ	近傍検索
調査観点a	六角形	6角形	(3+4+5+6) adj (角形)
	三角形	3角形	
	四角形	4角形	
	五角形	5角形	
調査観点b	鉛筆	えんぴつ	
	筆記用具	筆記具	筆記 adj3 具

【図表10】（事例）表記展開シート

展開したキーワードについて、近傍検索を用いることでシンプルな構成の式を組

み立てることができる。「六角形」の類語については、「角形」が共通しているため、（３＋４＋５＋６）adj（角形）と表現することができる。筆記用具については、「筆記」と「具」が共通しているため、筆記 adj 具と表現することができる。

（エ）［ステップＳ34］条件式の作成

ステップＳ32の類語展開シート及びステップＳ33の表記展開シートで抽出したキーワード及び特許分類を用いて、条件式を下記のとおり作成した。

調査観点ａについて、特徴要素の「六角形」に対応する条件式としてキーワードの条件式Sa1を作成した。調査観点ｂについては、特徴要素「鉛筆」に対応する条件式として、キーワードと特許分類の条件式Sb1、Sb2を作成した。

今回の事例では、発明などの主題に関連した要素であると判断し、キーワードの検索対象を要約、特許請求の範囲、発明の名称とした。なお、条件式Sb1では、前述の類語展開シート及び表記展開シートで抽出した全てのキーワードを含めていないが、「鉛筆、筆記用具、筆記具」には「筆」が含まれているため、下記の条件式Sb1で網羅することができている。検索した結果、ノイズを増やす原因となっている場合には、「筆」ではなく検討した「鉛筆、筆記用具、筆記具」を使用するとよい。

調査観点	条件式	検索対象	
調査観点a	Sa1	要約+特許請求の範囲+発明の名称	(3+4+5+6) adj (角形)
調査観点b	Sb1	要約+特許請求の範囲+発明の名称	筆+えんぴつ+ペン
	Sb2	IPC	B43K19/02

【図表11】（事例）条件式

（オ）［ステップＳ35］論理式の作成

最後に、ステップＳ34で作成した条件式Sa1、Sb1、Sb2を組み合わせて、下記のとおり論理式１を作成した。

今回の事例では、調査観点ａに対応する特許分類は抽出されなかったため、単純に調査観点同士の掛け合わせを行った。また、一般的にはキーワード同士（Sa1、Sb1）の掛け合わせはノイズが増えるため行わないことが多いが、今回の事例は特徴的な要素であり、ある程度範囲を絞り込むことができるため、キーワード同士の掛け合わせも行った。

［論理式１］　Sa1 AND (Sb1 OR Sb2)

さらに、仮に調査観点ａに対応した特許分類（物体の形状に関する分類など）を抽出し、条件式Sa2を作成した場合、下記のような論理式２を作成することとなる。なお、説明のためキーワード同士の掛け合わせは考慮しないこととした。このように、キーワードと特許分類が互いに掛け合わさるように論理式を作成することを、たすき掛けという。

［論理式２］（Sa1 AND Sb2）OR（Sa2 AND Sb1）

（4）検索式作成の全体像

ここまで、事例を通して説明してきた検索式作成について、全体像を示す。

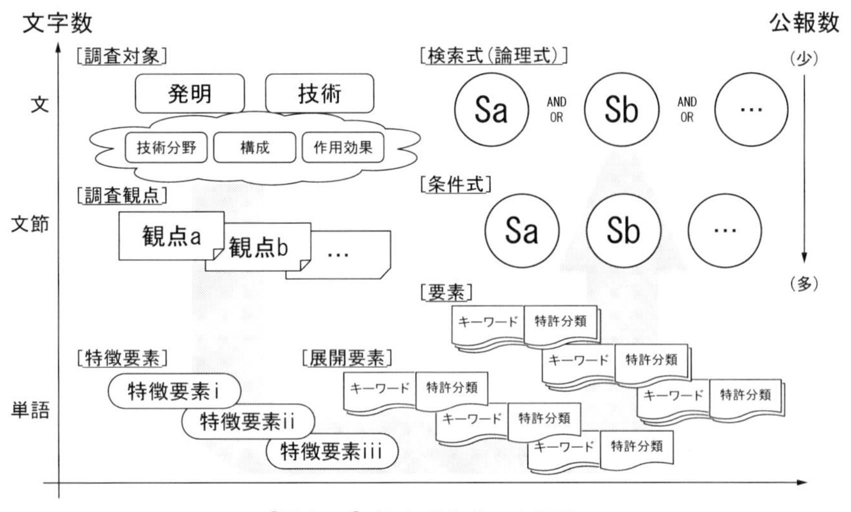

【図表12】検索式作成の全体像

図表12は、検索式作成までの流れを矢印で示している。調査対象 ⇒ 調査観点 ⇒ 特徴要素を検討する際には、文 ⇒ 分節 ⇒ 単語と文字数が小さくなる方向へ深掘りをしていく。その後、展開要素 ⇒ 要素 ⇒ 条件式 ⇒ 論理式の流れで検索式を作成していく。論理式は条件式を組み合わせて作成するため、公報数が少なくなるように絞り込むこととなる。

２．検索式作成の注意・禁止事項

検索式を作成する上での注意事項や禁止事項について説明する。

（１）特許分類同士の論理積演算

IPC や FI は、発明の技術的主題に対して付与されており、実施例にのみ記載のある内容については付与されない。そのため、明細書に複数の要素が含まれる特許文献であっても、一部の要素についてのみ特許分類が付与されている場合がある。

そのような場合に、IPC 同士や FI 同士などの分類の論理積演算を行うと、漏れが生じることとなる。

また、特許分類は、複数の技術分野を含む発明について、必ずしも全ての技術分野に対応する特許分類が付与されているとは限らず、どれか一つの技術分野の特許分類が付与されている場合がある。そのため、異なる技術分野の特許分類の論理積演算を行うと、漏れが生じることとなる。

一方で、Ｆタームは、目的や用途、構造などの様々な観点について細分化された特許分類であり、同一のテーマコード内でのＦタームの論理積演算は、検索式を作成する上で有効である。ただし、Ｆタームは、FI を基に細分化されているため、異なるテーマコード同士の論理積演算は、前述した IPC や FI 同士の論理積演算と同様に推奨されない。

（２）キーワード同士の論理積演算

検索式作成の際には、前述した要素抽出シートやキーワード展開シートにより、表記揺れを考慮したキーワードを用いることとなる。これらは漏れを防ぐことを目的としているため、特許分類を特定せずに、キーワード同士の論理積演算のみを行う場合は、調査する範囲が広くなり、ノイズを増やす原因となるおそれがある。

ただし、設定する調査観点によっては、キーワード同士の論理積演算が有効である場合もあるため、適宜、検索結果を参照しながら検索式を調整するとよい。

（３）同一の調査観点のキーワードと特許分類の論理積演算

特許分類を用いることで、キーワードを必要とせずに、対象の調査観点に絞り込むことができる。そのため、そこに更に同一の調査観点のキーワードでの絞り込みを実施することは、余り意味をなさない。

3節　電気・ソフトウエア系特許調査の基礎

鈴木 佐知子

1．電気・ソフトウエア系特許調査の概要

特許調査は、特許出願前に自身の発明に関連する先行技術を抽出するための先行技術調査、特定分野の技術や、競合となる他者の動向を把握するための動向調査、他者の特許権侵害を未然に防ぐための侵害予防調査、他者の特許を無効にするための無効資料調査等、様々な目的に応じて実施される。

様々な目的によって、調査対象、実施のタイミング等は異なるが、電気・ソフトウエア系の特許調査の基本ステップは、他の技術分野のものと同様である。本稿では、特許調査の基本ステップについて、主に電気・ソフトウエア系の発明を対象とした場合の特徴や注意点を含めて説明する。

電気・ソフトウエア系特許調査の基本ステップは、① 調査目的・対象技術の把握、② 調査条件の決定、③ 検索集合の作成、④ 文献の読み込み（スクリーニング）、⑤ 結果の整理から構成されている。

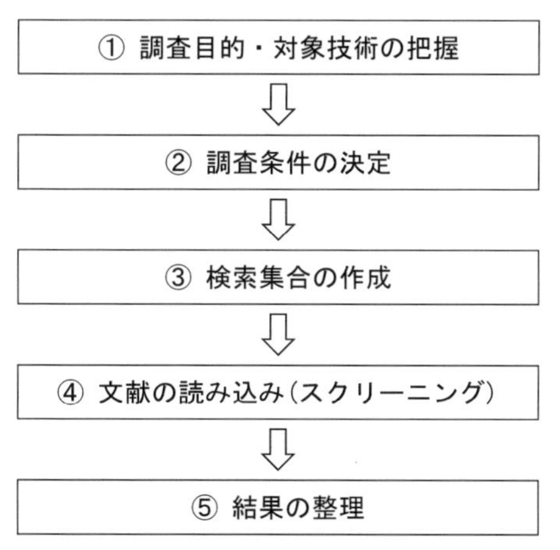

【図表１】電気・ソフトウエア系特許調査の基本ステップ

特許調査の基本ステップにおいて、最初に注意したいポイントは、③ 検索集合の作成である。調査する集合の範囲を広げ過ぎて、検索集合件数が多くなると、当然、その後の④、⑤の作業負荷も大きくなる。一方、調査する集合の範囲を狭め過ぎて、検索集合件数が少なくなると、必要な特許を抽出できない懸念がある。

特に電気・ソフトウエア系の特許明細書等については、他の技術分野と比較して、使用する用語の自由度が高い。その背景として、電気・ソフトウエア系の発明対象はモノではなく制御やソフトウエアであること、制御自体やソフトウエア自体が無体物であってプログラム中のデータ項目や関数等の命名も自由であること、特許明細書等では機能的に構成を記載することやその時々に定義したデータ等を記載することが要因として挙げられる。

このように、電気・ソフトウエア系特許調査では、用語の自由度が高いことから、調査対象とする集合の範囲が複雑化・多様化する傾向があり、他分野と比較して調整が難しいことが特徴である。特許調査の経験がある者でも、電気・ソフトウエア系特許調査において、集合の作成で悩んだり、困ったりした方も多いのではなかろうか。目的に応じたより良い調査結果を得るために、まずは適切な集合を作成することが重要となってくる。

２．検索集合の作成

適切な検索集合を作成するためには、どのようにしたらよいのであろうか。検索集合を作成する以下の工程に沿って、説明する。

- 事前準備：調査対象の設定、技術要素の特定
- 予備検索：簡易的な検索により、特許分類／キーワードを抽出
- 検索式作成：特許分類、キーワード等を用いた式を作成
- 検索式のフィードバック
- 検索集合の確定

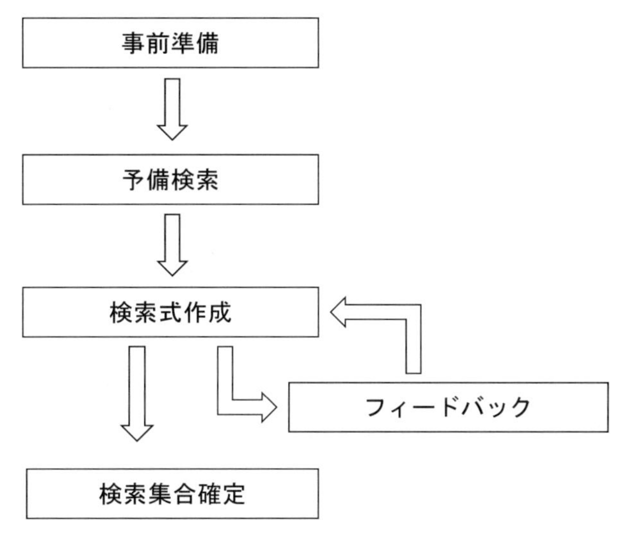

【図表２】検索集合作成の工程

（1）調査対象の設定、技術要素の特定

事前準備では、調査対象の設定や、検索集合の概念となる技術要素の特定を行う。

調査対象の設定では、対象とする国は国内か、外国かを設定することや、優先する公報は、登録優先か、公開優先かを設定すること、検索に使用するデータベースの選定等が含まれる。これらは、調査の目的に応じて設定する。

技術要素の特定とは、ここでは調査対象の技術を要素ごとに項目化することを指しており、前節（2−1　特許調査の基礎）において説明した概念に分けることに対応するものである。電気・ソフトウエア系特許調査の場合、主に技術的に特徴がある要素に注視して概念を設定するため、本稿では技術要素と称している。調査対象の技術を曖昧にせず、具体的かつ明確に特定することで、集合の作成基準が定まり、適切な範囲の集合作成が可能となるため、重要な工程の一つである。

ア．技術要素の箇条書（端的な文章化と分節）

電気・ソフトウエア系特許調査では、まず、発明のポイントを端的に、文章にすることから始める。その後、文章を処理（動詞）ごとに分節して箇条書にし、分節された各文を技術要素とする。ここが、電気・ソフトウエア系特許調査と、主として、部品が技術要素になる機械・構造系特許調査、物質等が技術要素になる化学・材料・バイオ系特許調査との相違点である。

例えば技術分野が「電子カメラ」で、発明のポイントが「顔に自動的にフォーカスして撮影し、アルバムを作成する」であった場合、次のように分節できる。

① 人物の顔を認証する
② 認証した顔に自動的にフォーカスして撮影する
③ 撮影した複数の画像からアルバムを作成する

なお、②は、「フォーカスする」と「撮影する」に分けることもできるが、「撮影する」こと自体には技術的な特徴がなく、また、③にも重複する、当然実施される構成のため、②に統合した。

技術要素は、検索式作成における概念となるため、複数設定することが望ましい。ここで、複数の技術要素同士がかけ離れている場合は、異なる集合を作成した方が望ましい。

例えば技術要素②は、「顔」に「フォーカスして撮影する」ため、技術要素①が必須の要素である。この場合、技術要素①と技術要素②は、同じ検索集合となる。

一方で、技術要素③は、「顔」に「フォーカスして撮影」した写真を抽出して「アルバムを作成」する場合もあれば、「顔」に限らずお気に入りの画像（モノや風景等）からアルバムを作成する場合も考えられる。調査の目的や要求によって、後者を調査対象とする場合は、技術要素①、技術要素②とは異なる検索集合を作成する必要がある。

例：電子カメラ
【技術要素①】：人物の顔を認証する。
【技術要素②】： 認証した顔に自動的にフォーカスして撮影する。
①, ②⇒同じ検索集合

【技術要素③】：撮影した複数の画像からアルバムを作成する。
③⇒異なる検索集合

【図表３】複数の技術要素

技術要素の特定では、開発時に工夫した構成や、特徴的な機能等、自社のアピールポイントや、競合他社製品とは異なる差別化可能な構成等を考慮して、どのような文献を抽出したいか、具体的にイメージしつつ設定する。

イ．その他の技術要素（課題、用途等）

ソリューションやビジネスモデル等のソフトウエア関連では、課題が重要になる。特有の課題等がある場合、課題を特定して、技術要素に用いる場合もある。

進歩性の論理付けのために、課題が同一類似の文献がより望まれることがある。また、ソリューションを検討する際に、同一類似の課題を解決する他の解決手段を参考にしたいという要望がある場合がある。

このような場合において、課題を技術要素に用いることがある。

さらに、用途を技術要素に用いることもある。「○○システムにおいて、」等と、用途を特定するか、特定しないか、についても考慮する。例えば公共・福祉サービスでのみ利用される技術である場合や特定の利用分野にフォーカスを当てて調査したい場合には、用途を特定してもよい。一方、銀行業務、オンラインショッピング等、他分野での利用が想定される技術や、汎用的に活用可能な技術は、用途を特定しない方が望ましい。

（２）検索式の作成

ア．検索式

検索式は、各技術要素について、キーワードと特許分類を設定し、技術要素同士を掛け合わせることで作成する。

技術要素	キーワード	特許分類
技術要素①：顔認証	認証、照合、…	G06T7/00,510@F、…
技術要素②：フォーカス撮影	フォーカス、ピント、…	G03B9/08@H、…
技術要素③：アルバム作成	アルバム、フォトブック、…	G06T 11/60,100@C、…

【図表４】各技術要素のキーワード、特許分類

基本的に各技術要素は、キーワードや特許分類のいずれかを含むように論理和演算を行う。そして、異なる技術要素同士は、全てが含まれるように論理積演算を行う。

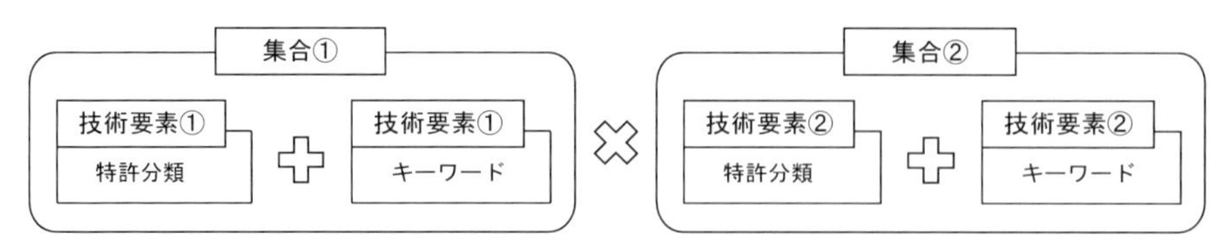

【図表５】検索式による検索集合の作成

ただし、効率的な調査を行う場合、ノイズ（関係のない文献）を減らすために、たすき掛けを行う。たすき掛けは、異なる技術要素の論理積演算において、キーワードと、特許分類とをかけ合わせることである。例えば技術要素①と技術要素②の論理積演算において、技術要素①のキーワードのいずれか、かつ、技術要素②の特許分類のいずれかを含むように、又は技術要素①の特許分類のいずれか、かつ、技術要素②のキーワードのいずれかを含むように検索式を作成する。

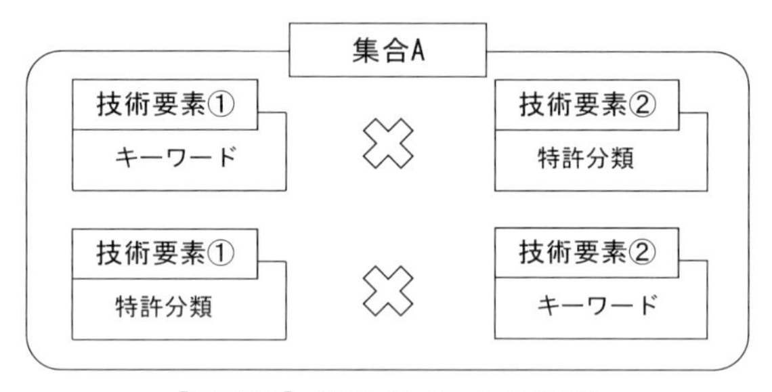

【図表６】検索式（たすき掛け）

イ．予備検索

事前準備で調査対象を設定し、技術要素を特定した後、予備検索を行う。予備検索は、簡易的な検索を行い、関連する特許分類やキーワードを抽出することを目的としている。特に電気･ソフトウエア系特許調査では、用語の自由度が高いことから、キーワードの表記揺れによる影響を低減するため、可能な限り特許分類を活用した検索式を設定することが望ましい。そのため、技術要素に対応した適切な特許分類を見つけ出すことが重要になる。

予備検索では、「タイトル／要約／請求項」「出願人／権利者」等の検索フィールドに、関連語、競合他社の企業名等の事前情報を設定する。予備検索では、技術要素の全範囲をカバーする必要はないため、「出願日」の検索フィールドに、直近10年分等を指定して件数を絞り込むのも良い方法である。簡易的に作成した集合から関連する特許を抽出し、関連特許の書誌情報から特許分類を抽出する。

　また、関連特許の本文から、キーワードとなる語句を抽出する。この時、予備検索で使用した関連語の同義語、その他の言い回しや、ノイズとなる語句に注視しつつ、キーワードを選定する。

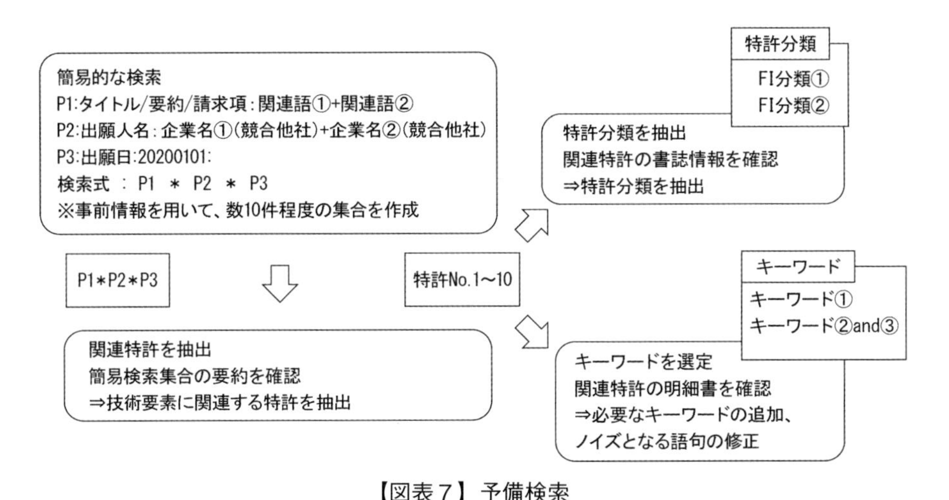

【図表７】予備検索

　予備検索の結果から、抽出した特許分類、キーワードを用いて作成した検索式により、検索集合を作成する。検索式には、特許分類とキーワードを組み合わせることが望ましい。キーワードのみで検索式を作成した場合、「カメラ」や「撮像装置」等といった異なる言い回しによる表記揺れをカバーできず、必要なものが漏れてしまう場合がある。また、人工知能に関連するキーワード「AI」「NN」や、特定のアルゴリズム等のアルファベットをキーワードとした場合、化学系特許の物質名等がヒットし、ノイズが多く含まれる場合がある。検索式作成に特許分類を用いることで、これらの問題を抑制することが可能となる。

　作成した検索集合については、妥当性を確認する。検索集合の妥当性とは、「関連特許が含まれているか」「件数は適切な範囲であるか」等について、確認することである。妥当性の確認に応じて、特許分類やキーワードを修正し、フィードバックを行う。フィードバックでは、必要な特許分類の追加等の特許分類の見直しを行う。特に電気・ソフトウエア系特許では、複数の技術分野の特許分類（例：A63、G06、H04等）が付与されている場合があり、予備検索で抽出した特許分類では不十分な場合がある。また、ノイズとなる文献に多く含まれる語句については、他の語句との組合せ演算（例：and 演算、近傍演算等）を考慮する必要がある。フィードバックは、関連特許が含まれ、かつ、適切な件数となるまで繰り返し、最終的な検索集合を確定する。

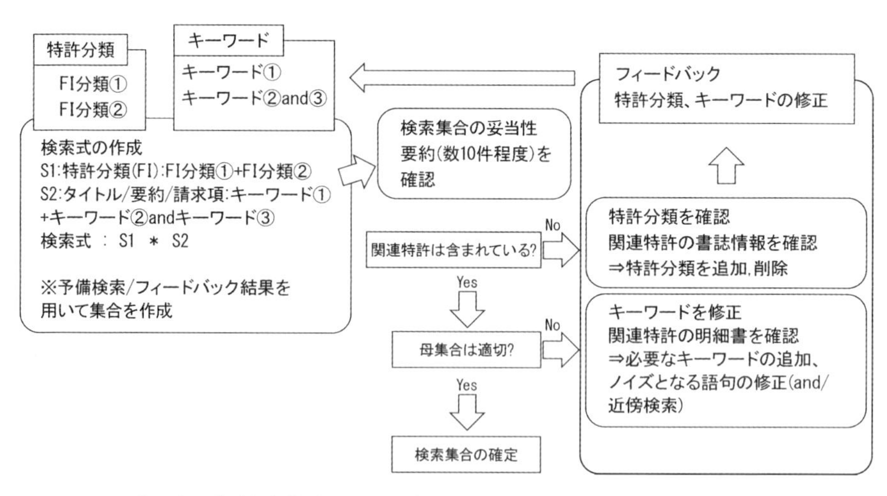

【図表8】検索集合の作成（検索式の作成とフィードバック）

（3）電気・ソフトウエア系事例を対象とした検索集合の作成

具体的に、スマートウオッチを対象とした場合の事例を基に、予備検索から検索集合の作成までについて説明する。検索には、J-PlatPat（特許・実用新案検索）（※）の「特許・実用新案検索」を使用する。スマートウオッチは、CPUが内蔵された腕時計のようなデザインの電子機器を想定している。

事前準備として、調査対象を設定する。今回は、スマートウオッチの「ヘルスケア、健康管理をサポートする機能」について、国内特許を対象に、特許出願前に先行技術を把握すること（先行技術調査）を目的とする。

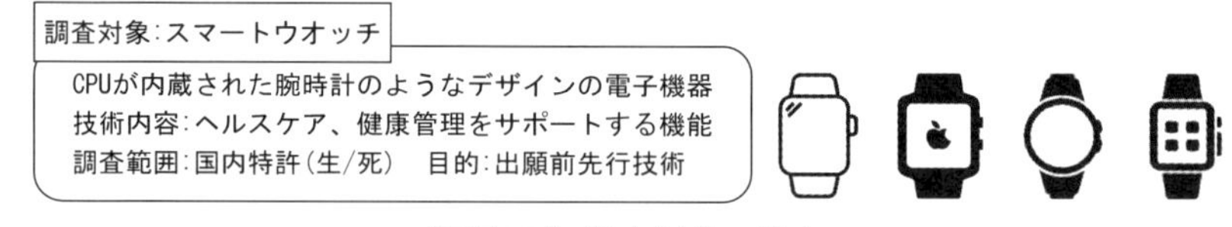

【図表9】調査対象の設定

次に、技術要素を特定する。例として、調査する技術要素を、（a）スマートウオッチを装着しているユーザーの消費カロリーを算出する機能、及び（b）スマートウオッチを装着しているユーザーの現在位置を取得する機能と設定した場合、消費カロリーの算出方法や、現在位置の取得方法については特定されていない。このような条件では、調査対象が広範囲に及び、作成する検索集合の件数は膨大になることが想定される。そこで、技術要素の内容を具体化していくことを試みる。

例えば消費カロリーは、生体情報に基づき算出されるものとする。さらに、生体情報が心拍数であり、心拍数は光学式心拍センサーによって取得されるものとする。このように、技術要素は上位概念（生体情報に基づき算出）と下位概念（生体情報は心拍数）とを設定すると、以降の検索式作成の際に、関連するキーワードの要素として活用できるため、想定される要素は全て挙げることが望ましい。

技術要素項目	技術要素内容
(a)消費カロリー算出	・生体情報に基づき消費カロリーを算出する。 　・生体情報は、心拍数である。 　・心拍数は、光学式心拍センサーによって取得される。
(b)現在位置の取得	・現在位置を取得する。 　・位置情報はGPSにより取得する。 　・位置情報は外部から無線通信により取得する。

【図表10】技術要素の特定

技術要素が特定できたならば、予備検索を行う。まずは簡易的な検索として、発明の名称に、調査対象に関連する語（「スマート」「ウエアラブル」や、「ウオッチ」「時計」「腕」「手首」）を含むもの、請求の範囲に、技術要素に関連する語（「カロリ」「エネルギ」「位置」「GPS」「場所」）を含むものを設定し、検索する。前述のとおり、予備検索では、関連する特許分類やキーワードを抽出することが目的のため、今回の調査対象技術と、技術要素とに関連するキーワードを設定すればよい。電気・ソフトウエア系の公報には、スマートウオッチは上位概念である電子機器等と記載されていることもあるが、この段階で、上位概念まで検討することは重要ではない。

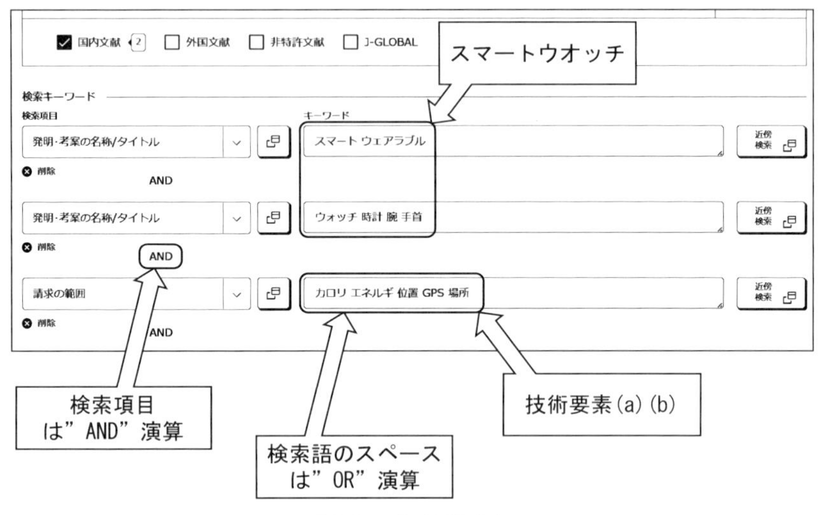

【図表11】予備検索

予備検索の結果一覧から、要約や図面等を確認し、調査対象に関連する特許を抽出する。関連する特許については、書誌情報や明細書も併せて確認し、特許分類やキーワードを抽出する。

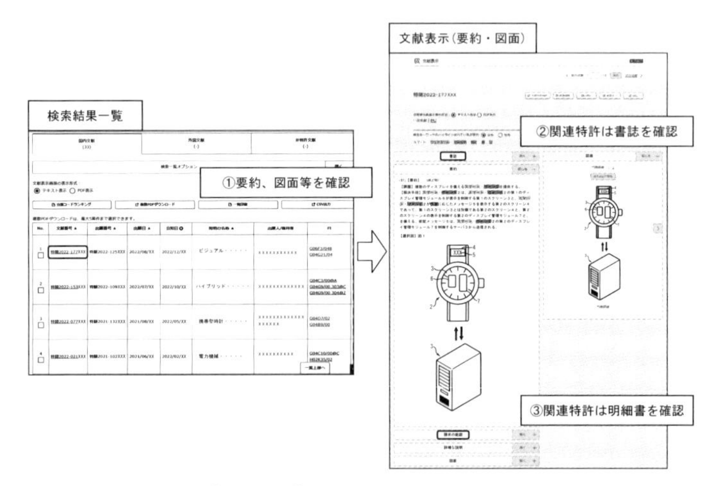

【図表12】予備検索結果の確認

関連する特許分類を抽出する際には、関連特許に付与されている分類のほか、その上位や下位の分類が関連する技術分野である場合もあるため、上位、下位分類等も併せて確認することが望ましい。例えば関連特許の公報に付与された特許分類であるG04G21/04は、時計に統合された入出力装置の無線を用いるものに付与される分類であり、技術要素（ｂ）に関連するものと思われる。さらに、その周辺の分類を確認すると、血圧・心拍数測定に付与される特許分類であるG04G21/02@Ｈや、方位の検出器に付与される特許分類であるG04G21/02@Ｊは、技術要素（ａ）、（ｂ）に関連するものと思われるため、これらの特許分類も併せて抽出する。

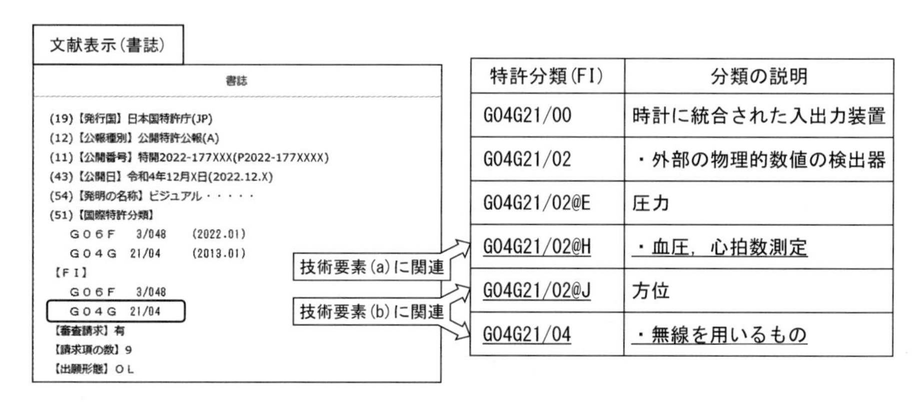
文献表示（書誌）

書誌

(19)【発行国】日本国特許庁(JP)
(12)【公報種別】公開特許公報(A)
(11)【公開番号】特開2022-177XXX(P2022-177XXXX)
(43)【公開日】令和4年12月X日(2022.12.X)
(54)【発明の名称】ビジュアル・・・・・
(51)【国際特許分類】
　ＧＯ６Ｆ　3/048　(2022.01)
　Ｇ０４Ｇ　21/04　(2013.01)
【ＦＩ】
　ＧＯ６Ｆ　3/048
　Ｇ０４Ｇ　21/04
【審査請求】有
【請求項の数】9
【出願形態】ＯＬ

特許分類（FI）	分類の説明
G04G21/00	時計に統合された入出力装置
G04G21/02	・外部の物理的数値の検出器
G04G21/02@E	圧力
G04G21/02@H	・血圧，心拍数測定
G04G21/02@J	方位
G04G21/04	・無線を用いるもの

【図表13】関連特許の確認（特許分類の抽出）

キーワードを抽出する際には、上位概念を表す語と、下位概念を表す語とに注視することが望ましい。例えば「生体情報」は、技術要素（ａ）の心拍数の上位概念を表す語であるが、関連特許の公報には「生体情報」の例として「脈拍数」が記載されている。「脈拍数」は予備検索の時点では思い付かなかった語句であるが、「心拍数」に類似すると思われるため、キーワードとして抽出する。

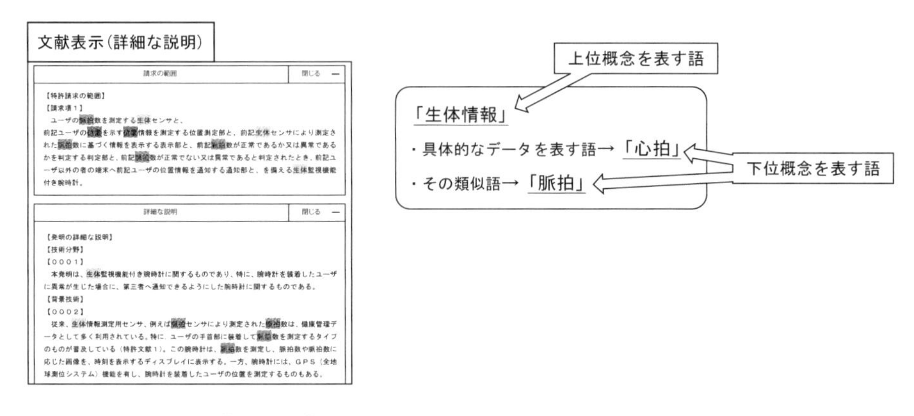

【図表14】関連特許の確認（キーワードの抽出）

次に、予備検索で抽出した特許分類と、キーワードとを組み合わせて検索式を作成する。FIに、抽出した特許分類であるG04G21/02@H、G04G21/02@J、G04G21/04を、請求の範囲に、予備検索の関連語（「カロリ」「エネルギ」「位置」「GPS」「場所」）に加えて、関連特許から抽出したキーワード（「脈拍」「心拍」）を設定し、検索する。

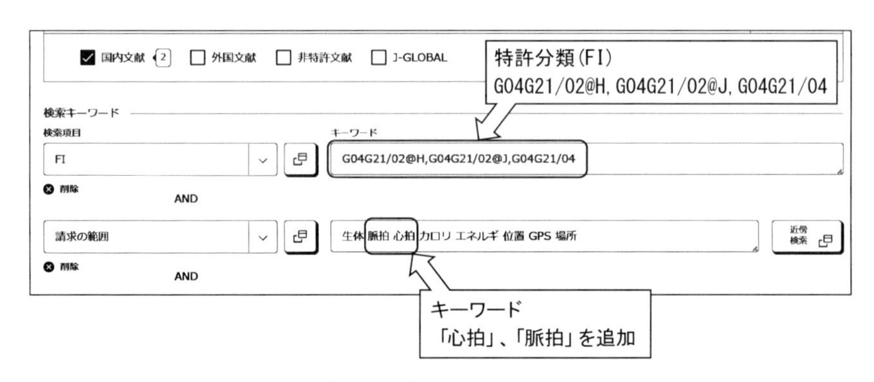

【図表15】検索式の作成

検索結果について、検索集合の件数や妥当性を確認する。検索集合の件数は、調査の目的によって適切な範囲は異なるが、以降のノイズ除去、読み込み作業の負担を考慮して判断するとよい。検索集合の妥当性については、検索結果の要約や代表図を確認し、関連する特許が含まれているか、ノイズが多過ぎないか等を確認する。検索集合に改善の余地がある場合には、その要因を特定する。

検索集合件数が多過ぎる要因としては、上位概念のキーワードが広い範囲にヒットする場合が多い。また、キーワードが意図しているものとは異なるものにヒットしている場合に、ノイズが多くなる。特に「位置」や「場所」等のキーワードは、機械・構造系の特許にも広く記載される語であるので注意が必要である。特定した要因に基づき、解決策を検討する。例えば検索集合件数を抑えるために、「生体」情報を「センサ」から取得される「生体」情報に特定することを試みる。また、機械・構造に関連し、ノイズとなっている特許を除くために、「現在」の「位置」に特定することを試みる。

ここで、異なる概念のキーワードを組み合わせて範囲を特定する場合には、近傍検索が有用である。近傍検索とは、複数のキーワードの間隔を指定して検索することであり、J-PlatPat や、その他の特許検索データベースで利用可能な機能である。

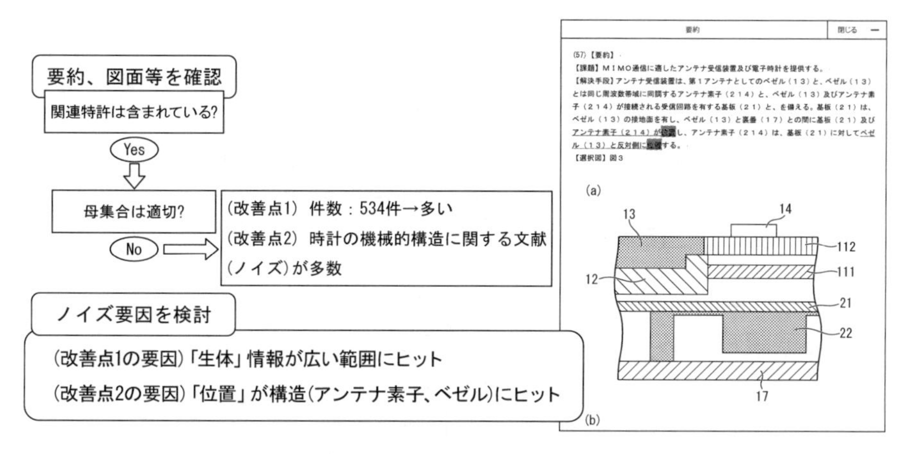

【図表16】検索集合の確認

近傍検索を利用した検索式に修正し、再度、検索集合を作成する。このようなフィードバックを繰り返し、作成した検索集合について、関連特許が含まれていることを確認しつつ、件数が適切な範囲となれば、最終的な検索集合を確定する。

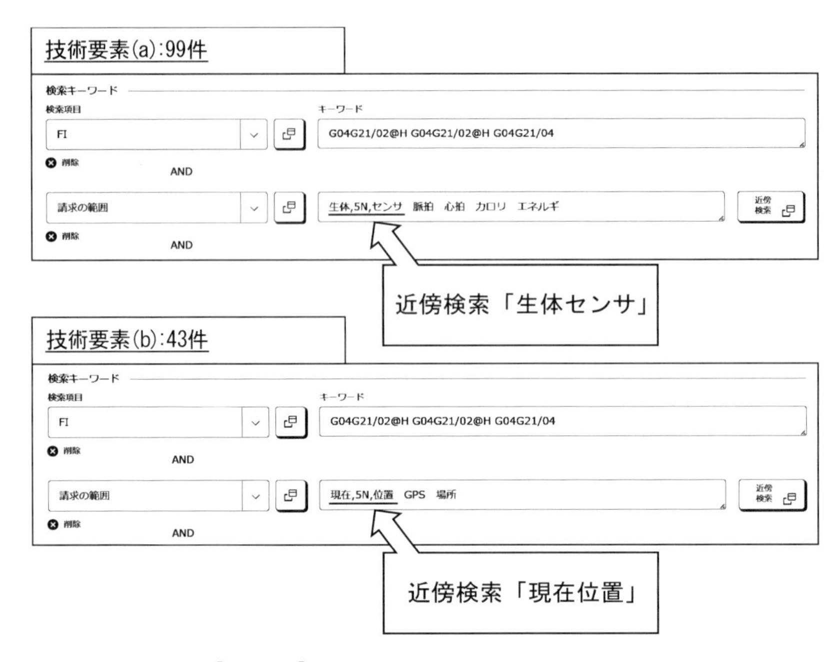

【図表17】検索式の修正／フィードバック

3．文献読み込み（スクリーニング）

特許調査の基本ステップに戻り、説明を続ける。作成した検索集合を用いて、④スクリーニングし、その結果、抽出した関連特許の読み込みを行う。

スクリーニングは、作成した検索集合から対象技術との関連が低いと思われる特許（ノイズ）を除去し､関連する特許を抽出する作業である。主に要約や【請求項１】、図面等を確認して行われるが、明細書の従属【請求項】や、実施形態に関連事項が記載されている場合があるため、要約や【請求項１】に、上位概念で記載されているものや、広い権利範囲のものは残すようにする方がよい。

スクリーニングの後、抽出された関連する特許の読み込みを行う。関連する特許の抽出、読み込みは、調査の目的に応じて異なる。例えば特許出願前の先行技術調査では、公報の明細書全文が対象になり、具体的な例示が記載されている方が望ましいため、特に実施形態に注視して、調査対象の技術要素との比較を行う。

一方、侵害予防調査では、特許請求の範囲が対象になり、自身の発明が他者の権利範囲に含まれていないか、という観点で検討する必要がある。

４．調査結果の整理

最後に、関連する特許の比較・検討結果を整理する。調査結果については、調査の目的に応じて、評価基準や今後の対応を考慮してまとめる。例えば無効資料調査の場合、調査対象である特許の請求項を構成要件に分説し、構成要件ごとに対比結果をまとめた、構成要件対比表を作成するとよい。侵害予防調査の場合、関連する特許が、特許（権利存続中）か、特許出願（審査前・審査中）かに応じてその後の対応が変化するため、経過情報（審査状況）を確認する必要がある。比較・検討結果と、経過情報とを考慮して、優先度や緊急度を表すフラグ等を設定することもよいと思われる。

特許調査の結果は、その後、特許出願、鑑定等に利用される場合や、審査が進行した時点で対応が必要になる場合があるため、会社内や組織、グループ間での情報共有、経年後の振り返り等を考慮して、表やリスト等を活用し、まとめておくとよい。

５．まとめ

電気・ソフトウエア系の特許明細書等は、発明対象が制御やソフトウエア等の無体物であり、機能的に構成を記載することや、特許明細書等の作成者が定義や命名をすることが多い。そのため、電気・ソフトウエア系特許調査では、発明のポイントを端的に表現し、箇条書に分節することで、技術要素を特定する。必要に応じて課題や用途も技術要素とする。また、用語の自由度が高いことを考慮して予備検索を行い、技術要素に対応する適切な特許分類を抽出することを試みる。

作業効率化のためには、関連特許が含まれていることを確認しつつ、検索集合件数が適切な範囲となるように、フィードバックを実施し、最適な検索式を作成することが重要になる。

以上のとおり、電気・ソフトウエア系特許調査において、特に注意すべき点について説明した。実際に、特許調査を実施する際の参考になれば幸いである。

＜参考文献・注釈＞

※　J-PlatPat（特許・実用新案検索）
https://www.j-platpat.inpit.go.jp

4節　機械・構造系特許調査の基礎

石岡 孝浩

本稿では、具体的な実務を中心に、機械・構造系特許調査の基礎的な内容を紹介する。機械・構造系特許調査は、調査の進め方自体、他の技術分野と大きく変わることはない。しかし、機械・構造系の特許明細書等では、発明の特徴が図面に表れるため、機械・構造系の特許調査においても、図面の利用価値は高く、図面を上手に参照することで、調査の品質や効率を向上できることが特徴の一つといえる。本稿では、事例を通じ、図面の利活用も含めて、具体的な機械・構造系特許調査の手法を紹介する。

1．機械・構造系特許調査の進め方

機械・構造系特許調査を行うに当たり、まずは基本的な特許調査の流れに沿って作業を進めることになる。その際、事前に準備すべきことやノイズ除去、スクリーニングを行う際に知っておくポイントを理解していると作業の効率が向上する。

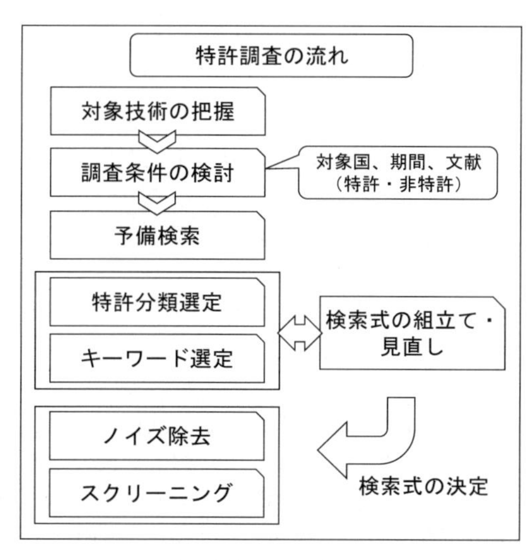

【図表１】特許調査の基本的な流れ

ここからは「【図表１】特許調査の基本的な流れ」に基づく調査の進め方、特に機械・構造系特許調査を行うに当たり覚えておきたいポイントを挙げていく。

（1）調査対象の把握

調査対象の把握において、重要となるのが「調査対象を具体的に決定する」ことである。具体的に決定するとは、特許請求の範囲の独立項に記載される上位概念の発明だけでなく、従属項に記載される下位概念の発明や実施形態レベルの発明として、その技術を把握することである。仮に調査対象を曖昧なまま調査に着手した場合、次のような問題が発生することとなる。

＜調査対象を具体的に決定しなかった場合＞
・実際には必要でない特許分類やキーワードが含まれてしまう、又は下位概念において所望の公報が漏れる検索式を作成してしまうことがある。
・特許分類やキーワードが上位概念、又は一般的なワードとなることで、膨大な母集合となってしまうことがある。なお、本稿において、母集合とは、複数の集合からなる検索式を演算することにより作成された集合とする。
・調査対象が不明確であるため、公報の抽出に迷うこと、又は下位概念において、調査対象と全く異なる技術の公報を抽出してしまうことがある。

上記はいずれも調査対象が漠然としたまま調査を進めてしまったことに起因する問題であるが、これらは「調査対象を具体的に決定する」ことにより解決できる。

＜調査対象を具体的に決定した場合＞
・必要な特許分類やキーワードが含まれており、下位概念でも所望の公報が含まれた検索式を作成できる。
・特許分類やキーワードが下位概念又は具体的なワードとなることで、膨大な母集合になってしまうことを防止できる。
・調査対象が明確であるため、公報の抽出に迷わず、又は下位概念でも調査対象と類似する技術の公報を抽出できる。

一例を挙げると、「ワンタッチで蓋が開閉可能な飲料ボトル」を調査する場合に「開閉可能な蓋を備えた容器」としてしまうと、およそ世の中にある全ての蓋付き容器が調査対象となってしまい、膨大な件数の公報を読み込むこととなる。ここでは「ワンタッチで開閉が可能」という構成がポイントや前提となるので、この構成を検索式に含めることにより、調査対象を適切に絞り込むことができる。

（2）予備検索と検索式の作成

予備検索とは「検索式を作成するための材料となる特許分類やキーワードを特許文献等から拾い出すこと」である。検索式の作成において、特許分類やキーワードは欠くことのできないものであり、これらを適切なものとすることが検索式作成の成否に関わってくる。予備検索の流れは以下のとおりとなる。

・思い付くキーワードを用いた検索を行う。
・検索でヒットした特許の要約や図面から調査対象に関連する特許を見つけ出す。
・関連する特許に付与されている特許分類や使用されているキーワードの拾い出しを行う。

機械・構造系特許調査の予備検索では、代表図を参照して、関連する技術かどうかを素早く判断する。具体的には、「ワンタッチで蓋が開閉可能な飲料ボトル」が調査対象であるとして、次の図表の２つの容器を比較していただきたい。

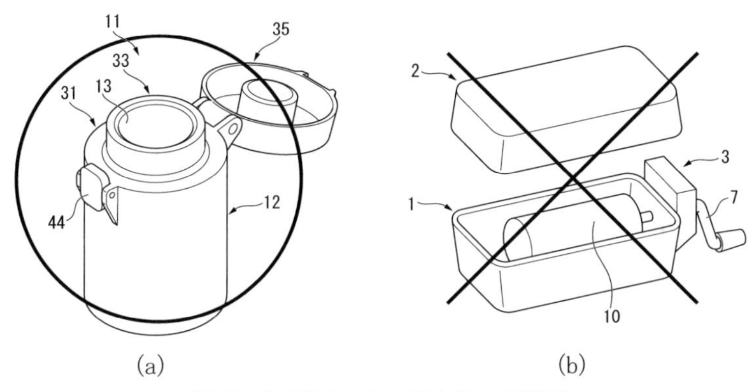

【図表２】図面による関連性の判断例

図表２の２つの容器を比較すると、（ａ）の図面は関連あり、（ｂ）の図面は関連なしと瞬時に判断することができる。

（3）ノイズ除去

ノイズ除去は、作成した検索式による検索結果の母集合から「明らかにノイズと思われる公報」を、図面やその要約を参照して除去することである。ここで、ノイズとは、調査対象と全く異なる技術の公報のことを指す。例えば調査対象が「ワンタッチで蓋が開閉可能な飲料ボトル」の場合に、ワンタッチ傘やコンピュータシステムに係る発明の公報がノイズとして例示できる。

機械・構造系特許調査において、ノイズ除去を行う場合には、予備検索と同様に図面をうまく利用することが重要となる。機械・構造系特許調査の場合、ノイズ除去でも、母集合中の公報について、その要約書の代表図を参照することで、効率的にノイズを除去することができる。

なお、ノイズ除去で重要なことは「明らかに異なる技術」のみを除去するという点であり、一見、異なるように思える公報であっても、公報の詳細を読んでみると有用な記載がある場合も少なくないため、ノイズと判断することには慎重を期す必要がある。ノイズ除去は、次の工程となるスクリーニングでの負担を低減するくらいの気持ちで十分である。例えばワンタッチかどうかの判別が難しい飲料ボトルの公報はノイズとせず、更には飲料ボトルであれば残す程度でよい。

（4）スクリーニング

スクリーニングでは、ノイズ除去で残った公報について、請求項や明細書を読み込むことにより、抽出すべき公報であるかどうかを判断することとなる。一度で判断する必要はなく、一次スクリーニングにより粗く選別を行い、次いで二次スクリーニングによって最終的に抽出する公報の候補を絞り込むといったように段階的なスクリーニングを行うことも有効である。数百件、数千件の母集合となると、抽出の基準を明確にしていたとしても判断に迷う場合が多く、後日改めて公報を読んでみると自身の判断が変わることや見落としていた部分を見つけることなどもあるため、段階的にスクリーニングを行うことをお勧めする。

（5）機械・構造系特許調査の特徴

機械・構造系特許調査において、予備検索やノイズ除去を行う場合には、上述のとおり、図面をうまく利用することが重要となる。特に侵害予防調査のように調査対象範囲を広く設定する場合には、飲料容器を対象としていても全く異なる技術分野が母集合に含まれるため、図面を用いて短時間でノイズを落とすことが可能となる。また、スクリーニングを行う際にも、図面をうまく利用すれば技術理解の助けとなることから作業性が向上する。例えば無効資料調査の場合には、事前に対象特許の図面の符号と技術用語を一致させる等の下準備をすることで技術理解が深まることがある。

2．特許調査の事前準備

まずは機械・構造系特許調査の進め方を先に説明した。その中で、特許調査で最も差が出るのは、検索式の作成である。もちろん、スキルや経験の差もあるが、実は事前準備の段階で差が出ている。ここでは、事前準備について説明する。

（1）技術用語の整理

機械・構造系特許調査を始めるに当たり、まずは図面の確認を行うことが重要となる。特に無効資料調査を行う際には、対象特許の請求項の構成要件が図面のどの部分に相当するものかを事前に把握しておくことで、技術理解も容易となる。対象特許によっては、請求項で用いられる技術用語と明細書中で用いられる技術用語が異なり、請求項と図面の対応関係が分かりにくいこともあるため、これらの作業を事前に行っておくとよい。

事前準備の流れは以下のとおりとなる。

・無効資料調査の場合、対象特許の特許文献から、請求項と請求項に関連する図面を準備する。
・図面に記載された構成と請求項に用いられる技術用語とを対応させる。
・図面上に符号と併記するように請求項の技術用語を整理する（図表3を参照）。

公報の中には既に図面の符号と符号の説明が同じ図面上に明記されているものもあるが、図面の符号のみ明記されている公報も多いため、上記事前準備のようなひと手間を加えることで作業効率が向上する。また、構成ごとに色分けを行うとより分かりやすくなる。

対象特許（請求項）の構成要素
- 飲料容器の飲み口に着脱自在に係合する**蓋体**
- **蓋体**の上面を覆うように配置される**蓋カバー**
- 蓋体は**押圧部材**により前記飲み口に固定される
- **押圧部材**の先端には飲み口に係合して固定する**係合部**を備える
- **押圧部材**は**ばね部材**を更に備え、**ばね部材**により飲み口を付勢する
- 飲み口を覆うように構成された**栓体**
- **蓋カバー**に形成され栓体支持する**栓体支持部**

請求項の技術用語と図面の構成を対応させて整理する

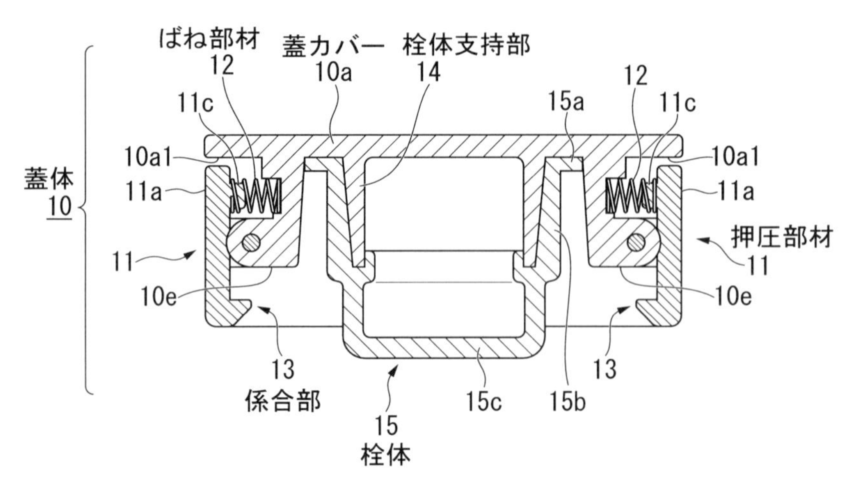

【図表３】技術用語の整理例

（2）特許分類／キーワードの整理

検索式は、特許分類やキーワードを用いて作成される。予備検索を行い、関連しそうな公報を拾い出し、公報に付与されている特許分類やキーワードを拾い出すこととなる。

特許分類やキーワードの拾い出しにはデータベースを用いることになるが、ここではJ-PlatPatを例に挙げて説明する。

・「特許・実用新案検索」によりキーワード検索を行う。

検索キーワード		
検索項目		キーワード
要約/抄録		ワンタッチ
削除	AND	
要約/抄録		蓋
削除	AND	
要約/抄録		飲料

【図表4】キーワード検索例

・検索結果一覧から関連すると思われる公報を選択する。

文献番号▲	出願番号▲	出願日▲	公知日	発明の名称▲
特開2021-	特願2020-	2020/	2021/	飲料容器
特開2019-	特願2018-	2018/	2019/	飲料容器
実登	実願2019-	2019/	2019/	備える飲料容器

【図表5】検索結果一覧例

・書誌から特許分類（国際特許分類、FI、Ｆターム）を拾い出す。

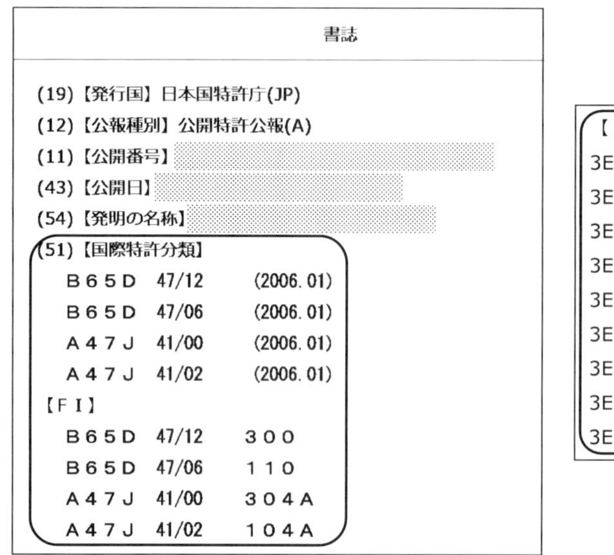

書誌

(19)【発行国】日本国特許庁(JP)
(12)【公報種別】公開特許公報(A)
(11)【公開番号】
(43)【公開日】
(54)【発明の名称】
(51)【国際特許分類】
Ｂ６５Ｄ　47/12　(2006.01)
Ｂ６５Ｄ　47/06　(2006.01)
Ａ４７Ｊ　41/00　(2006.01)
Ａ４７Ｊ　41/02　(2006.01)
【ＦＩ】
Ｂ６５Ｄ　47/12　３００
Ｂ６５Ｄ　47/06　１１０
Ａ４７Ｊ　41/00　３０４Ａ
Ａ４７Ｊ　41/02　１０４Ａ

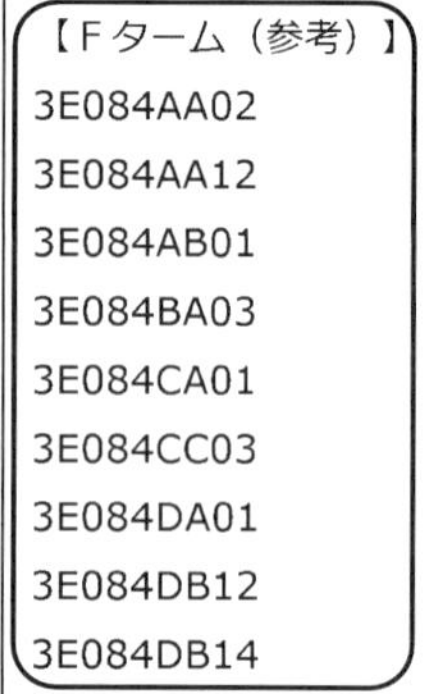

【Ｆターム（参考）】
3E084AA02
3E084AA12
3E084AB01
3E084BA03
3E084CA01
3E084CC03
3E084DA01
3E084DB12
3E084DB14

【図表６】書誌例

なお、「特許・実用新案分類照会」の検索窓に拾い出した特許分類を入力することにより特許分類の説明を確認することができる。

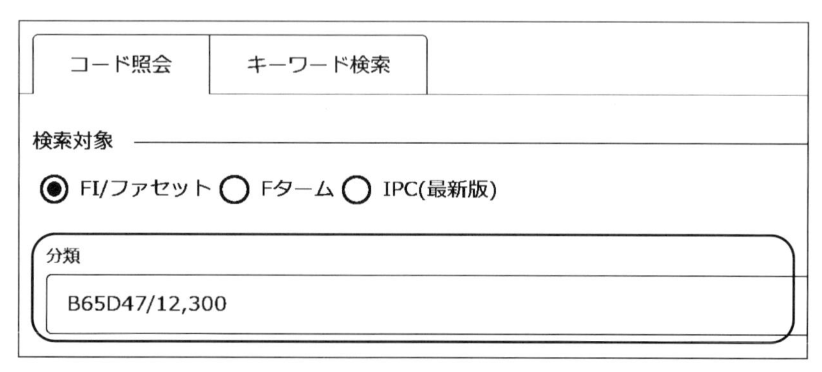

【図表７】特許分類検索例

例えばB65D47/12,300と入力して検索すると、「スナップ式のキャップを持つもの」に関する分類であることが分かる。

このような流れにより拾い出した特許分類を確認し、整理していくこととなる。
また、キーワードを抽出するには上記「検索結果一覧から関連すると思われる公報を選択する」の後、要約や詳細な説明から関連するキーワードを拾い出すこととなる。

3．検索式の組立て

検索式を組み立てるに当たり重要となるポイントには次のようなものがある。

1．特許分類の利用
特許分類を使用してより効率的な検索式を作成する

2．調査観点の整理
複数の調査観点からなる検索式を作成することで
漏れの少ないものとする

（1）特許分類の利用

データベースによる検索では、キーワードを用いることが多い。しかし、キーワードのみの検索では、ヒット件数が非常に多くなってしまうことや、ターゲットとしている技術分野とは異なる公報がヒットしてしまうなど、効率の悪い検索となってしまうといった課題がある。上記のような課題を解決するために、特許分類を用いることが有効である。
一例を挙げて説明すると、「飲料ボトルの蓋」に関する技術を調べる場合に、キーワードとして「飲料」と「蓋」を用いて検索を行ったとする。すると、本来は必要である「飲料ボトルの蓋」だけではなく、電気機器やウォーターサーバーのような、調査対象である飲料ボトルとは全く異なる技術も抽出されてしまう（図表８）。

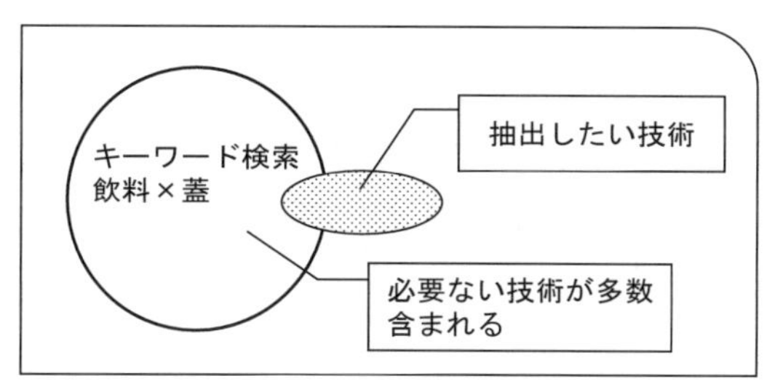

【図表８】キーワード検索のイメージ

一方で、特許分類を利用すれば、このような事態を避けることができる。特許分類は、各技術分野の情報が体系的に分類されており、特許庁が付与したものである。例えばB65D47/00（充てんおよび排出装置または排出装置をもつ閉鎖具）というFI記号を前述の「飲料」と「蓋」からなる検索式に掛け合わせることにより、電気機器等を母集合から除くことができ、更には不必要な技術（ノイズ）を除くことが可能となる。このため、読み込むべき公報数を減らすことができ、作業の効率が大幅に向上する（図表９）。

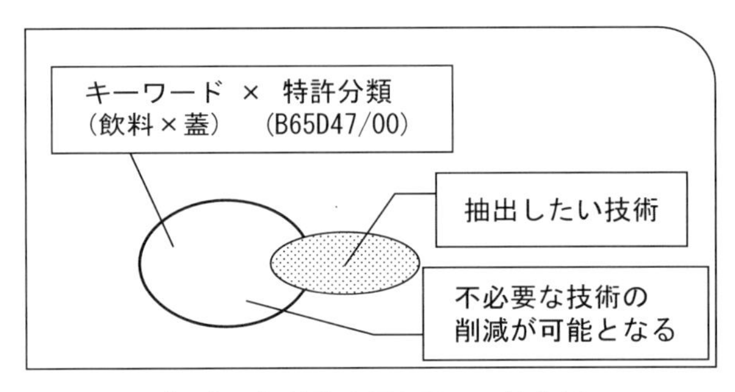

【図表９】特許分類を用いた検索例

（２）調査観点の整理

検索式を作成するに当たり複数の調査観点（切り口）を検討することも重要となる。例えば「ワンタッチで開閉可能な蓋を備えた飲料ボトルの蓋」を調べる時に、調査対象が「蓋の回転によるパッキンの摩耗を抑制する」や「目視なしで装着可能な蓋」といった特徴を併せて備えている場合には、各々の特徴を調査観点として設定し、それぞれについて検索式を作成する。これらは特に侵害予防調査のような漏れを極力抑える必要がある調査においては、非常に重要となってくる。

１つの調査観点では拾い出したい技術の一面しか抽出できない。そのため、調査対象となる技術の構造や効果など、様々な調査観点（切り口）から複数の検索式を作成し、調査対象となる技術の全てを漏れなくカバーできるようにする（図表10）。

また、調査観点だけでなく、特許分類についてもA47J41/00（断熱容器）やB65D47/00（充てんおよび排出装置または排出装置をもつ閉鎖具）のように異なる分類を用いた検索式を作成することにより、切り口を増やすことも可能である。

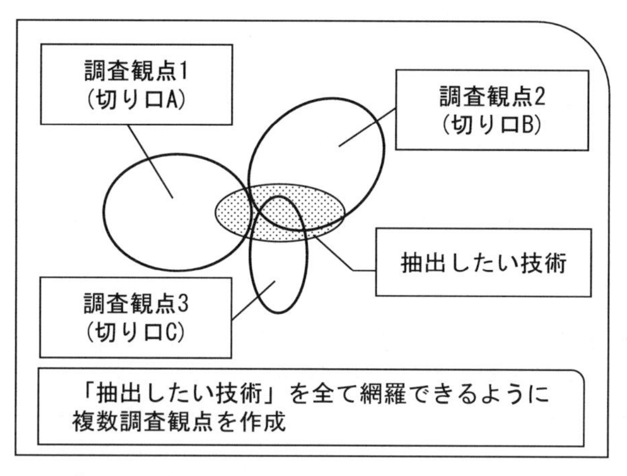

【図表10】複数観点を用いた検索のイメージ

4．特許調査の実例

実際の機械・構造系特許調査では、どのような流れで作業を進めていくのか実例を挙げながら説明していく。

以下の実例では自動水栓技術を日本国内で実施するに当たり、既に他者が同様の技術に係る特許権の有無を調べる侵害予防調査を行うものとする。

（1）調査対象の把握

最初に行うことは、調査対象の把握である。開発者等に調査対象となる技術の特徴をヒアリングし、調査対象を具体的に決定しておく。今回の実例では下記調査対象（イ号）の3つのポイントを調査観点とした。

調査対象技術（イ号）

1．非接触式の水栓であって、ユーザーの手等を検出することで水の吐出と止水の切り替えが可能
2．複数のセンサを用いることで冷水と温水の切り替えも非接触で行うことが可能
3．温水と冷水の誤検知や水栓の誤操作を防ぐことが可能

（２）調査条件の検討

調査対象のポイントが決定した後、調査国、調査期間、どの公報を調べるか等の調査条件について検討する。今回は他者による日本国内での特許権の有無を調べる侵害予防調査であるため、調査条件は以下のようになる。

調査条件
- 調査対象国：日本
- 調査期間：権利継続中又は特許庁に係属中のもの※
- 調査対象公報：特許、実用新案

※商用データベース等の生死情報（データベースにて対象公報の生死をスクリーニングしてくれる機能）検索で絞り込むことが可能であるが、生死情報の機能がない場合には出願から20年を調査条件とする。

（３）予備検索

特許調査の流れの項でも記載したとおり、予備検索により特許分類やキーワードを抽出することとなる。

「非接触」「水栓」のキーワードを用いて予備検索をしてみると、調査対象の関連する分類として次のようなものがあることが分かった。

FI
- E03C1/05
  水槽，浴槽，流し又はその類似物に取り付けるための遠隔操作栓用の装置
- E03C1/042
  壁に結合される洗面器，浴槽用栓装置
- A47K1/14
  洗面器，浴槽，流し又は類似のものの栓
- G01S13/56
  存在探知のためのもの

上記の分類のほかにも、より上位（広い技術範囲）をカバーするE03C1/02（上水用の配管設備）等も抽出しておくとよい。特に侵害予防調査においては使用すべき分類の周辺技術、ここでは遠隔操作栓だけでなく、上水に用いられる配管や水栓を調べることで、より広範囲の公報を調査することが可能となる。

また、予備検索の結果、キーワードとしては、「水栓」の同義語として「蛇口」「水道栓」、「非接触」の同義語として「タッチレス」等が存在することが分かった。

（4）検索式の組立て

予備検索の結果も含め、特定した特許分類とキーワードにより、前述の対象技術の把握で決定した各調査観点について検索式を組み立てることになる。

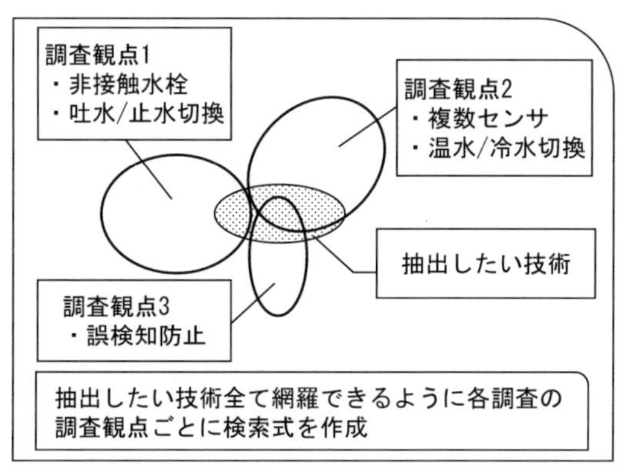

【図表11】検索式の組立てイメージ

調査観点１として、例えば次のような特許分類とキーワードを準備する。本稿では準備した特許分類、キーワードからなる式を検索式（下記のＳ１、Ｓ２、Ｓ３、Ｓ４が検索式）、及びこれらの組合せ（論理積又は論理和など）を論理式という。

非接触水栓
　S1：特許分類（FI）/E03C1/05
水栓
　S2：特許分類（FI）/E03C1/042+A47K1/14
非接触
　S3：キーワード/非接触+タッチレス
止水/吐水切換
　S4：キーワード/止水+水×（止め+停止）、吐水+水×（流す+使用）

これらの検索式を組み合わせると、次のような論理式が作成できる。

非接触水栓：S1
非接触水栓の止水/吐水切換：S2×S3×S4 ⇨ S1+S2×S3×S4

なお、Ｓ１の検索式において、特許分類にキーワードを掛け合わせなかった理由は、特許分類の全てにキーワードを掛け合わせてしまうと、指定のキーワードが使用されていない公報が漏れてしまうというリスクを避けるためである。Ｓ１のように特許分類のみからなる検索式を作成することにより、公報に指定のキーワードが含まれていない場合であっても必要な公報を抽出することが可能となる。特に公報の漏れを避けることが重要な侵害予防調査においては留意すべきポイントとなる。

以下は調査観点２として準備した特許分類とキーワードからなる検索式の例である。

水栓
　S2：特許分類（FI）/E03C1/042+A47K1/14
非接触
　S3：キーワード/非接触+タッチレス
止水/吐水切換
　S5：キーワード/温水×冷水×（切換+切り換+切替+切り替+スイッチ）
複数センサ
　S6：キーワード/（センサ+検知+感知）×（多数+複数+第一
　　　+第二+第1+第2）

これらを組み合わせると次のような論理式になる。

非接触水栓の温冷切替：S2×S3×S5
複数センサを備えた非接触水栓：S2×S3×S6
⇨ S2×S3×（S5+S6）

適当な特許分類が見つからない場合には、上位の特許分類に複数のキーワードを掛け合わせることにより検索式を作成してもよい。ただし、キーワードを幾つも掛け合わせ過ぎることは避けるべきである。よくある失敗例として、全文を検索の対象として、キーワードを多数掛け合わせること（例えばＳ３×Ｓ４×Ｓ５×Ｓ６）により見た目上は程よい件数の母集合になっているが、この論理式による母集合の中身はノイズばかりで意味のない検索式となってしまうことがある。このような失敗を避けるためには、余り多くのキーワードを掛け過ぎず、かつ、キーワード検索の対象を全文ばかりにしないことを心掛けたい。

以下は調査観点３として準備した特許分類とキーワードからなる検索式の例である。

水栓
　S2：特許分類（FI）/E03C1/042+A47K1/14
　S9：キーワード/水栓+水道栓+蛇口
非接触
　S3：キーワード/非接触+タッチレス
誤操作
　S7：キーワード/ 誤操作+誤検知+誤使用+非検知+誤認識
存在探知
　S8：特許分類（FI）/G01S13/56

これらを組み合わせると次のような論理式になる。

非接触水栓の誤操作防止：S2×S3×S7+S3×S8×S9

以上のように、異なる調査観点の母集合を複数作ることにより、単一の調査観点だけでは漏れてしまうような公報も拾い出すことが可能となる。検索の初心者が陥りがちなのは、キーワードのみからなる検索式を複数作成し、検索結果の母集合の件数が多くなっているので漏れがないと考えるケースである。

しかし、これは間違いである。検索式作成において、キーワードのみを用いた検索式の母集合はノイズが非常に多く、かつ、母集合の件数が多くなりがちで非効率な検索式であり、「特許分類も用いた検索式で、ノイズが少なく効率的な検索式」を作成すべきことが非常に重要である。

（5）ノイズ除去／スクリーニング

検索式が確定し、検索式による検索結果について、母集合に含まれる公報リストを作成した後は、公報を振るい落とす作業（ノイズ除去／スクリーニング）を行うこととなる。

ノイズ除去は「明らかに異なる技術」の公報のみを落とす作業であることは既に述べた。本実例では「食器洗い機」や「電解水生成装置」のような技術が出てきた場合が「明らかに異なる技術」に相当することとなる。この段階では「自動水栓」や「吐水制御」のような技術は残しておき、次のステップであるスクリーニングにおいて判断すべきであろう。

スクリーニングについては、なるべく一次スクリーニングと二次スクリーニングのようにステップを分けて作業をすることが好ましい。これは公報の数を読み進めていくに連れて、スクリーニングの序盤と終盤とでは公報を取捨選択する基準が自分の中でぶれてしまう可能性があるためである。最初に公報を振るい落とす基準を明確にしていても、スクリーニングの序盤と終盤とでは技術理解の練度も異なるため、序盤における自分の判断に疑問を抱いてしまうことがある。ここでスクリーニングを一度しか行わないと、スクリーニングの序盤で落としてしまった公報を探し出すために、再び公報を読み直す作業が発生してしまう。

これらの無駄な作業を防ぐために、一次スクリーニングでは、粗い振るい落としを行う。例えば同じ水栓に関する公報であったとしても、「非接触」と「吐水レバー」を切り替えるような基本的に技術が異なるものを落とす程度にとどめておくなどである。次いで二次スクリーニングにおいて、実施しない構成が含まれていないか等による振るい落としを行い、最終的に検討する公報を抽出する。このようにしておけば、スクリーニングの終盤になってから序盤で落としてしまったが、再度確認したい公報を一次スクリーニングで残した公報の中から拾い出すことが可能となる。また、各スクリーニングの際に抽出した根拠などをメモしておくと、後に気になった公報を探し出す作業が容易となる。

ノイズ除去／スクリーニングのポイントをまとめると次のようになる。

・ノイズ除去
「明らかに異なる技術」のみを振るい落とす

・スクリーニング
一次スクリーニングと二次スクリーニングのように段階的にスクリーニングを実施する

⇨これにより後で気になった公報の読み直しが容易となる

5．まとめ

ここまで説明してきたような手法に基づき調査を実施すれば、様々な機械・構造系特許調査が可能となる。もちろん、各種特許調査には特有の決まり事や注意点があるが、本稿の冒頭でも述べたとおり基本的な調査の流れは同じである。

最後に、機械・構造系特許調査のポイントについてチェックリストを作成した。調査を進めるに当たりチェック項目を確認してもらいたい。

チェックリスト

1．対象技術の把握
- □　調査対象技術が曖昧になっていないか

2．特許分類／キーワードの拾い出し
- □　予備検索は実施したか
- □　上位の特許分類まで拾えているか
- □　類語や関連語を十分検討したか

3．検索式の組立て
- □　複数の切り口から調査観点を作成したか
- □　キーワードだけの検索式を作成していないか
- □　キーワードを多数掛け合わせていないか

4．ノイズ除去
- □　図面を効率的に利用したか
- □　明らかに異なる技術のみを除去できているか

5．スクリーニング
- □　複数ステップによりスクリーニングを実施したか

5節　化学・材料・バイオ系特許調査の基礎

髙柳 美香・小出 智也・李 娜

1．化学・材料・バイオ系特許調査の概要

化学・材料・バイオ系の発明は、マクロな視点や最終成果物からでは特定が難しい化学構造、塩基配列、成分、配合などで特定されることが多く、化学・材料・バイオ系特許調査では、化学構造、塩基・アミノ酸配列、成分、配合をどのように特定するかが、他の技術分野と比較した特徴となる。また、化学・材料・バイオ系の発明は、用途発明やパラメータ発明も多いので、特許調査では、これらを考慮する必要もある。

まず、特許調査時の基本的な流れを説明し、その後、各分野の特徴的な特許調査について説明する。なお、最初に説明する調査の基本的な流れは他分野の特許調査と同様であるが、化学、材料、バイオ系での留意点を中心に説明する。

（1）特許調査の基本的な流れ

ア．調査目的や調査対象技術の把握

- 目的の明確化：まず、特許調査の目的を明確にする。例えば出願前の先行文献を調査するのか、あるいは競合他社の特許ポートフォリオを調査して自社の技術との関連性を把握したいのか等について、調査を始めるに当たり明確化する。
- 調査対象の把握：調査対象技術の特徴を把握する。例えば特徴が材料の組成なのか、新規化学物質や配列なのか、製造方法なのか、などを検討する。

イ．調査条件を決定

- ア．で定めた調査目的や調査対象技術に応じて調査範囲〈国、文献種別、期間（○年以降の発行された文献など）〉を設定する。
- 特許データベースの選定：特許データベースを選定する。無料で利用できるものから有料の専門的なデータベースまで様々あるので、状況や調査目的に応じて適切なデータベースを選択する。

  例えば無料での特許調査を希望するのであればJ-PlatPat（工業所有権情報・研修館によるデータベース）、Espacenet（欧州特許庁によるデータベース）、USPTO（米国特許商標庁によるデータベース）、Google Patentsなどを選択する。

また、化学構造や塩基・アミノ酸配列検索を希望するのであれば、それらの検索が可能なデータベースを選択する。化学構造や塩基・アミノ酸配列検索についての詳細は後述を参照されたい。

ウ．データベース検索による検索集合の作成

・予備検索の実施：選定したキーワードを使用して特許データベースで検索を予備的に実施し、調査対象技術の出願に、どのような特許分類やキーワードが出現しているかを確認する。

・検索キーワードの収集：調査対象技術に関連するキーワードを収集する。詳細は下記「（２）検索キーワード収集の際の留意点」を参照されたい。

・検索の実施： 予備検索で絞った特許から複数のキーワードと特許分類を抽出し、キーワードや検索条件を組み合わせることで、より効果的な検索結果が得られる。

エ．検索集合の文献を読み込み

・ノイズの除去：上記の手順で作成した検索集合からノイズ（不要な情報）と思われる文献を除去する。この際、まずは要約や独立請求項などの内容から明らかなノイズを除去した後に公報全文を確認すると効率が良い。

・読み込み（スクリーニング）：ノイズ除去で抽出した公報について、全請求項や全文を精読し、調査対象の技術に関連する文献を抽出する。商用の特許データベースでは、検索キーワードでのハイライト機能が使用できるため、それらを活用することを推奨する。

オ．調査結果（結論）を整理

・検索結果の整理：検索結果から関連性の高い特許を選定し、整理することで調査終了となる。調査の目的に応じて整理方法も異なるため、詳細は「２-１　特許調査の基礎」を参照されたい。

・調査結果の分析・ランドスケープデザイン：調査結果を基にその後の企業活動（研究開発）にいかすかどうかを念頭に分析する。詳細は「第３章　共創する特許調査分析」を参照されたい。

（２）検索キーワード収集の際の留意点

検索キーワード収集の際、同義語、類義語、表記揺れ、上位概念、下位概念などを考慮することは他分野の特許調査と同様であるが、化学・材料・バイオ系特許調査に特有の留意点について述べる。

明細書中において、化学物質名は必ずしも国際純正・応用化学連合（IUPAC）が定

める IUPAC 命名法などの体系名に従って記載されているとは限らない。一定のルールの中で、明細書作成者が適宜選択しているために表記揺れが生じる。検索キーワード収集の際には、このような表記揺れが生じることを想定し、考えられる化学物質名の同義語を併用することで、網羅性を高めることができる。

例として、「4-アミノフェノール」の表記揺れについて考える（図表１）。まず、アミノ基とヒドロキシ基との位置関係から、同義語として「p-アミノフェノール」が挙げられる。また、「4-アミノフェノール」は「フェノールの４位にアミノ基が置換したもの」であるが、「アニリンの４位にヒドロキシ基が置換したもの」と考えると、同義語として「4-ヒドロキシアニリン」なども挙げられる。

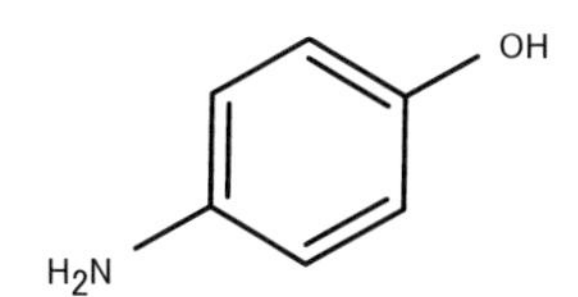

4-アミノフェノール
p-アミノフェノール
4-ヒドロキシアニリン
p-ヒドロキシアニリン
2-アミノ-5-ヒドロキシベンゼン etc…

【図表１】4- アミノフェノールの同義語

別の例として「1, 2-プロパンジオール」の表記揺れについて考える（図表２）。「1, 2-プロパンジオール」は「プロパン -1, 2- ジオール」とも表記されるため、検索キーワードとして「プロパンジオール」のみでは「プロパン -1, 2- ジオール」をヒットさせることはできない。

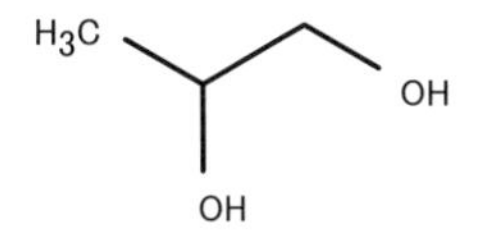

1, 2-プロパンジオール
プロパン-1, 2-ジオール
プロピレングリコール
1, 2-ジヒドロキシプロパン etc…

【図表２】1,2- プロパンジオールの同義語

「プロパン -1, 2- ジオール」を検索する場合、「,」（カンマ）や「-」（ハイフン）はデータベースによっては検索できないストップワードに指定されているため、留意が必要である。近傍演算を使用し、「プロパン adj5 ジオール」や「プロパン ,5C, ジオール」などと検索すれば、「プロパンジオール」「プロパン -1, 2- ジオール」の双方をヒットさせることもできる（“adj5” や “5C” は５文字以内で語順指定ありの近傍演算を表す。データベースにより表記は異なる。）。ただし、この場合は「プロパン -1, 3- ジオール」等のノイズも呼び込むことになる。

その他、化学物質名の表記揺れにおいて留意すべきものを以下に示す。

ひらがな／カタカナ／漢字／化学式・元素記号などの表記揺れ
　　例）二酸化けい素／二酸化ケイ素／二酸化珪素／SiO_2　など

字訳による表記揺れ
　　例）スルホニウム／スルフォニウム（Sulfonium）
　　　　クロリド／クロライド（Chloride）

なお、化学・材料・バイオ系では、化学構造や塩基・アミノ酸配列構造などが記載された特殊な特許も存在する。
本稿では、化学・材料・バイオ系特許のうち、特に特徴的な化学構造検索や塩基・アミノ酸配列構造検索を中心に、化学構造・材料・バイオ系の調査と検索手法を紹介する。

２．化学構造系特許調査（主担当：小出 智也）

（１）化学構造系特許調査の概要

化学分野の特許出願の特徴として、特許明細書中での化学物質の特定の仕方が様々であることが挙げられる。
化学物質を調査対象とする場合、調査対象がIUPAC名や商品名などの具体的な化学物質名によって特定されている場合は、その名称を用いたキーワード検索が可能である。一方で、化学構造式で表現されている場合は、その構造をIUPAC名等に「言語化」することよって初めて、同様にキーワード検索が可能になる。ただし、複雑な化学構造である場合、そもそも言語化することが困難な場合もあろう。
また、化学構造式はマーカッシュ形式により多数の化学物質を１つの化学構造式にまとめて表現されることがある（図表３）。このように多数の化学構造を一度に調査する場合や、誘導体など部分的に不特定の構造を持つ化学構造を調査する場合においても、同様に化学構造式を言語化することは困難であろう。
これを克服することが、化学物質を調査する際の難しさである。

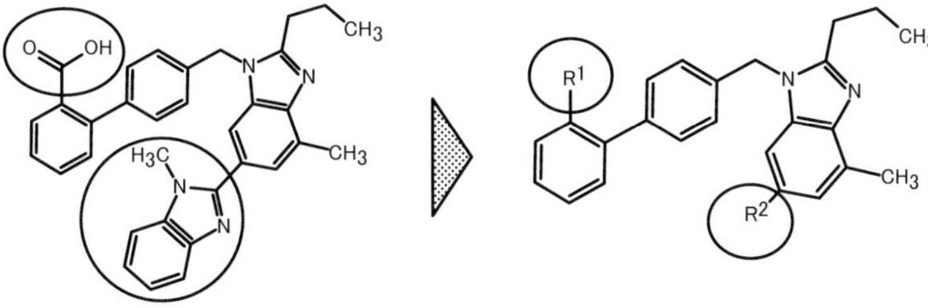

4'-{[4-Methyl-6-(1-methyl-1H-benzimidazol-2-yl)-2-propyl-1H-benzimidazol-1-yl]methyl}biphenyl-2-carboxylic acid (=テルミサルタン)

R1、R2の組合せで、多数の構造を包含

【図表3】マーカッシュ形式による化学物質の表現

以上のような難しさを克服するためには、本稿で説明する化学構造検索が有効となる。具体的な化学構造検索とは、専用のデータベース上で、調査対象とする化学物質の化学構造式を描画し、「化学構造式」から検索を行う方法である。この化学構造検索により、キーワード検索が難しい化学構造式を含む特許調査においても、所望の公報を抽出できる。

（2）化学構造検索の特徴と留意点

化学構造検索のメリットとしては、以下の点が挙げられる。

- キーワードに依存しない検索が可能（同義語を考慮する必要がない。また、新規物質など、まだ商品名などの名称が存在しない化学物質も検索が可能）
- 多数の化学物質や一連の誘導体などの一括検索が可能
- 化学構造に着目するため、適合率の高い（ノイズの少ない）検索結果が得られることが多い
- 特許分類の知識や、検索式作成の高度なスキルは必要ない

化学構造検索の留意点としては、「データベース固有の索引方針や索引方法により、索引対象が異なる」という点が挙げられる。化学構造検索が可能なデータベースは主に「① 索引系データベース」「② 全文系データベース」の２つに大別される。索引系データベースは人手による索引を行っており、新規物質や有用なデータが報告されている既存物質などが索引され、汎用物質等は索引されない。一方で、全文系データベースは明細書全文に記載された化学物質を機械的に索引するものである。

上述したとおり、化学構造検索には多くのメリットが存在するが、検索漏れが許されない侵害予防調査の場合は、調査対象となる化学物質の上位概念にも留意すべきであるため、化学構造検索のみに依存することは危険である。

図表４に示したとおり、「テルミサルタン」という医薬有効成分について侵害予防調査を実施する場合、「テルミサルタン」やその IUPAC 名のみではなく、クレームでの様々な記載のされ方を想定し、「ベンゾイミダゾール類」などの化学物質の上位概念的表現や、「高脂血症治療薬」等の用途や機能的表現にも留意すべきである。

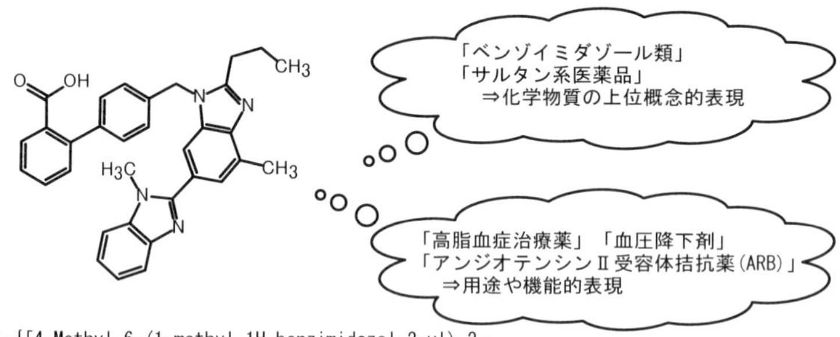

4'-{[4-Methyl-6-(1-methyl-1H-benzimidazol-2-yl)-2-propyl-1H-benzimidazol-1-yl]methyl}biphenyl-2-carboxylic acid (=テルミサルタン)

【図表４】化学物質の上位概念

通常のキーワード・特許分類を用いた検索では、化学物質の上位概念を含めて検索することができる。そのため、通常のキーワード・特許分類を用いた検索で作成した母集合と、化学構造検索で作成した母集合を掛け合わせる（OR 演算）ことで、相互を補完し合い、漏れの少ない再現率の高い調査が可能となる。

（３）化学構造検索の種類

化学構造検索の種類としては、以下のものが挙げられる。

・完全一致検索
　指定した化学構造と同一構造のものを検索
　データベースの機能によるが、Ｒ体、Ｓ体などの立体化学を指定することも可能
・部分構造検索
　指定した化学構造を部分構造に含むものを検索
　データベースの機能によるが、置換基などの種類を細かく指定することも可能
・類似構造検索
　指定した化学構造と類似する構造のものを検索
・マーカッシュ（マルクーシュ）構造検索
　マーカッシュ構造で記載されたものを検索
　上記２つの構造検索と併用することで、調査の網羅性を向上させることができる。

（４）化学構造検索が可能なデータベース

化学構造検索が可能なデータベースとしては、以下のものが挙げられる。

・CAS STNext®

https://www.jaici.or.jp/stn-ip-protection-suite/cas-stnext

化学情報協会（JAICI）が提供するデータベース（有料）

特許庁の審査において、登録調査機関が行う先行技術文献調査でもしばしば用いられている。

・PATENTSCOPE

https://patentscope2.wipo.int/search/ja/search.jsf

世界知的所有権機関（WIPO）が提供するデータベース

通常のキーワード・特許分類による検索機能のほか、化学構造検索の機能も備える。使用するにはユーザーアカウントを作成し、ログインする必要はあるが、アカウントは無料で作成することができる。化学構造式の作図機能などは商用データベースに劣るが、マーカッシュ構造検索も可能であり、無料のデータベースとしてはかなり機能が充実している。

商用データベースで検索する前の予備的検索に使用することも大変有用である。

（５）化学構造検索の実例

以下、PATENTSCOPEを用いた化学構造検索の例を挙げる。PATENTSCOPEではユーザガイド（※1）が提供されており、化学構造検索についても検索方法が掲載されている。

完全一致検索の例

① PATENTSCOPEにログインし、「検索」タブから「化学化合物」を選択する。

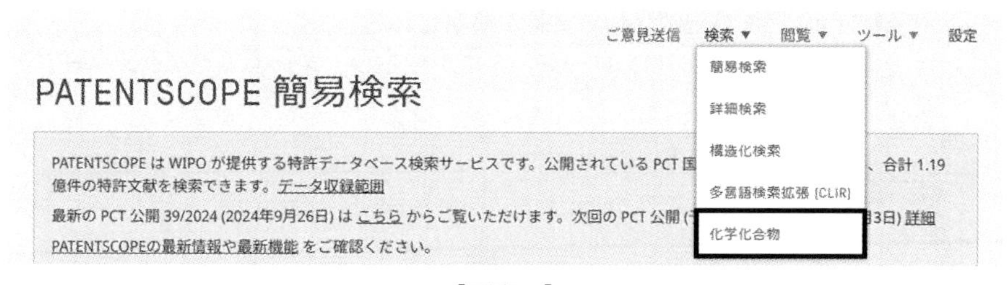

【図表５】

②「構造式エディター」タブから所望の化学物質の化学構造を描画する。
ここでは前述の図表３に記載した「テルミサルタン」（医薬有効成分）の化学構造を描画した。

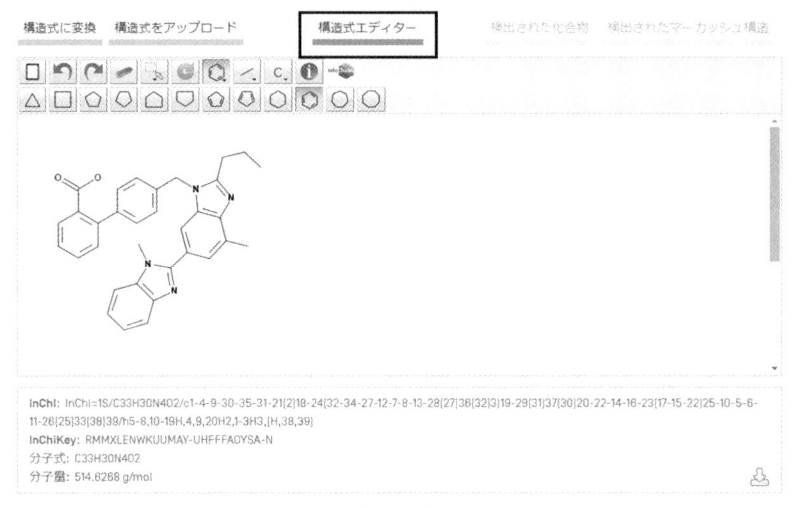

【図表６】

③「構造完全一致検索」を選択する。

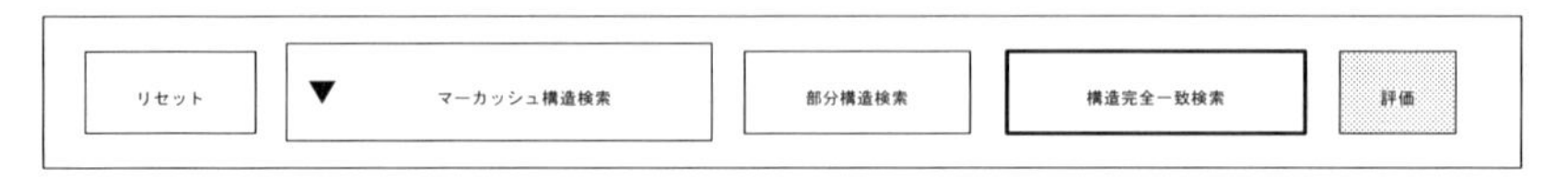

【図表７】

④　所望の化学物質が記載された文献が検索される。
ヒットした文献は「ダウンロード」タブからExcelファイルでダウンロード可能である。

【図表８】

部分構造検索の例

① PATENTSCOPEにログインし、「検索」タブから「化学化合物」を選択する（完全一致検索と同様の手順）。

②「構造式エディター」タブから所望の化学物質の化学構造を描画する。
ここでは前述の図表1に記載した「テルミサルタン」（医薬有効成分）の部分構造を描画した。

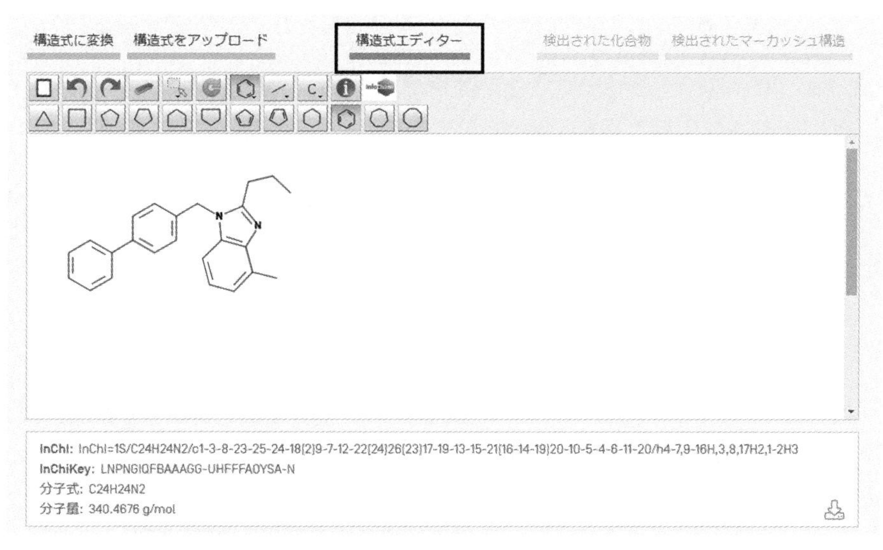

【図表9】

③「部分構造検索」を選択する。

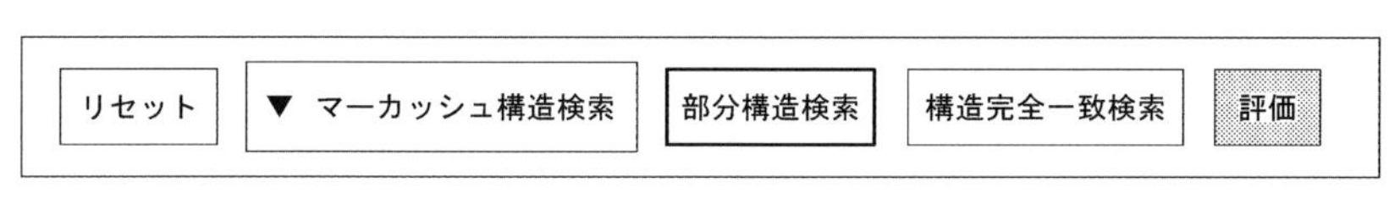

【図表10】

④ ヒットした化学構造の一覧が表示される。

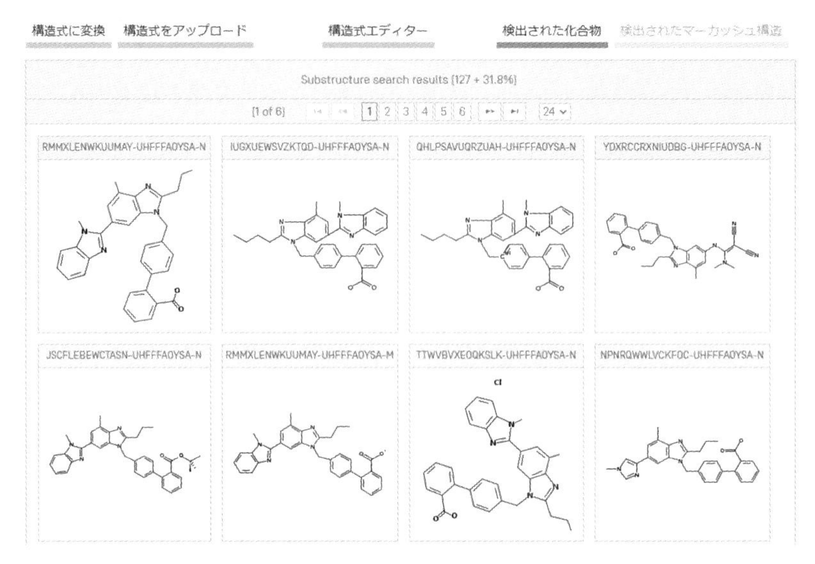

【図表11】

調査したい化学構造をクリックして選択する。全てを調査対象とする場合は、下部の「すべて選択」を選択後、「検索」を選択する。

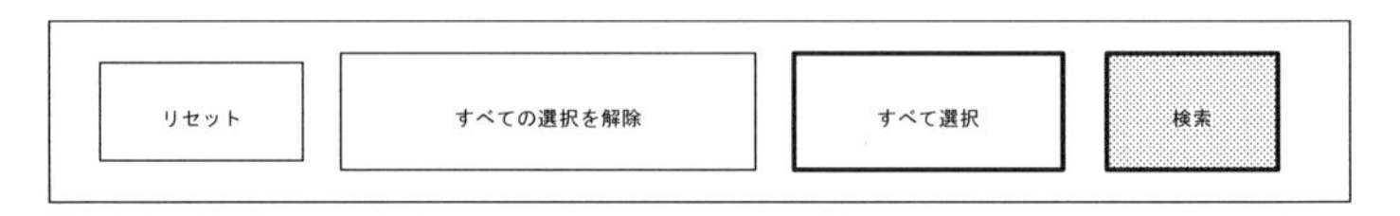

【図表12】

⑤ 所望の化学物質が記載された文献が検索される。

【図表13】

（6）化学系特許調査のまとめ

以上のように、化学系特許調査では、発明が化学構造式で表現された公報も存在するため、キーワード検索のみでは検索漏れが生じてしまう場合がある。これを補うため、専用のデータベースを用いた化学構造検索を用いることが有効である。検索漏れが許されない侵害予防調査の場合は、通常のキーワード・特許分類を用いた検索で作成した母集合と、化学構造検索で作成した母集合を掛け合わせる（OR 演算）ことで、相互を補完し合い、漏れの少ない再現率の高い調査が可能となる。

3．材料系特許調査（主担当：李　娜）

材料は、様々な産業や技術分野で製品の原点であり、重要な役割を果たしている。近年の材料分野では、新しい化合物や、最新の合成手法や反応条件、効率的で持続可能な合成ルート、グリーンケミストリー、カーボンニュートラルに関する技術などの最新技術まで多岐にわたる。これらの技術に係る発明は、成分や技術的変数（パラメータ）で特定されることや用途に特徴があることがあり、材料分野は、いわゆるパラメータ発明や用途発明が多い分野である。材料系特許調査では、通常の特許調査に加え、パラメータ発明や用途発明も考慮することが重要である。

（1）材料検索の特徴と留意点

材料系特許調査では、前述の「検索キーワード収集の際の留意点」に記載のとおり、キーワード収集に留意する必要がある。また、分野によりFIやFタームなどの特許分類が細分化されているため、それらを活用する。

さらに、材料系固有の留意点として、材料系公報では、各出願人がパラメータを使用して発明が特定されることがある。当該パラメータが、当該技術分野において当業者に慣用されている場合、まず、そのパラメータの名称や単位をキーワードとして用いるが､慣用されていないパラメータ（いわゆる「特殊パラメータ」）の場合、先行技術文献にはそのパラメータは記載されていないことがほとんどであるため、当該発明と同一又は類似の材料組成や製造方法に着目することなども有効な場合がある。また、調査対象の材料について、用途や機能に着目することも重要になる。

（2）材料系特許調査の検索例

次に、仮の請求項に係る発明について、先行技術調査の例を挙げ、材料系特許調査の検索例を説明する。仮請求項とは、調査対象の発明のポイントを請求項の形式で表現したものである。

【仮請求項１】（調査対象）
基材と、前記基材の一方の面に配置されたエネルギー線硬化性樹脂を主成分とする粘着層と、を有する半導体加工用粘着テープであって、
引張強さが3.0MPa以上であり、エネルギー線照射後の粘着層の表面粗さSaは1μm以下である、半導体加工用粘着テープ。

ア．検索式作成の方針

検索式を作成する際に、キーワードのみを使用すると検索結果のノイズが多くなることや、検索漏れが増えるというデメリットがあるため、特許分類とキーワードの組合せやＦターム同士での演算を組み合わせた式などを複数作成し、検索結果のノイズと検索漏れを適度に減らす。検索式作成の詳細は「第２章２節　検索式の作り方の基礎」を参照されたい。

本仮請求項で示されるように、材料系の発明は、用途やパラメータで特定されることがある。具体的には、本仮請求項では製品が「粘着テープ」であり、用途が「半導体加工用」である。また、本仮請求項で特定されるパラメータは、「引張強さが3.0MPa以上」、及び「表面粗さが1μm以下」である。

本調査では特徴となる「製品と用途」「パラメータ」に着目して検索式を作成するとよい。以下では「製品と用途」「パラメータ」それぞれにおける検索式作成時の留意点に触れながら、具体的な検索式作成例を示す。

イ．製品・用途の検索式の作成

製品・用途については、製品・用途に関するキーワードと特許分類を用いて検索式を作成する。

・製品・用途の検索式に使用するキーワード例：

調査対象で特徴的な技術要素について、技術要素ごとにキーワードを収集する。キーワードの収集については、上位概念、類義語等上記「１．（２）検索キーワード収集の際の留意点」を参照されたい。

半導体関連：半導体、ウェハ、ウエハ、ウェーハ、ウエーハ、電子部品
粘着テープ関連：テープ、シート、膜、コート、コーティング、フィルム、層

・製品・用途の検索式に使用する特許分類例：

IPC／FI分類のほか、Ｆタームにも複数のテーマコードに関連する特許分類がある。予備検索で見つけた類似文献に付与された特許分類などから収集するとよい。

次に本検索に用いる特許分類の一例を示す。

IPC/FI分類	
C09J	接着剤;接着方法一般の非機械的観点;他に分類されない接着方法;物質の接着剤としての使用
C09J7/00	フィルム状または箔状の接着剤
C09J201/00	不特定の高分子化合物に基づく接着剤
Fターム	
4J040	接着剤
4J040JA00	接着剤の形態
4J040JA09	・フィルム、シート
4J040NA00	接着剤の特定の用途
4J040NA19	・電気関係用
4J040NA20	・・半導体材料
4J040PA00	接着方法
4J040PA21	・形状、機能に特徴的な接着剤使用
4J040PA23	・・接着テープ
5F057	半導体の機械的処理
5F057EC00	補助材料
5F057EC01	・ワーク保持材料
5F057EC01	・・接着シート(基材有り)
5F057EC11	・表面保護材料
5F057EC15	・・粘着シート(基材有り)
5F057FA00	周辺技術、関連装置
5F057FA11	・保持
5F057FA12	・・ワーク保持(インゴット含む)
5F057FA15	・・・接着によるもの
5F057FA16	・・・粘着シートによるもの
5F057FA30	・貼付、剥離
4J004	接着テープ
4J004AB00	接着性物質の接着機能
4J004AB04	・硬化型
4J004CB00	担体の形態
4J004CB03	・フィルム
4J004CC00	担体の形状、構造
4J004CC02	箔状(←フィルム・シート状)
4J004CE00	担体と接着性物質の形状、構造

【図表14】検索例で使用する特許分類

・製品・用途の検索式作成例＜半導体用途の接着テープ＞：

半導体（発明の名称・要約・請求項）：

P1= 半導体＋ウェハ＋ウエハ＋ウェーハ＋ウエーハ＋電子部品

接着テープ（IPC/FI）：

P2= C09J7/00

論理式：　PA = P1 and P2

半導体用途の接着剤（Ｆターム）：

P3= 4J040NA20

接着テープ、フィルム等（Ｆターム）：

P4= 4J040JA09+4J040PA23

論理式：　PB = P3 and P4

ウ．パラメータに関する検索式の作成

パラメータについては、パラメータの名称や単位に関するキーワードを用いて検索式を作成する。検索対象を全文とすることで実施例等の記載を抽出できるが、同時にノイズも増大するため、「パラメータの名称」と「単位」に関するキーワードで近傍演算を行うなどの工夫が必要である。

・パラメータの検索式例＜引張強さ、表面粗さ＞：

引張強さ（発明の名称・要約・請求項）：

V1= 引張強さ＋引張強度＋引張り強さ＋引張り強度＋引っ張り強さ
＋引っ張り強度＋抗張力

引張強さ（本文全文）：

V2= （引張強さ＋引張強度＋引張り強さ＋引張り強度＋引っ張り強さ
＋引っ張り強度＋抗張力）adj20（Pa+N/mm^2+…）adj20（以上）

表面粗さ（発明の名称・要約・請求項）：

V3= 粗さ＋粗度＋算術平均高さ＋ Sa

表面粗さ（本文全文）：

V4= （粗さ＋粗度＋算術平均高さ＋ Sa）adj20（μｍ＋マイクロ＋ミクロ＋…）
adj20（以下＋未満）

例えば製品・用途の論理式 PA 又は PB と、各パラメータの論理積を取り、件数を確認する。論理積を取る際には、まずは評価値の式との論理積（PA and [V1 or V2] など）を取って件数を確認する。件数が多い場合など、更に絞り込む場合には、V1 にパラメータに関連する単位（Pa や N/mm^2）を AND 演算することが考えられる。

（3）読み込み等

複数検索式を作成して母集合を確定した後は、ノイズ除去を行い、実施例中のパラメータ等の数値範囲を参照しながら読み込みを行うこととなる。特許調査ツールによっては、数値範囲を検索できるものもある。また、今後は生成AIの発展によって、数値範囲の重複を生成AIが自動で判定できるようになる可能性も考えられる。

（4）材料系特許調査のまとめ

材料系特許調査では、発明が成分や技術的変数（パラメータ）で特定されることや用途に特徴のある場合があり、また、パラメータ発明や用途発明も多い。

特許調査を行う場合には、製品用途、成分、パラメータなど調査対象を多様な観点から捉え、検索式を整理する。

特にパラメータで特定された発明については、当該パラメータの名称や単位に関するキーワードを用いて検索式を作成する。検索対象を全文とし、実施例等の記載を抽出することも重要である。検索対象を全文とするとノイズも増大するため、「パラメータの名称」と「単位」に関するキーワードで近傍演算を行うことが有効である。

4．バイオ系特許調査（主担当：髙柳 美香）

バイオ系分野は生物材料の分析、バイオテクノロジー分野、製薬の分野、先端技術分野等多岐にわたり、IPC等の特許分類も技術内容に応じて異なる。

特許庁による特許出願動向調査でバイオ系技術分野の対応IPCとして挙げられている（※2）ものや、近年出願が増加しているバイオインフォマティクスなどのIPC例を下記にまとめた。なお、分類の説明はJ-PlatPatの分類説明からの抜粋である。今後も技術革新や他分野との融合により、バイオ系特許に関する分類は更に増えていくと考えられる。

生物材料分析に関する分類
G01N33/:グループG01N1/00～G01N31/00に包含されない， 特有な方法による材料の調査または分析 ※下位層に「G01N33/48・生物学的材料」などを含む
バイオテクノロジーに関する分類
C07G:構造不明の化合物 C07K:ペプチド C12M:酵素学または微生物学のための装置 C12N:微生物または酵素;その組成物;微生物の増殖，保存，維持; 突然変異または遺伝子工学;培地 C12P:発酵または酵素を使用して所望の化学物質もしくは 組成物を合成する方法またはラセミ混合物から光学異性体を分離する方法 C12Q:酵素，核酸または微生物を含む測定または試験方法; そのための組成物または試験紙;その組成物を調製する方法; 微生物学的または酵素学的方法における状態応答制御 C12R:サブクラスC12CからC12Qに関連し，微生物に関したインデキシング系列

【図表15-1】バイオ系技術分野のIPC

製薬(特にバイオ関連)に関する分類
A61K6/:歯科用製剤 A61K35/:構造未知の物質またはその反応生成物を含有する医薬品製剤 ※下位層に「A61K35/12・哺乳動物からの物質;特定されていない組織または細胞からなる組成物;非胚性幹細胞からなる組成物;遺伝子的に修飾された細胞」など A61K36/:藻類，地衣類，菌類もしくは植物またはそれらの派生物からの物質を含有する構造未知の医薬品製剤 A61K38/:ペプチドを含有する医療製剤 A61K39/:抗原または抗体を含有する医薬品製剤 A61K47/:使用する不活性成分，例．担体または不活性添加剤，に特徴のある医薬品製剤;活性成分と化学結合した標的剤または修飾剤 ※下位層に「A61K47/46・構造不明の成分またはその反応生成物，例．皮膚，骨，乳，木綿繊維，卵殻，雄牛の胆汁または植物抽出物」など A61K48/:遺伝子疾病を治療するために生体の細胞内に挿入する遺伝子物質を含有する医療用製剤;遺伝子治療 A61K49/:生体内試験のための製剤 A61K50/:生体内での治療または検査で使用する導電剤 A61K51/:生体内での治療または検査に用いる放射性物質を含有する製剤 A61K125/:根，球根，塊茎，球茎または地下茎を含有するものまたはこれらから得られるもの A61K127/:葉を含有するものまたはこれから得られるもの A61K129/:樹皮を含有するものまたはこれから得られるもの A61K131/:種子，木の実，果実または穀物を含有するものまたはこれから得られるもの A61K133/:花を含有するものまたはこれらから得られるもの A61K135/:茎，柄，枝，小枝または新芽を含有するものまたはこれらから得られるもの A61P/:化合物または医薬製剤の特殊な治療活性 ※下位層に「A61P1/00消化器官，消化系統の疾患治療薬」など
バイオインフォマティクスに関する分類
G16B:バイオインフォマティクス，すなわち計算分子生物学において遺伝子または蛋白質関連データの処理を行うことに特に適合した情報通信技術
ナノバイオテクノロジーに関する分類
B82Y5/00:ナノバイオテクノロジーまたはナノ医療，例．タンパク質工学またはドラッグデリバリー

【図表15-2】バイオ系技術分野のIPC

（1）バイオ系検索の特徴と留意点

バイオ系の特許調査時も、他の技術分野と同様に関連する分類や関連するキーワードを用いて、データベースにて検索していくことが基本である。

ア．特許分類の特徴と留意点

特許分類については、出願件数が多い技術分野などで詳細な技術まで特許分類が作成されていることがある。例えばリチウムイオン二次電池などに関する二次電池のIPC・FI分類（H01M10/05：非水電解質二次電池）やＦターム（5H029：二次電池）では下位層で詳細な技術にまで展開されている。このように特許分類が充実している技術分野では、例えばＦタームだけを用いた検索式を１本作成することも可能である。

一方、バイオ系は近年、技術の進歩が目覚ましいこともあり、対象技術に該当する詳細な特許分類が作成されていない場合も多い。一例として、遺伝子治療に関するIPC・FI分類であるA61K48/00は、メイングループのみで下位層が存在しない。遺伝子治療について更に絞り込んで調査する際は、A61K48/00に対象疾患やベクターの種類など対象技術に関するキーワードをand演算していく必要がある。

このようにバイオ系検索の特徴として、キーワードと既存の特許分類を駆使して、所望の特許分類に相当する分類を作成することが挙げられる。より具体的には、上記図表15に挙げたようなIPCメイングループなど、比較的上位の分類に関連キーワードをand演算して検索式を作成する。

イ．キーワード収集の留意点とその対策

関連キーワード収集の際の留意点については、上記「1．（2）検索キーワード収集の際の留意点」を参照されたい。バイオ系に特有である遺伝子名の表記揺れについては、GeneCardsなどのデータベースで確認するとよい。

・GeneCards　https://www.genecards.org

ウ．塩基配列

バイオ系分野に特徴的な特許として、塩基・アミノ酸配列を含む特許がある。バイオ系特許調査では、化学系特許調査の化学構造と同様に、塩基・アミノ酸配列そのものを調べる際は、分類やキーワード検索では不十分な場合がある。通常のデータベースでは、公報全文中のテキスト検索が基本であるため、特許に添付された配列表や画像で添付された配列表は、検索対象外となってしまうからである。

塩基・アミノ酸配列を含む特許調査の際は、通常のデータベースで分類・キーワード検索をするとともに、配列検索に対応したツールも併用するとよい。

（2）塩基・アミノ酸配列が検索可能なデータベース

特許の塩基・アミノ酸配列検索に対応したデータベース（ツール）の一例として下記が挙げられる。

・NCBI BLAST　https://blast.ncbi.nlm.nih.gov/Blast.cgi

米国国立衛生研究所（NIH：National Institutes of Health）下の米国国立生物工学情報センター（NCBI：National Center for Biotechnology Information）により提供される配列検索ツール（無料）

なお、NCBI の特許に関する配列は、USPTO と EBI（欧州特許庁からの配列データを収録）と DDBJ（日本特許庁、韓国特許庁からの配列データを収録）から提供を受けている（※3)。ただし、米国特許については登録特許のみの収録となる点に留意が必要である。

・CAS STNext®　https://www.jaici.or.jp/stn-ip-protection-suite/cas-stnext

化学情報協会（JAICI）が提供するデータベース（有料）

CAS 社提供による STNext 内で REGISTRY 等配列検索可能なファイルを指定し、配列検索可能。CAplus ファイル等へクロスオーバー検索することにより、絞り込みや特許情報を取得することができる。

・Derwent SequenceBase

https://clarivate.com/derwent/ja/solutions/derwent-sequencebase

Clarivate 社が提供する配列検索データベース（有料)。ENESEQ、USGENE、WOGENE、GENBANK にアクセスできる。

・Orbit BioSequence

https://www.questel.com/communication/orbit-biosequence-ja.html

Questel 社が提供する配列検索データベース（有料)

・PatSnap Bio

https://www-patsnap-com.libproxy1.nus.edu.sg/ja/solutions/bio

PatSnap 社が提供する配列検索データベース（有料)。AI の活用も可能である。

（3）塩基・アミノ酸配列検索の実例

以下に、NCBI BLAST で特定塩基配列に近い配列が記載された特許を検索する際の基本的な操作例を挙げる。

① NCBI BLAST にアクセスする。塩基配列検索であれば「Nucleotide BLAST」アミノ酸配列検索であれば「Protein BLAST」をクリックする。

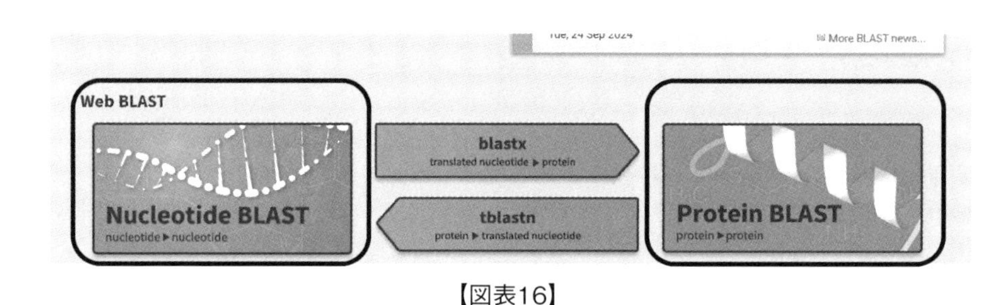

【図表16】

② 「Enter Query Sequence」内の「Enter accession number (s), gi (s), or FASTA sequence (s)」に検索したい配列を入力する。

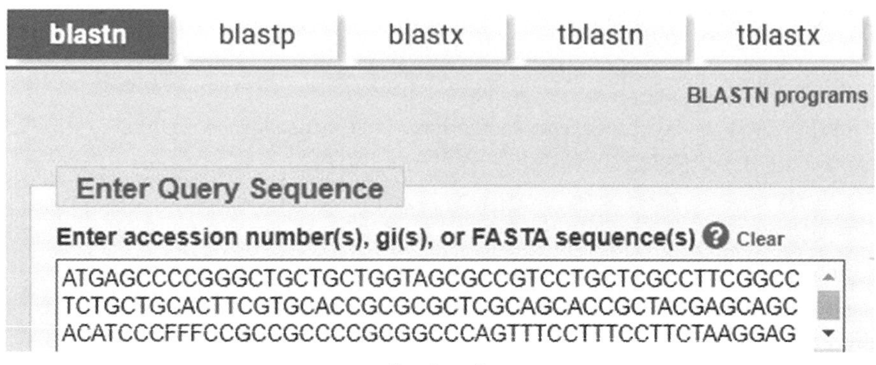

【図表17】

③　「Choose Search Set」内の「Databese」でPatent sequences (pat.) をプルダウンで選択（検索対象を特許文献に限定）する。

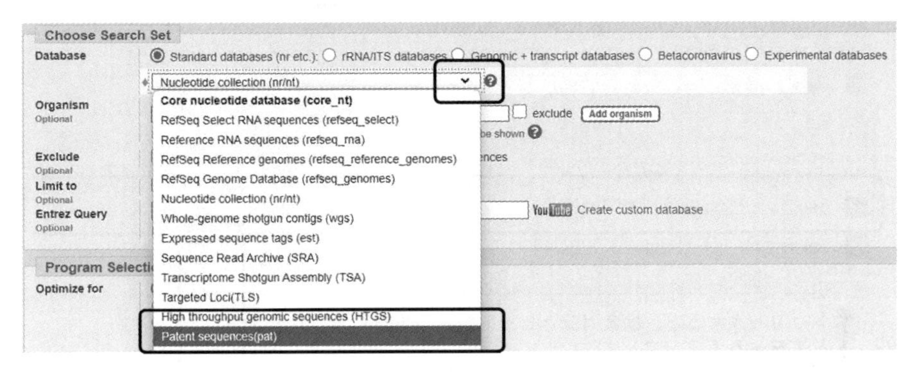

【図表18】

④　Descriptions画面に、検索条件でヒットした特許番号とその特許内の配列番号が記載される。Descriptionのタブは複数項目設定されており、それぞれの項目をクリックすることで並べ替えも可能である。

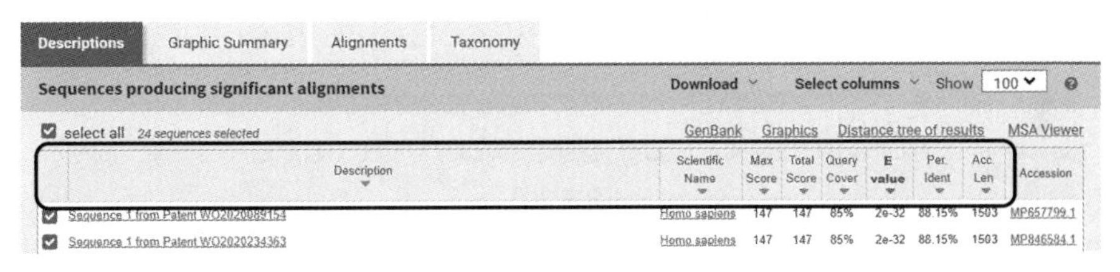

【図表19】

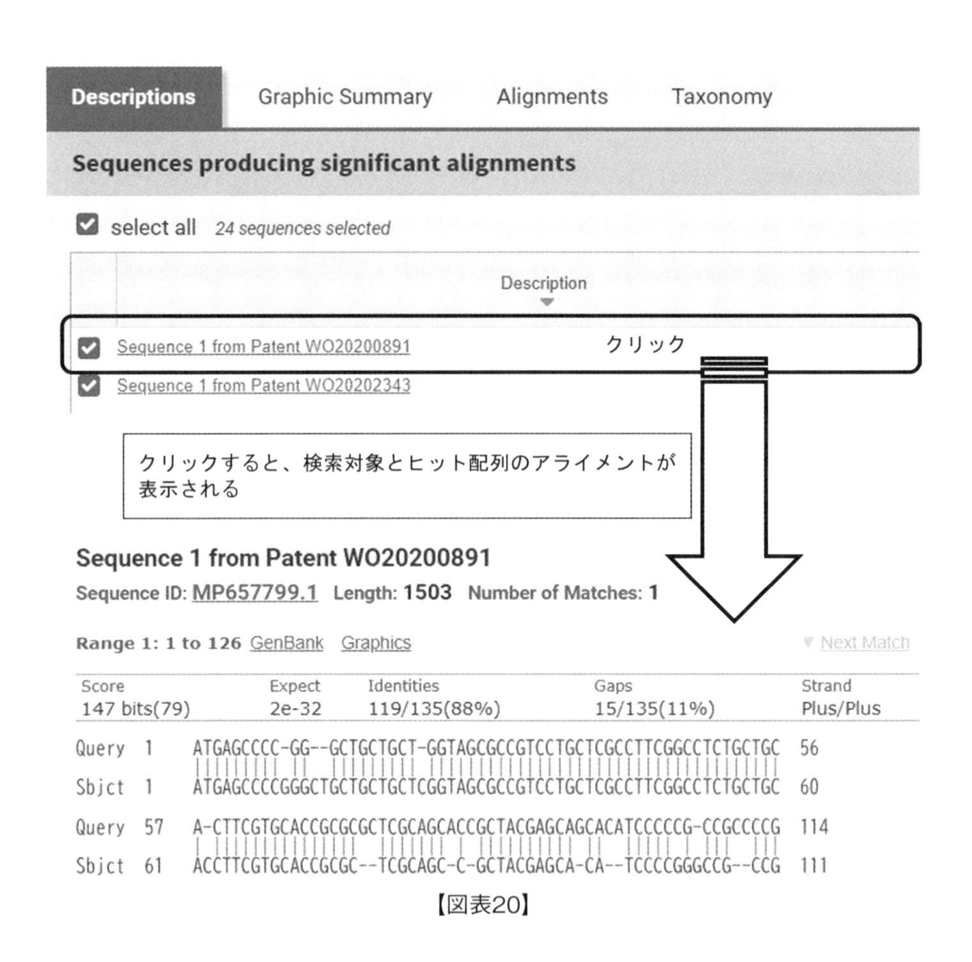
Descriptions
Graphic Summary
Alignments
Taxonomy
Sequences producing significant alignments
select all 24 sequences selected
Description
Sequence 1 from Patent WO20200891
クリック
Sequence 1 from Patent WO20202343
クリックすると、検索対象とヒット配列のアライメントが表示される
Sequence 1 from Patent WO20200891
Sequence ID: MP657799.1 Length: 1503 Number of Matches: 1
Range 1: 1 to 126 GenBank Graphics
Next Match
Score 147 bits(79)
Expect 2e-32
Identities 119/135(88%)
Gaps 15/135(11%)
Strand Plus/Plus
Query 1 ATGAGCCCC-GG--GCTGCTGCT-GGTAGCGCCGTCCTGCTCGCCTTCGGCCTCTGCTGC 56
Sbjct 1 ATGAGCCCCGGGCTGCTGCTGCTCGGTAGCGCCGTCCTGCTCGCCTTCGGCCTCTGCTGC 60
Query 57 A-CTTCGTGCACCGCGCGCTCGCAGCACCGCTACGAGCAGCACATCCCCCG-CCGCCCCG 114
Sbjct 61 ACCTTCGTGCACCGCGC--TCGCAGC-C-GCTACGAGCA-CA--TCCCCGGGCCG--CCG 111
【図表20】

⑤　J-PlatPat 等の特許データベース（※4）でヒットした特許番号を番号照会することで、公報の詳細を確認することができる。

＜ J-PlatPat による番号照会例＞

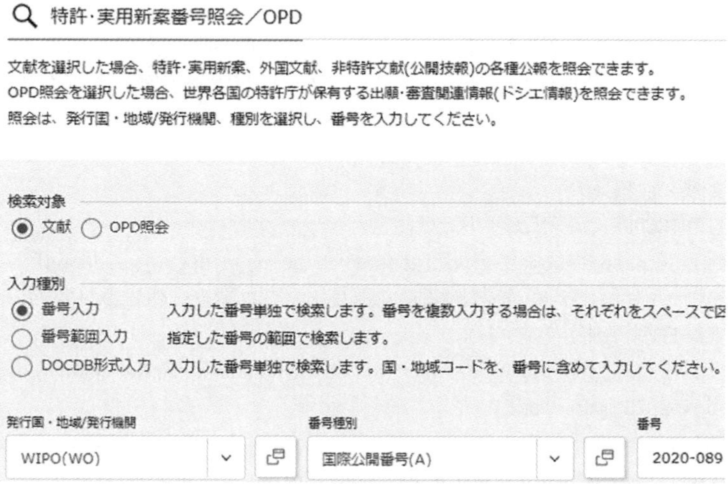

特許･実用新案番号照会／OPD

文献を選択した場合、特許･実用新案、外国文献、非特許文献(公開技報)の各種公報を照会できます。
OPD照会を選択した場合、世界各国の特許庁が保有する出願･審査関連情報(ドシエ情報)を照会できます。
照会は、発行国・地域/発行機関、種別を選択し、番号を入力してください。

検索対象
◉ 文献 ◯ OPD照会

入力種別
◉ 番号入力　入力した番号単独で検索します。番号を複数入力する場合は、それぞれをスペースで区
◯ 番号範囲入力　指定した番号の範囲で検索します。
◯ DOCDB形式入力　入力した番号単独で検索します。国・地域コードを、番号に含めて入力してください。

発行国・地域/発行機関　WIPO(WO)
番号種別　国際公開番号(A)
番号　2020-089

【図表21】

＜ J-PlatPat による公報表示の一例＞

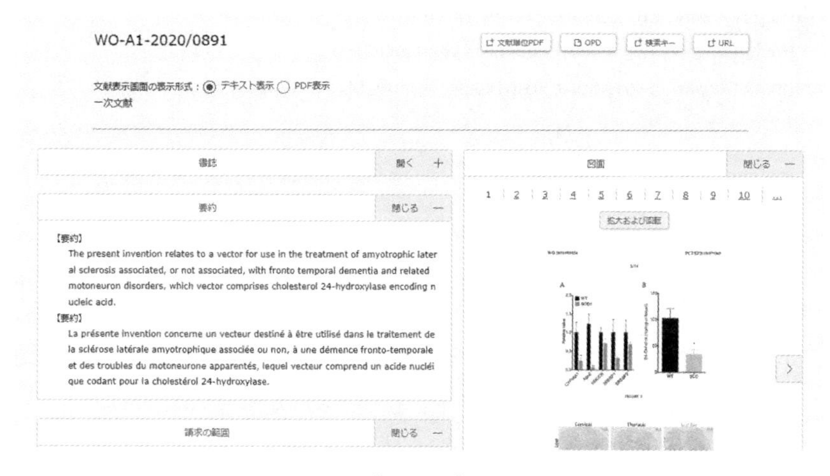

【図表22】

（４）バイオ系特許調査のまとめ

本稿では、バイオ系特許調査の特徴として、まずは特許分類の特徴を挙げた。バイオ系では、近年の技術の進歩を背景に特許分類が整備されつつあるが、細部にわたる分類の付与が追い付かずに特許分類が未整備である場合が多く、キーワードと特許分類を駆使して、検索式を作成する必要がある。

また、バイオ系特許調査では、塩基・アミノ酸の配列そのものが記載された公報を抽出する際は、通常のデータベースで分類・キーワード検索をするとともに、配列検索に対応したツールも併用することが必要となる。

＜参考文献・注釈＞

※1　PATENTSCOPE ユーザガイド
https://patentscope2.wipo.int/search/help/ja/users_guide.pdf

※2　特許庁「令和５年度　特許出願動向調査－マクロ調査－報告書（要約）pp.9-10（表2-1技術分野）
https://www.jpo.go.jp/resources/report/gidou-houkoku/tokkyo/document/index/2023_macro.pdf

※3　NCBI ウェブサイト FAQ：
https://www.ncbi.nlm.nih.gov/education/patent_and_ip_faqs
DDBJ ウェブサイト　特許出願に含まれる配列データの提供：
https://www.ddbj.nig.ac.jp/ddbj/patent-data.html
EBI ウェブサイト Patent Data Resources：
https://www.ebi.ac.uk/patentdata

※4　J-PlatPat（特許・実用新案番号照会／OPD）
https://www.j-platpat.inpit.go.jp/p0100

６節　外国特許調査の基礎

吉賀 千恵

近年、産業のグローバル化が進展し、外国での特許出願件数も急増する中、外国の特許文献を調査する外国特許調査のニーズが高まっている。例えばビジネスを外国へ展開している企業等から、特許権侵害の予防や外国企業の特許分析のために、外国特許調査を依頼されることがある。また、外国出願の可否判断のために外国の先行技術文献も判断材料にしたい、無効資料として外国の公報を用いたい、との要望もある。

このように、外国でのビジネス展開、外国での特許の出願権利化、国内外の特許無効等のため、外国特許調査を実施する場面に直面することもあるのではなかろうか。特にグローバルビジネスを展開するプレーヤーほど、外国の文献を調査分析する機会が多い。

一方で、日本の特許調査に慣れていたとしても、外国特許調査を実施する場面では、言語以外の面でも、外国特許調査の基本的な事項を知らないと困難に陥ってしまうこともある。本稿では、そのような事態が発生しないようにするため、外国特許調査の基礎について説明する。

１．外国特許調査

（１）外国特許調査と日本特許調査

ア．調査対象

特許調査は、基本的に日本特許庁から発行された特許文献を対象とするか、外国特許庁から発行された特許文献を対象とするかにより、日本特許調査と外国特許調査に分類することができる。実質的には、検索に用いる言語や検索データベースで分類される。例えばPCT出願の国際公開公報や非特許文献が調査対象の場合には、世界中の文献が検索データベースに収録されているため、検索に用いる言語で、日本特許調査と外国特許調査に分類される。

本稿では、次の図表１のように調査を分類し、このうち外国特許調査について、説明する。なお、実際には、公然実施された製品・サービス等も特許調査の対象ではあるが、文献を調査対象とする特許調査に焦点を当てて説明する。

	分類	検索言語	調査対象例
特許調査	日本特許調査	日本語	日本特許庁から発行された特許文献 日本語の国際公開公報や非特許文献
	外国特許調査	外国語	各国特許庁から発行された特許文献 外国語の国際公開公報や非特許文献

【図表１】特許調査の種類

イ．外国特許調査のポイント

外国特許調査でも、基本的な手法は、日本特許調査のものと余り変わらない。一方で、外国特許調査と日本特許調査では、パテントファミリー、コード（記号）、特許分類、特許データベース等、特許調査の前提となる基本的な事項が異なるため、これらの留意点や利用可能な特許データベースを把握しておくことが外国特許調査のポイントとなる。

（２）外国特許調査の概要

外国特許調査での留意点、外国特許調査で利用可能な特許データベースについて説明する前に、前提知識として、外国特許調査の概要を説明する。

ア．外国特許調査の目的

外国特許調査は、外国での特許権侵害を回避すること、国内外の他者特許を無効にすること、自社特許の有効性を確認すること、外国の特許出願や審査請求の可否を判断すること、グローバル事業を展開する際の戦略を策定することなどの目的で実施される。

イ．外国特許調査の文献の種類

（ア）「外国の特許庁が発行した特許文献の調査

日本特許庁と同様に、各国特許庁や世界知的所有権機関（WIPO）は、原則として、出願の後、一定期間経過した時、公開公報を発行する。また、特許出願について特許査定となり、特許権が設定登録された場合、各国特許庁は特許公報を発行する。

外国特許調査は、各国特許庁やWIPOから発行された特許文献を調査し、調査目的に適合する有用な文献を発見するために実施される。

（イ）外国の非特許文献の調査

外国の刊行物、外国語で記載された非特許文献（論文、カタログ、広告、雑誌、書籍など）も、外国特許調査の対象となる。

ウ．外国特許調査と特許制度

外国特許調査を実施する背景として、特許制度に関し、属地主義、世界公知、特許独立の原則が挙げられる。属地主義の下、特許権の効力は、特許権を取得した国の領域内に限られ、その領域を越えて外国まで及ぶものではない。そのため、例えば外国で製品・サービスの生産や販売等を行う場合には、各国の特許を調査する侵害予防調査を行う必要がある。世界公知の下、新規性の基準となる先行技術文献等は、国内のものだけでなく、外国のものも含まれる。そのため、例えば国内の文献では特許無効が困難である場合などには、外国の文献を調査する無効資料調査を実施することがある。

また、特許独立の原則の下、特許要件（新規性・進歩性等）も各国で判断される。各国特許庁の審査官は、まずは自国で発行した公報又は自国の言語で記載された公報を引用文献として挙げることが考えられる。そのため、外国の先行技術調査を実施して、外国の先行技術文献も判断材料にして、外国出願の可否判断を行うことがある。

特許性の判断において、世界公知を採用する場合、理想としては、全世界を対象として、外国特許調査を実施することが望ましい。一方で、実際には、外国特許調査にかけることができる時間及び費用は無限ではなく、また、利用可能な特許データベースにも限りがある。

このような実情を考慮して、外国特許調査を実施する場合、その調査の目的に合わせて、調査対象国を選択する。例えば調査対象技術が進んでいる数箇国を調査対象国とするケース、グローバル事業の展開に合わせて数箇国を調査対象国とするケースなどがある。

エ．外国特許調査の種別

外国特許調査でも、調査の種別は、日本特許調査と同じである（「第２章１節特許調査の基礎」を参照)。以下では、各種別の外国特許調査について、日本特許調査との相違点について説明する。

（ア）外国特許調査としての先行技術調査

外国出願をする場合や審査請求をする場合に、その可否判断のため、外国の先行技術調査を行うことがある。第一国の特許出願を外国にする場合はもちろん、第二国の特許出願を外国にする場合にも先行技術調査を実施し、当該国での権利化の可能性を検証して特許出願の可否判断を行うことがある。

また、第二国の特許出願である場合、先行技術調査の調査結果に応じて、請求項や実施形態の追加をした優先権主張出願を行うこともある。このように、各国での先行技術調査は、出願国の先行技術文献を把握して、特許出願をブラッシュアップすることにも用いられる。

（イ）外国特許調査としての動向調査

外国でビジネスを展開する場合、競合相手や業界の主要企業が外国企業である場合に、外国の動向調査を行うことがある。国内企業でも他者の技術情報や内部環境情報の把握は難しいが、特許情報を用いることで、外国企業であっても、他者の技術情報や内部環境情報を把握できることがある。

また、近年では、コーポレートガバナンス・コードの改訂により、自社の外国特許についても動向調査を実施し、グローバルな知的財産への投資状況や知的財産権の保有状況を、統合報告書等に開示することがある。

外国の動向調査では、複数国を対象とすることがある。この場合、調査対象国間の特許出願動向を比較し、各国の事業活動と特許ポートフォリオの整合性を検証することもある。

（ウ）外国特許調査としての侵害予防調査

外国において、他者の特許権を侵害するリスクを回避するために、属地主義の下、実施国で動向調査を実施することがある。例えば新規参入や業界の特許勢力が把握できていないときには、実施国で俯瞰的な侵害予防調査を行うこともある（「第４章１節　特許リスク管理とつながる俯瞰 FTO 調査」を参照）。この調査では、特許分類等ごとに特許権侵害のリスクを俯瞰し、リスクの高い領域の文献を読み込むため、言語の違いによる負担を軽減した侵害予防調査を行うことができる。

（エ）外国特許調査としての無効資料調査

外国特許文献の無効資料調査を実施することもあるが、国内の無効審判や異議申立てに際して、外国特許文献の無効資料調査を実施することもある。

例えば日本特許庁の審査過程において、外国の文献が網羅的かつ十分に調査されているとは限らない。そのため、外国文献の無効資料調査を実施することにより、特許庁の審査過程において発見されていない有用な外国の文献が発見され、対象特許を無効にできる場合がある。

（オ）その他の外国特許調査

その他の外国特許調査としては、パテントファミリー調査やステータス調査・権利状況調査がある。パテントファミリー調査は、各国の特許出願等のファミリーを調査する外国特許調査である。ステータス調査・権利状況調査は、各国の審査状況や権利状況を調査する外国特許調査である。

2. 外国特許調査における留意点

外国特許調査を実施する上での留意点について説明する。上述のとおり、この留意点を把握しておくことが外国特許調査を実施する上で重要なポイントとなる。

(1) パテントファミリーと外国特許調査

ア. パテントファミリーの典型例

パテントファミリーとは、複数の国へ出願された特許出願又は特許のグループであり、パリ優先権主張の基礎出願や分割出願の原出願等で関係付けられたグループである。次の図は、典型的な外国出願について説明する図である。

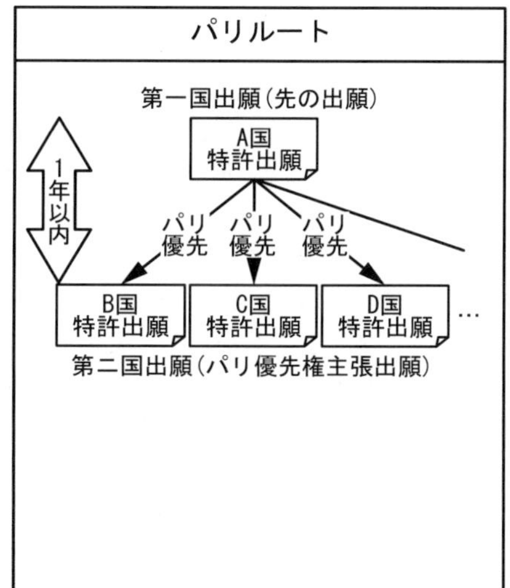

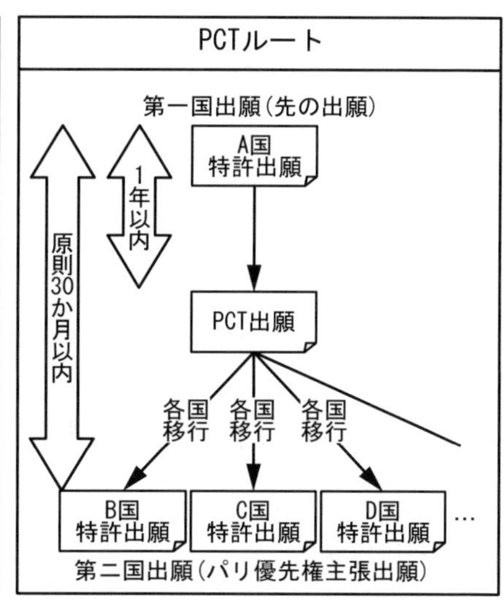

【図表2】外国出願の典型例

外国出願は、第一国の特許出願を基礎出願（先の出願）として、第二国へ特許出願が行われる。第二国出願は、各国に直接出願するパリルートと PCT 出願経由で各国移行する PCT ルートがある。

いずれの場合も、各国では、基礎出願を基礎としたパリ優先権主張出願として、特許出願が行われる。ここで、第一国の特許出願と第二国の特許出願のグループをパテントファミリーと呼ぶ。なお、パテントファミリーには、PCT 出願や分割出願も含まれるが、外国特許調査に利用する特許データベースによって、パテントファミリーの定義が異なる場合がある（※1）。

イ．パテントファミリー単位の外国特許調査

外国特許調査には、出願単位の特許調査とパテントファミリー単位の特許調査がある。出願単位の特許調査では、各国に出願された特許文献を個別に確認する。

一方で、同一のパテントファミリーの特許出願は、明細書等の作成に用いられる言語が異なるが、記載している内容は同一であることが多い。このようなことから、パテントファミリー単位の特許調査として、同じパテントファミリーのうち、代表とする１つの特許文献のみを確認することもある。確認する特許文献は、母国語で記載された特許文献を優先する。

外国特許調査において、読み込む公報の件数や読み込みの言語は、費用及び期間に影響する。パテントファミリー単位で特許調査を実施することで、代表とする１つの特許文献のみを確認するだけでよく、また、母国語の特許文献を選択することで、特許調査のコスト（費用、納期）を削減できることがある。例えば特許データベースにおいても、世界各国の特許出願がパテントファミリーとして紐付けられて収録され、パテントファミリーを一括で検索できる機能を備えるものもある。この機能を活用することで、検索作業についても効率化することができる。

上記のパテントファミリー単位の外国特許調査は、技術調査としては有効である。一方で、侵害予防調査等、請求項を確認する調査では、注意が必要である。同一のパテントファミリーであっても、請求項は、各国で異なることがある。そのため、ノイズ除去を行う際はパテントファミリー単位での調査を実施し、その後の読み込みについては、各国の出願単位で請求項を確認するなどの使い分けをする。

（2）コードと特許分類

ア．特許種別コード

各国で発行される特許文献には、国名コードと特許種別コードが付与される。特許種別コードは、Ａ：公開公報、Ｂ：登録公報、Ｔ：翻訳に関する公報、Ｃ：補正に関する公報など、世界で共通した記号が用いられる傾向がある。よって、国名コードと種別コードを参照すると、明細書等に用いられる言語が分からなくても、公報が発行された国と公報の種別を知ることができる。

以下に、国名コード、種別コードなど一例を紹介する。

日本語	国名コード	特許種別コード	内容
日本	JP	A	公開特許
		B1	登録特許（公開を経ていない）
		B2	登録特許（公開を経ている）
		U	公開実用新案、登録実用新案
米国	US	A1	出願公開特許
		B1	登録特許（出願公開制度の後、公開を経ていない）
		B2	登録特許（出願公開制度の後、公開を経ている）
欧州	EP	A1	公開特許（サーチレポートが付いている）
		A2	公開特許（サーチレポートが付いていない）
		A3	サーチレポート
		B1	登録特許
		B2	登録特許（補正あり）
ドイツ	DE	A1	公開公報（1968年～）
		B4	登録公報（2004年～）
		U1	実用新案（2005年～）
中国	CN	A	公開特許
		B	登録特許
		U	実用新案出願
		Y	登録実用新案
国際特許出願（PCT出願）	WO	A1	公開特許（サーチレポートが付いている）
		A2	公開特許（サーチレポートが付いていない）
		A3	サーチレポート

【図表３】国別コード、種別コードの一例

イ．特許分類

外国の特許文献にも、日本の特許文献と同様に、特許分類が付与されている。特許分類は、特許出願に係る発明の技術分野を特定するためのインデックス（分類）である。日本特許調査では、国際特許分類（IPC）よりも、日本独自の特許分類FI（File Index）を優先して用いることが多い。外国特許調査では、グローバルなポートフォリオの確認や各国比較なども行うため、世界共通で使用されている特許分類を用いることに留意すべきである。

以下、外国特許調査を実施する場合に、よく用いられる特許分類について説明する。

（ア）国際特許分類（IPC）

IPCは、各国で共通して利用されている特許分類である。技術の発展に伴い、随時改正され、現在は第８版である。IPCは、主に発明主題（発明情報）に付与されるが、主題以外（付加情報）に付与されることもある。

（イ）共通特許分類（CPC：Cooperative Patent Classification）

CPCは、欧州で利用された特許分類（ECLA）をベースに、IPCを細分化した特許分類であり、欧米の共通特許分類として、2013年から導入された。現在、国際的な分類としては、IPCのほか、CPCを使用している国が多くなっている。IPCと同様に、技術の発展に伴い、随時改正される。

CPCには、気候変動技術に特化したY02クラスがあり、環境技術を簡易に検索できることも特徴である。

なお、米国独自の特許分類（USC）や、欧州で利用された特許分類（ECLA）は、いずれの分類も現在は利用されていない。

（3）INIDコード

書誌的事項の識別記号（INID：Internationally agreed Numbers for the Identification of bibliographic Data）は、特許文献に記載されるデータを識別するための記号である。公報発行国、公報言語に関係なく、世界共通（統一された）の識別記号であり、公報発行国の公報言語に通じていなくても、INIDコードを見ることにより、公報の書誌事項を理解することができる。工業所有権情報・研修館がINIDコード一覧表をインターネット上で公開している（※２）。

次図に、米国の特許公報の一例を示す。

(12) **United States Patent**
Jost

(10) **Patent No.: US 11,703,095 B2**
(45) **Date of Patent: Jul. 18, 2023**

(54) **METHOD FOR DETERMINING AN OUTPUT TORQUE IN A DRIVE SYSTEM CAPABLE OF BEING POWER SHIFTED IN A VEHICLE**

(71) Applicant: **Schaeffler Technologies AG & Co. KG**, Herzogenaurach (DE)

(72) Inventor: **Markus Jost**, Bühl (DE)

(73) Assignee: **Schaeffler Technologies AG & Co. KG**, Herzogenaurach (DE)

(*) Notice: Subject to any disclaimer, the term of this patent is extended or adjusted under 35 U.S.C. 154(b) by 0 days.

(21) Appl. No.: **17/628,238**

(22) PCT Filed: **Aug. 3, 2020**

(86) PCT No.: **PCT/DE2020/100685**
§ 371 (c)(1),
(2) Date: **Jan. 19, 2022**

(87) PCT Pub. No.: **WO2021/023344**
PCT Pub. Date: **Feb. 11, 2021**

(65) **Prior Publication Data**
US 2022/0268326 A1 Aug. 25, 2022

(30) **Foreign Application Priority Data**
Aug. 6, 2019 (DE) 10 2019 121 208.1

(51) **Int. Cl.**
F16D 48/06 (2006.01)

(52) **U.S. Cl.**
CPC .. ***F16D 48/062*** (2013.01); *F16D 2500/10412* (2013.01); *F16D 2500/3065* (2013.01); *F16D 2500/30421* (2013.01); *F16D 2500/7044* (2013.01); *F16D 2500/7048* (2013.01)

(58) **Field of Classification Search**
CPC F16D 48/062; F16D 2500/10412; F16D 2500/1045; F16D 2500/30421; F16D 2500/3065; F16D 2500/7044; F16D 2500/7048
See application file for complete search history.

(56) **References Cited**

U.S. PATENT DOCUMENTS

2015/0308565 A1 10/2015 Asbogard et al.

FOREIGN PATENT DOCUMENTS

CN	103062391	A	4/2013
DE	10247970	A1	4/2004
DE	102007044452	A1	4/2008
DE	102008045629	A1	3/2009
DE	102010054284	A1	6/2011
DE	102011000331	A1	7/2012
DE	102015203279	A1	9/2015

(Continued)

Primary Examiner — Timothy Hannon

(57) **ABSTRACT**

A method for determining an output torque in a drive system capable of being power shifted in a vehicle includes providing the drive system having a drive unit for transmitting the drive torque, a dual clutch having a first clutch and a second clutch, and a power shift transmission. The power shift transmission has a first gear with a first gear ratio and a second gear with a second gear ratio. The method also includes measuring a first torque transmitted by the first clutch, calculating a distribution of the drive torque to the first clutch and the second clutch using the first torque, and determining the output torque from the distribution of the drive torque.

9 Claims, 1 Drawing Sheet

【図表４】米国の特許文献に記載されている INID コード

図表４の公報に記載されている INID コードの内容は以下である。

(10) 特許、SPC 又は特許文献の識別
(12) 文献種別の簡潔な言語表示
(21) 出願番号
(22) 出願日
(30) パリ条約に基づく優先権のデータ
(51) 国際特許分類（意匠特許の場合は国際意匠分類）
(52) 国内分類
(56) 説明本文とは別に記載された場合の先行技術文献リスト
(57) 要約又は請求の範囲

(58) サーチ分野
(65) 同一の出願に関して、以前に発行された特許文献の番号
(71) 出願人名
(72) 発明者名（分かっている場合）
(73) 権利者名
(86) 広域又はPCT出願の出願データ、すなわち、出願日、出願番号及び（選択的に）公表された出願が最初に提出された時の言語
(87) 広域又はPCT出願の出願データ、すなわち、公表日、公表番号及び（選択的に）出願が公表されたときの言語

図表４の米国の特許文献には、INIDコード（10）に、「US 11,703,095 B2」と記載されている。USが国名コードであり、B2が特許種別コードである。

次図に、ドイツの公報の一例を示す。

(19) Deutsches Patent- und Markenamt

(10) **DE 10 2019 125 697 B4** 2024.03.21

(12) **Patentschrift**

(21) Aktenzeichen: **10 2019 125 697.6**
(22) Anmeldetag: **24.09.2019**
(43) Offenlegungstag: **11.02.2021**
(45) Veröffentlichungstag der Patenterteilung: **21.03.2024**

(51) Int Cl.: ***B60W 30/184*** (2012.01)
G01L 3/00 (2006.01)
G01L 5/13 (2006.01)
F16H 59/16 (2006.01)
F16D 48/06 (2006.01)

Innerhalb von neun Monaten nach Veröffentlichung der Patenterteilung kann nach § 59 Patentgesetz gegen das Patent Einspruch erhoben werden. Der Einspruch ist schriftlich zu erklären und zu begründen. Innerhalb der Einspruchsfrist ist eine Einspruchsgebühr in Höhe von 200 Euro zu entrichten (§ 6 Patentkostengesetz in Verbindung mit der Anlage zu § 2 Abs. 1 Patentkostengesetz).

(66) Innere Priorität:
10 2019 121 208.1　06.08.2019

(73) Patentinhaber:
Schaeffler Technologies AG & Co. KG, 91074 Herzogenaurach, DE

(72) Erfinder:
Jost, Markus, 77815 Bühl, DE

(56) Ermittelter Stand der Technik:

DE	10 2008 045 629	A1
DE	10 2011 000 331	A1
DE	10 2015 203 279	A1

(54) Bezeichnung: **Verfahren zur Ermittlung eines Ausgangsdrehmomentes in einem lastschaltfähigen Antriebssystem in einem Fahrzeug**

【図表５】ドイツの特許文献に記載されているINIDコード

図表５に記載されている INID コードの内容は以下である。
(10) 特許、SPC 又は特許文献の識別
(12) 文献種別の簡潔な言語表示
(13) WIPO 標準 ST. 16に従った文献種別コード
(19) 文献発行庁又は機関の WIPO 標準 ST. 3のコード、又は他の識別
(21) 出願番号
(22) 出願日
(43) 未審査の特許文献が、印刷又は同様の方法により公衆の利用に供された日（その日又はその日以前に権利が付与されていない文献）
(45) 特許文献が、印刷又は同様の方法により公衆の利用に供された日（その日又はその日以前に権利が付与された文献）
(51) 国際特許分類（意匠特許の場合は国際意匠分類）
(54) 発明の名称
(66) 現在の特許文献が差替え（すなわち、同一発明について先の出願が放棄した後の出願）である、先の出願の番号及び出願日
(72) 発明者名（分かっている場合）
(73) 権利者名

図表５のドイツの特許文献には、INID コード（10）に、「DE 10 2019 125 697 B4」と記載されている。DE が国名コードであり、B4が特許種別コードである。

（４）キーワード

外国特許調査においても、検索式に用いるキーワードの選定の観点は、日本特許調査と同様に、１つのキーワードに対して、同義語、下位概念、上位概念の追加キーワードも抽出する。一方で、外国語によってこれらの追加キーワードを抽出することは難しい場合がある。

この場合、パテントファミリーを活用する。具体的には、母国語の特許文献で、元々のキーワードと追加キーワードが記載された文献を検索して抽出する。抽出した母国語の特許文献について、パテントファミリー調査を行って、所望の外国語で翻訳された特許文献を入手する。母国語の特許文献と入手した外国語の特許文献を対比して、元々のキーワードと追加キーワードに対応する外国語のキーワードを抽出する。これにより、所望の外国語のキーワードと追加キーワードを抽出することができ、外国特許調査の検索式に用いることができる。

３．外国特許調査に利用可能なデータベース

外国の特許文献を調査する場合は、外国で発行された特許文献に開示されている技術内容を収集し、開示内容を確認して分析する。日本特許調査と同様に、外国特許調査を実施する場合にも、特許調査の目的に合わせて、適切な特許データベースを選択する。

以下、商用のデータベース以外に、外国特許調査に利用可能な主な特許データベースを紹介する。

（1）外国特許調査に利用可能な主な特許データベース

ア．特許情報プラットフォーム（J-PlatPat）

J-PlatPat は、日本特許庁が提供するデータベースである。J-PlatPat は、日本語を使用して、外国特許文献を検索でき、また、機械翻訳機能も備わっている。検索できる公報は、米国、欧州、国際特許出願（WO）、中国、韓国、英国、ドイツ、フランス、スイス、カナダの文献である。

特許・実用新案番号照会／OPD
▶ヘルプ
文献を選択した場合、特許・実用新案、外国文献、非特許文献(公開技報)の各種公報を照会できます。
OPD照会を選択した場合、世界各国の特許庁が保有する出願・審査関連情報(ドシエ情報)を照会できます。
照会は、発行国・地域/発行機関、種別を選択し、番号を入力してください。
検索対象
文献　OPD照会
入力種別
番号入力　入力した番号単独で検索します。番号を複数入力する場合は、それぞれをスペースで区切り入力してください。
番号範囲入力　指定した番号の範囲で検索します。
DOCDB形式入力　入力した番号単独で検索します。国・地域コードを、番号に含めて入力してください。
発行国・地域/発行機関　番号種別　番号
ドイツ(DE)　公開番号(A)　102019125697
削除
日本(JP)　公開番号・公表番号(A)　例) 2019-00012X 2019-12X H31-00012X
削除
日本(JP)　公告番号(B)　例) 2019-00012X 2019-12X H31-00012X
削除
日本(JP)　特許番号(B)・特許発明明細書…　例) 123456X 12345X
削除　追加
照会　クリア

【図表６】ドイツの特許文献を照会する画面

J-PlatPatのワン・ポータル・ドシエ（OPD：One Portal Dossier）を利用すると、世界各国の特許庁が保有する審査経過情報（ドシエ情報）を照会することができる。例えば特定の特許出願や特許について、パテントファミリーの一覧が参照でき、パテントファミリーの各特許出願の審査経過情報を参照することができる。

【図表7】ワン・ポータル・ドシエ（OPD）照会の結果

「分類・引用情報」をクリックすると、図表8のように、分類情報（発行国・地域／発行機関付与分類）を知ることができる。

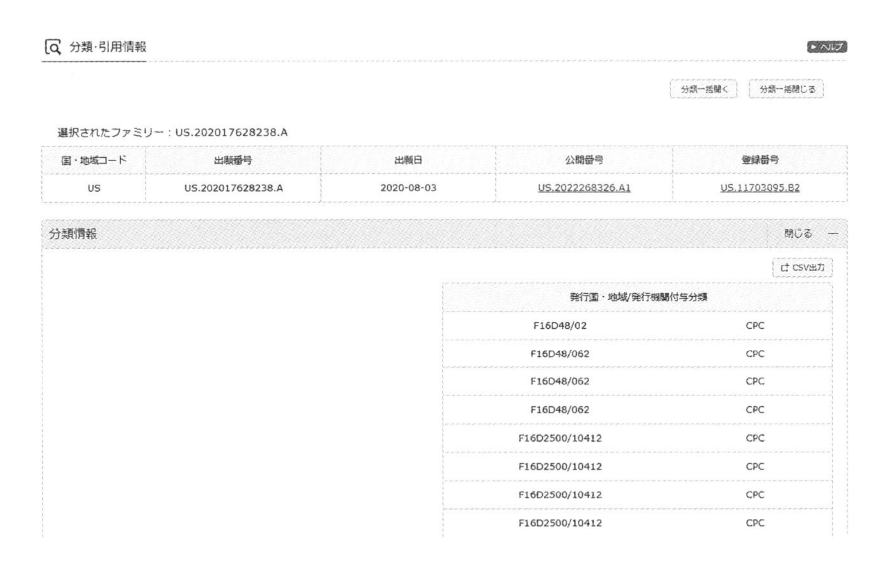

【図表８】ワン・ポータル・ドシエ（OPD）の分類・引用情報

イ．Espacenet

Espacenet は、欧州特許庁（EPO）が提供するデータベースであり、EPO 及び欧州特許条約加盟国の特許庁が提供する特許情報等を検索でき、また、機械翻訳機能も備わっている。Espacenet は、収録ドキュメント数が多いことが特徴であり、検索可能なドキュメント数は、15億にも上る。Espacenet は、欧州特許だけでなく、欧州以外の国が発行する公報も検索可能であり、日本語インターフェースを備えている。

SmartSearch
高度の検索
分類検索

クイックヘルプ −
→ 1つのフィールド当たりどれだけの検索タームに入ることができますか。
→ ワードのコンビネーションで検索してもよいですか。
→ How do I enter words from the description or claims?
→ 一致またはワイルドカードを使用してもよいですか。
→ どのように公開、出願および優先権主張番号を入力しますか。
→ How do I enter the names of persons and organisations?
→ IPCとECLAとの間の差は何ですか。
→ What formats can I use for the publication date?
→ How do I enter a date range for a publication date search?
→ Can I save my query?

関連リンク +

高度の検索

Select the collection you want to search in
Worldwide - collection of published patent applications from 100+ countries

英語のキーワードを入力して下さい

Enter keywords
名称でのキーワード： plastic and bicycle
名称又は要約でのキーワード： hair

Enter numbers with or without country code
公報番号： WO2008014520
出願番号 DE201310112935
優先権主張番号： WO1995US15925

Enter one or more dates or date ranges
公報発行日 2014-12-31 or 20141231

Enter name of one or more persons/organisations
出願人 Institut Pasteur
発明者： Smith

Enter one or more classification symbols
CPC F03G7/10
IPC H03M1/12

削除 検索

【図表9】Espacenet Advanced Search　日本語インターフェース

Espacenetでは、Smart Search、Advanced Search（高度の検索）、分類検索などの検索メニューを利用して、外国特許番号による外国特許調査、検索式を作成する外国特許調査を実施することができる。

ウ. Google Patents

Google Patents は、Google が提供する特許文献の検索サービスであり、外国特許文献が検索でき、機械翻訳機能も備わっている。Google Patents で検索できる国は、105か国を超え、それらはGoogle Patents のトップ画面からも確認できる。

Google Patents では、外国特許番号による外国特許調査のほか、Advanced Search において検索式を作成する外国特許調査を実施することができる。

Google Patents の公報表示画面では、特許分類、その特許分類の説明なども表示されるので、特許文献に関連のある特許分類を把握するのに便利である。

（２）その他の特許データベース

ア. 米国特許商標庁（USPTO）のデータベース

USPTO のデータベースは、USPTO のウェブサイトで「Patent Center」を選択することで利用できる。基本的には、出願番号や特許番号等の番号による検索であり、インターフェースは英語である。

USPTO のデータベースでは、最新のステータス情報や包袋情報等、米国の特許出願や特許について、多くの情報を入手することができる。

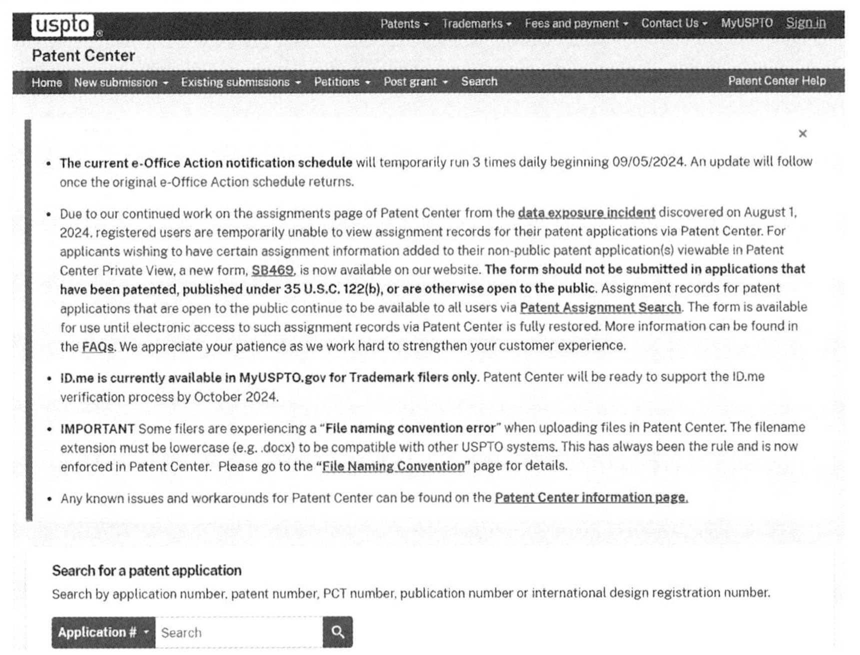

【図表10】USPTO Patent Center　英語インターフェース

イ．PATENTSCOPE（WIPO）

PATENTSCOPEは、世界知的所有権機関（WIPO）が提供するデータベースである。PATENTSCOPEでは、国際公開公報の全文、WIPO加盟国・加盟地域の特許文献や非特許文献を検索することができる。PATENTSCOPEを用いた検索では、キーワード、IPC、化合物、番号など様々な検索項目を使用することができる。

【図表11】PATENTSCOPE　日本語インターフェース

4．まとめ

本稿では、外国特許調査での留意点、及び外国特許調査で利用可能な特許データベースを中心に説明した。

パテントファミリーを活用することで、読み込み件数を減らし、また、母国語で公報を読むことができ、効率的な外国特許調査ができる。これは、パテントファミリーは、実施形態内容が同一であることが多いのが要因である。一方で、請求項は、各国のプラクティスによって内容が変わることがあるので、侵害予防調査等の請求項を確認する調査では、各国の公報を読むことに留意する。好ましくは、パテントファミリー単位の外国特許調査と出願単位の外国特許調査を使い分ける。

特許種別コードは、世界で共通した記号が用いられる傾向があるので、一度覚えてしまえば、他の国の公報を読むときにも役立つ。特許分類は、外国特許調査では、グローバルなポートフォリオの確認や各国比較なども行うため、世界共通で使用されている特許分類を用いることに留意すべきである。外国特許調査を実施する場合に、よく用いられる特許分類は、① 国際特許分類（IPC）、② 共通特許分類（CPC）である。CPC は使用国が増加しているとともに、環境技術を簡易に検索できることも特徴である。続いて、これらのパテントファミリー、コード、特許分類の知識を用いて検索する特許データベースとその特徴を簡単に紹介した。

本稿で紹介した外国特許調査の基礎が、読者の調査分析スキルをグローバル化することに少しでも貢献でき、事業や知的財産のグローバル展開の役に立つことができれば幸いである。

＜参考文献・注釈＞

※1　欧州特許庁では、DOCDB 単純特許ファミリーと INPADOC 拡張パテントファミリーが用いられる。また､特許データベース Derwent Innovation では､DWPI パテントファミリーが用いられる。

※2　工業所有権情報・研修館「INID コード一覧表」
https://www.inpit.go.jp/content/100029977.pdf

７節　特許分析の基礎

石井 友莉恵

近年の経済活動において、企業の競争力を高めるために、知的財産等の無形資産を把握し、最適な戦略・投資の下で企業等の価値を最大化することの重要性が高まっている。そのような状況で、経営戦略・事業戦略・製品サービス戦略といった上流の戦略策定や遂行の局面においても、市場分析だけでなく、特許分析も取り込む動きが盛んになっている。特許分析は、特許文献に記載された特許情報を分析するものであるが、マクロ分析も取り込むことで、知的財産だけではなく、各出願人の戦略、技術や人材、コンテンツ等の無形財産の状況を可視化できる。特に無形財産を可視化できることが、特許分析の強みである。

ここで、特許情報とは、「特許・実用新案・意匠・商標の出願や権利化に伴って生み出される情報（※）」であるが、本稿では、そのスコープを特許に絞って、特許の出願や権利化に伴って生み出される情報、の狭義で用いる。特許情報を様々な観点から分析することで、知的財産や特許権の動向はもちろん、技術動向や企業等の戦略を、具体的に把握することができる。本稿では、このような特許情報を読み解くため、「特許分析」の基礎について紹介する。

本稿で紹介する「特許分析」の基礎は、具体的な「特許分析」を行うために、特許情報で何が分かるか、また、特許情報をどのように集計するか、といった基礎事項である。この基礎事項に基づく集計等により得られた情報を、市場分析等のフレームワークに当てはめることで、競争力を高める分析の醸成が促される。

１．特許分析の目的

経営部門や事業企画部門と、知財部門の協働の中で、分析において、共通言語を持つことが重要となる。経営部門や事業企画部門は、市場分析の用語を用いることから、これらの部門との対話には、市場分析と特許分析を関連付け、具体的な特許分析の手法に落とし込むようにしておくことが重要となる。このような観点をもって、「特許分析」の基礎を説明する。

分析において重要なことは、目的を明確にしておくことである。例えば技術動向や企業の戦略を分析する視点として、３Ｃ分析が用いられる。３Ｃ分析とは、顧客(Customer)、競合（Competitor)、自社（Company）の頭文字をとったもので、３つの視点から分析を実施するためのフレームワークである。
特許分析でも、この３Ｃ分析を意識した集計等を行う。これに加えて、近年の特許分析では、これらの３Ｃに協力者（Co-creation）の視点を加えた、４Ｃ分析を用いることの重要性が増している。近年の特許業界では、自社の特許権の実施許諾（ライセンス）や無償開放などの特許権の一部オープン化によって、共創の仲間創りを行うための特許権の活用の動きが活発化しており、４つ目の「Ｃ」として、協力者（Co-creation）に関する分析も重要となっている。

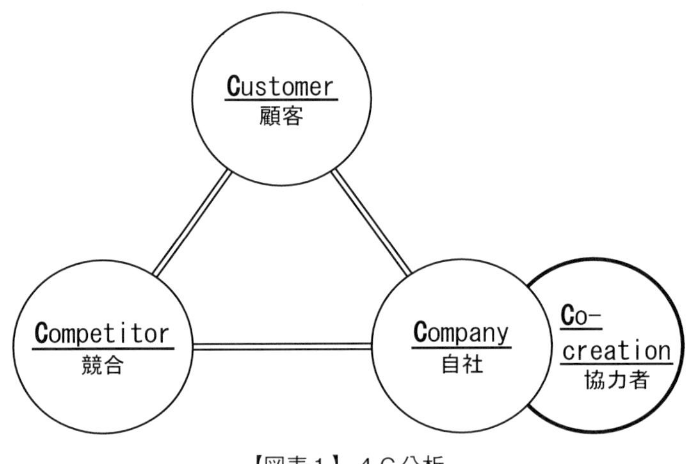

【図表１】４Ｃ分析

４Ｃ分析と特許分析を関連付けるため、４Ｃを視点とした特許分析の目的の例と、その特許分析に用いる特許情報の例、及び後述する分析手法の対応を以下の図表２にまとめた。図表２は、４Ｃ分析に関連する特許分析の目的であるが、その他の市場分析からも同様の内容が求められることが多く、特許分析の目的を参照することで、特許情報で何が分かるかを大きく把握できる。
４Ｃ分析の各Ｃに関して分析するとき、図表２の各特許情報を用いることで、特許分析の各目的を可視化することができる。
「Customer（顧客）」の視点では、自社の事業を推進していく上で、顧客がどこであるのか、顧客は今後どのような事業を展開していくのか、といった市場の要望（自社のターゲット）を把握することができる。
「Competitor（競合）」の視点では、自社の事業を安心して進めていくために、競合他社がどこであるのか、競合他社のパートナーや注力技術は何か、といった自社にとってリスクとなり得る情報や、競合他社の事業戦略を把握することができる。

視点（4C）	分かること（目的）	特許情報
Customer 顧客 （市場要望）	[a1] 顧客はどこか	出願人・権利者
	[a2] 顧客はいつから研究開発を開始したか	出願日、優先日
	[a3] 業界の研究開発はどのように推移しているか	
	[a4] 顧客のグローバル市場戦略は	出願国
	[a5] 顧客の（近年の）注力技術は何か	特許分類、課題、解決手段
Competitor 競合 （競争）	[b1] 競合他社はどこか	出願人・権利者
	[b2] 競合他社はいつから研究開発を開始したか	出願日、優先日
	[b3] 競合他社は特許を何件保有しているか	権利情報
	[b4] 競合他社のグローバル市場戦略は	出願国
	[b5] 競合他社のパートナーはどこか	出願人・権利者
	[b6] 競合他社のキーマンは誰か	発明者
	[b7] 自社・競合他社の強み／弱み技術は何か	特許分類、課題、解決手段
	[b8] 競合他社の（近年の）注力技術は何か	
	[b9] 競合他社の基本特許は何か	引用／被引用情報
Co-creation 協力者 （共創）	[c1] 自社のパートナー候補はどこか	出願人・権利者、特許分類、課題、解決手段
	[c2] 自社技術のライセンス先候補はどこか	
	[c3] 自社技術のオープン領域はどこか	特許分類、課題、解決手段
Company 自社 （現状・展望）	[d1] 自社の研究開発状況は	特許分類、課題、解決手段
	[d2] 研究開発に利用できる技術はないか	
	[d3] 新たな研究開発テーマはないか	
	[d4] 自社の（近年の）注力技術は何か	

【図表２】４Ｃ分析と特許分析の目的例

「Co-creation（協力者）」の視点では、自社のパートナー候補やライセンス先候補はどこか、といった協力先を探索するための情報を把握することで、自社の特許権の有効活用や、自社の弱みの補完を行うことができる。

「Company（自社）」の視点では、自社の事業を展開していく上で、研究開発のヒントとなる情報、業界の技術推移や注力技術といった研究開発動向を把握することができる。

２．基本的な集計手法

次に、市場分析と関連付けた特許分析の目的に対し、特許情報をどのように集計するかについて説明する。基本的な集計手法として、分析に用いる項目と、扱う分析項目の数に応じた集計手法についてサンプルデータを用いて説明する。

（1）分析項目

本稿では、特許情報のうち、分析で用いる項目を分析項目という。分析項目には、様々な観点の情報が含まれる。特許分析では、これらの分析項目を、目的に応じて抽出、加工、集計した結果を、図や表などのパテントマップに表すことで可視化する。

観点	分析項目
いつ	出願日、優先日
どこで	出願国(パテントファミリー)
誰が	出願人・権利者、発明者
何を	特許分類
どのように	課題、解決手段
どれくらい	引用／被引用情報
その他	権利情報

【図表３】分析項目

出願日や出願国、出願人・権利者などの技術内容以外の分析項目については、基本的には決まった項目を抽出するのに対し、特許分類や課題、解決手段などの技術内容に基づいた分析項目については、抽出方法により得られる情報が異なる。抽出方法は、主に以下の４つに分類される。

ア．特許分類による抽出

IPCやFI、Ｆタームなどの特許分類を用いて特定の技術内容の抽出やカテゴリー分けを実施する。特許分類は、全ての特許文献に付与されるため、母集合について網羅的な分析を実施することができる。一方で、技術分野によって特許分類が対象とする範囲の広さや、階層の深さが異なるため、どのような特許分類が存在するかを確認する必要がある。

イ．文書解析（テキストマイニング）による抽出

文書形式のデータを単語や文節などに区切った情報を用いて特定の技術内容の抽出やカテゴリー分けを実施する。同じ意味の言葉であっても特許文献により表記が異なる場合があるため、関連するキーワードをまとめる「名寄せ」を実施する必要がある。商用の特許調査分析ツールには、頻出単語を抽出する機能が備わっているものもある。

ウ．検索式による抽出

分析の母集合を作成する際と同様に、検索式を作成することで特定の技術内容の抽出やカテゴリー分けを実施する。抽出したい技術内容に応じてカスタマイズすることが可能である。一方で、検索式に使用するキーワードなどの選定により、抽出の漏れが生じる可能性がある。

エ．読み込みによる抽出

分析の母集合について人手による読み込みを実施し、特定の技術内容の抽出やカテゴリー分けを実施する。目視による抽出となるため、正確な分析を実施することができる。一方で、母集合の件数が膨大である場合や、作業期間が限られた中での分析の際には、時間を要してしまうため適していない。

（2）単純集計による分析

単一の分析項目に基づいた集計手法について、分析項目別に紹介する。

特許分析では、まずは単純集計を用いた各分析項目について大枠を把握する。

ア．出願日、優先日

主に出願年別の出願件数の集計を行う。日付情報に基づいて分析を行うことで、出願件数の急増、減少などから研究開発の開始／衰退時期といった出願動向を、経時的に把握することができる。

図表４により、特許出願の立ち上がり（最初の特許出願の出願日）から「[a2] 顧客はいつから研究開発を開始したか」や「[b2] 競合他社はいつから研究開発を開始したか」を、特許出願の増減から「[a3] 業界の研究開発はどのように推移しているか」を知ることができる。

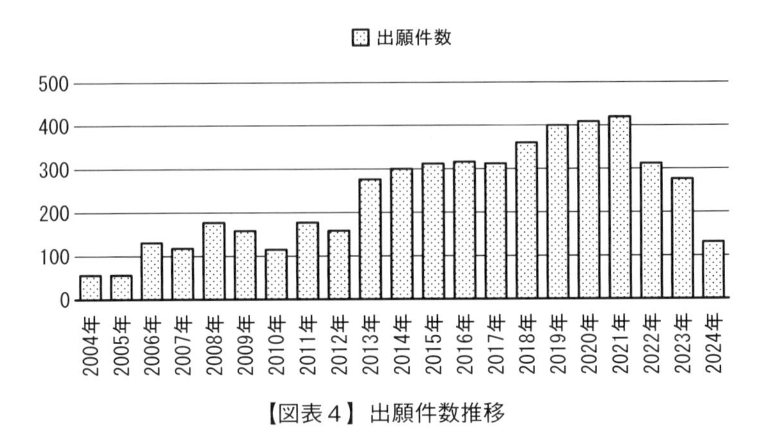

【図表４】出願件数推移

イ．出願国（パテントファミリー）

主に出願国別の出願件数の集計を行う。出願国に基づいて分析を行うことで、グローバル展開を把握することができる。

図表５により、出願国別の件数比率から「[a4] 顧客のグローバル市場戦略」や「[b4] 競合他社のグローバル戦略」を知ることができる。

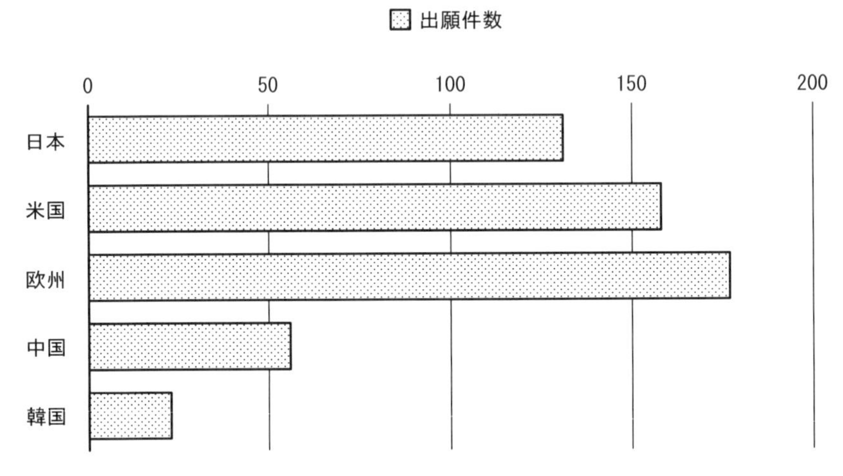

【図表５】出願国別の出願件数

ウ．出願人・権利者

主に出願人・権利者別の出願件数の集計や、特定の出願人・権利者の共同出願状況の確認を行う。出願人・権利者に基づいて分析を行うことで、主要な（出願件数が上位）顧客や競合他社の把握、競合他社のパートナー情報を把握することができる。

図表６により、特許出願の件数が多い出願人・権利者から「[a1] 顧客はどこか」や「[b1] 競合他社はどこか」を、図表７により、競合他社の共同出願状況から「[b5] 競合他社のパートナーはどこか」を知ることができる。

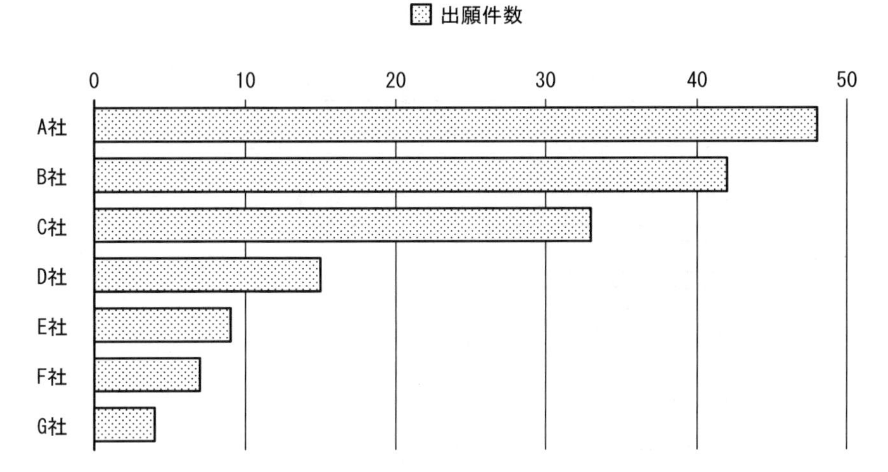

【図表６】出願人・権利者別の出願件数（横軸：出願件数、縦軸：出願人・権利者）

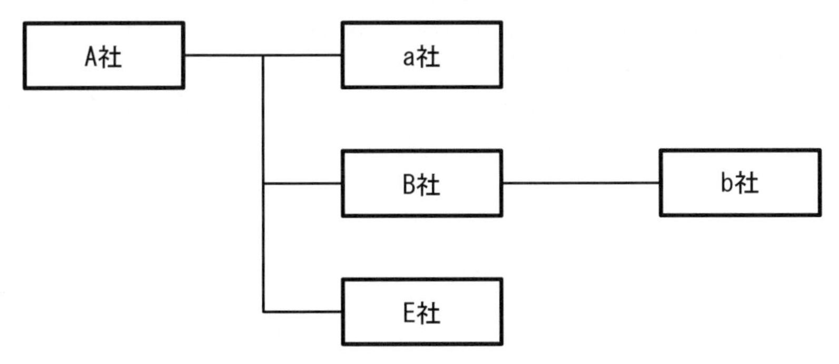

【図表７】特定出願人・権利者の共同出願人ツリー

エ．発明者

主に特定の出願人について、発明者別の出願件数の集計を行う。発明者に基づいて分析を行うことで、競合他社のキーマン（出願件数が上位の発明者）を把握することができる。また、各出願人において、知的財産や技術革新を創出できる人材数、体制、その伝承状況等、人的リソースの無形資産の動向も把握できることがある。

図表８により、特許出願の件数が多い発明者から「[b6] 競合他社のキーマンは誰か」を知ることができる。

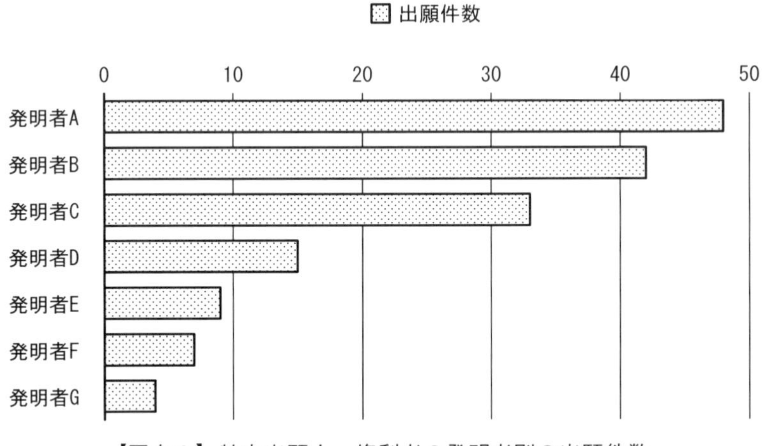

【図表８】特定出願人・権利者の発明者別の出願件数

オ．技術内容（特許分類、課題、解決手段、など）

主に技術分野別の出願件数の集計を行う。技術分野に基づいて分析を行うことで、注力度の高い（出願件数の多い）技術分野を把握することができる。

図表９により、特許出願の件数が多い技術分野から「[a5] 顧客の注力技術は何か」や「[b8] 競合他社の注力技術は何か」「[d4] 自社の注力技術は何か」を知ることができる。

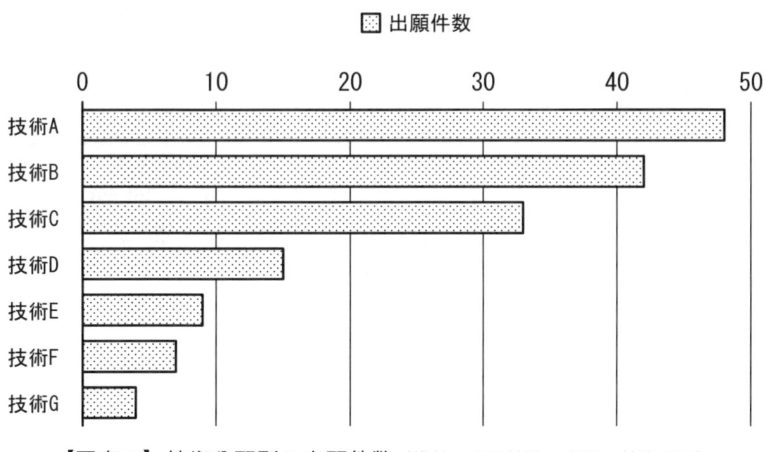

【図表９】技術分野別の出願件数（横軸：出願件数、縦軸：技術分野）

カ．引用／被引用情報

主に特許文献別の被引用件数の集計や、特定の特許文献の引用関係の確認を行う。引用／被引用情報に基づいて分析を行うことで、基本的な技術である可能性の高い（被引用数が多い）特許文献や、注目する特許文献について引用関係を把握することができる。

図表10により、被引用数が多い特許出願から「[b9] 競合他社の基本特許は何か」を、図表11によりその引用情報を知ることができる。

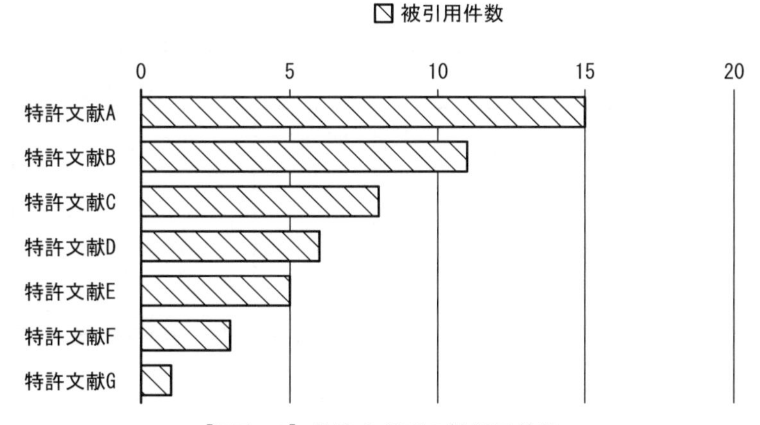

【図表10】特許文献別の被引用件数

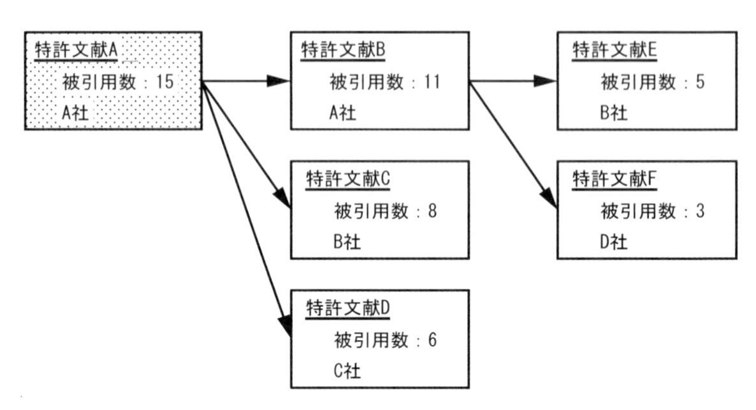

【図表11】特定特許文献の引用関係ツリー

キ．権利情報

主に権利情報別の出願件数の集計を行う。権利情報に基づいて分析を行うことで、権利存続中の件数から競合他社の保有特許件数を確認するなど、権利保有状況を把握することができる。

図表12により、権利存続中の件数から「[b3] 競合他社は特許を何件保有しているか」を知ることができる。

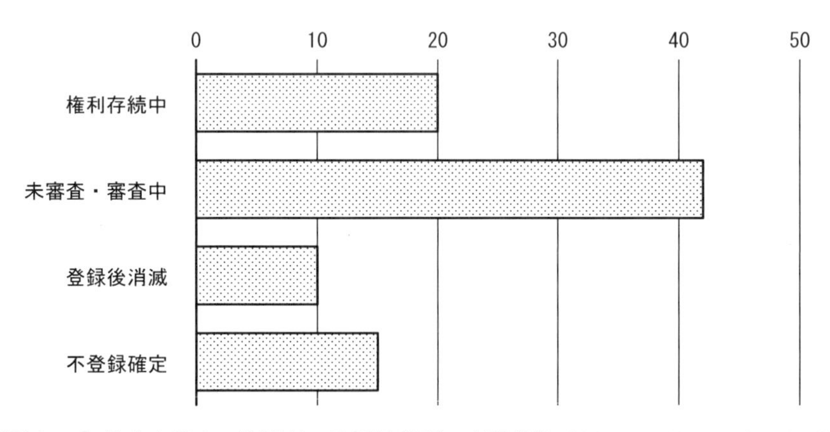

【図表12】特定出願人・権利者の権利情報別の出願件数（横軸：出願件数、縦軸：権利情報）

（3）クロス集計による分析

２つ以上の分析項目に基づいた集計手法について、分析項目別に紹介する。

特許分析において、クロス集計を用いると分析項目間の相関関係が分かり、単純集計の内容を、分析の目的に沿って詳細化できる。詳細化することで、市場情報や社内からの情報を裏付けることができ、更に新たな情報を得ることができる。

ア．出願日×出願人・権利者

出願人・権利者別の出願年ごとの出願件数の集計を行う。出願人・権利者を出願年別に分析することで、顧客や競合他社がどのタイミングで市場へ参入／撤退したか、などの研究開発動向を経時的に把握することができる。

図表13により、特許出願の立ち上がり（最初の特許出願の出願日）から「[b2] 競合他社はいつから研究開発を開始したか」を、出願人・権利者を比較して知ることができる。

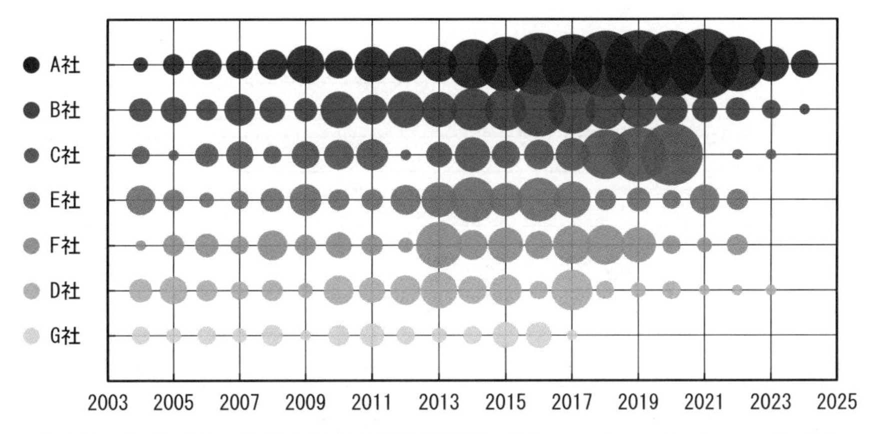

【図表13】出願人・権利者別の出願件数推移（横軸：出願年、縦軸：出願人・権利者）

イ．出願日×技術内容

技術分野別の出願年ごとの出願件数の集計や、課題別の出願年代ごとの出願割合の集計を行う。技術分野を出願年別に分析することで、近年の注力技術分野や課題（ニーズ）などの技術動向を経時的に把握することができる。

図表14や図表15により、近年の件数比率の高い技術や課題から「[a5] 顧客の近年の注力技術は何か」や「[b8] 競合他社の近年の注力技術は何か」「[d4] 自社の近年の注力技術は何か」を知ることができる。

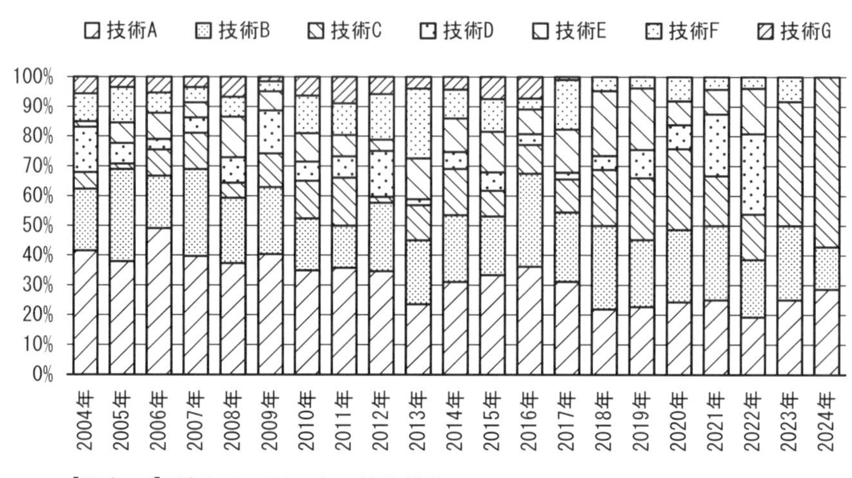

【図表14】技術分野別の出願件数推移（横軸：出願年、縦軸：技術分野の割合）

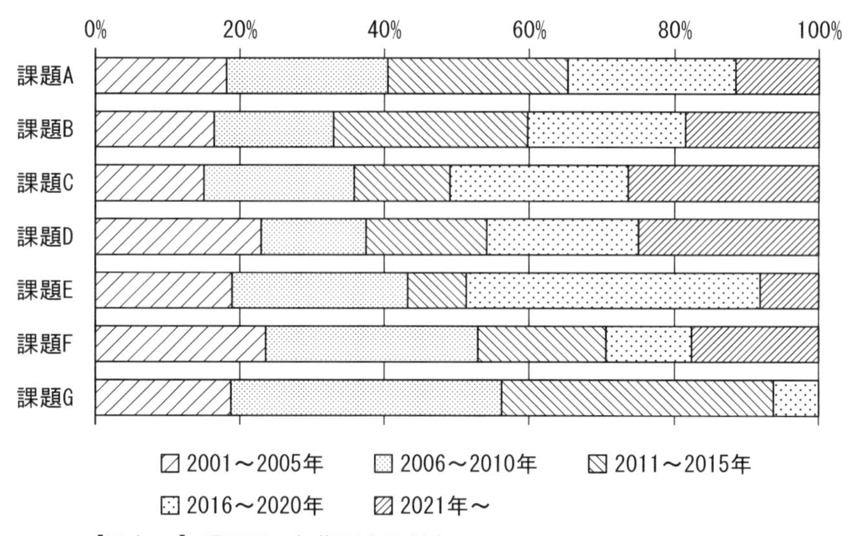

【図表15】課題別の年代別出願割合（横軸：年代別の割合、縦軸：課題）

ウ．出願人・権利者×技術内容

出願人・権利者別の技術分野ごとの出願件数の集計や、特定の出願人・権利者の技術分野ごとの出願件数の比較を行う。出願人・権利者別に技術分野を分析することで、顧客や競合他社の技術的な特徴点や、競合他社と比較した自社や他者の強み

／弱み技術を把握することができる。

図表16により、件数の大小から「[c1] 自社のパートナー候補はどこか」や「[c2] 自社技術のライセンス先候補はどこか」「[d1] 自社の研究開発状況」を出願人・権利者を比較して知ることができる。また、図表17により、件数の大小から「[b7] 自社・競合他社の強み／弱み技術は何か」や「[c3] 自社技術のオープン領域はどこか」を知ることができる。

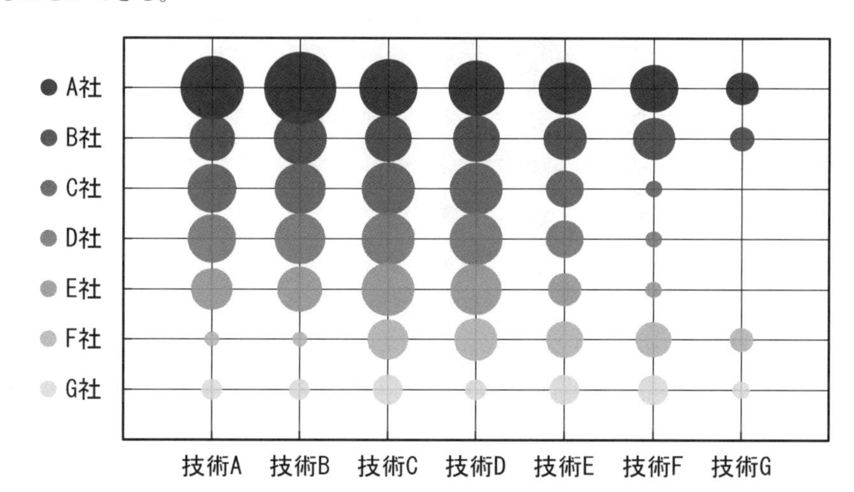

【図表16】 出願人・権利者別の技術分野別件数（横軸：技術分野、縦軸：出願人・権利者）

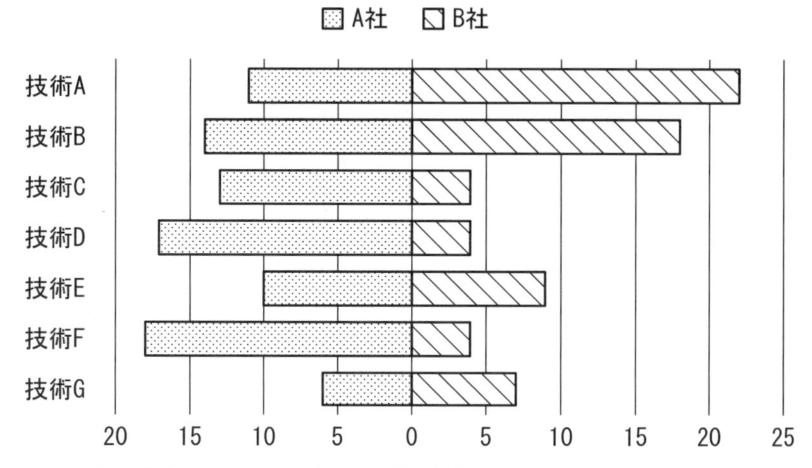

【図表17】 特定出願人・権利者の技術分野別件数比較（横軸：出願件数、縦軸：技術分野）

エ．技術内容×技術内容

技術分野別の課題ごとの出願件数の集計を行う。技術分野別に課題を分析することで、技術別に求められる要件（ニーズ）を把握することができる。

図表18により、件数の大小から「［d2］研究開発に利用できる技術はないか」や「［d3］新たな研究開発テーマはないか」を知ることができる。

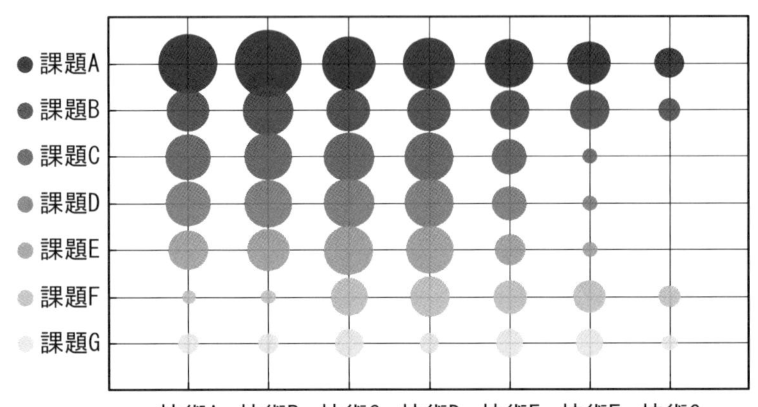

【図表18】技術分野別の課題別件数（横軸：技術分野、縦軸：課題）

オ．出願国×出願人・権利者

出願人・権利者別の出願国ごとの出願件数の集計を行う。出願人・権利者別に出願国を分析することで、顧客や競合他社のグローバル展開状況を把握することができる。

図表19により、出願国別の件数から「［b4］競合他社のグローバル市場戦略」を出願人・権利者を比較して知ることができる。

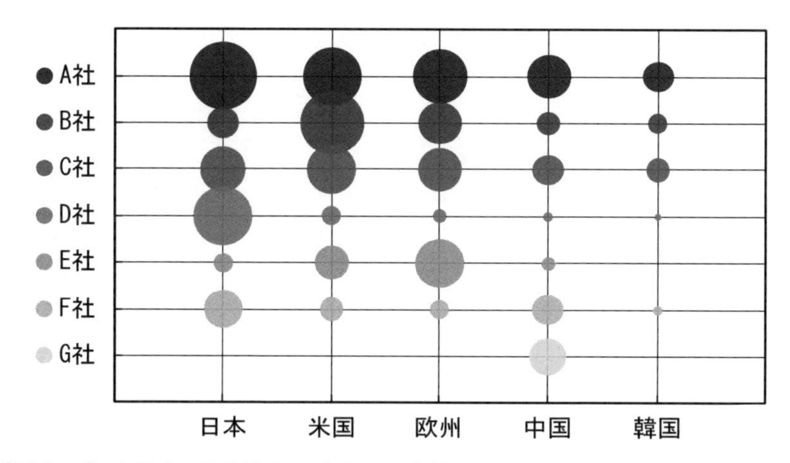

【図表19】出願人・権利者別の出願国別件数（横軸：出願人・権利者、縦軸：出願国）

なお、集計する項目としては、特許出願件数、特許件数、評価値、被引用文献数等が挙げられる。技術動向を把握するためには特許出願件数、権利を把握するためには特許件数、技術品質を把握するためには、特許件数、評価値、被引用文献数を用いることが多い。

＜参考文献・注釈＞
※　特許庁「2023年度 知的財産権制度入門テキスト」p.117（第３章 特許情報の利用）
https://www.jpo.go.jp/news/shinchaku/event/seminer/text/document/2023_nyumon/all.pdf

8節　付録：調査報告書のフォーマット例

石岡 孝浩・石井 友莉恵

特許調査の基礎として、基本的な特許調査の調査報告書の例、及び報告書に添付する特許リストについて、調査種別ごとのフォーマット例を以下に示す。このフォーマットを参照することで、最終的なアウトプットの概要や具体的な調査項目に触れ、本書の理解が進むと考えられる。

No.	調査種別	報告書例と添付資料
1	先行技術調査（簡易調査）	調査報告書例１
2	先行技術調査（通常調査）	調査報告書例２、構成要件対比表
3	動向調査（分類付与）	調査報告書例３
4	動向調査（特許マップ）	調査報告書例４
5	侵害予防調査	調査報告書例５、評価リスト
6	無効資料調査	調査報告書例６、構成要件対比表

先行技術調査は、簡易調査の場合と通常調査の場合で、フォーマットが異なる。また、動向調査も、分類付与を行う場合と特許マップを作成する場合とで、フォーマットが異なる。これらの調査については、報告書のフォーマットを分けている。

１．先行技術調査

（１）調査報告書

ア．簡易調査（調査報告書例１）

１．調査概要

貴社整理番号	XXXXXX
弊所整理番号	XXXXXX
案件名称	・・・・・
使用データベース	・・・・・
調査期間	公報発行日が1971年以降202X年XX月XX日以前である日本特許出願及び実用新案

２．調査対象

（貴社発明のポイント：請求項案）
【請求項1】
・・・・・システムであって、
・・・・・・・・・・・・・・・・・・と、
・・・・・・・・・・・・・・・・・・と、
・・・・・・・・・・・・・・・・・・と、
を備えるシステム。
【請求項2】
さらに、・・・・・・・・・・・・・・・・・・と、
・・・・・・・・・・・・・・・・・・・・・・・と、
を備える、請求項1に記載のシステム。
・・・

３．調査結果

３-１．抽出文献

各文献の関連記載箇所は、添付の「抽出公報PDF」にハイライトで示しました。

表１：抽出した３件のリスト

No.	評価	公報番号	公開日	発明の名称	出願人
1	Y	特開20XX-XXXXXX	20XX/XX/XX	・・・・・・	・・・・・・
2	Y	特開20XX-XXXXXX	20XX/XX/XX	・・・・・・	・・・・・・
3	A	特開20XX-XXXXXX	20XX/XX/XX	・・・・・・	・・・・・・

X：出した文献に記載の内容が、上記技術要素と全て同じで、新規性を否定する文献
Y：抽出した文献に記載の内容が、上記技術要素のかなりの部分が同じで、他の文献と組み合わせることで、進歩性を否定する文献
A：抽出した文献に記載の内容が、上記技術要素のごく一部分が同じで、参考程度の文献

3-2．総括（技術者コメント）

貴社発明と先行技術文献１に記載の技術とは、・・・・・・の点で異なりますので、現在の貴社発明ポイントで出願されてはいかがでしょうか？

また、相違点は、貴社発明は・・・・・という課題を解決するものであるのに対し、先行技術文献１に記載の発明は、・・・・・という課題を解決するものであることが理由として考えられます。さらに、・・・・・という課題解決の観点から、従属的な発明ポイントをブラッシュアップすることも御検討ください。

4．検索式

No.	条件式
S1	IPC = XXXX + XXXX
S2	Fターム = XXXXX + XXXXX
S3	発明の名称＋要約＋クレーム = ○○○○ + ○○○○
S4	発明の名称＋要約＋クレーム = ○○○○ + ○○○○
S5	発明の名称＋要約＋クレーム = （○○ + ○○） ne A r5 （○○ + ○○）
…	…
検索式	S１ *(S３ +S４ *S５） +S２ *S４ *S５ +…

検索結果　　合計 XXX 件　（特許：XXX 件、実用新案：XX 件）

5．添付資料

・抽出公報 PDF

以上

イ．通常調査（調査報告書例２）

１．調査目的及び調査対象

貴社とのお打合せ及び御提供資料の内容に基づき、「・・・・・・・・・・・・・・」（以下、「本発明」という。）を日本特許庁に特許出願するに当たり、調査対象である日本特許及び実用新案の中から以下の技術要素に関連する先行技術を抽出することを目的としました。

＜調査対象（請求項案）＞

調査対象の請求項案を以下の表１に示す構成要件に分割して調査しました。

表１：構成要件

請求項１	1－1	・・・・・システムであって、
	1－2	・・・・・・・・・・・・・・・・・と、
	1－3	・・・・・・・・・・・・・・・・・と、
	1－4	・・・・・・・・・・・・・・・・・と、
	1－5	を備えるシステム。
請求項２	2－1	さらに、・・・・・・・・・・・・・・・・・と、
	2－2	・・・・・・・・・・・・・・・・・・・・・・と、
	2－3	を備える、請求項１に記載のシステム。
…	…	…

２．調査結果

２－１．結論

今回調査した範囲において、上記技術要素の一部が開示されていると思われる文献（Ｙ文献）を２件（No.１：特開20XX-XXXXXX、No.２：特開20XX-XXXXXX）、参考程度の文献（Ａ文献）を１件（No.３：特開20XX-XXXXXX）抽出しました。なお、１文献で貴社発明の特許性を否定し得る文献（Ｘ文献）はありませんでした。

Ｘ：抽出した文献に記載の内容が、上記技術要素と全て同じで、新規性を否定する文献

Ｙ：抽出した文献に記載の内容が、上記技術要素のかなりの部分が同じで、他の文献と組み合わせることで、進歩性を否定する文献

Ａ：抽出した文献に記載の内容が、上記技術要素のごく一部分が同じで、参考程度の文献

２-２．対比結果

上記調査対象の請求項案Ｘ構成Ｘ－Ｘについて、文献No.１において、・・・・・・・・・・・・・・・・・・・が記載されています。
上記調査対象の請求項案Ｘ構成Ｘ－Ｘについて、文献No.２において、・・・・・・・・・・・・・・・・・・・について記載されていますが、・・・・・・・・・・・・・・・・・・・は記載されていません。
上記調査対象の請求項案Ｘの構成Ｘ－Ｘについて、文献No.３において、・・・・・・・・・・・・・・・・・・・について記載されていますが、・・・・・・・・・・・・・・・・・・・は記載されていません。
なお、上記調査対象の請求項案Xの構成X-Xについては、抽出文献No.１～３は記載されていません。

以下、各抽出文献の記載内容を簡単にまとめました。

文献No.１（特開20XX-XXXXXX）は、・・・・・・技術であり、・・・・・・・・・・・・・・・・・・・・の記載があります。この記載は、上記調査対象の請求項案Ｘの構成Ｘ－Ｘの・・・・・・・・・・・・に対応するものと思われます。しかし、・・・・・・・・・・・・の記載はないため、Ｙ文献としました。
文献No.２（特開20XX-XXXXXX）は、・・・・・・技術であり、・・・・・・・・・・・・・・・・・・・・の記載があります。この記載は、上記調査対象の請求項案Ｘの構成Ｘ－Ｘの・・・・・・・・・・・・に対応するものと思われます。しかし、・・・・・・・・・・・・の記載はないため、Ｙ文献としました。
文献No.３（特開20XX-XXXXXX）は、・・・・・・技術であり、・・・・・・・・・・・・・・・・・・・・の記載があります。この記載は、上記調査対象の請求項案Ｘの構成Ｘ－Ｘの・・・・・・・・・・・・に対応するものと思われます。しかし、・・・・・・・・・・・・の記載はないため、Ａ文献としました。

以下の表２に、抽出した件の書誌情報、関連記載箇所を記載します。

表２：抽出した３件のリスト

<table>
<tr><th rowspan="2">No.</th><th>公報番号</th><th>公開日</th><th>発明の名称</th><th>出願人</th></tr>
<tr><th colspan="4">関連記載箇所／図面</th></tr>
<tr><td rowspan="3">1</td><td>特開20XX-XXXXXX</td><td>20XX/XX/XX</td><td>・・・・・</td><td>・・・・・</td></tr>
<tr><td colspan="4">【00XX】本発明は、・・・・・技術に関連する。より詳細には、・・・・・・・・・・することを可能とする技術に関連する。
【00XX】・・・・、・・・・・・・・・・・・・・・・・・、・・・・・・・・・・・・・・・・・・・・・・・・・・。
【00XX】・・・・・・・・・・・、・・・・・・・・・・・・・・・・・・・・・・・・・・・・・、・・・・・・・・・・・・・・・・・・・・・・・・・・・、・・・・・・・・・・・・・・・・・・・・。

【図X】</td></tr>
<tr><td colspan="4">【評価】Y</td></tr>
<tr><td rowspan="3">2</td><td>特開20XX-XXXXXX</td><td>20XX/XX/XX</td><td>・・・・・</td><td>・・・・・</td></tr>
<tr><td colspan="4"></td></tr>
<tr><td colspan="4">【評価】Y</td></tr>
<tr><td rowspan="3">3</td><td>特開20XX-XXXXXX</td><td>20XX/XX/XX</td><td>・・・・・</td><td>・・・・・</td></tr>
<tr><td colspan="4"></td></tr>
<tr><td colspan="4">【評価】A</td></tr>
</table>

2-3．提案事項（技術者コメント）

貴社発明と先行技術文献1に記載の技術とは、・・・・・の点で異なりますので、現在の貴社発明ポイントで出願されてはいかがでしょうか？

また、相違点は、貴社発明は・・・・・という課題を解決するものであるのに対し、先行技術文献１に記載の発明は、・・・・・という課題を解決するものであることが理由として考えられます。さらに、・・・・・という課題解決の観点から、従属的な発明ポイントをブラッシュアップすることもご検討ください。

3．検索方針

今回の調査において、・・・・・という観点が抽出できるよう、テーマコードXXXX及びFI XXXX/XX等を用いて検索を実施しました。
また、異なる観点として・・・・・についても抽出できるよう、テーマコードXXXX及びFI XXXX/XX等についても検索を行いました。

4．調査方法

4-1．使用データベース

・・・・・

4-2．調査期間

公報発行日が1971年以降202X年XX月XX日以前である日本特許出願及び実用新案。
＊上記検索期間は、検索実行時における・・・・・の検索可能な期間です。

4-3．検索式

No.	条件式
S1	IPC = XXXX + XXXX
S2	Fターム = XXXXX + XXXXX
S3	発明の名称＋要約＋クレーム = ○○○○ + ○○○○
S4	発明の名称＋要約＋クレーム = ○○○○ + ○○○○
S5	発明の名称＋要約＋クレーム = (○○ + ○○) ne A r5 (○○ + ○○)
…	…
検索式	S1 *(S3 +S4 *S5) +S2 *S4 *S5 +…

検索結果　　合計XXX件　(特許：XXX件、実用新案：XX件)

※使用した特許分類の詳細は、添付の「特許分類の説明」で御確認ください。

検索項目の説明
IPC：・・・・・・・・・・・・・・・・・・・・・・・・・・・・
Fターム：・・・・・・・・・・・・・・・・・・・・・・・・・・・
発明の名称＋要約＋クレーム：・・・・・・・・・・・・・・・・・
符号の説明

near(n)：・・・・・・・・・・・・・・・・・
・・・

５．注意事項

１）特許データベース（・・・・・）では、キーワード付与の適正さの問題など、データベース検索システム固有の限界があること及び本件の構成を表現するに当たって採用されるであろう､該構成をカバーする（上位概念を含む。）キーワードを全て特定するには限界があるため、本件検索結果はマニュアル調査と同等の精度があるわけではないので、この点について御理解ください。

２）本件調査は、調査対象に関連すると思われる先行技術をリストし、その類似の程度を示すものです。最終的な特許性の判断については、別途、鑑定等を御依頼ください。

３）本件調査において、出願日（優先日）から１年６か月を経ていない未公開案件は含まれていません。

６．納品物

・調査報告書
・抽出公報 PDF（No. 1～No. 3）
・特許分類の説明

以上

添付資料（構成要件対比表）

評価		Y	Y	A
調査対象	構成	文献No. 1 特開20XX-XXXXXX	文献No. 2 特開20XX-XXXXXX	文献No. 3 特開20XX-XXXXXX
請求項1	1-1	○	○	○
	1-2	○	○	○
	1-3	○	○	△
	1-4	○	△	△
	1-5	△	△	×
請求項2	2-1	○	○	△
	2-2	△	○	△
	2-3	△	△	×
…	…	…	…	…

○：開示あり
△：一部開示あり
×：開示なし

２. 動向調査

（１）調査報告書

ア. 技術分類を付与する場合（調査報告書例３）

1．調査目的及び調査対象

貴社とのお打合せ及び御提供資料の内容に基づき、「・・・・・・・・・・・・・」（以下、「調査対象技術」とする。）に関し、各社の特許出願動向を把握することを目的として調査を実施しました。

<調査対象技術>

※この部分に本調査の対象技術を記載します。

2．調査結果

2-1．結果

本調査において、後述の検索式を用いて作成したXXX件の特許出願から上記調査対象技術に関連するものとして、XX件の特許出願を抽出しました（別途送付の抽出特許リストにまとめています。）。

抽出したXX件の特許出願について、該当するものに技術分類を付与しました。技術分類付与件数の内訳を、以下の表１に記します。

技術分類を付与していないものには、・・・・の記載がないもの、等があります。

表１：技術分類付与件数の内訳

分類	分類の説明	件数
①・・・	・・・・・・・・・・・・・・・・・・・・・・・・・・・	XX件
②・・・	・・・・・・・・・・・・・・・・・・・・・・・・・・・	XX件
・・・	・・・	XX件

2-2．抽出・技術分類基準

1）・・・・・・・・・・・・・・を抽出しました。
　ただし、・・・・・・・・・・・・・・は除外しました。
2）要約や課題、図面を参照し、請求項の記載に基づき抽出（ノイズ除去）を行いました。
3）技術分類は、請求項（全請求項）に明確に記載されているものに付与しました。よって、実施例の一部等に記載されていても付与していません。
4）技術分類は、該当する項目全てに付与しました（重複付与）。
5）技術分類①は、・・・・・・・・・・・・・・に付与しました。
　ただし、・・・・・・・・・・・・・・には付与していません。
6）技術分類②は、・・・・・・・・・・・・・・に付与しました。
　ただし、・・・・・・・・・・・・・・は付与していません。
7）・・・

2-3．抽出公報の代表例

抽出したXX件の特許出願のうち、貴社実施予定の形態（特に・・・・・・・）に関連が高いと思われる出願を中心に、技術分類①～…の少なくともいずれかが付与されている出願X件を次頁以降に御紹介します。なお、技術分類に関連する箇所に下線を引いていますので御参照ください。

① No. 1　特開20XX-XXXXXX
　出願人　　：・・・・・・・
　技術分類　：①・・・
　発明の名称：・・・・・・・
　出願日　　：20XX年XX月XX日
　生死情報　：出願中

【請求項1】
・・・・・・・・・・・・・・・・・・・、
・・・・・・・・・・・・・・・・・・・・・・・・において、
を備え、・・・・・・・・・・・・・・・・・・・・・・を備え、

・・・・・・・・・・・・・・・・・・・・・・・・・・・・・・・・・・・
・・・・・・・・・・・・・・・・・・・・・・・・・・・・を備えるシステム。
【00XX】
・・・・・・・・・・・・・・・・・・・・・・・・・・・・・・・・・・・
・・・・・・・・・・・・・・・・・・・・・・・・・・・・・・・・・・・
・・・・・・・・・・・・・・。・・・・・・・・・・・・・・・・・・・・
・・・

【図Ｘ】

３．調査方法

次のステップからなる調査を行いました。

STEP１：・・・・・・を用い、特許分類及びキーワードを用いた検索式を作成し、特許出願の集合を形成しました。
STEP２：STEP１で作成した集合から、主にフロントページ及び図面に基づき、明らかにノイズと思われる特許出願を除去しました。
STEP３：ノイズ除去後の特許出願の公報全文を公開優先で取り寄せました。
STEP４：STEP３で取り寄せた公報に前記技術分類を付与し、分類した結果をエクセルにまとめました。

４．検索方法

４-１．使用データベース

・・・・・・

４-２．調査期間

公報発行日が1971年以降202X年XX月XX日以前である日本特許出願及び実用新案。
＊上記検索期間は、検索実行時における・・・・・・の検索可能な期間です。

４-３．検索式

No.	条件式
S1	IPC = XXXX + XXXX
S2	Fターム = XXXXX + XXXXX

S3	発明の名称＋要約＋クレーム ＝ ○○○○ ＋ ○○○○
S4	発明の名称＋要約＋クレーム ＝ ○○○○ ＋ ○○○○
S5	発明の名称＋要約＋クレーム ＝ (○○ ＋ ○○) ne A r5 (○○ ＋ ○○)
・・・	・・・
検索式	S１ ＊(S３ ＋S４ ＊S５) ＋S２ ＊S４ ＊S５ ＋…

検索結果　　　　　　　　　合計XXX件　(特許：XXX件、実用新案：XX件)

※使用した特許分類の詳細は、添付の「特許分類の説明」で御確認ください。

検索項目の説明

IPC：・・・・・・・・・・・・・・・・・・・・・・・・・・・・・・・

Ｆターム：・・・・・・・・・・・・・・・・・・・・・・・・・・・・・

発明の名称＋要約＋クレーム：・・・・・・・・・・・・・・・・・

符号の説明

near(n)：・・・・・・・・・・・・・・・・・

・・・

5．抽出特許リスト（エクセルファイル）

抽出特許リストは、以下の項目からなります。

① No.　　　：通し番号

② 公報番号　：公報番号（公開優先）です。公報PDF/Google Patentリンクを付与しました。

③ 技術分類　：上記技術分類の①～…に該当する項目に○を付与しました。

④ 書誌事項　：発明の名称－出願人－出願番号－出願日－生死情報[注1]－パテントファミリー－要約－請求の範囲

注１：・・・・・・の収録情報に基づき、記載しています。（生死情報確認日：202X年XX月XX日）

6．注意事項

1）特許データベース（・・・）では、キーワード付与の適正さの問題など、データベース検索システム固有の限界があること及び本件の構成を表現するに当たって採用されるであろう、該構成をカバーする（上位概念を含む）キーワードを全て特定するには限界があるため、本件検索結果はマニュアル調査と同等の精度があるわけではないので、この点について御理解ください。

2）本件調査は、調査対象に関連すると思われる先行技術をリストし、その類似の程度を示すものです。

3）本件調査において、出願日（優先日）から１年６か月を経ていない未公開案件は含まれていません。

７．納品物

・調査報告書

・抽出特許リスト

・公報 PDF

・特許分類の説明

以上

イ．技術分類を付与する場合（調査報告書例４）

１．調査目的及び調査対象

貴社とのお打合せ及び御提供資料の内容に基づき、「・・・・・・・・・・・・・」（以下、「調査対象技術」とする。）に関し、各社の特許出願動向を把握することを目的として調査を実施しました。

＜調査対象技術＞

※この部分に本調査の対象技術を記載します。

２．調査結果

２-１．結果

本調査において、後述の検索式を用いて作成したXXX件の母集合について、書誌情報（出願日、出願人）、特許分類に基づき、特許出願動向の分析を行いました。母集合は別途送付の抽出特許リストにまとめています。

なお、各文献について調査担当者によるスクリーニング、公報精読は行っていないので、その旨を御了承ください。また、分析に際して出願人名の名寄せは行っていません。複数の出願人による出願については、各出願人の件数としてカウントしています。出願年が20XX年以降については、未公開分を含む範囲であり、検索時点において公開分のみの件数となっています。

２-２．出願傾向

全体の出願件数の傾向を把握することを目的に、検索母集合（XXX件）について、横軸が出願年、縦軸が出願件数を表すグラフを作成しました。

【コメント】

・・・・・・・・・・・・・・・・・・・・・・・・・・・・・・・

・・・・・・・・・・・・・・・・・・・・・・・・・・・・・・・

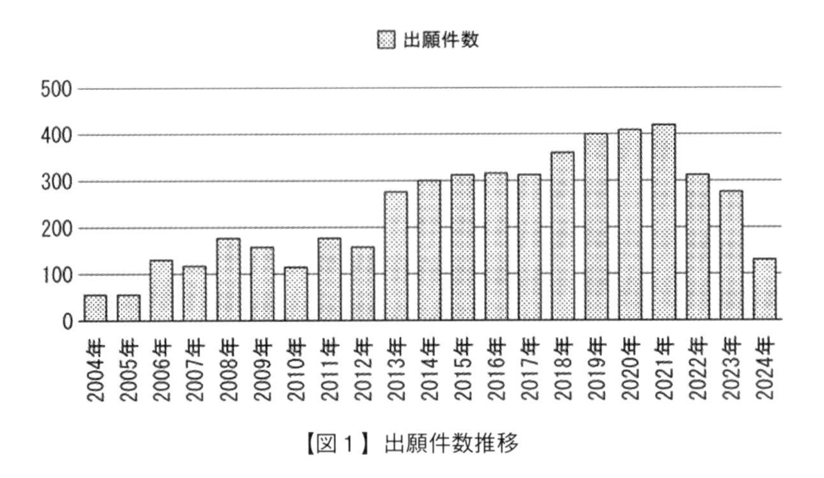

【図１】出願件数推移

2-3．出願人ランキング

多くの出願を行っていた出願人を把握することを目的とし、上位出願人について件数の内訳を表にまとめました。複数の出願人による出願については、各出願人の件数としてカウントしています。

【コメント】

・・・・・・・・・・・・・・・・・・・・・・・・・・・・・・・・

・・・・・・・・・・・・・・・・・・・・・・・・・・・・・・・・

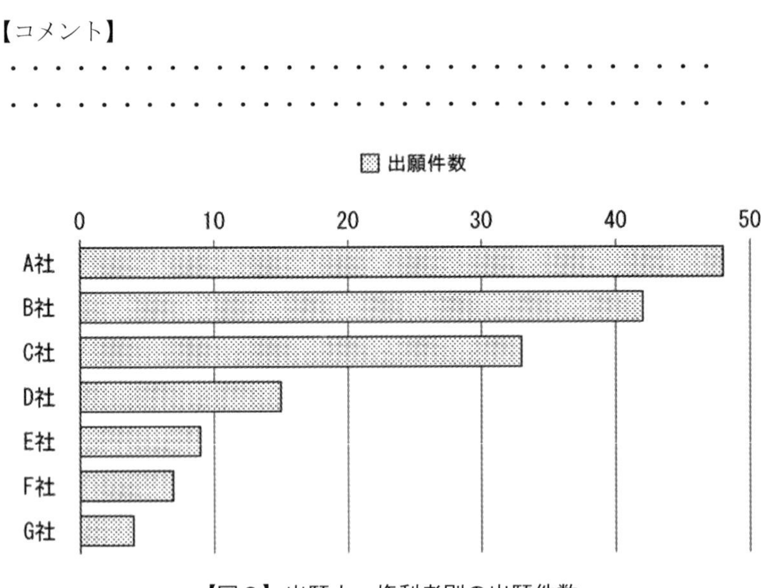

【図２】出願人・権利者別の出願件数

2-4．技術内容別の出願傾向

・・・・の傾向を把握することを目的に、特許分類（Fターム）に基づいて機械的に分類した洗濯機の形態別の付与件数の内訳を図にまとめました。XXX 件の出願に対して付与された全ての特許分類（Fターム）をカウントしています。

【コメント】
・・・・・・・・・・・・・・・・・・・・・・・・・・・・・・・・・・
・・・・・・・・・・・・・・・・・・・・・・・・・・・・・・・・・・

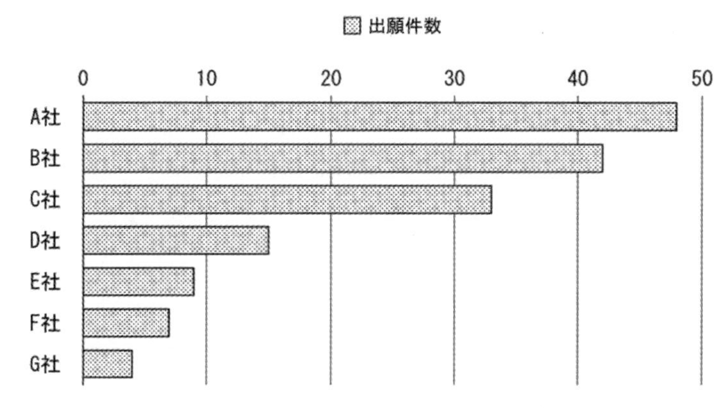

【図３】技術内容別の出願件数

2-5．・・・・の出願傾向

・・・

2-6．抽出公報の代表例

貴社実施予定の形態（特に・・・・・・・・）に関連が高いと思われる出願を、特許分類（Fターム）やキーワード等を用いてX件抽出したので、次頁以降に御紹介します。なお、関連する箇所に下線を引いていますので御参照ください。

① No. 1　特開20XX-XXXXXX

出願人　　：・・・・・・

発明の名称：・・・・・・

出願日　　：20XX 年 XX 月 XX 日

生死情報　：出願中

【請求項１】
・・・・・・・・・・・・・・・・、
・・・・・・・・・・・・・・・・・・・・・・において、
を備え、・・・・・・・・・・・・・・・・・・・・・を備え、
・・・・・・・・・・・・・・・・・・・・・・・・・・・・・・・・・・、
・・・・・・・・・・・・・・・・・・・・・・・・を備えるシステム。
【００XX】
・・・・・・・・・・・・・・・・・・・・・・・・・・・・・・・・・
・・・・・・・・・・・・・・・・・・・・・・・・・・・・・・・・・・
・・・・・・・・・・・・・・。・・・・・・・・・・・・・・・・・・・
・・・・・・・・・・・・・・・・・・・・・・・・・・・。

・・・
【図X】

３．調査方法

次のステップからなる調査を行いました。

STEP１：●●●●●●を用い、特許分類及びキーワードを用いた検索式を作成し、特許出願の集合を形成しました。

STEP２：STEP１で作成した集合について、各文献の特許分類（Ｆターム）等を用いて機械的に解析を行いました。

STEP３：STEP２にて解析した内容に基づき分析した結果をまとめました。

４．検索方法

４-１．使用データベース

●●●●●●

４-２．調査期間

公報発行日が1971年以降202X 年 XX 月 XX 日以前である日本特許出願及び実用新案。

＊上記検索期間は、検索実行時における・・・・・・の検索可能な期間です。

4-3．検索式

No.	条件式
S１	IPC = XXXX + XXXX
S２	Ｆターム = XXXXX + XXXXX
S３	発明の名称＋要約＋クレーム = ○○○○ + ○○○○
S４	発明の名称＋要約＋クレーム = ○○○○ + ○○○○
S５	発明の名称＋要約＋クレーム = (○○ + ○○) ne A r5 (○○ + ○○)
・・・	・・・
検索式	S１ *(S３ +S４ *S５) +S２ *S４ *S５ +…

検索結果　　合計 XXX 件　(特許：XXX 件、実用新案：XX 件)

※使用した特許分類の詳細は、添付の「特許分類の説明」で御確認ください。

検索項目の説明
IPC：・・・・・・・・・・・・・・・・・・・・・・・・・・・・・・・
Ｆターム：・・・・・・・・・・・・・・・・・・・・・・・・・・・・・
発明の名称＋要約＋クレーム：・・・・・・・・・・・・・・・・・
符号の説明
near(n)：・・・・・・・・・・・・・・・・・
・・・

5．抽出特許リスト（エクセルファイル）

抽出特許リストは、以下の項目からなります。

① No.　　　：通し番号
② 公報番号：公報番号（公開優先）です。公報 PDF/Google Patent リンクを付与しました。
③ 技術分類：上記技術分類の①～…に該当する項目に○を付与しました。
④ 書誌事項：発明の名称－出願人－出願番号－出願日－生死情報[注1]－パテントファミリー－要約－請求の範囲 -IPC-FI- Ｆターム

注１：・・・・・・・の収録情報に基づき、記載しています。（生死情報確認日：202X 年 XX 月 XX 日）

６．注意事項

１）特許データベース（・・・）では、キーワード付与の適正さの問題など、データベース検索システム固有の限界があること及び本件の構成を表現するに当たって採用されるであろう、該構成をカバーする（上位概念を含む）キーワードを全て特定するには限界があるため、本件検索結果はマニュアル調査と同等の精度があるわけではないので、この点について御理解ください。

２）本件調査は、調査対象に関連すると思われる先行技術をリストし、その類似の程度を示すものです。

３）本件調査において、出願日（優先日）から１年６か月を経ていない未公開案件は含まれていません。

７．納品物

・調査報告書
・抽出特許リスト
・公報 PDF
・特許分類の説明

以上

（2）特許リスト

ア．技術分類を付与する場合

No.	公報番号	技術分類 分類①	分類②	…	備考	発明の名称
1	特開2023-123456	○			請求項X、【OOXX】	・・・・・・
2	特開2022-12				請求項X、請求項X	・・・・・・
3	[illegible]				[illegible]	・・・・・・
4	[illegible]			○	請求項X	・・・・・・
5	特開2019-123456	○	○		請求項X、【OOXX】	・・・・・・
6	特開2018-123456		○	○	請求項X	・・・・・・
7	特開2017-12345				請求項X、請求項X、請求項X	・・・・・・
8	特開2016-123456	○	○		請求項	・・・・・・
9	特開2015-123456		○	○	請	・・・・・・
10	特開2014-123456			○	請	・・・・・・
…	…	…	…	…	…	…

公報番号をクリックすると公報PDFファイルまたは
Google Patentのリンクが開くようにハイパーリンクを付与

該当する技術分類に
フラグ（○）付与

特許文献の
関連記載箇所を記載

イ．特許マップを作成する場合

No.	公報番号	発明の名称	出願人	出願番号	出願日
1	特開2023-123456	・・・・・・	・・・・・・・・・	特願2021-123456	2021/01/XX
2	特開2022-12		・・・・・・・・・	特願2020-123456	2020/02/XX
3	[illegible]			56	2019/03/XX
4	[illegible]	・・・・・・	・・・・・・・・・	特願2018-123456	2018/04/XX
5	特開2019-123456	・・・・・・	・・・・・・・・・	特願2017-123456	2017/05/XX
6	特開2018-123456	・・・・・・	・・・・・・・・・	特願2016-123456	2016/06/XX
7	特開2017-123456	・・・・・・	・・・・・・・・・	特願2015-123456	2015/07/XX
8	特開2016-123456	・・・・・・	・・・・・・・・・	特願2014-123456	2014/08/XX
9	特開2015-123456	・・・・・・	・・・・・・・・・	特願2013-123456	2013/09/XX
10	特開2014-123456	・・・・・・	・・・・・・・・・	特願2012-123456	2012/10/XX
…	…	…	…	…	…

公報番号をクリックすると公報PDFファイルまたは
Google Patentのリンクが開くようにハイパーリンクを付与

３．侵害予防調査

（1）調査報告書

ア．簡易調査（調査報告書例５）

１．調査目的及び調査対象

20XX 年 XX 月 XX 日の貴社とのお打合せ内容、及び貴社御提供資料に基づき、下記の「・・・・・・・・・」（以下、「調査対象技術」とする。）を、貴社が日本国内で実施するに当たり、他社権利への侵害を未然に回避することを目的として、検討を要する国内特許の抽出を行いました。

＜調査対象技術＞

※この部分に本調査の対象技術を記載します。

２．調査結果

２−１．結果

本調査において、後述の検索式を用いて作成した XXX 件の特許出願から、上記技術要素の関連するものとして、XX 件の特許出願を抽出しました。抽出した XX 件の評価ランクは、以下表１のとおりです。

表１：評価ランク

評価ランク	件数
A	○
B	○
C	○
D	○

評価は以下の基準に基づき判断します。

評価A：当該特許権侵害の可能性が高く、特に注意が必要と思われるもの
評価B：当該特許権侵害の可能性があるため、構成要件と貴社製品との比較・検討が必要と思われるもの
評価C：貴社製品の詳細仕様の決定や改良等の際に注意が必要と思われるもの
評価D：参考程度

※評価は「A」が最も権利侵害の可能性が高いと判断したもので、以下順に可能性はより低いと判断したものとなります。ただし、現段階で御提示いただいていない仕様や製品の改良等によって、評価「A」以外のものについても検討が必要な場合がありますので、御注意ください。

表2に、評価A及びBとなった3件のリストを示します。また、全XX件の評価結果は、評価リストを御参照ください。

表2：評価A及びB（3件）の公報評価ランク

No.	評価	公報番号 特許番号	タイトル	出願人	審査経過 (期間満了日)
1	A	特開2022- XXX	・・・	株式会社・・・	未審査 審査請求あり
2	B	特開2020-XXX	・・・	株式会社・・・	未審査 審査請求あり
3	B	特許XXX	・・・	・・・大学	権利存続中 (20XX/X/XX)

2-2．抽出文献の概要

評価A及びBと判断した上記の3件について、関連請求項及びコメントを示します。黄色ハッチ箇所は、御社に特に関連する事項です。緑色ハッチ箇所は、貴社技術要素との関連が不明、又は低く、改良等により貴社で実施する場合に注意が必要と思われる箇所です。

No. 1）特開2022-XXX
評価A　株式会社・・・　出願日：20XX/X/XX　法的状況：未審査／審査請求なし

【請求項１】
・・・と、
・・・と、
・・・と、を備え、
・・・が・・・をすることを特徴とする・・・。

【コメント】
■特許の概要
・・・・・・・
■抽出理由
・・・・・・・
■要検討ポイント
・・・・・・・

No. ２）特開2022-XXX
評価Ｂ　株式会社・・・　出願日：20XX/X/XX　法的状況：未審査／審査請求あり

【請求項１】
・・・と、
・・・と、
・・・と、を備え、
・・・が・・・をすることを特徴とする・・・。

【コメント】
■特許の概要
・・・・・・・
■抽出理由
・・・・・・・
■要検討ポイント
・・・・・・・

No. 3）特許XXX
評価B　・・・大学　出願日：20XX/X/XX　法的状況：権利存続中（満了日20XX/XX/XX）

【請求項1】
・・・と、
・・・と、
・・・と、を備え、
・・・が・・・をすることを特徴とする・・・。

【コメント】
■特許の概要
・・・・・・
■抽出理由
・・・・・・
■要検討ポイント
・・・・・・

3．検索方針

今回の調査において、・・・という観点が抽出できるよう、テーマコードXXXX及びFIXXXX/XX等を用いて検索を実施しました。

また、異なる観点として・・・についても抽出できるよう、テーマコードXXXX及びFIXXXX/XX等についても検索を行いました。

4．調査方法

調査は、以下のステップからなります。

STEP 1：特許分類、及びキーワードを用いた検索式を作成し、上記調査対象技術に関連する日本特許出願の集合を形成しました。

STEP 2：STEP 1にて作成した日本特許出願の集合について、主に抄録や代表図面等から判断し、明らかなノイズを除去しました。

STEP 3：STEP 2にて抽出された日本特許出願の公報全文を登録優先で取り寄せ、請求項と上記調査対象技術との関連を検討し、評価しました。

５．検索方法

５-１．使用データベース

・・・・・

５-２．調査期間

公報発行日が20ＸＸ年Ｘ月Ｘ日以前であって、権利存続中又は未審査・審査中の日本特許出願及び実用新案。

なお、権利存続中又は特許庁で係属中の情報は、20ＸＸ年Ｘ月Ｘ日特許庁入力分までです。

※生死情報（権利存続中／未審査・審査中）は・・・・・に基づき判断しました。

５-３．検索式

No.	条件式
Ｓ１	IPC ＝ XXXX ＋ XXXX
Ｓ２	Ｆターム ＝ XXXXX ＋ XXXXX
Ｓ３	発明の名称＋要約＋クレーム ＝ ○○○○ ＋ ○○○○
Ｓ４	発明の名称＋要約＋クレーム ＝ ○○○○ ＋ ○○○○
Ｓ５	発明の名称＋要約＋クレーム ＝（○○ ＋ ○○）ne Ａ r5（○○ ＋ ○○）
…	…
検索式	Ｓ１ ＊(Ｓ３ +Ｓ４ ＊Ｓ５）+Ｓ２ ＊Ｓ４ ＊Ｓ５ +…

検索結果　　合計 XXX 件　（特許：XXX 件、実用新案：XX 件）

※使用した特許分類の詳細は、添付の「特許分類の説明」で御確認ください。

検索項目の説明

IPC：・・・・・・・・・・・・・・・・・・・・・・・・・・・・・・・

Ｆターム：・・・・・・・・・・・・・・・・・・・・・・・・・・・・・

発明の名称＋要約＋クレーム：・・・・・・・・・・・・・・・・・・

符号の説明

near(n)：・・・・・・・・・・・・・・・・・・

・・・

６．評価リスト（エクセルファイル）

抽出特許リストは、以下の項目からなります。

① No.　　　：通し番号

② 公報番号：公報番号（公開優先）です。公報PDF/Google ＰＡtentリンクを付与しました。

③ 評価　　：以下に示す基準に基づき、評価した結果を整理しました。

評価Ａ：当該特許との関連性が高く、特に注意が必要と思われるもの

評価Ｂ：当該特許との関連性が中程度であり、構成要件と貴社製品との比較・検討が必要と思われるもの

評価Ｃ：貴社製品の詳細仕様の決定や改良等の際に注意が必要と思われるもの

評価Ｄ：参考程度

④ 書誌事項：発明の名称－出願人－出願番号－出願日 －－ 公開番号－公開日－登録番号－登録日－生死情報[注1]－要約－請求の範囲

注１：・・・・・・・の収録情報に基づき、記載しています。（生死情報確認日：202X年XX月XX日）

７．注意事項

1）特許データベース（·····）では、キーワード付与の適正さの問題など、データベース検索システム固有の限界があること及び本件の構成を表現するに当たって採用されるであろう、該構成をカバーする（上位概念を含む）キーワードを全て特定するには限界があるため、本件検索結果はマニュアル調査と同等の精度があるわけではないので、この点について御理解ください。

2）本件調査は、調査対象に関連すると思われる先行技術をリストし、その類似の程度を示すものです。

3）本件調査において、出願日（優先日）から１年６か月を経ていない未公開案件は含まれていません。

８．納品物

・調査報告書

・評価リスト

・特許分類の説明

以上

（2）特許リスト

No.	評価	公報番号	コメント	出願番号	出願日
1	A	特開2022-○○○	・・・・・・・	特願20XX-XXXX	20XX/X/XX
2	B	特	・・・・・・・	特願20XX-XXXX	20XX/X/XX
3					20XX/X/XX
4					20XX/X/XX
5	C	特許△△△号	・・・・・・・	特願20XX-XXXX	20XX/X/XX
6	C	特開2019-○○○	・・・・・・・	特願20XX-XXXX	20XX/X/XX
7	C	特開2018-XXX	・・・		0XX/X/XX
8	D	特許△△△号	・・・		0XX/X/XX
9	D	特許△△△号	・・・・・・・	特願20XX-XXXX	20XX/X/XX
10	D	特許△△△号	・・・・・・・	特願20XX-XXXX	20XX/X/XX
11	D	特開2018-XXX	・・・・・・・	特願20XX-XXXX	20XX/X/XX
12	D	特開2017-○○○	・・・・・・・	特願20XX-XXXX	20XX/X/XX
…	…			…	…

公報番号をクリックすると公報PDFファイルまたは Google Patentのリンクが開くようにハイパーリンクを付与

特許文献の検討のポイント等、コメントを記載

４．無効資料調査

（1）調査報告書（調査報告書例6）

1．調査目的及び調査対象

本調査は、「特許 XXXXX 号」の無効資料調査を目的とし、表１に示す調査対象特許の請求項に関連すると思われる日本特許（実用新案を含む。）の調査及び収集を実施しました。

表１：調査対象特許

登録番号	特許 XXXXX 号
登録日	20XX 年 X 月 X 日
出願番号	特願2000-XXXX 号
出願日	20XX 年 X 月 X 日
優先日	20XX 年 X 月 X 日
発明の名称	・・・・・・・・・
出願人	・・・・・・・株式会社
対象請求項	１～５

2．調査結果

2-1．概要

今回調査した範囲において、特許 XXXXX 号に関連する公報をＸ件抽出しました。請求項１～３に関連する文献として、文献 No.１及び文献 No.２を抽出しました。また、請求項４～５に関連する文献として、文献 No.３を抽出しました。詳細は、構成要件対比表を御確認ください。

2-2．抽出文献

抽出したＸ件の特許文献のリストを表２に示します。

表２：抽出した３件のリスト

No.	公報番号	公開（表）日	出願人	発明の名称
1	特開2000-XXX	20XX 年 X 月 X 日	株式会社・・・・	・・・・
2	特開1997-XXX	20XX 年 X 月 X 日	・・・・カンパニー	・・・・
3	特開2005-XXX	20XX 年 X 月 X 日	・・・・株式会社	・・・・

以下、抽出文献の概要を説明します。

No. 1　特開2000-XXX

文献 No. １には、・・・の記載があります。この・・・には、・・・を有し、・・・との効果があるとの記載があります。さらに、・・・についても記載があります。しかし、・・・の記載はありません。

No. 2　特開1997-XXX

文献 No. ２には、・・・の記載があります。しかし、・・・の記載はありません。

No. 3　特開2005-XXX

文献 No. ３には、・・・の記載があります。しかし、・・・の記載はありません。

２-３．対象請求項に対する考察

・請求項１

文献 No. １には、・・と、・・と、・・と、が記載されおり、請求項１に係る発明の・・、・・に相当する。文献 No. ２には、・・と、・・と、が記載されており、請求項１に係る発明の・・、・・に相当します。文献 No. １記載の発明と文献 No. ２記載の発明とは、・・という点で共通しています。

・請求項２

文献 No. １、２には、・・について記載はなく、文献 No. ３には、・・について記載されている。また、・・を有することで、・・という効果を有すると記載されています。文献 No. ３記載の発明と文献 No. １記載の発明とは、・・という点で共通しています。

3．調査方法

調査は、以下のステップからなります。

STEP 1 ：特許分類及びキーワードを用いた検索式を作成し、特許出願／実用新案公報の集合を形成しました。

STEP 2 ：STEP 1 で作成した集合から、主に抄録等に基づき調査対象請求項に関連すると思われる出願を抽出しました（ノイズ除去）。

STEP 3 ：STEP 2 にて抽出した出願の公報全文を公開優先で取り寄せました。

STEP 4 ：STEP 3 で取り寄せた公報を精読し、前記調査対象技術との関連性を検討しました。

STEP 5 ：特に関連すると思われる公報について、関連記載部分を対比表にまとめました。

4．調査方針

今回の調査において、・・・という観点が抽出できるよう、テーマコード XXXX 及び FIXXXX/XX 等を用いて検索を実施しました。

また、異なる観点として・・・についても抽出できるよう、テーマコード XXXX 及び FIXXXX/XX 等についても検索を行いました。

5．検索方法

5-1．使用データベース

・・・・・

5-2．調査期間

出願日が20XX 年Ｘ月Ｘ日以前の、日本特許出願及び実用新案。

5-3．検索式

No.	条件式
S1	IPC = XXXX + XXXX
S2	Ｆターム = XXXXX + XXXXX
S3	発明の名称＋要約＋クレーム = ○○○○ ＋ ○○○○
S4	発明の名称＋要約＋クレーム = ○○○○ ＋ ○○○○
S5	発明の名称＋要約＋クレーム = （○○ ＋ ○○） ne A r5 （○○ ＋ ○○）
…	…

検索式	S１ *(S３ +S４ *S５) +S２ *S４ *S５ +…

検索結果　　　　　　　　合計XXX件　(特許：XXX件、実用新案：XX件)

※使用した特許分類の詳細は、添付の「特許分類の説明」で御確認ください。

検索項目の説明
IPC：・・・・・・・・・・・・・・・・・・・・・・・・・・・・・・
Ｆターム：・・・・・・・・・・・・・・・・・・・・・・・・・・・・
発明の名称＋要約＋クレーム：・・・・・・・・・・・・・・・・・
符号の説明
near(n)：・・・・・・・・・・・・・・・・・
・・・

６．注意事項

１）特許データベース（・・・・・）では、キーワード付与の適正さの問題などデータベース検索システム固有の限界があること及び本件の構成を表現するに当たって採用されるであろう、該構成をカバーする（上位概念を含む）キーワードを全て特定することには限界があることから、本件検索結果はマニュアル調査と同等の精度があるわけではありませんので、この点御理解ください。

２）本件調査は、調査対象に関連すると思われる先行技術をリストし、その類似の程度を示すものであります。最終的な特許性の判断については、別途、鑑定等を御依頼ください。

３）本件調査において、出願日（優先日）から１年６か月を経てない未公開案件は含まれておりません。

７．納品物

・調査報告書
・構成要件対比表
・抽出公報PDF
・特許分類の説明

以上

（2）構成要件対比表

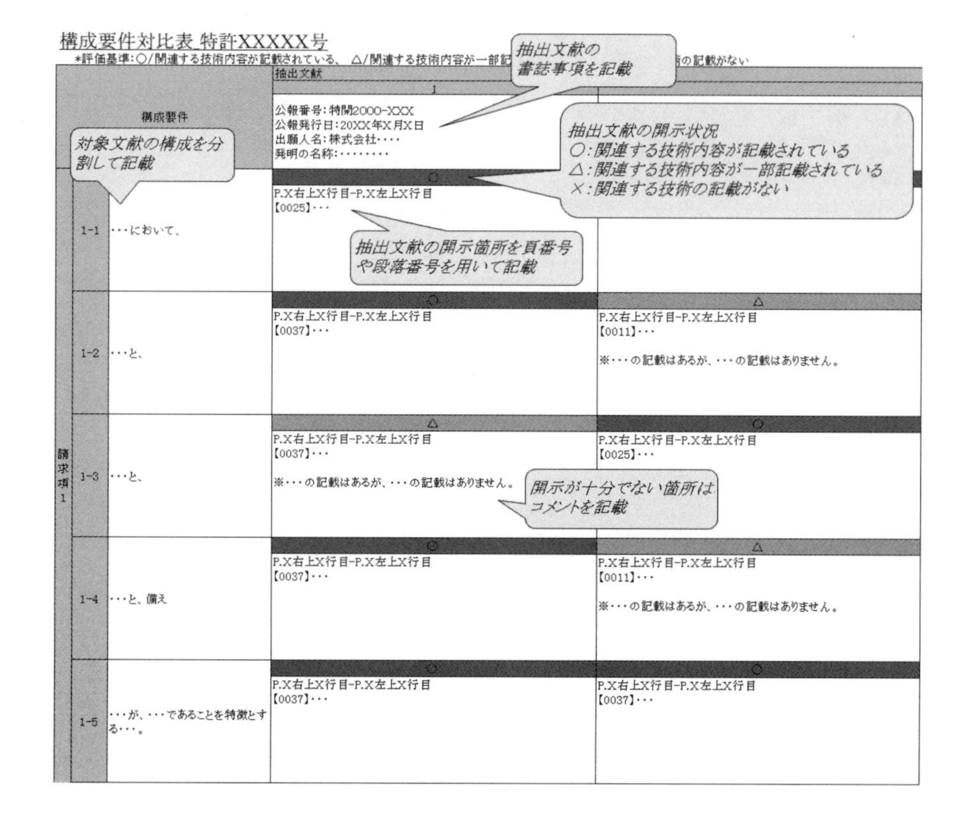

構成要件対比表_特許XXXXX号

*評価基準:○/関連する技術内容が記載されている、 △/関連する技術内容が一部記…術の記載がない

構成要件			抽出文献 1	
			公報番号:特開2000-XXX 公報発行日:20XX年X月X日 出願人名:株式会社・・・・ 発明の名称:・・・・・・・・	
請求項1	1-1	・・・において、	○ P.X右上X行目-P.X左上X行目 【0025】・・・	
	1-2	・・・と、	○ P.X右上X行目-P.X左上X行目 【0037】・・・	△ P.X右上X行目-P.X左上X行目 【0011】・・・ ※・・・の記載はあるが、・・・の記載はありません。
	1-3	・・・と、	△ P.X右上X行目-P.X左上X行目 【0037】・・・ ※・・・の記載はあるが、・・・の記載はありません。	○ P.X右上X行目-P.X左上X行目 【0025】・・・
	1-4	・・・と、備え	○ P.X右上X行目-P.X左上X行目 【0037】・・・	△ P.X右上X行目-P.X左上X行目 【0011】・・・ ※・・・の記載はあるが、・・・の記載はありません。
	1-5	・・・が、・・・であることを特徴とする・・・。	○ P.X右上X行目-P.X左上X行目 【0037】・・・	○ P.X右上X行目-P.X左上X行目 【0037】・・・

第３章

共創する特許調査分析

1節　事業戦略とつながるランドスケープデザイン

西澤 和純・石井 友莉恵

知財戦略は単独の戦略としても成立するが、事業戦略を前提とし、事業戦略に適応させることが求められている。知財戦略を事業戦略に適応させるとき、特許分析は、潤滑油のように、事業戦略と知財戦略を円滑につなげる機能を果たす。

本稿では、① 事業戦略、② 特許分析、③ 知財戦略、④ 戦略の遂行の関係を整理する。そして、① 事業戦略とつながるため、② 特許分析から③ 知財戦略の立案、④ 戦略の遂行へ至る支援として、特許分析から出願・権利化、権利活用までカバーする弊所の特許分析サービス「ランドスケープデザイン（※1）」を交えて説明する。

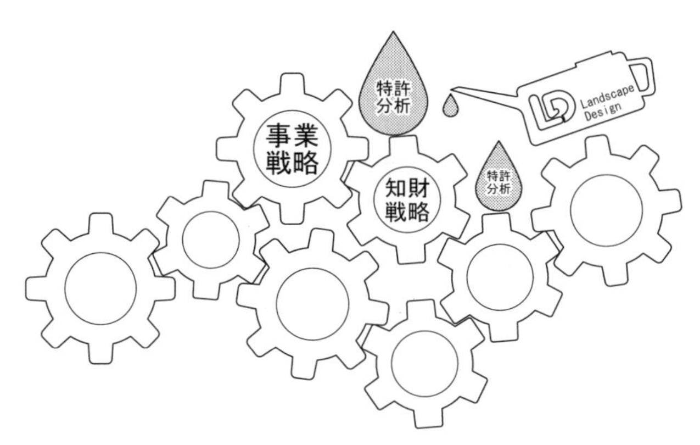

【図表１】特許分析による事業戦略と知財戦略のつながり

「ランドスケープデザイン」のうち、分析の部分については、To Be（将来）のあるべき姿、As Is（現在）の強み、To Be（将来）、As Is（現在）との結節の３段階に分けて、それぞれの段階に応じた分析例を示す。この分析例は、まだ試行段階の部分もあるが、コーポレートガバナンス・コードの知財投資等の開示でのフレームワークを、企業戦略から事業戦略に落とし込んだものである。

なお、「ランドスケープデザイン」の手法やアウトプット例等の詳細は、「第６章１節１　ランドスケープデザインとは」で説明する。ランドスケープデザインは、第６章１節では知財戦略とつながることを主題とするが、本稿では事業戦略につながることを主題とする。

１．戦略と戦術

「戦略」と「戦術」という用語は、元は「孫子の兵法」に由来する軍事用語である。戦略は、戦いに勝つための大局的な方法や策略であり、戦術より上位の概念であるのに対し、戦術は、戦いに勝つための個々の具体的な方法である。現代のビジネスでは、戦略は「企業が進むべき方向性や、求める結果を示すもの」であるのに対し、戦術は「戦略を実現するための具体的な方法」であるとも言われる。

事業戦略に知財戦略を適応させるとき、事業戦略は知財戦略の上位概念であり、知財戦略は、事業で勝つための個々の具体的な方法に近い位置付けになると考えられる。

つまり、事業戦略とつながる場合、知財戦略は、事業戦略における「戦術」と捉えることができる。このように、知財戦略を戦術と捉えることで、事業戦略上の位置付け役割が明確になり、知的財産の機能との関係もはっきりする。

なお、「孫子の兵法」では、「彼を知りて己を知れば、百戦して殆うからず」という言葉にあるように、情報を活用して「戦わずして勝つ」方法を説いている。特許文献を公開してお互いを知り、差止めという強力な機能を有し、牽制力となる知的財産権は、戦わずして勝つ具体的な方法の一つとして、事業戦略上、これ以上ない役割を果たすことができると考えられる。

２．特許の機能と戦術上の役割

（１）特許の機能

知財戦略が戦術であれば、知的財産は武器とも捉えられる。知的財産は、その知的財産権によって機能を発揮する。以下では、特許について、特許権によって発揮する機能とその戦術上の役割も検討する。

ア．排他機能

特許法は、発明の保護及び利用を図ることにより、発明を奨励し、もって産業の発達に寄与することを目的とする（特許法第１条）。発明の保護のため、特許権が設定登録された場合、他者の特許発明の実施に対して種々の権利が発生する。

特許権者は、業として特許発明の実施をする権利を専有する（特許法第68条）ことから、特許権は独占排他権とも呼ばれる。特に差止請求権は、特許権者が特許権を侵害する者に対して、その侵害の停止を請求できる。このような他者を排除する排他機能は、知的財産権固有の強固な権利に基づく機能である。

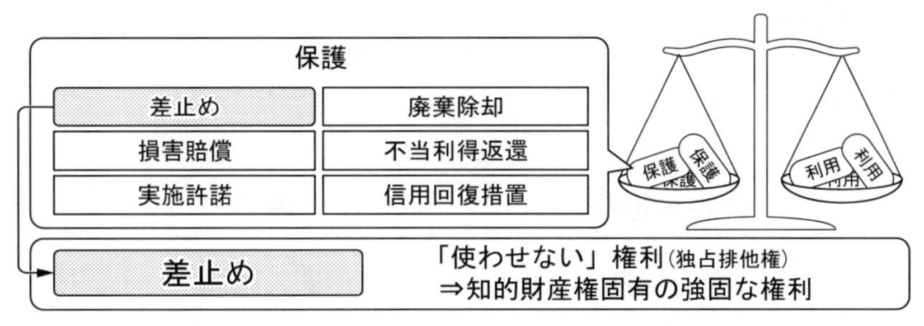

【図表２】排他機能

イ．実施制御機能

特許権は独占排他権というイメージが先行しているが、実際には、特許権は、独占排他することもできる権利であり、必ず独占排他をしなければならないというものではない。つまり、特許権者は、特許発明の実施を独占することもできるし、独占しないこともできる。また、特許権者は、他者による特許発明の実施を排他することもできるし、排他しないこともできる。

企業の戦略上、特許権者が条件付きで、他者に特許発明を実施させる（排他しない）ことができる実施制御機能は、特許の機能として有益である。

ウ．公示機能

発明の保護の一方で、その代償として、発明の利用を図るため、公報によって発明が公開される。公報は、「技術の公開」と「権利の公示」といった２つの側面の機能があり、国の責務として、特許庁から発行される。

例えば特許文献は、権利書として「権利の公示」がされたものであるが、さらに、進歩性を有する技術力を公示するものでもある。つまり、特許は、知的財産や技術力といった無体資産とその権利を公示する公示機能を有している。この公示機能は、非公示とはできない点に留意すべきである。

（２）戦術上の役割

特許の排他機能、実施制御機能、公示機能を発揮させることで、戦術上、次の役割を果たすことができる。

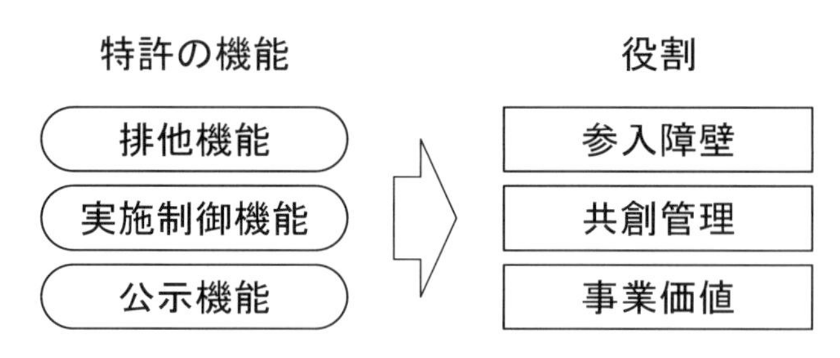

【図表３】機能と役割

ア．他者に対する参入障壁

事業では、競合他社との競争が発生したり、新規イノベーションを創出したりする。その際、排他機能を用いることで、事業又は事業の一部から、他者を排除でき、他者に対する事業への参入障壁を構築できる。この参入障壁は、公示機能によって他者が認識できるので、他者牽制や他者排除などの抑止力の役割も果たす。

イ．他者との共創管理

事業を展開する上で、オープンイノベーションの活用や自社の弱みを補完する等のためにエコシステムを構築するなど、他者とパートナー連携することがある。実施制御機能を用いることで、パートナーに条件付きで特許発明を実施させることができ、他者との共創を管理できる。例えば他者が共創関係にあるときには特許発明の実施を許諾するが、競争関係に転じたときには特許発明の実施を許諾せずに、排除することを条件とする。

特許がパートナー連携と親和性が高いのは、発明の保護と利用に起因する。つまり、他者に技術を公開して利用させても、公開代償としての権利によって、他者から保護できるのである。そのとき重要になるのが、特許権を取得していることと、この共創管理を行うことである。

また、逆の立場からは、特許は、クロスライセンスやパテントプールのように、他者特許を実施するための交換条件にもなる。なお、特許は、パートナー連携において、公開機能によって連携の呼び水にもなり、排他機能によって他者からの選定の決め手にもなる。

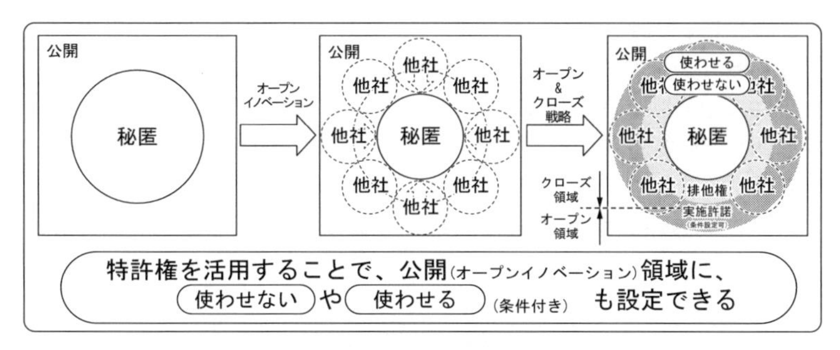

【図表４】共創管理

ウ．事業価値

特許は無形資産であり、特許文献は無形資産とその権利を見える化したものである。つまりこの無形資産は、特許庁等の公的機関に審査され、その結果、権利化されて公示されたものになる。この公示機能を用いることで、事業を実現する技術力や権利、発明者等の人材を、公的機関の信用の下、顧客やステークホルダーに示せることとなり、事業価値を向上できる。

エ．留意点（オープン＆クローズ戦略）

留意点として、特許は、事業に係る製品サービスの全部だけではなく、部分や条件に応じて排他機能又は実施制御機能を発揮させるなど、一部で排他機能を発揮させ、他部で実施制御機能を発揮させる又は特許を持たないとすることができる。

オープン＆クローズ戦略は、事業に係る製品サービスをモジュール化し、モジュールごとに特許の排他機能又は実施制御機能を発揮させるようにした戦術であるとも考えられる。

３．企業戦略

近年、知的財産を含む無形資産の活用への注目が高まっている。令和３(2021) 年６月に公表されたコーポレートガバナンス・コードでは、補充原則３－１③に「人的資本や知的財産への投資等についても、自社の経営戦略・経営課題との整合性を意識しつつ分かりやすく具体的に情報を開示・提供すべきである。(※2)」という知的財産への投資に関する開示について、追加された。このことから、株主や投資家目線においても、知的財産の活用や投資が重要視されていることが分かる。

また、この改訂を受け、「知財・無形資産の投資・活用戦略の開示及びガバナンスに関するガイドライン」（以下、「知財・無形資産ガバナンスガイドライン」という。）として、令和３(2021) 年１月にVer. 1. 0が、令和５(2023) 年３月にVer. 2. 0が公表された。この知財・無形資産ガバナンスガイドラインでは、「コーポレートガバナンス・コード改訂を受け、企業がどのような形で知財・無形資産の投資・活用戦略の開示やガバナンスの構築に取り組めば、投資家や金融機関から適切に評価されるか（※3）」を示している。

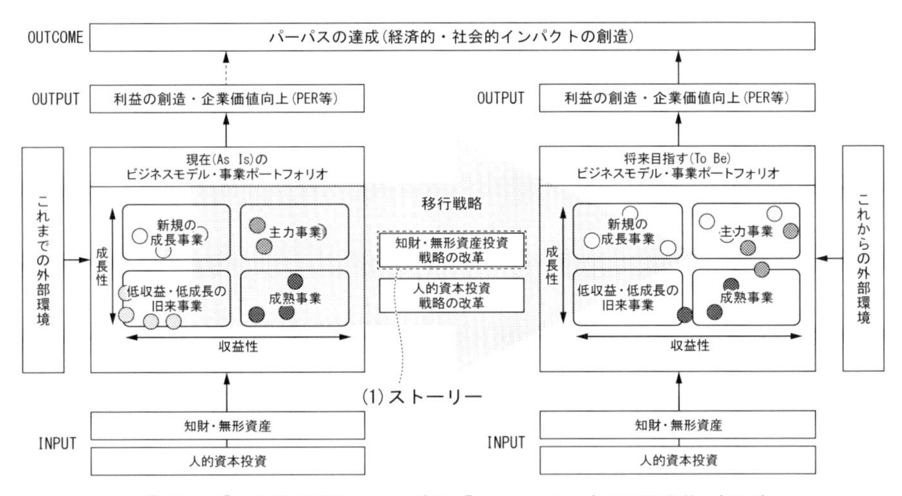

【図表５】企業変革につなげる「ストーリー」の明確化（※4）
〈知財・無形資産の投資・活用戦略の開示及びガバナンスに関するガイドライン（略称：知財・無形資産ガバナンスガイドライン）Ver. 2. 0の策定より作成〉

知財・無形資産ガバナンスガイドラインのVer. 2. 0では、「企業価値の顕在化に向けては、事業ポートフォリオ変革からバックキャストした『ストーリー』上に、現在（As Is）と将来（To Be）のギャップを埋める投資の一つとして、知財・無形資産の投資・活用戦略を位置付けることが重要である。（※4）」としており、企業戦略と知財戦略が密接に関係していることを示している。

４．事業戦略とつながるランドスケープデザイン

事業戦略とつながるランドスケープデザインは、事業戦略とつながる知財戦略を戦術として捉える。戦術は、戦略を実現するための具体的な方法であるから、ランドスケープデザインでは、その方法に従って、特許分析からワンストップで、知的財産の

創出活動（発明発掘、出願権利化等）を支援する。その結果、取得した特許権等の知的財産権は、排他機能や実施制御機能等を発揮し、参入障壁や共創管理の役割を果たす。

これにより、To Be と As Is のギャップを解消しつつ、ストーリーに沿いながら、事業戦略が実現される。このように、ランドスケープデザインは、特許分析だけでなく知的財産の創出活動も行うので、事業戦略とつながる。

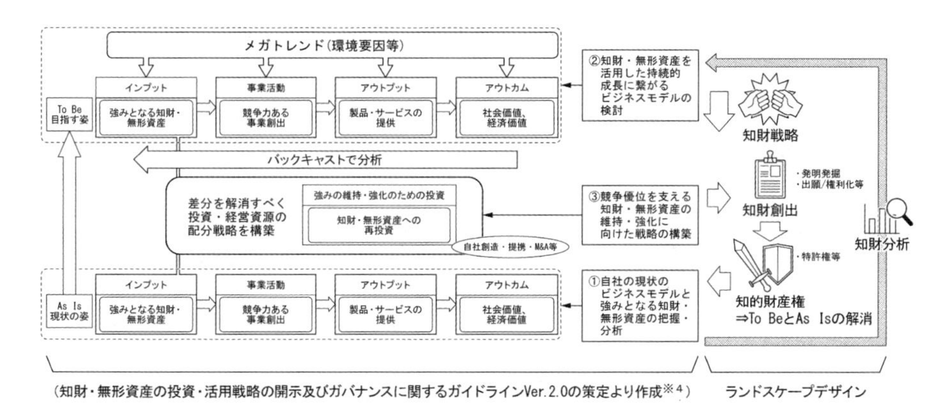

【図表６】ランドスケープデザインのサービスイメージ（※4）
〈知財・無形資産の投資・活用戦略の開示及びガバナンスに関するガイドライン（略称：知財・無形資産ガバナンスガイドライン）Ver.2.0の策定より作成〉

以下、実際の分析には、市場情報等も含めて分析を行うが、本稿では、特許分析の部分に焦点を当てて説明する。

（1）事業戦略と知財戦略をつなげる特許分析

事業戦略と知財戦略を円滑につなげる特許分析について説明する。上記の知財・無形資産ガバナンスガイドラインのフレームワークは、企業戦略（全社戦略）であるが、事業戦略において知財戦略を策定するときにも、このフレームワークが適用できると考えられる。本稿では、このフレームワークに従ったランドスケープデザイン例について説明する。

まず、時間軸上の現在と将来に分けて、現状（As Is）の姿の把握と、将来（To Be）のあるべき姿の設定を実施する。

ア．現在（As Is）と特許分析

現在の分析は、自己分析をして、強みや弱みを明らかにする。

事業戦略とつながるランドスケープデザインでは、まず対象事業に係る自身の特許文献を母集合とし、分類ごとに特許件数（技術を評価する場合は特許出願件数）を集計してマップを作成する。これにより、自身の対象事業の特許状況を俯瞰でき、また、自身の内部における強み領域等を把握できる。領域とは、例えば２つの分類で特定される領域であり、課題と技術、サービスと技術等で特定される。

次に、対象事業の業界や競合他社と自身の特許件数の差をとることで、他者との相対的な関係で自身の強み領域等を抽出する。複数の強みがある場合には、全ての強みを抽出しておく。

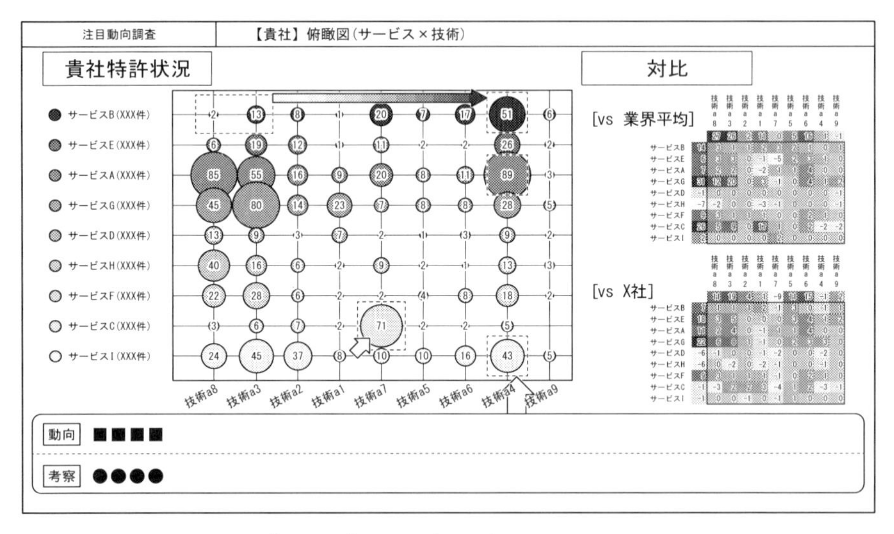

【図表７】現在（As Is）の強み検討

事業部門も含め、自身の内部及び他者との相対的な関係で、強み領域等を検討し、自身の強みを認定する。この強みは特許の強みであるものの、基本的には、自身が認識している強みと一致する。一致しない場合には、市場情報等も含めて検証して、自身の強みを認定する。

なお、この場合、その自身の強みに対して十分な権利が伴っていない状況でもあるので、特許出願・権利化をすることを勧め、必要な場合、発明発掘会を提案する。

イ．将来（To Be）と特許分析

（ア）事業戦略から描く将来（To Be）

事業戦略と知財戦略をつなげるためには、将来（To Be）は、事業戦略からあるべ

き姿を描くことである。これにより、事業戦略との整合性を図ることができる。

事業の場合、コーポレートガバナンス・コードのような全社戦略の場合とは異なり、将来（To Be）は現状の延長上にある場合や事業に大きな変化がないこともある。ただし、この場合でも、業界リーダーになる、又はある領域では特定の競合他社よりも優位に立つなど、業界内や他者との関係で将来（To Be）が描かれる。商品・サービスといった機能戦略の場合も同様である。

以上のように、事業戦略と知財戦略をつなげるためには、事業戦略から将来（To Be）を描くことが、最も重要なポイントとなる。

別のケースとして、特許情報から将来（To Be）の候補を提案してほしい、という要望を受けることもある。この場合、現在（As Is）で認定した強みが生きる事業領域を、用途探索などで探索する（第５章１節を参照）。特許情報から将来（To Be）の候補を抽出した場合でも、最終的には、市場調査や事業部門との検討を重ねて、将来（To Be）を決定する。

（イ）将来（To Be）の特許分析

将来（To Be）あるべき姿が設定された後、その将来（To Be）の事業の現状や到達可能性について、特許情報を用いて評価・検証する。事業戦略とつながるランドスケープデザインでは、将来（To Be）の事業をターゲットとして、ターゲット検討のための特許分析を行う。この特許分析では、ターゲットの事業の公報を母集合として、分類の組合せごとに特許件数を集計してマップを作成する。この特許分析では、特許件数と特許件数の増加率を軸として散布図を作成し、特許のブルーオーシャン分析を行う（第６章１節を参照）。

検証の結果、将来（To Be）の事業に他者の基本特許や特許網等がなく、参入できる可能性が高い場合には、将来（To Be）を確定する。将来（To Be）の事業に他者の基本特許や特許網等があり、参入が難しい場合には、将来（To Be）を再検討するか、その他者特許と対抗する方法や他者特許を回避する方法を検討する。

いずれの場合でも、将来（To Be）の事業については、基本特許を取得するか特許網を築くことが望ましいため、本分析結果に基づく発明発掘会を提案する。

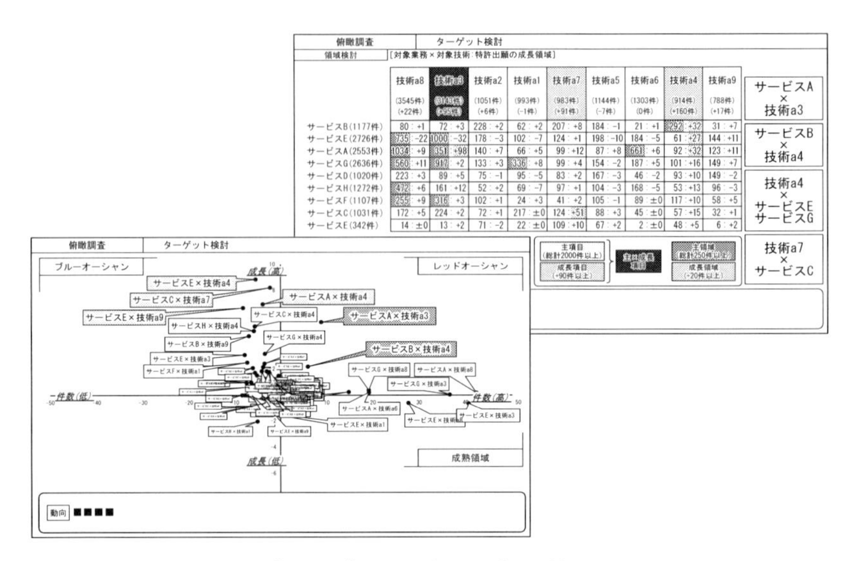

	技術a8 (3545件) (+22件)	技術a3 (3143件) (+95件)	技術a2 (1051件) (+6件)	技術a1 (993件) (-1件)	技術a7 (983件) (+91件)	技術a5 (1144件) (-7件)	技術a6 (1303件) (0件)	技術a4 (914件) (+160件)	技術a9 (788件) (+17件)
サービスB(1177件)	80：+1	72：+3	228：+2	62：+2	207：+8	184：-1	21：+1	292：+32	31：+7
サービスE(2726件)	735：-22	1000：-32	178：-3	102：-7	124：+1	198：-10	184：-5	61：+27	144：+11
サービスA(2553件)	1034：+9	351：+98	140：+7	66：+5	99：+12	87：+8	661：+6	92：+32	123：+11
サービスG(2636件)	560：+11	917：+2	133：+3	336：+8	99：+4	154：-2	187：+5	101：+16	149：+7
サービスD(1020件)	223：+3	89：+5	75：-1	95：-5	83：+2	167：-3	46：-2	93：+10	149：-2
サービスH(1272件)	472：+6	161：+12	52：+2	69：-7	97：+1	104：-3	168：-5	53：+13	96：-3
サービスF(1107件)	255：+9	316：+3	102：+1	24：+3	41：+2	105：-1	89：±0	117：+10	58：+5
サービスC(1031件)	172：+5	224：+2	72：+1	217：±0	124：+51	88：+3	45：±0	57：+15	32：+1
サービスE(342件)	14：±0	13：+2	71：-2	22：±0	109：+10	67：+2	2：±0	48：+5	6：+2

【図表８】将来（To Be）の検証

（２）ストーリーの構築の特許分析

将来（To Be）のあるべき姿からのバックキャストと、現在（As Is）の強みからのフォーキャストとを結ぶ結節を、特許分析で探索して評価する（この特許分析を「結節探索・評価」という。）。

なお、バックキャストは、自社が目指す姿を最初に設定し、その目指す姿を実現するための対策を未来から現在に遡る形で検討する手法である。将来像を実現するための対策となるため、長期的な戦略を検討する際に有効である。対するフォーキャストは、現在の状況を起点として未来を予測し、それに応じた対策を検討する手法である。技術などの改良の際に用いられることが多く、短中期的な戦略を検討する際に有効である。このバックキャストとフォーキャストを結ぶことができれば、現在（As Is）から将来（To Be）に向かうストーリーの構築に役立つ。

このとき、ストーリーを実現するために、知財の投資先、つまり特許を取得する注力領域を定める。その注力領域の特許を機能させ、参入障壁や共創管理等の役割を果たさせることで、将来（To Be）に向かうストーリーを描く、又は強化することができる。

その手段として、事業戦略とつながるランドスケープデザインでは、結節探索・評価を行う。

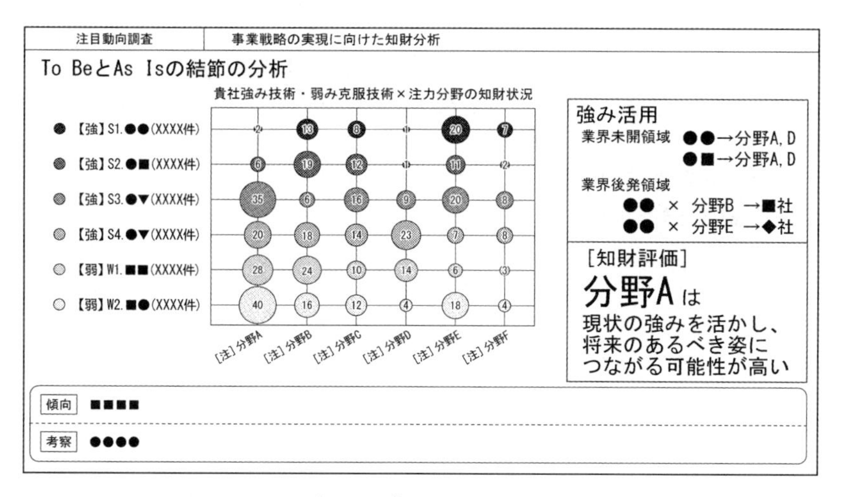

【図表９】結節の検証

結節探索・評価の結果、現在（As Is）と将来（To Be）の結節として、具体的な領域等のターゲットを定める。事業戦略とつながるランドスケープデザインでは、現在（As Is）からこのターゲットを経由し、将来（To Be）へ向かうストーリーを構築して、提案を行う。

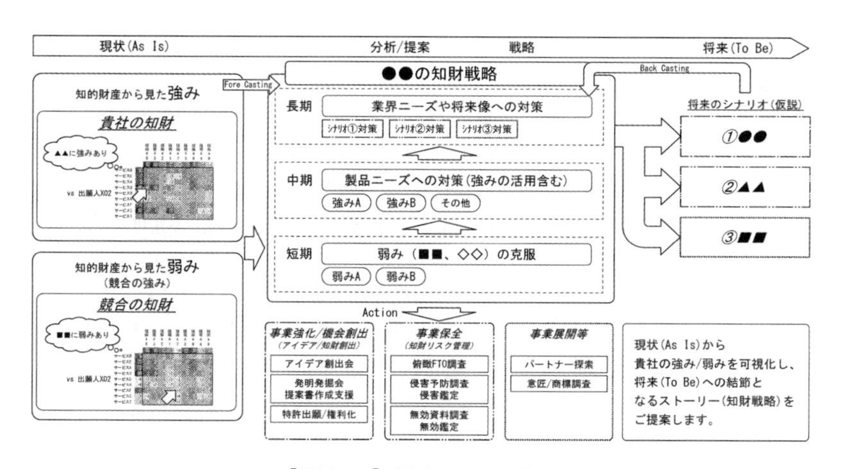

【図表10】提案のサンプル

なお、企業戦略や事業戦略で将来（To Be）が長期の場合には、短中期的な目標を立てるため結節を検討するが、商品・サービス戦略等の機能戦略で将来（To Be）が短期の場合には、結節の分析は省略することもある。

（３）移行計画と戦略の遂行

ア．移行計画と知財戦略

事業戦略に取り込まれた知財戦略は、戦術である。事業戦略とつながるランドスケープデザインでは、ストーリーを実現する戦術として、オープン＆クローズ戦略等の知財戦略を提案する。この知財戦略の一つは、現在（As Is）と将来（To Be）の結節として定めた領域等のターゲットへ、特許網等を築く戦略となる。もう一つの知財戦略は、将来（To Be）の事業において、基本特許を取得するか特許網を築くための知財戦略である。

例えば知財戦略として、オープン＆クローズ戦略を策定する場合に重要なのは、オープン＆クローズ戦略でモジュール化した単位で、請求項を作成することである。複数のモジュールにまたがる請求項は、可能な限り控える。オープン＆クローズ戦略のクローズ領域に設定されたモジュールには、排他機能を発揮する特許出願・権利化を行って、参入障壁を構築する。一方、オープン領域に設定されたモジュールには、実施制御機能を発揮する特許出願・権利化を行って、共創管理を行う。

移行計画としては、事業計画のスケジュールに、知財戦略の計画、特許出願・権利化の時期や件数等を追加する。

イ．戦略の遂行

戦略の遂行に際して、事前に自身の特許を整理する。日常の知財活動において、知財戦略で必要な特許を既に有していることがあるからである。

その後、事業戦略のための商品・サービスの研究開発活動も開始される。知財活動としては、戦術たる知財戦略に従って、知的財産の創出活動（発明発掘、出願権利化等）が行われ、進捗管理等がなされる。

知的財産の創出活動で重要なことは、創出活動を行う者が、現在（As Is）の強み、将来（To Be）の事業、現在（As Is）と将来（To Be）の結節のターゲットと、その時系列を含めて把握していることである。

また、事業の開始に向けて特許リスク管理、権利化後は実施許諾等の知財活用も行われる。

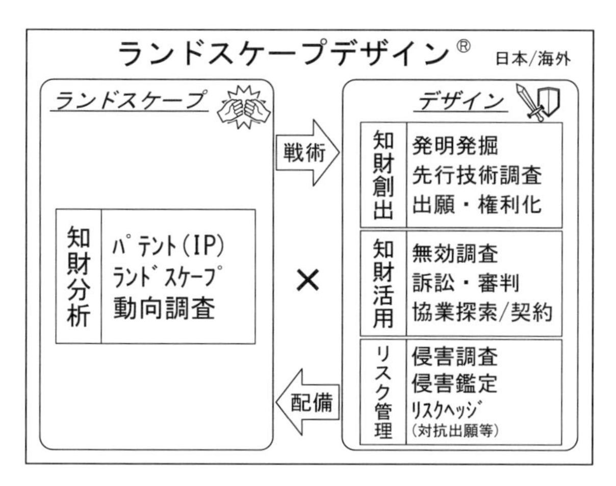

【図表11】ランドスケープデザインの活用

＜参考文献・注釈＞
※1　ランドスケープデザイン（LD）は、弁理士法人志賀国際特許事務所の登録商標（登録第6666556号）である。
※2　株式会社東京証券取引所「コーポレートガバナンス・コード」(2021年６月版)
https://www.jpx.co.jp/equities/listing/cg/index.html (2024.11.14)
※3　「知財・無形資産の投資・活用戦略の開示及びガバナンスに関するガイドラインVer.2.0の策定」(2023.03.27)
https://www.kantei.go.jp/jp/singi/titeki2/tyousakai/tousi_kentokai/governance_guideline_v2.html
※4　内閣府知的財産戦略推進事務局「知財・無形資産の投資・活用戦略の開示及びガバナンスに関するガイドラインVer.2.0（概要)」(2023.03) p.7,11
https://www.kantei.go.jp/jp/singi/titeki2/tyousakai/tousi_kentokai/pdf/v2_shiryo2.pdf

2節　アイデア創出とつながる特許分析

西澤 和純・鈴木 佐知子

1. アイデア創出とつながる特許分析とは

新規事業の立ち上げ、新商品やサービスの開発には、まずはアイデアが必要となる。良いアイデアがあれば、研究・開発の活性化、事業展開の拡大となり、企業の成長につながる。しかし、アイデアを創出するのは容易なことではない。常に、頭を悩ませている方も多いのではなかろうか？

特許調査はアイデアを創出した後、特許分析は上流の戦略段階で実施されることが多い。一方で、特許情報には、他者のアイデアが記載又は暗示されており、それらの他者のアイデアを基に、自身のアイデアを創出できれば、特許法第１条の「発明の利用を図ること」に資され、「産業の発達に寄与すること」にもつながる。

本稿では、特許調査及び特許分析を活用し、アイデアを創出することを目的とした「アイデア創出とつながる特許分析」を紹介する。また、本稿で紹介する手法は、製品・サービスレベルで簡易な特許分析をしたい、簡単に他者のアイデアを確認したい、又はコストパフォーマンスを優先したいといった顧客の要望から発展したものである。同時に、新しい技術等のため特許分類による分類が難しい、という課題を解決した手法であり、新製品・新サービスや新たな研究テーマのアイデアを検討する際のニーズが高い特許分析手法である。

(1) アイデアの創出

アイデアの種類	既存アイデアとの関係	特徴
革新的アイデア	・既存アイデアは参考程度 ・既存アイデアを凌駕 ・既存アイデアとは別観点	・創出者が少ない ・創出の頻度が低い ・長期的テーマ
改良的アイデア	・既存アイデアはアイデアの一部 ・既存アイデアの組替え	・創出者が多い ・創出の頻度が高い ・短期的テーマ

【図表１】アイデアの種類

ア．革新的アイデア

アイデアとは、大きく２つに分けることができる。１つは、これまでにない、全く新しい発想から生まれる革新的アイデアである。突然、革新的アイデアがひらめいた、というようなことが起これば、それは非常に魅力的である。しかし、この革新的アイデアは、頻繁に創出されるものではなく、創出者が少なく、創出の頻度も低い。また、長期的テーマである場合又は偶発的に創出される場合があり、常に様々な情報にアンテナを張り、発想の種を見つける姿勢も要求される。このような場合、他者のアイデアの情報を集約して、それを凌駕するアイデア又は別観点のアイデアの検討を促すことで、革新的アイデアが創出される場合がある。もっとも、アイデアが客観的に革新的かどうかは、既存のアイデアと相対的に評価されることもあるので、他者も含めて既存のアイデアは把握しておくべきである。

イ．改良的アイデア

もう１つのアイデアは、既存のアイデアの組替えである改良的アイデアである。既に知られているアイデアに対して追加・一部変更をすること、又は新しくアイデアを組み替えることで、改良的アイデアを創出することができる。この改良的アイデアは、まず既存のアイデアを知ることから始まり、知識として獲得した既存のアイデアの品質や量で、その良しあしが決まることがある。また、改良的アイデアは、革新的アイデアと比べると、創出者が多く、短期的テーマとして高い頻度で創出される傾向がある。

ウ．２つのアイデアとそれらの関係

革新的アイデアは、創出の頻度が低いものの、急峻な企業等の成長や価値向上へとつながる。一方で、改良的アイデアは、創出の頻度が高く、持続的で緩やかな企業等の成長や価値向上につながる。基本的には、１つの革新的アイデアの創出・具現化の後に、たくさんの改良的アイデアの創出を続けるなど、両方のアイデアを創出できる環境が望まれる。

（２）アイデア創出と特許分析

企業等の成長や価値向上のため、アイデア創出にも特許情報を利用したいという要望がある。具体的には、他者を含めた多くのアイデアを収集し、より良いアイデアが創出される可能性を少しでも高めることができないか、といった相談である。特許文献は、発明内容を詳細に説明した技術文書であり、特許文献を利用することで、既存の要素（技術）を把握することが可能となる。

また、特許文献には、技術分野を特定する分類や、出願された日付等が記載されており、これらの情報を集計・分析することで、競合他社の現状や、業界の動向を把握することが可能となる。

既存の要素技術の把握、集計・分析結果によって、今後の注力事業分野を特定し、具現化ポイントを整理することで、アイデアを創出することが可能となる。

創出したアイデアは、新規の発明として特許出願することで、企業の知的財産ポートフォリオを拡大していけば、更なる企業の成長につながる。

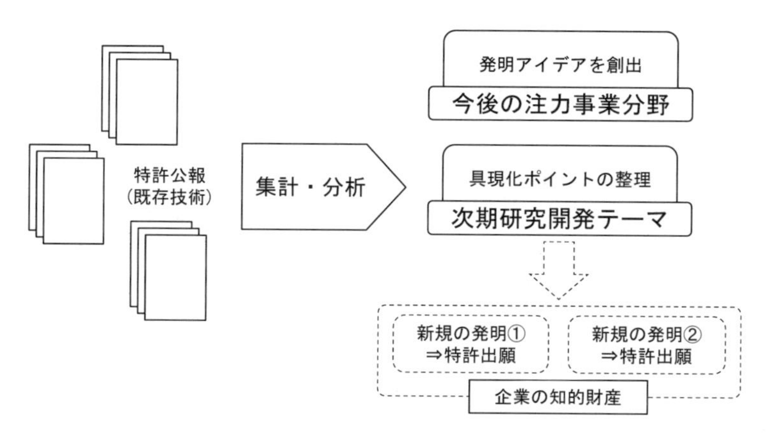

【図表２】アイデア創出と特許分析

２．アイデア創出段階の特許分析の課題

（1）特許分析の手順

アイデア創出とつながる特許分析との対比のため、まずは一般的な特許調査分析の手順について説明する。一般的な特許調査分析では、まず技術分野の特定を行い、技術分野に関連する特許出願を含む検索式を作成する。その検索式の検索結果である検索母集合に含まれる公報について、比較・検討や、各分析項目を用いて集計・分析を行うといった流れである。

ここで、一般的な特許調査であれば、調査対象（例えば先行技術調査の対象発明、無効調査の対象特許、侵害予防調査のイ号等）はあらかじめ定まっており、調査対象に類似する文献を抽出する。特許分析であっても、調査対象は、ある程度定まっており、その場合、例えば分類項目としてあらかじめ設定され、マップを作成する際に軸とすることが可能である。

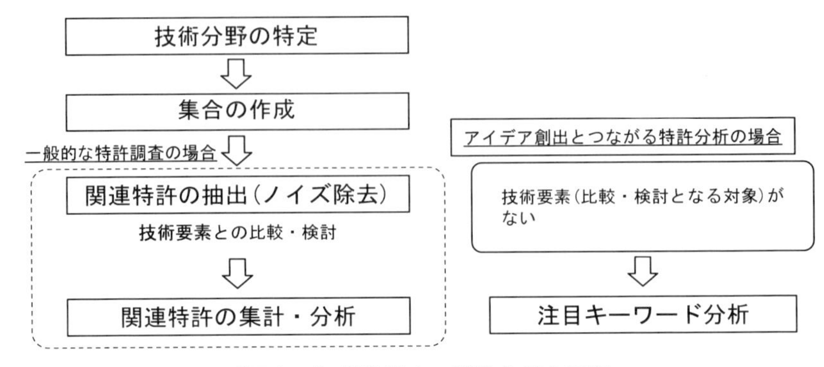

【図表３】特許調査・特許分析の手順

（２）アイデア創出の段階における特許分析の課題（制約）

アイデア創出の段階では、特許分析に幾つかの制約が要求される。アイデア創出では、ブレーンストーミングに代表されるように、多数の新しいアイデアを短時間で集めることを優先する背景がある。

ア．課題解決手段が未確定

１つ目の制約は、多数の新しいアイデアを集めるものであり、課題を解決するための手段（課題解決手段:請求項に相当）が確定していない、ということである。

もっとも、アイデア創出のために、種々の課題やそれらの課題解決手段を抽出することが主眼になるため、課題解決手段はあらかじめ確定するものではない。

また、次のとおり、別観点でも課題解決手段が確定していないことが分かる。例えば特許出願前の先行技術調査の場合、発明者が、技術分野、従来技術とその課題、その課題解決手段、作用・効果、先行技術との相違点等を記載した書面を作成し、それらを基に調査観点を確定する。しかし、アイデア創出とつながる特許分析の場合は、そのような書面を作成する前の段階である。事業部から挙げられた課題や製品・サービス分野や研究分野、企画案等が、調査対象となり、特に課題解決手段は未確定である。このような場合、広い範囲の観点で多数の公報を対象とした特許分析が望まれる。

イ．短期間・高コストパフォーマンス

２つ目の制約は、短期間かつ低コストであることである。前述のとおり、アイデア創出の段階では、短時間で、新しいアイデアを集める要望がある。また、実現性も収益性も定かでない未決定の新製品・新サービスや新たな研究テーマや、

参考情報として収集したい情報に対して、大きな投資は敬遠されるため、コストパフォーマンスも要求される。

これらを両立する一案が、本稿で紹介する「アイデア創出とつながる特許分析」である。

（3）アイデア創出とつながる特許分析（テキスト解析の機能活用）

本稿で紹介するアイデア創出とつながる特許分析では、テキスト解析の機能を活用することで、上記の課題解決を図る。公報のテキスト解析は、ランドスケープ等の特許分析で用いられ、近年は、統合報告書等にてポジショニング分析などに用いられる。本稿では、この機能を、アイデア創出の用途に活用する。

アイデア創出とつながる特許分析では、「ア．課題解決手段が未確定」という課題に対して、課題解決手段を確定せずに、検索母集合から注目キーワードを用いて、関連する公報の抽出を行う。注目キーワードは、検索母集合の全公報のテキスト解析の結果、自動抽出されたキーワード（後述する代表語）から選択するキーワードである。自動抽出されたキーワードには、頻出キーワードやラベリングされたキーワードがある。注目キーワードは、課題やテーマに関連するキーワードであることから広範なキーワードとなり、広い観点でアイデアを創出することにも役立つ。また、ニュースや業界で話題のトピック等を参考に設定してもよい。

注目キーワードを用いることで、発明者に作業負担をかけることなく、特許分析を行うことができるという利点もある。さらに、新しい技術等のため、特許分類による分類が難しい場合においても、注目キーワードを用いることで、公報を分類することが可能となる。

また、アイデア創出とつながる特許分析では、「イ．短期間・高コストパフォーマンス」という課題に対して、テキスト解析の機能を用いることで、ノイズ除去、フィルタリングといった読み込みや集計の工数を削減する。具体的には、テキスト解析の結果を提示し、キーワードによって注目する公報群（後述する特徴語群）を選択し、選択した公報群に属する公報のみ、必要なミクロ分析を行う。

3．アイデア創出とつながる特許分析

（1）出現頻度マップ

アイデア創出とつながる特許分析について、具体的な手順を説明する。この特許分析では、テキスト解析の機能を用いることが特徴であり、注目キーワードを活用する。

まず、検索式による検索結果である検索母集合に対してテキスト解析を行う。テキスト解析の結果は、公報をその記載内容に基づいて文書ベクトルとし、多次元のベクトル空間にマップしたものを、２次元に射影して見える化したものである。公報は、２次元上の点として、記載の類似する公報が近くなるようにマッピングされる。図表４は、公報のテキスト解析の結果のマップ（出現頻度マップ）の一例である。この出現頻度マップでは、公報の密度に応じて色付けされており、密度が高いほど公報が多いことを表している。また、出現頻度マップ上の密度が高い領域では、その領域に属する公報に共通する単語が代表語として自動で付されている。出現頻度マップは３次元で表され、その一軸が公報の密度を表すものもある。

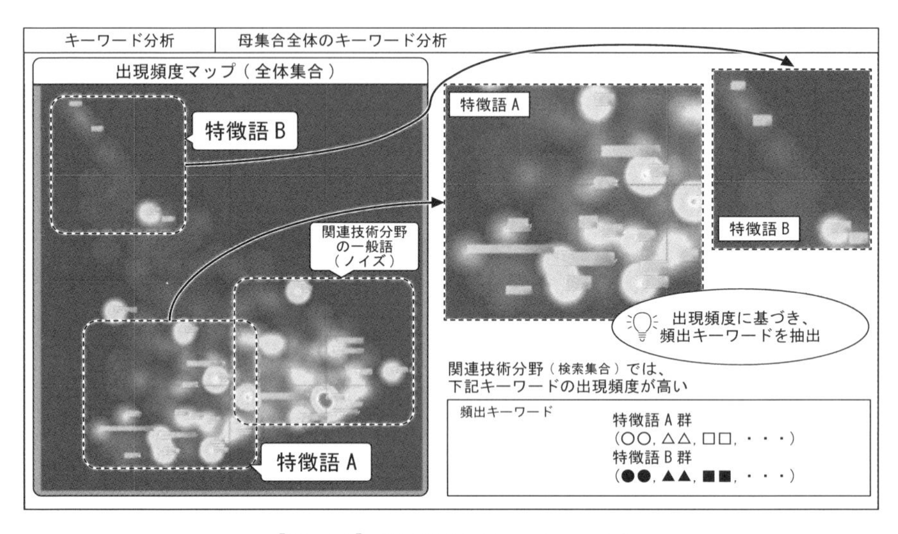

【図表４】頻出語句のヒートマップ

（2）特徴語群の整理（特徴語の抽出と公報の分類）

アイデア創出とつながる特許分析では、例えば出現頻度マップ上の公報を、マクロの観点でフィルタリング、分類する。

まず、出現頻度マップ上の代表語から特徴語を抽出する。特徴語とは、発明の技術的特徴を表す単語のことである。特徴語の抽出とは、代表語から、汎用語や慣用語などの一般的な単語を除き、特徴のある代表語に絞り込むことである。特徴語の抽出では、特徴語が多い場合には、公報の密度（図表４では明暗）、出願日、出願人等に基づいて特徴語を絞り込むこともある。

次に、公報を分類して、特徴語群を作成する。出現頻度マップにおいて、技術的に関連する特徴語の領域をまとめて、特徴語群（図表４のＡ群、Ｂ群）を作成する。また、その特徴語群を形成している単語に基づき、注目キーワードを設定する。この作業は、クラスタリングとラベリングに相当する。分析ツールによっては、このクラスタリングやラベリングを自動で行うものもある。

なお、上記の特徴語の抽出と公報の分類は、順序を逆にする場合もある。

（3）特徴語群の選択

次に、特徴語群の注目キーワード及び特徴語を依頼元に報告し、どの特徴語群に興味があるかを伺うなどして、特徴語群を選択する。選択は、幅広いアイデアを集めることが目的であるので、実際には、多数の特徴語群を選択する。

この際、出現頻度マップや代表語リストも提供する。出現頻度マップは、他者との差別化や時間的な動向を意識するため、出願人別や出願年別のマップを用意することもある。また、アイデア創出の段階では、出現頻度の少ない代表語に注目する場合もあるため、代表語リストも提供することがある。

（4）報告とミクロ分析

選択された特徴語群に属する公報について、特徴語群ごとに、公報番号、出願日、出願人、発明者、用途（発明の名称）、分類（特許分類）、課題、課題解決アプローチ（課題解決手段：請求項等）、代表図等を、まずは一覧にする。ここで、特徴語群には、特徴語に基づく分類名を付し、用途には、デフォルトでは発明の名称を記載する。必要に応じて公報のノイズ除去やスクリーニングも行う。

また、要望があれば、ミクロ分析を行う。ミクロ分析とは、公報を数十件程度（技術分野によって件数は変動する。）に絞り込むサンプリングを行い、人手による読み込みにより公報の内容を把握し、分析するものである。ミクロ分析では、用途、課題、課題解決アプローチ等を整理する。さらに、インターネット等で出願人の製品・サービス情報を参照して、関連すると思われる製品・サービスの情報を付与することもある。これは、改良的アイデアの創出の際に、他者の特定製品・サービスについて、どのような課題感や課題解決アプローチを持っているかを把握することに役立つ。なお、ミクロ分析において、出願人別に、技術的特徴や課題の一致点・相違点の概要を示すこともある。これにより、業界内での各出願人について、注力している課題や課題解決の強み等も把握することができることがある。

設定した注目キーワードと、ミクロ分析の結果、浮き彫りになった課題や課題解決アプローチとに基づき、新製品・新サービスや新たな研究テーマのアイデアを検討することが可能になる。この時、特許分析の結果のほかに、市場のトレンド情報や論文等も考慮して検討することも可能である。

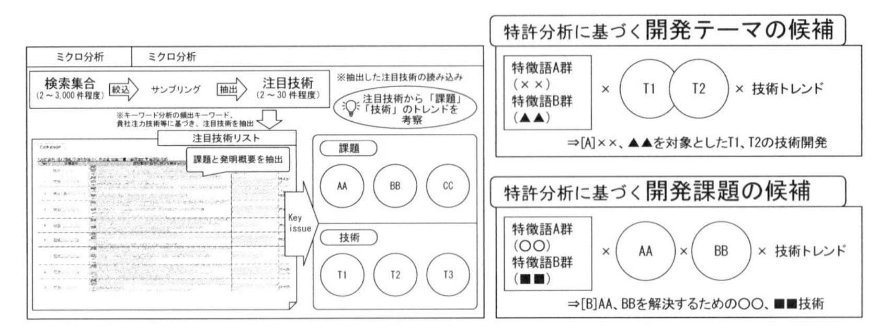

【図表5】ミクロ分析のイメージ

（5）アイデアの創出

以上のように簡易的に整理した他者のアイデアを基に、新たなアイデアを創出することが可能となる。他者のアイデアから差別化を試みる場合には、革新的アイデアの創出につながり、他者のアイデアを取り込む場合には、改良的アイデアの創出へとつながる。実際には、他者のアイデア（課題を含む）を参考にして、自身のアイデアから改良的アイデアを創出するケースが比較的多いと思われる。具体的には、他者の課題や課題解決アプローチを把握した上で、それよりも有効な課題解決のアイデアであって、自身の強みをいかしたアイデアを創出するようなケースである。

（6）アイデアの創出後にもつながる

報告した文献やミクロ分析においてサンプリングした文献のうち、創作者が最も参考にした文献は、特許出願をする場合の先行技術文献として活用することが可能である。通常は、発明創出の後に先行技術調査を行って、先行技術文献との相違点の有無を検証するが、本稿の特許分析の場合、先に先行技術文献があって、かつ、その先行技術文献に係る発明とアイデアの創出時点で差別化を図っている。よって、先行技術調査を省略できることがある。これにより、アイデアを具現化した発明が創出された場合、速やかに特許出願を行うこともできる。

このように、アイデア創出とつながる特許分析では、創出したアイデアを発明とする特許出願まで一貫して行うことで、良い循環を生み出し、その結果、企業等の成長や価値向上へとつなぐことができる。

４．まとめ

アイデア創出では、ブレーンストーミングに代表されるように、多数の新しいアイデアを短時間で集めることが優先される。この場合の特許分析は、いまだ課題解決手段が確定していない段階であるため、１つの文献を探す特許調査ではなく、① 広範な観点で多数の公報を探すことが望まれる。また、② 短時間で簡易的な特許分析を行うことが求められる。さらに、技術的な特徴語だけでなく、課題やテーマに関連する特徴語等を含む、③ 広範なキーワードの方がアイデア創出には有効であるとともに、特許調査における技術的な観点からは、新たなアイデアは、④ 特許分類が付されていない技術に関連することもある。

そこで、本稿では、アイデア創出とつながる特許分析として、テキスト解析の機能を活用する場合を紹介した。アイデアを創出する段階で、他者が注力している課題や課題解決アプローチを検証できることは、自身のアイデアをブラッシュアップするために、非常に有効であると考えられる。特許文献には、その課題や課題解決手段（請求項）が具体的に記載されており、これらの情報はアイデア創出に非常に有益である。一方で、広範囲に及ぶ膨大な量の公報の中から、どの公報を読み込み対象とすべきかの判断が難しいものでもある。そこで、読み込み対象とする公報を選定し、整理して提供するのが、この特許分析である。

本稿の特許分析が、アイデア創出とつながり、そのアイデアに基づく製品・サービスや研究活動が、企業等の成長や価値向上につながれば幸いである。

3節　発明発掘とつながる動向調査

藤原 司郎・西澤 和純

1．動向調査と発明発掘について

製品・サービスや研究テーマ等について、自身や他者の技術や特許についてのポジショニング、強み／弱みを把握する目的で動向調査を実施することがある。動向調査は、技術動向調査や出願動向調査とも呼ばれるが、対象の製品・サービスや研究テーマについて関連する公報数を集計し、集計結果から技術や特許の全体像や傾向を把握するとともに、必要な文献を抽出して解説等を行う特許調査である。

この動向調査の結果、製品・サービスの開発や研究のターゲットが定まり、その開発や研究の結果、発明が創出される。その際、創出された発明と動向調査の結果に整合性は図られているか、又は創出された発明に漏れはないか等の確認を、効率良く行うことが望まれる。そこで発明が不足することが判明した場合には、不足する発明の発掘を行う。また、そもそも動向調査の結果を、直接的に、発明発掘に用いたいとの要望もある。

このような要望に対して、弊所の発明発掘スキームのツール「課題－技術要素マトリクス」(※) と動向調査を融合させた発明発掘手段を提案することがある。本稿では、この発明発掘手段を、発明発掘とつながる動向調査として説明する。

		撮影位置の精度を高めたい…	撮影位置の判定と、画像生成とをシンクロさせたい…	画像サーバへの転送速度を高めたい…	電力の消費を抑えたい…	…
技術要素	GPSアンテナ	受信感度が良好な位置に配置する。	撮影位置の判定と、画像生成とをシンクロさせたい…	画像サーバへの転送速度を高めたい…	電力の消費を抑えたい…	
	カメラ					
	位置判定	GPSだけでなく、無線LANを使って位置判定をする。	①あらかじめ位置判定しておき、シャッターボタンに連動して判定結果を出力する。 ②シャッターボタンに連動して、位置判定結果にシリアルナンバーを打つ。		シャッターボタンが押されるまで、動作を停止する。	
	画像生成	画像解析を行って位置判定する。		画像を圧縮して通信データ量を抑制する。		
	位置情報の付加					
	通信			高速通信回線を利用する。	①充電中のみ通信する。 ②通信回数を減らす。	

【図表1】課題－技術要素マトリクスと記入例

2．動向調査

典型的な動向調査では、例えば技術動向を調査する場合には、発明と関連する特定の製品・サービスや研究テーマ、分野等について、出願年、出願人、特許分類を軸として出願件数を集計する。図表2は、典型的な動向調査のアウトプットとして、マップ例を記載する。このマップに基づいて、例えば絶対的又は相対的な出願件数の大小により、自身や他者の技術や特許についてのポジショニング、自社や他社の強み／弱みを把握する。

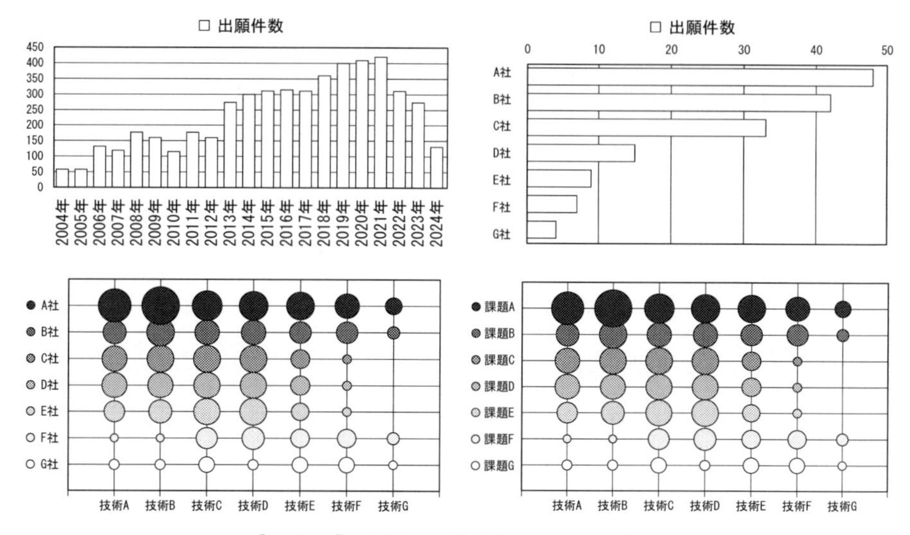

【図表２】典型的な動向調査のマップ例

３．発明発掘

典型的な発明発掘会では、簡単な資料に基づき、発明者に対してヒアリングを行って発明を抽出する。発明には、発明者が認識している発明と潜在的な発明があり、その両方を抽出する。

日常業務の成果として創出される発明は、典型的な発明発掘により、発明が抽出されて見える化されることで、発明発掘の目的が達成される。

一方、重点事業である場合や戦略に関連する発明である場合、周辺の発明も抽出して特許網を構築するなどの目的で、課題や技術要素を拡張し、発明発掘を行うことがある。この場合、典型的な発明発掘には、主たる要望が２つ存在する。

① 発明発掘の対象を広げて全体を俯瞰したい

② 他者を含めた特許情報に基づく外部環境も把握したい

①の要望に対して、課題を解決するツール例が、図表３の「課題－技術要素マトリクス」である。このツールは、発明者が主要と考えていた課題や技術要素に対して、別観点の課題や技術要素も提示し、関連分野の課題や技術を俯瞰するものである。この具体的な俯瞰から、発明者は、まず発明のポジションを認識し、その上で、他の課題や技術要素へ発明を適用する場合を検討することで、発明を膨らませていく。

	課題1	課題2	課題3	課題4	課題5
技術要素A					
技術要素B					
技術要素C					
技術要素D					
技術要素E					

【図表３】課題－技術要素マトリクス

「課題－技術要素マトリクス」において、課題は、発明者が主要と考えていた課題とは別観点の課題も追加する。また、技術要素は、周辺部品やサプライ・バリューチェーン等の観点で追加される。特定課題と特定技術要素がクロスする各領域（セル）について、特定課題と特定技術要素の観点から、発明を膨らます。なお、後述するように、「課題－技術要素マトリクス」の軸（課題や技術要素）を選択する際、動向調査の調査結果が役立つ。

「課題－技術要素マトリクス」を用いた場合でも、発明者は、自分や所属組織の情報に基づいて、発明を創出していくことになる。ここで、更に業界や他者の特許情報が追加されると、内部環境の情報や市場情報とは異なる観点で、発明を創出できるのではなかろうか。換言すれば、より良い発明を発掘するためには、②の要望が発生すると考えられる。この②の要望に対して、動向調査の結果は、所望の情報になっている。

４．動向調査と発明発掘の関係

動向調査は、発明発掘の前に又は発明発掘と一部並行して実施される。

その際、動向調査のマップの軸と発明発掘のマトリクスの観点を一致させ、動向調査の結果を発明発掘に融合させることがポイントになる。

（１）外部情報を取り込んだ観点、戦略と発明発掘の観点統一

動向調査では、課題と技術のマップを作成することがある。発明発掘とつながる動向調査では、このマップの課題と技術を、「課題－技術要素マトリクス」の課

題と技術要素とする。

つまり、動向調査の結果、マップとして用いた有用な観点（課題、技術）から、発明発掘時の観点（「課題－技術要素マトリクス」の課題と技術要素）を設定することができる。これらの軸や公報は、他者の公報に基づくものであるから、発明発掘時の観点に、外部情報を取り込むことと同等であるといえる。また、動向調査の課題と技術に基づいて戦略的なターゲティングを行っている場合、動向調査と「課題－技術要素マトリクス」の軸が一致するので、発明発掘を戦略と整合性が高いものにすることができる。

このように、発明発掘とつながる動向調査では、動向調査の観点を発明発掘の観点にすることで、発明発掘の段階で外部情報を取り込んだ観点を効率的に設定でき、また、動向調査と発明発掘の観点を統一できる。つまり、発明発掘とつながる動向調査では、外部環境が考慮され、かつ、戦略と整合性が高い観点で発明発掘を行うことができる。

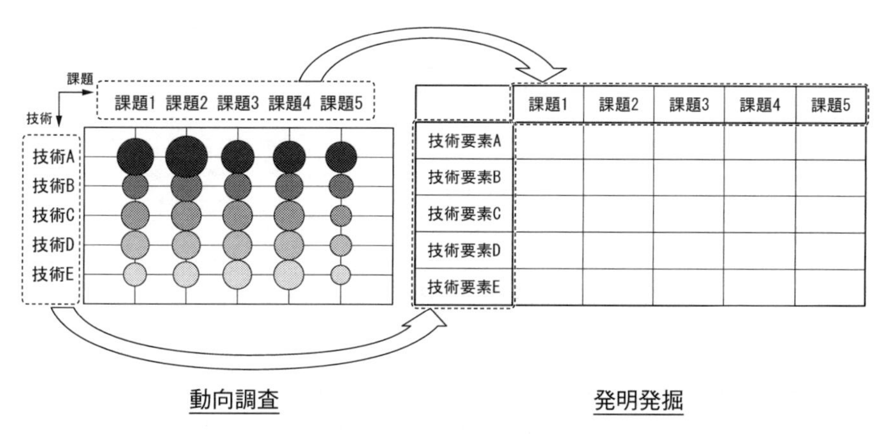

【図表４】動向調査と発明発掘の観点統一

なお、発明発掘で新たな観点が発生した場合には、動向調査にフィードバックし、再集計を行うこともある。また、動向調査と発明発掘は、同時並行で進める場合もあり、その場合、動向調査のマップ軸と発明発掘の課題と技術要素を、擦り合わせながら適応的に進める。

（２）戦略と発明発掘の整合

観点統一をした「課題－技術要素マトリクス」に対して動向調査の結果の出願

件数を付加することで、発明発掘マトリクスを作成する。この発明発掘マトリクスで、動向調査の結果も踏まえつつ、技術要素及び課題の領域の優先度を付けて、発明発掘が行われる。

ア．動向調査とつながる発明発掘マトリクス

図表５の発明発掘マトリクスには、技術要素ごとの出願件数、課題ごとの出願件数、技術要素及び課題ごとの出願件数が記載され、出願件数に応じた濃淡で色付けされている。なお、出願件数に変えて又は加えて、出願件数の占有率を付加することもある。

課題1の出願件数
技術要素Aの出願件数
技術要素Bで課題2に関する出願件数

		課題1	課題2	課題3	課題4	課題5
		130	125	105	64	36
技術要素A	154	30	40	60	20	4
技術要素B	111	45	30	10	20	6
技術要素C	80	5	25	20	10	20
技術要素D	69	35	20	5	4	5
技術要素E	46	15	10	10	10	1

【図表５】動向調査とつながる発明発掘マトリクス

イ．動向調査とつながる発明発掘マトリクス（相対値）

図表５の発明発掘マトリクスは、業界や特定分野全体の母集合について、技術要素と課題の出願件数の分布を表したものである。実際の発明発掘に用いることが多いマトリクスは、図表６の発明発掘マトリクスである。

図表６の発明発掘マトリクスは、出願件数の相対値が付されている。相対値は、他の出願件数から自身の出願件数を差し引いた値である。他の出願件数には、特定出願人の出願件数、特定出願人グループの出願件数の平均値、又は業界全体の出願件数の平均値が用いられる。特定出願人グループは、出願人の企業規模、業種、参入時期、資本、国、完成品等でグルーピングされた出願人の群である。

課題の強み/弱み
技術要素Aの強み/弱み

		課題1	課題2	課題3	課題4	課題5
		17	-10	14	8	-6
技術要素A	20	10	1	4	8	-3
技術要素B	-14	-2	-8	-1	-1	-2
技術要素C	8	-3	2	3	3	3
技術要素D	14	9	-2	5	2	0
技術要素E	-5	3	-3	3	-4	-4

【図表６】動向調査とつながる発明発掘マトリクス（相対値）

ウ．動向調査とつながる発明発掘マトリクス（増加率）

相対値は、時点ごとの差分を取る場合がある。例えば技術要素及び課題の領域ごとに、特定出願年の出願件数とその直前の出願年の出願件数を用いて増加率を算出し、その増加率を付することがある。この増加率は、技術要素及び課題の各領域の出願件数の成長、つまり、技術や特許の流行を知るために用いられる。各出願年の出願件数は、前後の数年の平均値、つまり、移動平均値を用いて増加率を算出することもある。また、増加率の相対値を算出して発明発掘マトリクスに付することもある。

エ．戦略と発明発掘マトリクス

動向調査の結果、例えば戦略上、重要な領域を、ターゲット領域として定めることがある。ここで、発明レベルでは、戦術段階であることが多く、競合他社や特定プレーヤーのグループで、相対的に戦術を立案する方が、戦略上も有効であることがあり、図表６の相対値の発明発掘マトリクスが用いられる傾向がある。

より具体的には、競合他者や特定プレーヤーのグループを定め、それらの出願件数（グループの場合には出願件数の平均値）から、自身の出願件数を差し引いた相対値が用いられる。

			強み課題	弱み課題	強み課題		弱み課題
			課題1	課題2	課題3	課題4	課題5
			17	-10	14	8	-6
強み技術	技術要素A	20	10 強み領域	1	4	8	-3
弱み技術	技術要素B	-14	-2	-8 弱み領域	-1	-1	-2
	技術要素C	8	-3	2	3	3	3
強み技術	技術要素D	14	9 強み領域	-2	5	2	0
	技術要素E	-5	3	-3	3	-4	-4

【図表７】動向調査に基づく戦略例と発明発掘マトリクス

図表７は、図表６の発明発掘マトリクスに、動向調査に基づく戦略例を示したものである。この動向調査の結果、自身は、課題１、３の解決には強い一方、課題２、５の解決には弱いことが分かる。また、自身は、技術要素Ａ、Ｃ、Ｄには強い一方、技術要素Ｂ、Ｅには弱いことが分かる。

このような動向調査の結果、強みを伸ばす又は弱みを克服するためのターゲット領域が定まる。例えば強みを伸ばすのであれば、技術要素Ａ、Ｄ及び課題１のターゲット領域において、技術要素Ａ、Ｄを用いて課題１を解決する発明の発掘に力を入れることが考えられる。一方、弱みを克服するのであれば、技術要素Ｂ及び課題２のターゲット領域において、技術要素Ｂを用いて課題２を解決する発明の発掘に力を入れることが考えられる。その他、弱みの課題２、５が重要な課題であると考える場合には、強みの技術ＡやＤをいかして課題解決を図るため、このターゲット領域の発掘に力を入れることも考えられる。

ターゲット領域を定めた場合、そのターゲット領域を強調表示するなどして発明発掘マトリクスに記載し、その領域の発明発掘を優先的に行う。また、ターゲット領域については、その領域に属する公報を抽出し、簡単に解説することで、発明発掘が充実する。

これにより、動向調査を介して戦略と発明発掘がつながる。具体的には、発明発掘マトリクスで動向調査した結果、戦略的に定められたターゲット領域が明らかになる。この発明発掘マトリクスを参照し、ターゲット領域の発明を優先的に発掘するので、戦略上、重要な領域において、優先的に発明が抽出される。抽出された発明が権利化され、戦略上、重要な知的財産権を得ることができる。

5．その他のターゲット領域の設定手法（ブルーオーシャン特許分析）

（1）ブルーオーシャン特許分析

特許出願の出願件数とその増加率（成長率）を用いて導入期や成長期の市場の可能性がある領域を探索することがある。領域は、動向調査における領域であり、例えば技術と課題で識別される領域である。ここで、前提として、特許出願は、製品化よりも前の段階で出願され、公報として公開されることがある。つまり、出願件数が少ない一方で成長率が高い領域は、今後、製品化が進んで市場が形成される可能性がある。この領域において、早期に特許出願・権利化が図れた場合、市場の導入期や成長期の特許であって、市場参入において必ず実施しなければならない特許を取得できることがある。

その分析に用いるマップ例を示す。

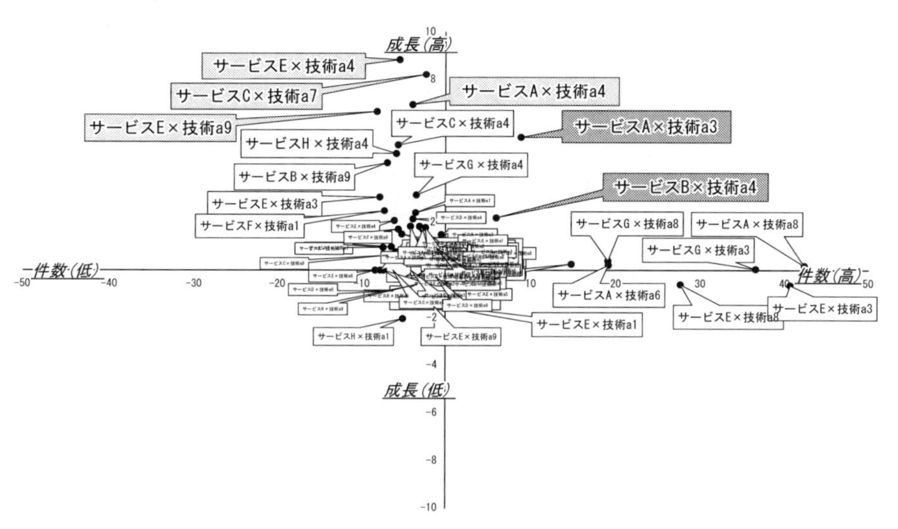

【図表８】成長率と出願件数のマップ

特許出願の出願件数が多く成長率が高い領域（第１象限：図表８の右上領域）は、競争が激しい領域である。一方、成長率が高く出願件数が少ない領域（第２象限：図表８の左上領域）は、新しく登場する又は登場した技術や市場の領域であり、この領域に特許を展開していくことで、良好な参入障壁を築くことができる可能性がある。市場の成長率と市場の規模との関係では、前者を「レッドオーシャン特許領域」、後者を「ブルーオーシャン特許領域」と呼ぶ。

新規のビジネス、新規の技術分野に関して、「ブルーオーシャン特許領域」へ積極的に特許出願して権利化を推進することで、市場の導入期や成長期の特許であって、市場参入において必ず実施しなければならない特許を取得でき、強い参入障壁を築くことができる場合がある。

（２）ブルーオーシャン特許領域での発明発掘

ブルーオーシャン特許領域が存在し、事業の有望性が確認できた場合、その領域をターゲット領域として、発明発掘を行う。

このように、特許出願の増加率を考慮し、その増加率を市場の成長性と関連付け、出願件数が少なく増加率が高い領域（技術と課題）を有望な市場として、探索することができる。また、この領域を優先して発明発掘を行うことで、市場の導入期や成長期の特許であって、市場参入において必ず実施しなければならない特許を取得でき、強い参入障壁を築くことができる場合がある。

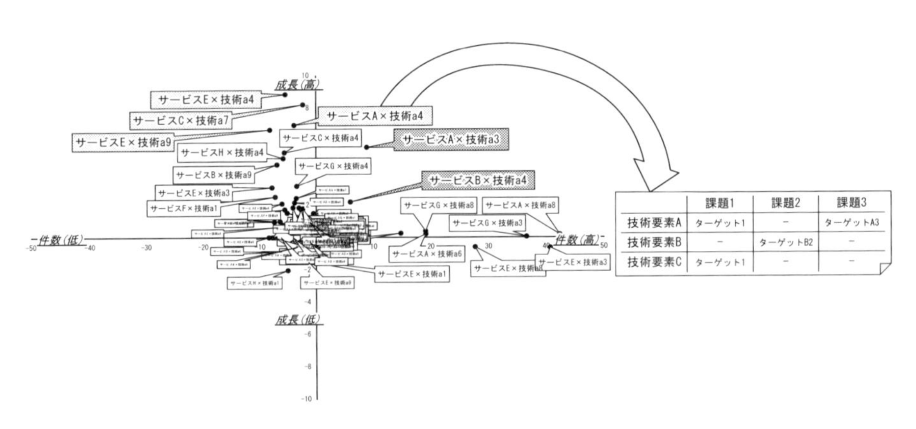

	課題1	課題2	課題3
技術要素A	ターゲット1	－	ターゲットA3
技術要素B	－	ターゲットB2	－
技術要素C	ターゲット1	－	－

【図表９】ブルーオーシャン特許領域での発明発掘

６．まとめ

動向調査では、製品・サービスや研究テーマ等について、自身や他者の技術や特許についてのポジショニング、強み／弱みを把握することができる。この動向調査の結果に基づいて戦略上注力するターゲット領域が定まる。しかし、この動向調査の結果や策定された戦略は、必ずしも円滑に発明発掘につながらない場合がある。

本稿では、動向調査の結果や、その結果に基づく戦略上のターゲット領域を、発明発掘マトリクスに反映させる手法を提案した。この発明発掘マトリクスは、外部環境も含む、多様な観点の課題や技術要素が記載され、関連分野の課題や技術を俯瞰できるものでもある。この発明発掘マトリクスを用いて発明発掘を行うことで、戦略と整合性のとれた発明発掘を行うことができる。つまり、特許調査を介して、戦略と発明発掘がつながる。

また、動向調査において、特許出願の出願件数と増加率のマップを用いてブルーオーシャン特許分析を行う一例を示した。この分析による「ブルーオーシャン特許領域」をターゲット領域として、発明発掘マトリクスに反映し、この領域を優先して発明発掘を行うことで、市場の導入期や成長期の特許であって、市場参入において必ず実施しなければならない特許を取得でき、強い参入障壁を築ける可能性があることを提案した。

以上のような「発明発掘とつながる動向調査」を活用し、動向調査の結果を用いて発掘された発明が特許となり、経営や事業に役立つ知的財産となれば幸いである。

＜参考文献・注釈＞

※　志賀国際特許事務所　知財実務シリーズ出版委員会『競争力を高める特許リエゾン 改訂版』pp. 52-65（発明推進協会［2022］）

4節　特許出願とつながる先行技術調査

白石 克豊・李 娜

1．はじめに

発明の提案があった場合、特許出願に向けて先行技術調査が行われる。先行技術調査は、先行技術文献情報開示要件（特許法第36条第４項第２号）を満たすために先行技術文献を入手することが目的の一つではあるが、主として、調査結果の先行技術文献に記載の発明に基づいて新規性・進歩性（特許法第29条第１項、第２項）を満たすことができるか否かを検証し、出願可否を判断することを目的として行われるものである。また、先行技術調査は、出願後に、出願審査請求の要否を判断する目的として行われることもある。本稿では、先行技術調査が、特許出願前の先行技術調査であるものである場合について説明する。

特許出願前の先行技術調査は、提案された発明や発掘された発明に対して先行技術文献をフィードバックし、発明をブラッシュアップする機会を創出できる。このブラッシュアップは、新規性・進歩性を満たすための新たな発明を創出する機会になるが、その新たな発明が事業や製品・サービスに著しく貢献できることもある。また、先行技術文献は、他者の技術や知的財産等の外部環境の情報を、発明者に知らせる上でも重要な役割を果たす。また、特許事務所等による先行技術調査の結果の報告は、第三者の意見を聞きたい、という発明者の要望を満たす機会にもなる。このような発明のブラッシュアップも視野に入れる場合、新たな発明の良しあしは、先行技術調査の調査結果に左右されることとなる。

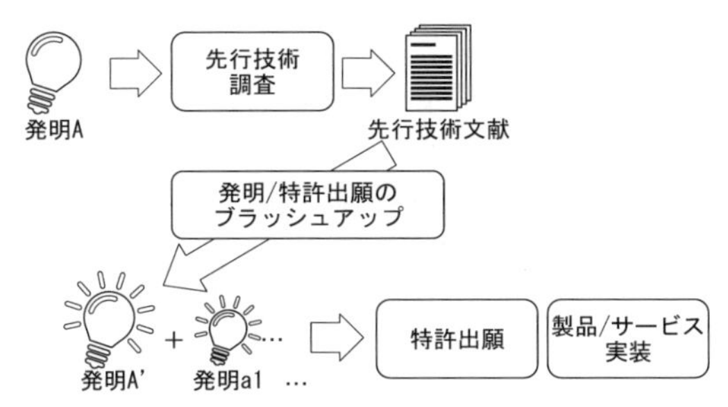

【図表１】特許出願とつながる先行技術調査のイメージ

本稿で取り上げる「特許出願とつながる先行技術調査」は、先行技術調査の結果を、発明のブラッシュアップも含めて特許出願に有機的にいかし、有用・有益な特許や事業につながる効果的な特許出願を行うことを目的とするものである。

２．先行技術調査の概要

（1）一般的な先行技術調査

一般的な先行技術調査では、発明提案書や発明発掘会等で提案された発明を調査対象として調査観点を定め、調査対象に近い発明が記載された先行技術文献を選定すべく調査するものである。この一般的な調査では、先行技術文献を提示して調査対象の発明と同一・類否の評価を付して報告する。

新規であると考えている発明であっても、その発明と同一の発明が記載された文献が見つかった場合、その発明に係る特許出願をしても、新規性又は進歩性違反により、特許を取得できる可能性が低い。この場合、特許出願をしないと判断することで、権利化の可能性が低い特許出願を減らし、知財管理にかけるコストや工数を削減することができるというメリットがある。

一方、調査対象の発明と同一の発明が記載された文献が見つからなかった場合、調査対象の発明と類似する発明が記載された文献に基づいて進歩性を検討する。検討の結果、特許出願すると判断した場合、特許出願の準備を進める。具体的には、発明提案書と先行技術文献を用意し、先行技術文献に記載の発明を考慮した請求項のドラフティングを行い、明細書等の書類を作成する。なお、調査結果の先行技術文献は、特許出願の明細書の【先行技術文献】の欄に記載される。この場合、先行技術文献情報開示要件を満たすことができる。

（2）特許出願とつながる先行技術調査

ア．一般的な先行技術調査の課題

一般的な先行技術調査では、上位概念の発明のみで先行技術調査が行われることや、中位概念や実施形態を含む下位概念の発明が十分検討されないことがある。また、先行技術調査の後で、請求項のドラフティングが行われ、特許出願の可否の判断をする時点では請求項が存在せず、例えば先行技術文献に記載された発明との相違点が抽象的なまま、特許出願の可否判断が行われることがある。

一般的な先行技術調査では、発明者に対して先行技術文献が提示され、その評価が伝えられるのみで、その後の発明のブラッシュアップ等が行われないこともある。

イ．特許出願とつながる先行技術調査の概要

特許出願とつながる先行技術調査は、調査対象の発明を特定する際に、中位概念や下位概念の発明も把握し、上位概念だけではなく中位概念や下位概念の発明についても、調査で見つけた先行技術文献に記載された発明との対比を行う。また、特許出願とつながる先行技術調査では、調査で見つけた先行技術文献を考慮して請求項案をドラフティングし、出願のための請求項案を作成して調査報告書に含める。

なお、特許出願とつながる先行技術調査は、調査対象の発明の目的や趣旨に沿って、先行技術文献に記載の発明との相違点が明確になるように、追加で発明を検討するための観点案（追加発明の観点案）を調査報告書に記載することもある。

一般的な先行技術調査 報告書例

先行技術調査 報告書
書誌事項、サマリー
調査対象（発明）
調査観点、検索式
検索結果
対比表/評価概要
文献1（概要と相違点）
⋮
文献n（概要と相違点）
考察と提案

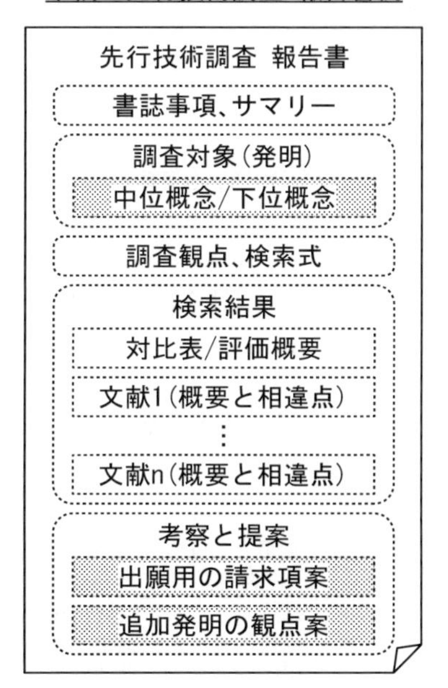

【図表２】特許出願とつながる先行技術調査の報告書の構成例

ウ．特許出願とつながる調査対象の把握

特許出願とつながる先行技術調査では、調査対象として、発明の上位概念だけではなく、中位概念や下位概念も把握する。下位概念は、実施形態の概要から簡単に把握できる処理や構造であり、中位概念の下位となるポイントを把握することが肝要である。

まずは上位概念の発明から調査観点を定めて、検索式を作成する。検索の結果、文献のノイズ除去・フィルタリング等を経て先行技術文献を選定する。選定時の文献又は選定した先行技術文献に記載の発明は、上位概念、中位概念、下位概念の順序で対比する。これにより、特許出願とつながる先行技術調査において、上位概念の発明では、同一又は類似する先行技術文献に記載の発明が見つかった場合でも、中位概念や下位概念の発明を特許出願につなげることができる。

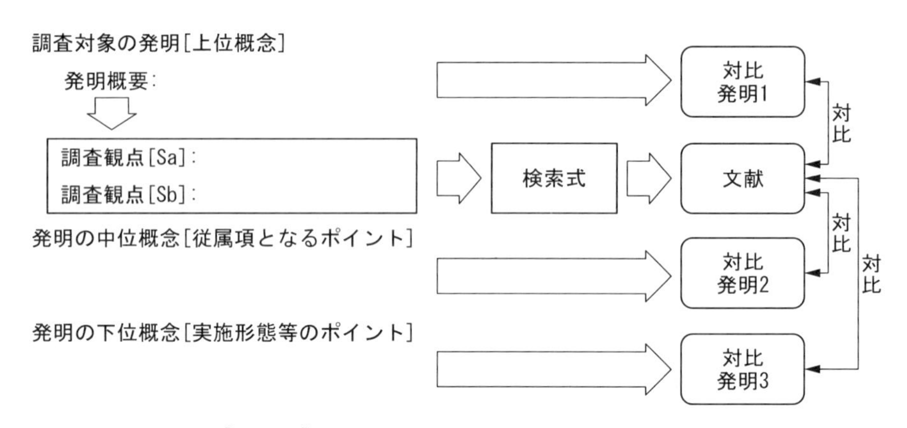

【図表3】特許出願とつながる調査対象の把握

エ．特許出願とつながる総合評価

総合評価	評価内容と次のアクション
S	発明の上位概念で特許出願が可能であると判断します 本報告書の請求項案を参考に、特許出願の準備をお願いします
A	発明の中位概念で特許出願が可能であると判断します 本報告書の請求項案を参考に、特許出願の準備をお願いします ポイント整理や発明深堀のため、ヒアリングを行うことも可能です
B	発明の下位概念であれば特許出願が可能であると判断します 上位概念化や発明展開のため、ヒアリングを行うことも可能です
C	現在の発明では権利化が難しいと判断します 本報告書の発明の観点案を参考に、発明の検討をお願いします 発明発掘会等で新たな発明を発掘し、新たな発明で特許出願を目指すことも可能です

【図表4】特許出願とつながる総合評価の例

特許出願とつながる先行技術調査では、調査結果として、次のような総合評価を行うことができる。この総合評価の例では、上位・中位・下位の概念別の対比結果により評価結果が分かれている。

［総合評価Ｓ］
総合評価Ｓは、調査対象の上位概念の発明でも進歩性を有する可能性があり、上位概念でも特許出願が可能であると考えられるときの評価である。この場合、上位概念の発明に係る請求項案を提案した上で、特許出願の準備を進めることを提案することもある。

［総合評価Ａ］
総合評価Ａは、調査対象の上位概念の発明では進歩性を有しない可能性があるものの、中位概念の発明では、進歩性を有する可能性があると考えられるときの評価である。この場合、中位概念の発明に係る請求項案を提示した上で、特許出願の準備を進めることを提案することになる。ここで、中位概念の発明が複数ある場合や中位概念の観点で発明を深堀りする場合には、ヒアリング等を行うこともある。

［総合評価Ｂ］
総合評価Ｂは、調査対象の上位概念の発明でも中位概念の発明でも進歩性を有しないおそれがあると考えられるときの評価である。この場合、下位概念の発明に係る請求項案を提示することになる。ここで、下位概念の発明では狭い技術的範囲の権利となり、このまま特許出願をしないと判断される場合もある。一方で、重点事業や製品・サービスの場合等には、下位概念でも、発明をブラッシュアップして特許出願につなげたいとの要望があることもある。この要望に対して、上位概念化や発明を周辺発明や改良発明に展開するためのヒアリング等を行うこともある。

［総合評価Ｃ］
総合評価Ｃは、下位概念の発明でも進歩性を有しないおそれがあると考えられる場合や、下位概念では極端に狭い技術的範囲の権利になってしまうと考えられるときの評価である。この場合は、追加で発明を検討するための観点案を提示し、その観点を参考にして、発明者が新たな発明を検討することとなる。要望があれば、発明発掘会等を開催して、発明の発掘を行うこともある。

オ．特許出願とつながる付加情報

（ア）先行技術調査段階での請求項案

特許出願とつながる先行技術調査では、調査対象の発明について調査を行うことによって当該発明に関連する公知技術の水準を把握し、その水準に対する相違点に基づく請求項案を作成し、この請求項案を調査報告書に記載する。これにより、調査報告書に示された請求項案を参考に出願可否の判断ができるとともに、円滑に特許出願の準備につなげることができる。つまり、先行技術調査及び特許出願のワンストップサービスが実現できる。

また、特許出願とつながる先行技術調査では、調査報告書に記載される請求項案として、調査結果に応じて、中位概念や下位概念の発明に係る請求項案とすることもある。特許出願とつながる先行技術調査では、上位概念では権利取得が難しいと判断されるような場合でも、中位概念に係る発明や下位概念から展開された発明で特許出願を行い、有用・有益な権利を取得できる場合がある。

以上のように、調査対象の発明を各概念で把握し、概念ごとの発明と先行技術文献に記載の発明とを対比し、その対比結果の請求項案を記載することで、有用・有益な特許につながる効果的な特許出願を行うことができるというメリットがある。

出願用請求項案の提示

本先行技術調査の総合評価は S 評価であり、調査対象である発明の上位概念での特許出願が可能であると思われます。特許出願の際には、調査対象の構成の一部である■■■■を、「○○○の場合に○○○○を判定する●●●●を備える」（構成1-3）というように上位概念化させた請求項1を作成することをお勧めします。

さらに、発明の構成の一部である▲▲▲▲は、○○○○○○としても辞t減可能かと思われますので、その点をポイントとして中位概念の請求項 2、さらに、当該□□□□システムは■■■■■に適用可能であることを想定し、下位概念の請求項3を作成することをお勧めします。

出願用の請求項案

請求項1	1-1	○○○○である■■■■と、
	1-2	○○○○○○○する▲▲▲▲と、を備え、
	1-3	前記■■■■は、○○○の場合に○○○○を判定する●●●●を備え、
	1-4	前記▲▲▲▲は、前記●●●●の判定結果が○○○○○である場合に○○○○を実行する、
	1-5	□□□□システム。
請求項2	2-1	■■■■■■■■■■■■■■■■、
	2-2	■■■■■■■■■■■■■■■■■■■■■■■■■■■■■■■■■■■■■■、
	2-3	■■■■■■■■■■■■■■■■■■■■■■■■■、請求項 1 に記載の□□□□システム。
…	…	…

【図表５】調査報告書記載の請求項案の例

（イ）追加発明の観点案

追加発明の観点案の提示
本先行技術調査の総合評価はＣ評価であり、現在の発明では権利化が難しいと思われます。そこで、以下の観点案を御参考に、追加発明又は新たな発明を御検討くださいますようお願いします。

観点案
発明と先行技術文献に記載の発明との相違点は、●●●●です。そこで、この相違点を明確にするため、■■■■（例えば更に○○という課題を解決する、○○○という効果を奏する、○○○○という用途に適応させる場合の工夫）といった観点をポイントにして、発明を検討されることをお勧めします。

【図表6】調査報告書記載の観点案の例

特許出願とつながる先行技術調査では、調査対象の発明の目的や趣旨に沿って、先行技術文献に記載の発明との相違点が明確になるように、追加で発明を検討するための観点案（追加発明の観点案）を調査報告書に記載することもある。

この観点案を基に、発明者が、発明をブラッシュアップする機会を得ることができるというメリットがある。発明者の中には、特許の考え方や調査報告書に不慣れな方もいる。このような発明者には、「この観点で、発明をブラッシュアップしてみてください」といった提案をすることが有効である。

観点としては、調査対象の発明と先行技術文献に記載の発明の課題や効果の違い、出願人や業界で注力する課題、他者の文献から抽出した課題や構成等から、可能な限り、調査対象の発明の趣旨、出願人の事業等の方針、又は業界の注目等に関係するものを提示する。

【追加発明の観点案】（例１）
貴社の発明と先行技術文献に記載の発明とは▲▲という点では類似しますが、●●という点で解決すべき課題（又は効果）が相違します。
そこで、この相違点を明確にするため、更に●●という課題を解決する（●●という効果を奏する、●●で更に高い効果を奏する）という観点で、更なる発明を検討されてはいかがでしょうか？

【追加発明の観点案】（例２）
貴社の発明と先行技術文献に記載の発明とは類似しますが、貴社では更に●●という課題に取り組んでいると伺っています。
そこで、この課題も解決するため、更にこの●●を解決するという観点で、更なる発明を検討されてはいかがでしょうか？

【追加発明の観点案】（例３）
貴社の発明と先行技術文献に記載の発明とは類似しますが、今回抽出した先行技術文献の中には、●●という構成を採用するもの（●●に適応するもの、●●という課題を解決するもの）がありました。
そこで、本発明に対して、●●も適用してみるという観点で、更なる発明を検討されてはいかがでしょうか？

【図表７】追加発明の観点案の例

これにより、先行技術文献も踏まえて、新たな発明を創出することができる。先行技術文献が他者の文献である場合、他者と差別化できる発明が創出されることもある。その新たな発明は、有用・有益な特許につながる特許出願を行うことができるというメリットがある。

(ウ) その他（早期審査対応）

また、特許出願の早期審査を希望する場合、出願の早期審査の申請に必要な「早期審査に関する事情説明書」に、先行技術文献の開示及び対比説明を記載することが必要となる場合がある。特許出願とつながる先行技術調査では、調査結果を「早期審査に関する事情説明書」に転用可能な報告内容・形式にして顧客に提供する。これにより、出願の早期審査の申請をスムーズに行うことができるというメリットがある。

３．特許出願とつながる先行技術調査の手法

一般に、先行調査に供される資料等に示される調査観点は、調査対象である発明（調査対象構成）を、請求項形式、箇条書又は時系列に列挙した形式で書き表したものが多い。この調査対象構成を調査観点として調査することにより、調査対象である発明に新規性があるかどうかを評価することができる。しかしながら、この調査対象構成からは、構成（手順）の内容や構成間の関係性しか把握できない。また、構成が特定の（限定された）概念でのみ表現されたものである場合、構成をどの程度の広さで捉えればよいかが不明なことが多い。

そこで、特許出願とつながる先行技術調査では、技術部門による顧客に対する出願のための発明ヒアリングの段階から、調査部門も直接的又は間接的に関わることで、調査部門が技術部門と同様に発明に関する情報を取得し、調査観点に幅と深みを加えるものである。

例えば弊所では、顧客からの先行技術調査の依頼に対し、明細書等を作成する技術部門と先行技術調査を行う調査部門とが連携し、調査部門が先行技術調査により先行技術文献を選定して総合評価を行い、技術部門がその先行技術調査の結果に基づいて請求項のドラフティングや追加発明の観点の検討を行って、先行技術文献、請求項案、追加発明の観点案を含む、調査報告書を顧客へ提供することがある。

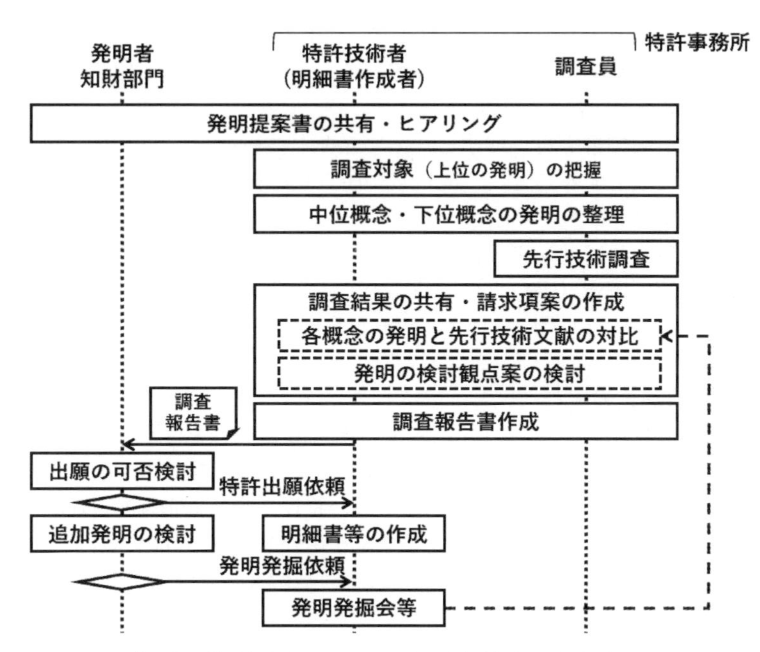

【図表８】特許出願とつながる先行技術調査の流れ

（1）発明ヒアリング、調査対象の把握及び整理

弊所の技術部門及び調査部門は、顧客から提供される発明提案書を共有する。そして、弊所技術部門の特許技術者と調査部門の調査員は、協働して顧客からの発明ヒアリングを行い、調査対象の把握及び整理を行う。

顧客からの発明ヒアリングで得るべき情報の例は、以下のようなものである。

ア．技術分野：発明が適用・応用される分野である。

イ．発明した理由（発明の背景）：開発や研究を行う上での、従来の技術的な課題や従来技術では実現不可能であった技術事項である。あるいはもっと平易に、開発上困った点でもよい。

ウ．発明のポイント：課題を解決するための具体的な技術手段、工夫又は苦労して解決した点である。

エ．発明の範囲：特許を取りたい発明の範囲（構成）やカテゴリーである。

オ．発明による効果：発明により奏される技術的な効果である。従来技術の課題の裏返しに相当するものであるが、表裏一体ではないことに留意する必要がある。

カ．具体例：実施の例（複数のバリエーションを含む。）である。

なお、その他、出願方法（日本国内出願、PCT 出願等の別）、出願人や発明者の情報、願書への特記事項（例えば日本版バイ・ドール制度の適用等）の確認も必要であるが、本稿では説明を省略する。

特許技術者が明細書等を作成するために必要な技術情報（ア～カ）を、調査員が調査前段階で把握することで、先行技術調査後の検討や顧客への提案を効果的かつスムーズに行うことができる。

顧客からの発明ヒアリングの後、特許技術者又は特許技術者及び調査員は、調査対象から、技術情報（ア～カ）に基づいて発明の上位概念から下位概念への順序で少なくとも３段階の概念を捉えて構成を整理する。

（2）先行技術調査の流れ

調査員は、技術情報（ア～カ）に基づいて先行技術調査を行う。具体的に、上位概念から下位概念までの発明それぞれについて、調査観点を定めて検索式を作成する。検索式は、各概念を別々としてもよいし、特定の概念に係る検索式が下位概念を含むものであってもよい。作成した検索式を用いて検索を行い、スクリーニング（ノイズ除去やフィルタリング等）を行って先行技術文献を選定する。

（3）調査結果の検討とまとめ

調査員は、発明の上位概念から下位概念への順序で、出願をしたい発明のポイントと、選定した先行技術文献に記載の発明との対比を行って評価付けを行う。この評価は、前述の【図表４】特許出願とつながる総合評価例に従い、総合評価Ｓ、Ａ、Ｂ、Ｃとすることができる。評価が付けられた調査結果は、特許技術者と共有される。

特許技術者は、上位概念から下位概念までの発明それぞれについて、調査結果に基づき、総合評価Ｓ、Ａ、Ｂである場合は特許出願のための請求項案、総合評価Ｃである場合は、追加で発明を検討するための観点案を作成する。

ア．総合評価Ｓである場合の請求項案

発明ヒアリングで得た技術情報ウ（発明のポイント）について、オ（発明による効果）が奏されるための必須の構成を抽出し、上位概念での発明の構成を請求項案に示す。ここで、発明のポジションを調査によって把握した技術水準より引き上げるのはもちろん、技術水準に対して上であって、より上位概念の発明（いわゆるチャレンジクレーム）を作成する。ここで、各構成の概念や技術的な幅（範囲）についてのコメントを付しておくことが望ましい。

イ．総合評価A、Bである場合の請求項案

上記上位概念の構成に、外的又は内的な付加とする構成をエ（発明の範囲）、オ（発明による効果）、カ（具体例）を参酌して見いだし、請求項案に示す（中位概念又は下位概念の発明）。これにより、発明に深みを与える。

また、上記のエ、オ、カを参酌し、発明のバリエーションの案を請求項案に示してもよい。カテゴリーについての提案があれば、それも示す。請求項案に示した発明が奏する効果についてのコメントを、調査報告書に記載する。

ウ．総合評価Cである場合の観点案

発明ヒアリングで得た技術情報イ（発明した理由）、オ（発明による効果）や調査対象の発明の目的や趣旨に沿って、選定した先行技術文献に記載の発明との相違点が明確になるように、追加で発明を検討するための観点案を作成する。

エ．早期審査に関する事情説明書への対応

出願の早期審査を申請するときに提出する「早期審査に関する事情説明書」には、「先行技術文献の開示及び対比説明」の記載項目がある。この項目において要求される記載内容は、出願人の事情や明細書での先行技術文献の開示の有無等によって異なるが、出願について早期審査が予定され、事情に応じて対比説明が必要となる場合は、事情説明書に記載転用可能な対比説明を調査報告書に含める。

先行技術の開示及び対比説明に相当する記載事項

ア．文献名

先行技術調査によって選定した文献（公報）の番号

イ．対比説明

- 文献中の記載箇所及び記載内容（先行発明の特定）
- 請求項案に係る発明の説明
- 先行発明と請求項案に係る発明との対比（相違点及び請求項案に係る発明が奏する効果等）

4．まとめ

以上、特許出願とつながる先行技術調査について詳説した。特許出願とつながる先行技術調査では、出願したい発明を上位・中位・下位概念で捉えて調査を行い、調査結果に応じて特許出願のための請求項案を作成する。これにより、各概念での技術水準に応じた特許出願の機会を創出することができる。

また、特許出願とつながる先行技術調査では、そのまま出願しても権利化の可能性が低いと考えられる発明について、追加で発明を検討するための観点案を作成する。これにより、発明のブラッシュアップの機会を設けることができる。特許出願とつながる先行技術調査では、技術部門と調査部門が協働して先行技術調査を行うことにより、調査結果が特許出願や早期審査に関する事情説明に有機的にいかされる。

また、弊所においては、調査部門と技術部門が連携することにより、先行技術調査及び特許出願のワンストップサービスが実現できる。

すなわち、特許出願とつながる先行技術調査を行うことにより、顧客にとって、有用・有益な特許や事業につながる効果的な特許出願を行うことが大いに期待されるものである。

5節　外国出願・権利化とつながる特許調査

吉賀 千恵・西澤 和純

グローバル企業にとって、グローバルな特許ポートフォリオの管理は、大変重要である。例えば特許訴訟の多い国では、競合他社との特許バランスを保つため、競合他社と品質及び件数において同レベルの特許を維持することがある。また、例えば自社及び他社の生産国や販売国、つまり各国での実施行為に応じて、それらの実施行為に応じた特許（製品に係る特許、生産装置に係る特許等）を配置することが求められることもある。

特許ポートフォリオを構築するためには、出願戦略の下、自社と他社のみならず、事業と特許の両方の状況にも適応しながら、各国で特許出願・権利化が必要となる。

本稿では、このような外国出願・権利化とつながる特許調査について説明する。

1．外国出願・権利化とつながる動向調査

（1）グローバル動向調査

グローバルな特許ポートフォリオの管理では、動向調査の調査結果を参考にして出願戦略を策定し、また、自社及び他社の特許出願等を状況に適応して出願戦略の見直しを図る。図表1は、縦軸を国、横軸を出願人とし、出願件数を集計したマップである。縦軸の WO は、PCT 出願を表す。

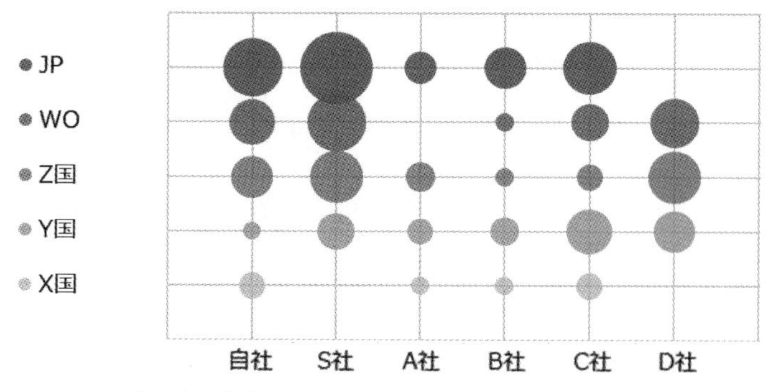

【図表1】特許出願件数マップ（国 vs 出願人）

このマップでは、自社、Ｓ社、Ａ社、Ｂ社、及びＣ社は日本企業であり、日本での出願件数が一番多い。Ｄ社は、Ｚ国の企業であり、Ｚ国での出願件数が一番多い。また、自社、Ｓ社、Ｃ社、Ｄ社は、WO の PCT 出願件数が多いことから、PCT 出願経由で各国移行して外国出願を行っていることが分かる。Ａ社とＢ社は、各国へ直接、パリ優先権主張出願を行っていると考えられる。

自社の特許ポートフォリオを参照すると、Ｚ国とＹ国で、Ｓ社及びＤ社より出願件数が少ない一方で、Ｘ国では、Ｓ社及びＤ社より出願件数が多い。競合であるＳ社とＤ社に対抗するため、Ｚ国とＹ国の出願を増やすことも考えられるが、それほど単純ではない。

（２）実施行為を考慮した動向調査

まず考慮すべきは、各国での自社の実施行為である。グローバル企業の特徴の一つとして、製品の販売と生産が別の国で行われることがある。例えば自社は、日本では製造・販売、Ｚ国では販売、製造拠点はＹ国からＸ国に移転している場合、この実施行為を記入したマップは図表２のとおりになる。

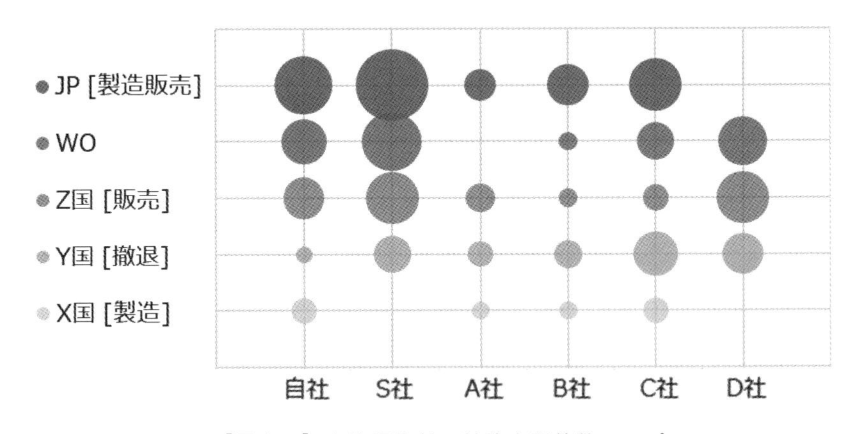

【図表２】実施行為付の特許出願件数マップ

自社の特許ポートフォリオにおいて、Ｙ国では実施しておらず、Ｙ国での実施に対してＳ社及びＤ社に対抗する特許は重要ではないことが分かる。もちろん、Ｙ国以外での係争において、Ｙ国特許が有効になることもあり、一概に重要でないと言えるものではないが、本稿では、そのような想定はしないで説明をする。

それでは、実施行為が考慮できれば、外国出願戦略を作成する上で十分な情報となるであろうか？

（３）実施行為と権利客体のマッチングを意識した動向調査

製品にも依存するが、特許分類や分類付与により、特許出願を、製品に係る特許出願と製造装置に係る特許出願に分類できることがある。図表３、４は、出願件数（図表２）を、製品に係る出願件数（図表３）と製造装置に係る出願件数（図表４）に分けて集計したマップである。

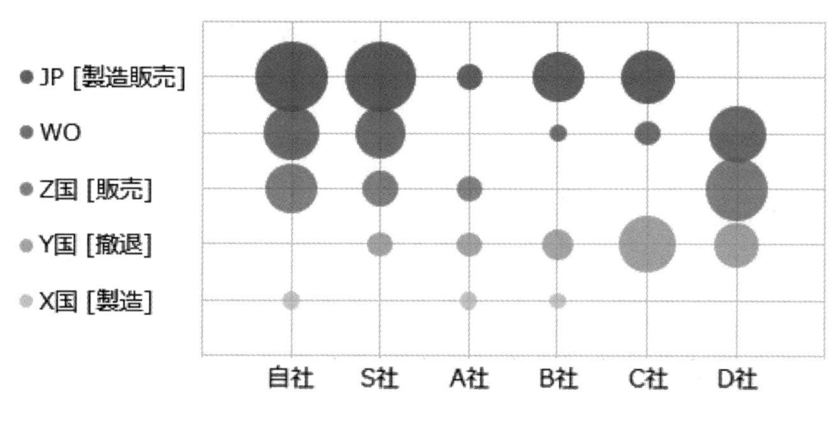

【図表３】製品に係る特許出願件数マップ

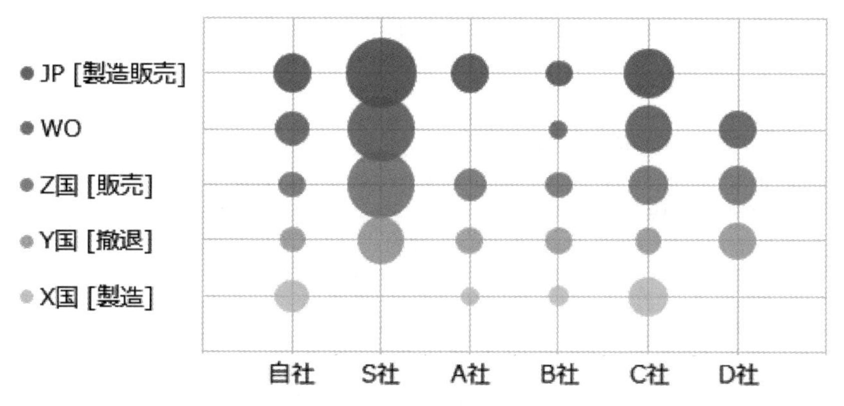

【図表４】製造装置に係る特許出願件数マップ

製品に係る特許出願について、自社は、販売国であるＺ国では出願件数がＤ社に次ぐ多さであり、Ｓ社よりも件数が多い。

よって、出願件数という観点からは、Ｚ国への製品に係る特許出願は、Ｓ社には対抗できている。一方、製造装置に係る特許出願については、製造国であるＸ国では、出願件数がＣ社よりも少ない。

自社のグローバルな特許出願の件数観点からは、Ｚ国ではＤ社に対抗するため、製品に係る特許出願を増加すべきであり、Ｘ国ではＣ社に対抗するため、製造装置に係る特許出願を増加すべきであることが分かる。

このように、グローバルな特許ポートフォリオを管理する上では、各国の出願件数だけでなく、実施行為と権利客体のマッチングを考慮した動向調査を行う。また、上記事例では出願件数を集計したが、特許件数やその評価値（被引用文献数等）で集計し、権利や品質の側面からも評価する。

（４）多観点のマップ

上記マップは、出願人と国の関係のマップであったが、出願年、特許分類、独自分類を軸としたマップも作成する。ここで、特許分類は、IPC が第一候補で用いられる。IPC は国際的な分類であり、各国で共通に用いられているからである。独自分類は、主としてキーワードを用いた検索式により、分類を付与する。なお、出願年、特許分類を軸としたマップを作成するときには、出願人や権利客体を限定した上で、マップを作成することもある。

また、特許分類や独自分類を用いて出願件数の時間経過を追うことで、他社が他国へ進出することを察知できたり、他社が発売する製品に搭載される技術等を予測できたりすることもある。このように、グローバルな動向調査の結果は、経営や事業とつながることもある。

（５）外国出願・権利化の戦略と遂行

以上のように、実施行為と権利客体のマッチングを考慮した動向調査の結果、外国出願・権利化の戦略を策定する。

外国出願戦略の遂行時において、外国の観点で留意すべき点は、国内の特許出願との違いとして、外国出願は優先権主張を伴う第二国出願であることが多い。つまり、第一国出願から１年以内であれば、パリ優先権主張出願で所望の国への特許出願をすることができる。また、PCT 出願の場合、優先日から２年６か月の移行期限までに各国移行することで、所望の国への特許出願をすることができる。

これらを踏まえて、外国出願・権利化とつながる特許調査では、① マップには第一国出願と PCT 出願も軸に入れ、② 第二国へ出願可能な状況にある出願（優先期間の第一国出願及び各国移行前の PCT 出願）の件数も提示する。

これにより、外国出願戦略の遂行時に、初動で出願可能な特許出願を把握できる。

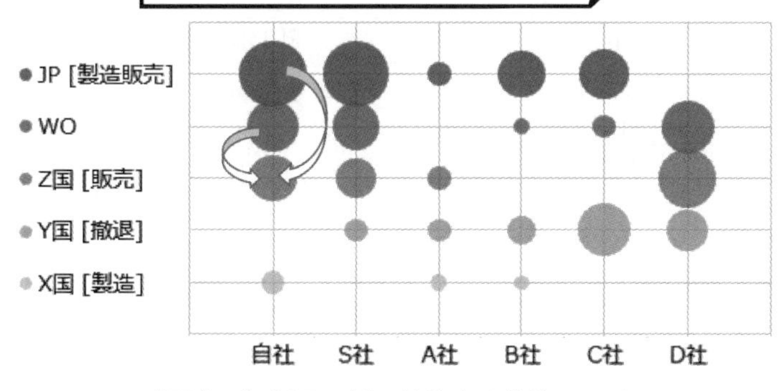

【図表５】製品に係る特許出願件数マップ

（6）追跡調査（定期調査）

上述したように、特許ポートフォリオを構築するためには、出願戦略の下、自社と他社のみならず、事業と特許の両方の状況にも適応しながら、各国で特許出願・権利化が必要となる。

外国出願・権利化とつながる特許調査では、自社と他社の特許出願や特許の状況を常に監視する。また、この監視では、実施行為と権利客体のマッチングも考慮した動向調査が用いられ、特に他社の権利客体の増減には注意を払う。タイミングによっては、他社が他国へ進出することを察知できる場合もある。

2．外国出願・権利化とつながる先行技術調査

（1）外国出願の可否判断のための先行技術調査

外国出願・権利化には、通常、国内よりも高い費用がかかる。為替の影響もあるが、基本的には翻訳作業の追加や法律・プラクティスの知識と経験が必要となるからである。高い費用をかけてまで、各国へ外国出願をすべきか否かを判断するため、外国出願前に、先行技術調査を行うことがある。本調査は、「出願前先行技術調査」とも呼ばれる。各国特許庁の審査官は、まずは自国で発行した公報又は自国の言語で記載された文献を特許調査で挙げることが考えられる。そのため、外国の先行技術調査を実施して、外国の先行技術文献も判断材料にして外国出願の可否判断を行うことがある。

出願前先行技術調査のタイミングは、第二国出願前、PCT 出願前及び各国移行前になる。

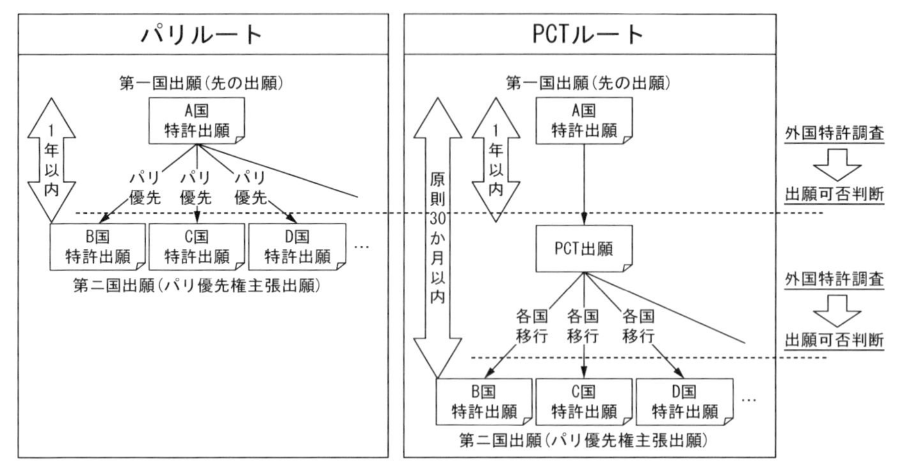

【図表６】外国出願の典型例

（２）外国審査請求の可否判断のための先行技術調査

出願前と同様に、各国において審査請求をするか否かを判断するため、先行技術調査を行う場合もあり、本調査は、審査請求前先行技術調査とも呼ばれる。

審査請求制度を採用している国と採用していない国があるので、外国に出願をする際は、特許を受けようとする国の特許制度が審査請求制度を採用しているか否かを確認する。例えば日本、欧州、ドイツ、中国、韓国などは審査請求制度を採用しているが、米国は審査請求制度を採用していない。審査請求制度を採用している場合は、審査請求期限を確認し、審査請求期限と特許調査期間を考慮して審査請求前先行技術調査を行うことがある。

３．その他の外国出願・権利化とつながる特許調査

競合相手や業界の主要企業が外国企業である場合に、外国の動向調査や先行技術調査を行うことがある。これらの外国企業の公報を参照し、外国企業の動向を把握することや、その外国企業の発明の利用を図ることがある。このような特許調査結果は、新たな発明とつながることがある。

4．まとめ

本稿では、グローバルな特許ポートフォリオの管理を行うための特許調査を紹介した。国を軸とするマップを示しつつ、外国出願・権利化とつながる特許調査は、実施行為と権利客体のマッチングを意識した動向調査であることを提案した。

外国出願戦略の遂行の場面では、外国出願・権利化とつながる特許調査では、①マップには第一国出願とPCT出願も軸に入れ、②第二国へ出願可能な状況にある出願（優先期間の第一国出願及び各国移行前のPCT出願）の件数も提示することを提案した。また、各国へ外国出願をすべきか否かを判断するため、外国出願前に先行技術調査を行う場合があることにも言及した。

グローバルな特許ポートフォリオの管理は非常に難しいが、本稿の外国出願・権利化とつながる特許調査がお役に立てば幸いである。

第４章

連携（共衛）する特許調査分析

1節　特許リスク管理とつながる特許リスク俯瞰調査

白石 克豊

1．特許リスク俯瞰調査の目的

企業が新規事業を立ち上げたり、自社として全く新しいコンセプトの商品／サービスの開発を行ったりする場合など、新規事業等を実現する場合、経験やなじみが薄い技術分野に参入することにもなる。この場合において、その新規分野にどのような特許が存在するかをいち早く把握することが、重要課題の一つとなる。新規事業等を実現する上で必須となる基本特許や技術回避困難な特許が、参入しようとする技術分野に存在する場合、事業計画に多大な影響が出かねないばかりでなく、場合よっては新規参入の是非が問われることにもなり得る。これは､既存事業の製品・サービスを改善して、リリースする場合も同様である。

これらの対策として、新規事業等を実現する場合、侵害予防調査（FTO 調査）を行うことがあるが、通常の FTO 調査は、製品やサービスの個々の構成ごとに、数百件から数千件の特許文献を読み込むことがあり､期間も費用も膨大になってしまう。そこで、特許リスクの把握に優先度を付し、期間や費用等の制限条件の下、効率的に最適なリスクヘッジを行うため、特許リスク俯瞰調査を実施することがある。

特許リスク俯瞰調査は、製品やサービス全体で特許リスクを俯瞰して特許リスクが高い構成を特定し、特定した構成に関連する特許文献を優先して読み込むものである。これにより、特許リスクの高い部分を把握し、その特許リスクヘッジを優先して行うことができ、特許リスクの発生確率を効率的に減らすことにつながる。このように、特許リスク俯瞰調査は、企業において新規事業等を実現する際や既存製品・サービスを改善する際に、自由実施の障壁となり得るハイリスクな特許をいち早く把握し、効率的なリスクヘッジの機会を創出して事業に貢献する特許調査である。

2．特許リスク俯瞰調査の調査対象

特許リスク俯瞰調査は、新規事業等を実現する前段階や既存事業の製品・サービスのリリース前において、想定される技術分野や技術手法を俯瞰的に捉え、特許リスクの高い特許に焦点を当てて、特許リスクの高い領域の特許について優先的に侵害予防調査を行うものである。

特許リスクの高い特許代表例として、以下のア～エを挙げることができる。
ア．被引用数、閲覧数又は情報提供数が多い特許
イ．特許の評価値〈例えば権利範囲の広さを示す値（※1）〉が大きい特許
ウ．特許群に含まれる特許
エ．日本版バイ・ドール制度の適用を受ける特許出願に係る特許

アは、基本特許や同業者等による注目度が高い特許、イは、評価が高い（例えば権利範囲が広い）特許、ウは、網羅的な権利化と権利活用を目指して出願された特許群の特許である。エは、国等の委託事業又は請負事業における所定の開発テーマに基づき出願された特許である。これらア～エに該当する他者特許は、基本技術やトレンド技術に係る特許であり、自社の事業の製品・サービスを技術的範囲に含む可能性が高いため、特許リスクの高い特許であると推定され得る。

上記のア～エのほか、例えば対象事業においてリーディング企業や競合企業が存在する場合、それらの企業の特許を調査対象に加えることもある。また、その際、それらの企業の過去の研究開発活動や経営状況において所定の傾向が発生した時期を特定し、その時期の前後の特許出願に係る特許など、時期を絞り込んで、より特許リスクの高い特許を注視することも有用である。上記の研究開発活動や経営状況の情報は、インターネットのニュース記事や、企業のIR情報（例えば統合報告書、中長期計画書、有価証券報告書等）から取得することができる。また、市場情報データベースやインターネットを活用し、所定の傾向やその発生時期、開発のキーマン（発明者）を調べることも有用であると考える。

３．特許リスク俯瞰調査の事例

（１）被引用数が多い特許

本稿での事例紹介のため、実データを用いて「自動運転関連出願」をテーマに特許リスク俯瞰調査を行った。この仮想例について、説明する。

具体的には、自動運転関連出願についての母集合（自動運転関連出願集合）を作成し、出願件数上位10者別に出願件数の年推移を可視化した。図表１に示すように、出願件数第１位は、平成22(2010)年から令和３(2021)年までの各年においてＴ自動車である。第２位から第５位までは、Ｄ社、Ｈ社、Ｎ自動車、Ｓ社といった自動車関連部品や自動車の製造企業が占めている。また、自動運転関連出願は、平成27(2015)年から大きく伸びていることが分かる。

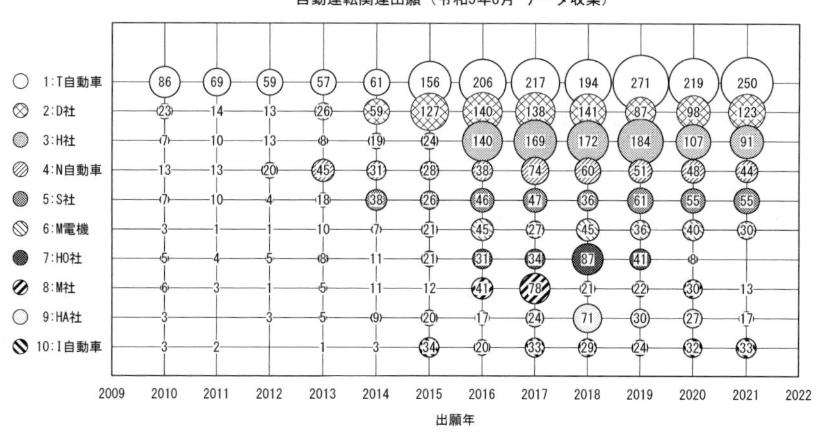

【図表１】自動運転関連出願　出願件数上位10者の出願件数年推移

この自動運転関連出願集合について、被引用数の総和を集計値として出願人／権利者と技術（IPC）とのマップを作成した（図表２）。

図表２のマップにおいて、縦軸の出願人／権利者は、被引用数の総和の降順の並びにしている。横軸の IPC は、自動運転関連出願集合の出願全体における付与数上位の分類である。このマップを俯瞰的に分析することによって、自社が注目する技術における被引用数が多い、つまりリスクが高い特許を有していそうな出願人／権利者を絞り込むことが可能である。例えば自社が事故から乗員等を保護するための車両装置（B60R21/00）に関する技術についてリスクを評価したい場合、図表２のマップにおいて、その該当列ではM社の出願件数が60件と少なめであるにもかかわらず、被引用数の総和が119と大きな値であることが着目される。そこで、この119件の出願／特許を確認することにより、当該技術に関する出願で、被引用数が76である特許第615BBB 号及び被引用数が30である特許第606AAAA 号（ともに、発明の名称「自動運転車」）を抽出することができた。

被引用数が多い特許は、当該特許発明に関連する多くの後願に影響を与えているものであり、そのような先願特許は、基礎的・基本的な技術に関する特許である可能性が高いということに留意すべきである。

よって、調査対象の技術分野における出願が盛り上がっている時期だけでなく、それ以前の時期も含めて被引用数が多い特許を抽出することが肝要である。

出願人/権利者（出願件数）	衝突防止システム G08G 1/16	事故から乗員等を負傷から保護するための車両装置 B60R 21/00	運転者に情報、警告を伝える手段 B60W 50/14	車載装置のみで行う衝突防止システム G08G 1/16@C	可変の交通指令を与えるための装置 G08G 1/09	自律走行車両に適合される運動制御システム B60W 60/00	車両に対する交通制御システム G08G 1/00	車間距離制御 B60W 30/16	クルーズコントロール B60W 30/14	走行軌跡維持制御 B60W 30/10	自動的に操向装置を制御する装置 B62D 6/00
T自動車(1931)	1594	673	343	935	399	39	460	642	373	266	638
D社(1085)	1275	529	529	575	491	29	493	521	266	165	336
H工業(970)	529	174	234	273	129	13	192	120	186	111	212
N自動車(468)	382	186	142	240	93	1	57	153	102	46	66
S社(417)	325	167	104	178	50	3	46	182	83	57	155
A社(115)	302	89	92	196	96	1	105	77	86	68	62
F工業(101)	207	123	77	120	11	0	20	123	54	22	100
HM(255)	143	81	131	91	45	11	66	50	9	50	37
HA社(232)	126	66	131	74	44	11	60	38	6	41	27
MD社(270)	187	42	45	111	117	11	56	36	23	35	54
PI(204)	149	39	93	73	61	18	98	16	17	10	22
M社(60)	183	119	20	69	40	12	63	0	0	0	2
MaT社(246)	164	33	22	101	2	0	45	56	22	29	29
MJ工業(169)	133	42	58	83	45	0	14	58	27	10	15
DT社(87)	128	66	27	74	41	8	18	27	1	6	0
CL社(47)	72	36	13	42	28	3	8	24	12	0	11
I自動車(227)	24	7	16	9	8	4	5	40	33	1	0
AA社(44)	77	49	48	49	15	7	31	3	0	9	1
TC研究所(39)	77	28	0	44	6	0	17	17	3	20	32

【図表２】出願人／権利者× IPC の被引用数総和のマップ

（２）特許の評価値が大きい特許

「スマート農業関連出願」をテーマに特許リスク俯瞰調査を行った例を以下に記す。

スマート農業関連出願についての母集合（スマート農業関連出願集合）を作成し、出願件数上位15者別に出願件数の年推移を可視化した（図表３）。図表３に示すように、出願件数第１位はＣ社であり、平成29(2017)年以降の出願件数が他者よりも抜きん出ている。第２位から第４位までは、Ｉ農機、Ｙ社、YP 社といった農業機械等の製造企業である。

図表３のような分布であるスマート農業関連出願集合について、所定の指標の評価値を可視化した（図表４、５）。両図表とも、評価値として、特許請求の範囲の広さを定量化した値（TS 値）を用いた例である。

※TS（Technology Size®）値：“格成分®”に基づき算出される値のこと。“格成分®”とは、特許請求の範囲に定義されている動詞に係り受けする名詞（名詞句を含む。）のうち、動詞による命題を実現するための動作開始条件となり得る要素をカウントして数値化するものである。（※1）

図表４は、スマート農業関連出願の TS 値を５段階に分けた場合の段階ごとの出願数の年推移を示したものである。図表４によれば、平成27(2015)年～平成30(2018)年あたりの出願に評価値が高い出願が比較的多く含まれていることが分かる。

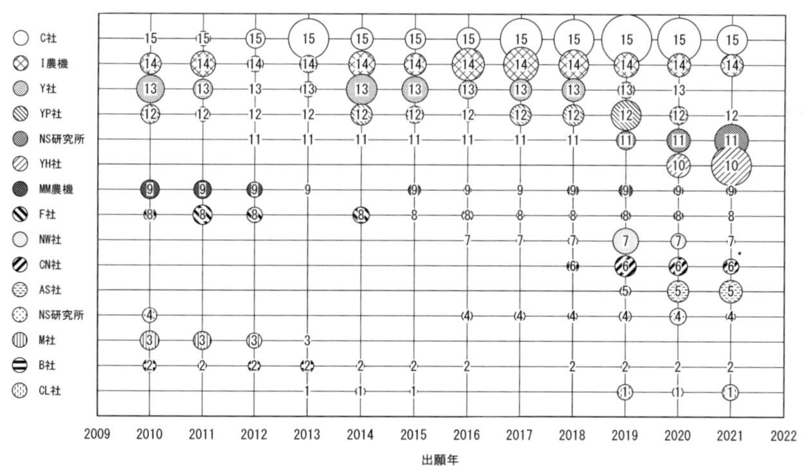

【図表３】スマート農業関連出願　出願件数上位15者の出願件数年推移

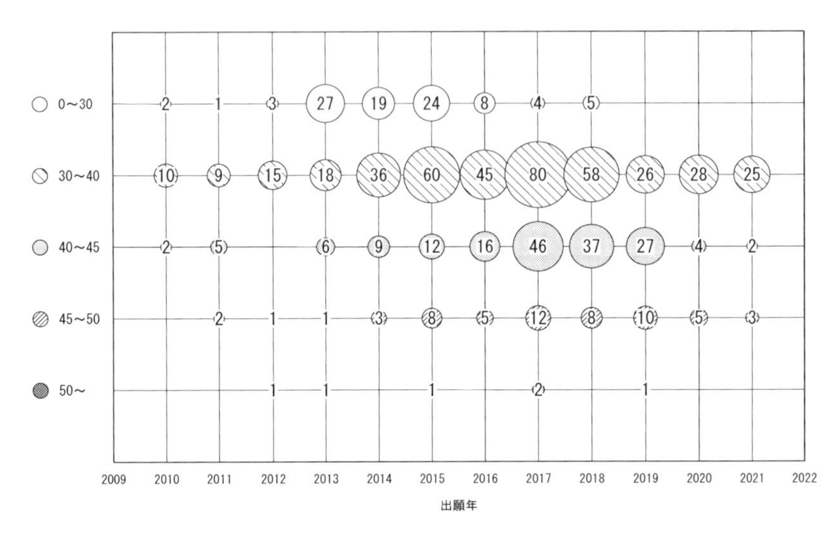

【図表4】スマート農業関連出願　TS 値の推移

図表5は、出願人ごとのTS 値の割合を示している。

F社、NW 社、ND 社、C社が、評価値が高い特許の保有率が高いことが分かる。例えばTS 値が45以上である特許を12件保有しているNW 社は、農業用ドローンや農業DX に注力している企業であり、図表3によれば近年〈令和元(2019)年〉に出願を伸ばしている出願人である。評価値が高い多数の特許を短期間で取得していることから、特定技術についての基本特許を保有している可能性を意識すべきである。

なお、余談ではあるが、図表3のチャート全体として、各出願人の推移の傾向に特徴があることが分かり、推移の特異点に着目して調査を行うことも有用である。

例えばC社は平成25(2013)年に突出した出願があり、また、平成29(2017)年以降の伸びが目覚ましく、I農機、Y社、YP 社は出願件数の推移（山谷）に特徴が見える。こういった特異点には集中的な出願、バリエーションが豊富な出願がされている可能性があり、注目すべきポイントである。

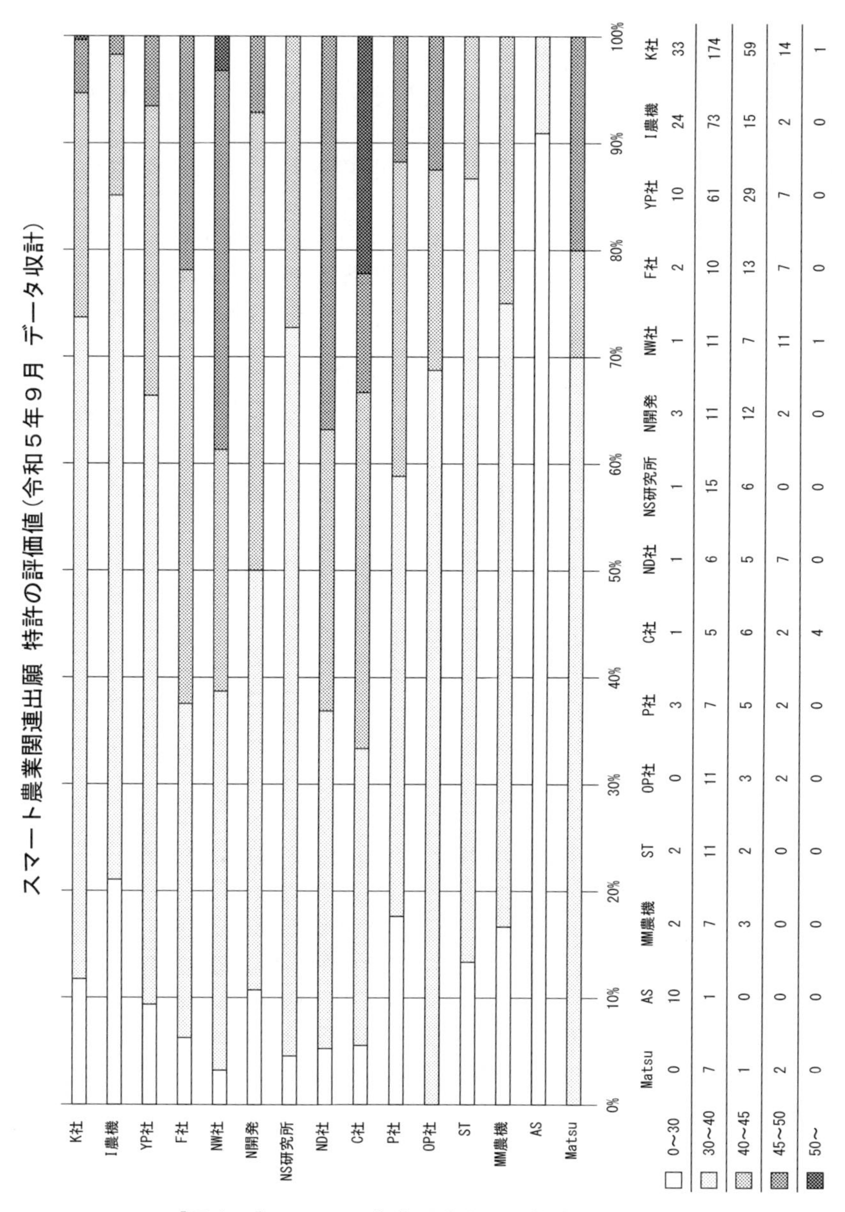

	Matsu	AS	MM農機	ST	OP社	P社	C社	ND社	NS研究所	N開発	NW社	F社	YP社	I農機	K社
0～30	0	10	2	2	0	3	1	1	1	3	1	2	10	24	33
30～40	7	1	7	11	11	7	5	6	15	11	11	10	61	73	174
40～45	1	0	3	2	3	5	6	5	6	12	7	13	29	15	59
45～50	2	0	0	0	2	2	2	7	0	2	11	7	7	2	14
50～	0	0	0	0	0	0	4	0	0	0	1	0	0	0	1

【図表５】スマート農業関連出願　特許の評価値

（３）同一発明者が含まれ、かつ、時期を集中して出願され、いわゆる「特許の束」として権利化された特許群

「体液を試料とするがん検査に関する技術」をテーマに特許リスク俯瞰調査を行った例を以下に記す。

体液を試料とするがん検査関連出願についての母集合（がん検査関連出願集合）を作成した。

体液を試料とするがん検査技術についてインターネット検索を行ったところ、Ａ株式会社が、文部科学省が主催する平成31年度科学技術分野の文部科学大臣表彰において、「血漿アミノ酸プロファイルによる新規疾患リスク検査法の開発」の成果が認められ、科学技術賞 開発部門を受賞したとのプレスリリース（2019年４月９日記事）（※2）を抽出した。

このプレスリリース記事には、企業名や受賞件名のほかに、平成23(2011)年４月に事業を開始したことや、複数名の受賞者の氏名、所属及び役職が掲載されていた。この記事により、受賞者が当該受賞件名に係る技術の開発キーマンである可能性をつかんだ。

そこで、上記の記事から得られた企業名、受賞者の氏名をキーとしてがん検査関連出願集合を検索したところ、Ａ株式会社が出願人であり、かつ、上記複数の受賞者の一人である○○○○氏が発明者に含まれる特許情報を抽出することができた。図表６に、抽出した特許情報の一部分を示す。

図表６において、事業化前の平成19(2007)年～平成21(2009)年には、上記のキーマン○○○○氏が発明者に含まれた出願がされており、これらの特許が当該事業の基本特許である可能性があることがうかがえる。

（４）日本版バイ・ドール制度の適用を受ける特許出願に係る特許

新規事業等に関連する開発テーマをもった、国等の委託事業又は請負事業がある場合、その委託研究のテーマ名を用いて願書（書誌事項）を検索することにより、新規事業等の開発に関連する特許を見つけることができる場合がある。

例えば新規事業等の開発テーマが、平成27年度、国立研究開発法人日本医療研究開発機構、「次世代治療・診断実現のための創薬基盤技術開発事業、体液中マイクロ RNA 測定技術基盤開発」に係る委託研究に関連すると考えられる場合、この委託研究名をキーワードとして書誌事項を検索することにより、例えば体液中マイクロ RNA 測定技術に関連する特許を抽出することができる。国等の委託研究は日本として重要／大規模であることから、重要な特許が含まれている可能性が高いものと考えられる。

出願日	公報番号	出願人	発明の名称	発明者
2018/04/02	特許723XXXX	A株式会社	前立腺癌の評価方法、…	NH, AN, NN, UF, HS, ○○○○
2018/02/01	特許712XXXX	A株式会社	糖尿病患者における膵臓癌の…	IH, MS, YH, KN, TR, OK, TS, YH, ○○○○
2017/11/30	特許733XXXX	A株式会社	癌モニタリングの方法、…	YH, KN, IA, AT, HM, ○○○○, OJ, NF, IF
2017/09/20	特許658XXXX	A株式会社	取得方法、…	MT, IJ, ○○○○, YH, ME, HF
2017/07/04	特許709XXXX	研究開発法人GKセンター、A株式会社	膵がん患者における…	MS, TR, NS, ○○○○
2016/03/30	特許668XXXX	A株式会社	評価方法、評価装置、…	AN, NR, SK, NH, NS, ○○○○
2015/05/26	特許626XXXX	A株式会社	前立腺疾患の…	ON, MT, MY, YH, TT, ○○○○, MT, YT, TN
2015/05/26	特許626XXXX	A株式会社	女性生殖器癌の…	MT, IJ, ○○○○, YH, ME, HF
2013/11/27	特許626XXXX	A株式会社	膵臓癌の評価方法、…	OK, NA, MT, KN, YH, SK, TT, FN, HM, ON, UM, MY, ON
2009/06/22	特許575XXXX	A株式会社	前立腺疾患の…	ON, MT, MYMT, YT, ○○○○, YH, TT, TN
2009/06/22	特許575XXXX	A株式会社	女性生殖器癌の…	MT, IJ, ○○○○, YH, ME, HF
2007/12/18	特許574XXXX	A株式会社	大腸癌の評価方法、…	○○○○, YT, ON
2007/12/18	特許574XXXX	A株式会社	乳癌の評価方法、…	○○○○, YT, ON
2007/08/02	特許547XXXX	A株式会社	肺癌の評価方法、…	OK, SY, YTON, IF, ○○○○, HM

【図表6】特許情報（検索結果の一部分）

4．特許リスク俯瞰調査のメリット

一般的な侵害予防調査では、イ号を特定して緻密・網羅的な調査を行うのに対し、特許リスク俯瞰調査では、ハイリスク傾向の特許に絞った調査を行うため、調査対象母集合の規模を小さくすることができ、よって、調査にかける期間を短く、また、コストを低めに抑えることができる（図表7参照）。

また、新規事業の立ち上げ時には、実施技術（仕様）の詳細が固まっていないことが通常であり、この段階で通常の侵害予防調査を行うことには無理や無駄が多いと考えられる。立ち上げ初期の段階で特許リスク俯瞰調査を行うことで、実施検討中の基本技術についてのハイリスク（致命的／回避困難な特許のリスク）を把握し、そのリスクを回避した形で開発のファーストステップに入ることが可能となる。そして、次なるステップ（研究開発や商品開発の具体化段階）において、より具体的な実施予定技術に基づく調査対象（イ号）を設定した侵害予防調査を実施することにより、他者特許とのクリアランスを確保し、効率的な事業の自由実施を実現できる。

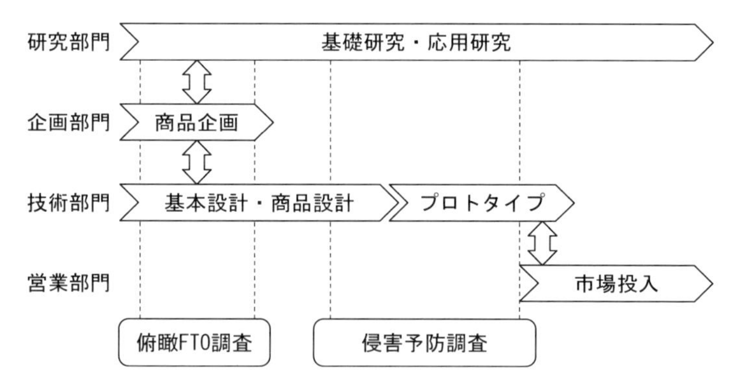

【図表７】俯瞰 FTO 調査と侵害予防調査とのタイミングの違い

＜参考文献・注釈＞
※1　福嶋久美子「特許品質評価指標としての Technology Size® 値の活用方法」
https://www.patent.ne.jp/company/letter/CP_LTR_2020-01.pdf
※2　味の素株式会社 広報部「PRESS RELEASE」(2019.04.09)
https://www.ajinomoto.co.jp/company/jp/presscenter/press/detail/2019_04_09.html

2節　事業保全とつながる侵害予防調査

石井 友莉恵・西澤 和純

企業が製造・販売する製品やサービスには、多くの技術が用いられている。これらの製品やサービスが他者の特許発明の技術的範囲に属する場合、その製造・販売行為は特許権の侵害となる。特許権を侵害してしまうと、特許権者から差止請求や損害賠償請求をされるおそれがあり、製品やサービスの販売中止や金銭的な負担の発生により、事業の継続が難しくなる可能性がある。また、近年では、SNS（ソーシャルネットワーキングサービス）を利用した情報の拡散や炎上などのリスクもあり、特許権を侵害することによるコンプライアンス違反は、企業価値やブランドイメージの低下につながる可能性もある。

このように、特許権侵害による損害は大きく、企業にとって、特許権侵害のリスクヘッジを行うことは、事業及び会社を守るために非常に重要となる。このような特許リスクを把握するため、製品やサービスの技術に関連する特許を見つけ出すのが、侵害予防調査である。

本稿では、侵害予防調査について解説しながら、調査後の調査結果の活用についても言及する。その活用に資する調査報告書を例示しつつ、事業保全とつながる侵害予防調査の事例を紹介する。

1．侵害予防調査とは

侵害予防調査は、自社が実施する予定の製品やサービスが、その技術的範囲に属する可能性がある特許の有無を確認するための調査である。侵害予防調査のほかに、「クリアランス調査やFTO調査、抵触調査、侵害防止調査」とも呼ばれる。

侵害予防調査は、製品やサービスの開発上市プロセスにおいて、主に以下のタイミングで実施し、リスクヘッジをすることが有効である。

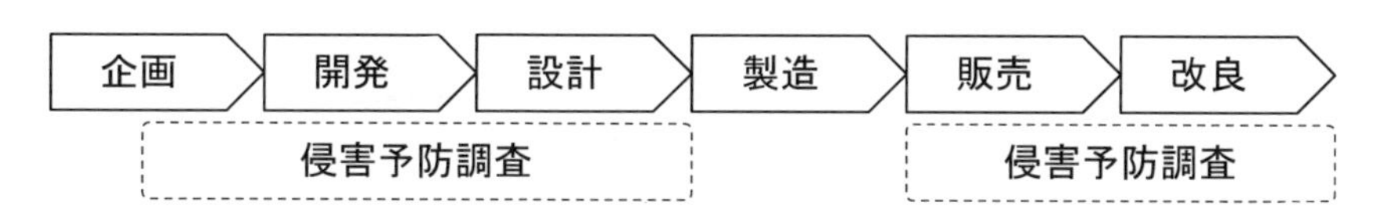

【図表1】侵害予防調査の実施タイミング

ア．新たな製品やサービスの開発時

製品やサービスを新たに企画、開発、設計する際には、他者の特許を事前に確認した上で、製品やサービスの仕様（回避案）を検討する。

イ．製品やサービスの販売時

開発時に侵害予防調査を実施した製品やサービスであっても、販売時までには仕様の変更や新たな他者の特許権が設定登録されている可能性がある。販売時の製品やサービスの情報、及び最新の特許情報に基づいて、改めて他者の特許を確認することで、侵害のリスクを低減することができる。

なお、販売後にも、特許権が設定登録されること、未公開であった特許出願が公開されること、又は原出願とは請求項が異なる分割出願がされることがある。よって、販売時に侵害予防調査をしたとしても、完璧な特許リスクの把握は不可能に近いが、販売時に侵害予防調査をすることにより、特許リスクは大きく低減できる。

ウ．既存の製品やサービスの改良時

改良発明は、特許出願・権利化によって、新たな特許となり得る。販売済みの製品やサービスについて、特許リスクが皆無になったとしても、自社の製品やサービスを改良し、改良した製品やサービスの販売をする時点では、改めて他者の特許を確認する必要がある。

２．侵害予防調査の進め方

実際にどのように侵害予防調査を実施するのか、具体的な進め方について説明する。

（1）調査ポイントと実装の把握

ア．調査ポイントの把握

自社が実施する予定の製品やサービス（以下、「実施予定品」という。）には様々な構成が組み合わされている。その全ての構成について調査を実施することは、費用や時間等のコストの制約があるため現実的ではない。具体的には、侵害予防調査の場合、網羅的に調査をする必要があるため、１つの構成だけでも、数百件～数千件の公報を読み込むことになる。実施予定品には、多数の構成（部品やモジュール等）が含まれるため、膨大なコストを費やしてしまう。

そこで、調査ポイントとして、実施予定品の特徴（セールスポイント等）を、優先順位を付けて把握する。これにより、実施予定品について市場で重要となる特徴

に絞って、かつ、優先順位を付けた調査対象の選択が可能になる。特徴を把握する場合には、特徴ごとに、例えば背景となるユーザーのニーズや課題、それに対する解決手段と工夫した点、効果などをヒアリングする。

イ．実装の把握

侵害予防調査でも、他の特許調査と同様に、まずは調査対象を確定する必要がある。他の調査と異なる点としては、侵害予防調査の調査対象は、発明ではなく、実施予定品の実装である点である。実装の把握も、製品やサービスの開発上市プロセスのタイミングによって異なる。

上述した②　製品やサービスの販売時や③　既存の製品やサービスの改良時といった上市直前で、製品やサービスの実装が決まっている場合には、その実装を調査対象とする。一方で、①　新たな製品やサービスの開発時といった開発段階では、実装がまだ決まっていない場合がある。このような場合には、調査を実施する時点で検討している実装案を複数挙げるなどして、実施予定の実装についてスコープを定めていく。

（２）調査対象の選定と検索式の作成

ア．調査対象となる構成の選定

実施予定品には様々な構成（部品やモジュール、部分や機能も含む。）が組み合わされているので、上述のとおり、その全ての構成を調査対象とすることは、膨大なコストを浪費することとなって現実的ではない。

そこで、上述のように①　調査ポイントを特徴で絞り込み、さらに、②　その特徴を実現するために必要な構成を優先して把握する。そのとき、技術常識などを踏まえ、一般的な構成は除外し、特徴的な構成について着目した調査を実施することも有益である。また、実装がまだ決まっていない場合には、確実に実施しない構成を除くなどして、調査対象となる構成を絞り込むこともある。

イ．構成マップ

調査対象となる構成の選定には、実施予定品（完成品、システム等）について、その用途と構成（部品、装置、プログラムモジュール等）を記載した構成マップを用いることもある。このような構成マップを用いて調査対象となる用途や構成をどの範囲まで絞り込むか、若しくは広げるかの検討を行う。ソフトウエア分野では、近年、データ取得や通信、蓄積等の下位のモジュールや分析の基本ソフトウエアは、プラットフォーマー等が提供することもあり、自社の実施する構成の調査を優先する場合には、これらを調査対象の構成から除くことも検討する。

なお、構成の粒度は、案件ごと又は選択した特許文献等によって異なり、例えばソフトウエアの場合、その後、論理的な構成を細分化して、新たな構成とすることもある。

用途については、上位概念の用途（上位用途）も検討する。用途は、主として特許分類の特定に用いる。

用途	上位用途			
	用途			
サービス	ビジネスモデル			
	利活用a		利活用b	…
モジュール	分析a		分析b	…
	蓄積a1	蓄積a2	蓄積b1	…
	通信a1	通信a2	通信b1	…
	取得a1	取得a2	取得b1	…

【図表２】構成マップ

ウ．構成の特徴の抽出

調査対象とする構成を特定した後、その構成の特徴を抽出することで、調査対象を特定する。構成の特徴は、例えば電気・ソフトウエア系であれば機能等、機械・構造系であれば構造・形状等、化学・バイオ系であれば成分や配列等である。

次に、ソフトウエアに関する特徴の抽出手法を説明する。図表３は、分析等のアプリケーションの特徴を抽出する場合の説明図である。

分析a		
入力a1	処理a1	出力a1
…	…	…

①入力、処理、出力のいずれかに特徴

②入力、処理、出力のいずれかの組合せに特徴

【図表３】特徴の抽出手法

アプリケーションの特徴を抽出する場合、まずは入力、処理、出力に注目し、①入力、処理、あるいは出力のいずれに特徴があるのか、又は② 入力、処理、あるいは出力のいずれの組合せに特徴があるのかを選択する。選択した入力、処理、あるいは出力のいずれか又はその組合せについて、調査ポイントに従って、実装を特定する。この実装内容から検索キーワードを特定する。

なお、入力に特徴がある時には、複数の構成に特徴がある場合がある。この場合、入力の内容から、検索キーワードを特定すると、構成を網羅できる。

エ．検索式の作成

以上のように、重要度や優先順位を付けた調査ポイントで、大まかな調査対象の把握と絞り込みを行い、調査対象となる構成の選定で、構成を絞り込むとともに用途として特許分類を特定する。さらに、構成の特徴を、調査ポイントに従って抽出して検索キーワードを特定する。その後、特許分類と検索キーワードを用いて検索式を作成する。検索式の作成の際は、検索結果の公報件数を強く意識する。読み込む公報件数は最もコストに影響するので、検索式（特に適合率：所望の公報がヒットする確率）と公報件数を意識し、網羅性とコストのトレードオフにより最適解となる検索式を作成する。

オ．その他の留意点

侵害予防調査の検索対象となるのは、原則的には特許文献である。将来的に設定登録される特許権も勘案する場合には、未審査又は審査段階の特許出願も対象とする。ただし、出願済みであって未公開の特許出願については調査を行うことができないため、現実的にはリスクを完全にゼロにすることは不可能である。調査後に公報が発行される特許出願や、調査後に設定登録される特許権に係る特許についても、SDI（Selective Dissemination of Information）調査を行うなどして定期的にウオッチングを行う必要がある。

カ．継続性とつながる侵害予防調査

侵害予防調査は、やり方次第では膨大なコスト（期間又は費用）を要する。あまりにも大きなコストになる場合、例えば実施予定品のリリースごとの継続的な調査が難しくなる。継続的な侵害予防調査を行うためには、コストを考慮して網羅性とのバランスを取った、最適な検索式の作成が最大のポイントとなる。

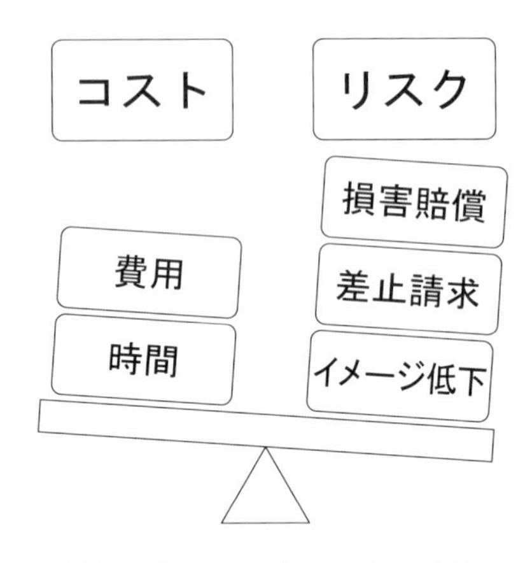

【図表４】コストとリスクの検討

以上を踏まえ、対象となる実施予定品の規模や重要度、差し止められた場合の損害やライセンス料などを総合的に考慮した上で、侵害予防調査のコストと特許リスクの検出精度（網羅性）を天秤にかけて調査範囲を検討することが求められる。

（３）スクリーニング（読み込み）

検索式による検索結果、母集合となる公報群を抽出した後、他の調査と同様に、公報のスクリーニングを実施する。侵害予防調査では、実施予定品が、その技術的範囲に属する可能性がある特許の有無を確認する。母集合の公報には、事前の検討段階や実施予定品の開発者へのヒアリング時に把握していない構成が含まれる公報が見つかることがある。そのような公報は、ノイズとするのではなく、開発者へ再度ヒアリングすること、確認が必要な公報として抽出することなど、想定していないリスクについても注意を払うことが重要である。

（４）報告書作成

抽出した公報は、特許文献リストや報告書にまとめ、関係者に報告される。報告後には、抽出した文献について、実施予定品の詳細な仕様に詳しい開発者による二次スクリーニングを実施することがある。また、侵害の可能性がある特許権に係る特許文献が抽出された場合には、後述するような（侵害）鑑定や設計変更、特許無効の準備などのリスクヘッジを実施する。特許文献リストや報告書などに、以下の情報を付加することで、調査後に発生する抽出文献の確認を容易にすることができる。

ア．各構成と構成要件の対比表

自社の実装の各構成と他者の特許の請求項の各構成要件を対比し、その対比結果に基づいて、特許文献のランク付けを行う。

構成と構成要件は、類似レベル（○、△、×や数段階のレベル）を付する。構成が構成要件の下位概念である場合には、類似性が高いことを示す類似レベルを付する。

また、他者の特許の請求項の構成要件にあるが、自社の実装にない構成（以下、「不実施構成」という。）についても、類似レベルを付する。この場合、類似性が低いことを示す類似レベルを付する。

実施予定品	特許文献①	特許文献②	特許文献③	…
ランク	A	B	B	…
構成A	○	○	○	…
構成B	○	△	−	…
構成C	−	○	○	…
不実施構成 （×：あり，△：要検討）	−	△	×	…

【図表５】構成要件対比表

イ．特許文献のランク

特許文献ごとの各構成の類似レベルに基づいて、ランク付けを行う。ランクは、おおむね４段階で、ランクＡ～Ｄが付される。

ランクＡは、実施予定品の各構成について、高い類似レベルのみからなる場合に付されるランクである。ランクＡの特許文献は、特許リスクが最も高く、侵害予防調査の後、まずは実施予定品がこの特許文献の特許発明の技術的範囲に属するか否かの検証が行われる。

ランクＢは、実施予定品の各構成について、高い類似レベルが多いものの、一部に低い類似レベルが含まれる場合に付されるランクである。ランクＢの特許文献は、特許リスクがやや高いものである。侵害予防調査の後、公報の詳細を読み込み、必要な場合は、実施予定品がこの特許文献の特許発明の技術的範囲に属するか否かの検証が行われる。ランクＣは、実施予定品の各構成について、高い類似レベルが含まれるものの、低い類似レベルが多い場合に付されるランクである。ランクＣの特許文献は、近々の特許リスクは高くないが、将来的な改良等で注意すべき公報や、今後の改良等のアイデアの参考になる公報が含まれていることもある。ランクＤは、実施予定品の各構成について、低い類似レベル、又は不実施構成のみである場合に付される。ランクＤの特許文献は、参考程度である。

ウ．特許文献リストと概要説明

ランクの高い特許文献を中心に、特許権者や権利状況も記載したリストを作成する。また、ランクの高い特許文献については、その公報を添付資料とする。

なお、ランクの高い特許文献については、特許請求の範囲、要約書や図面を用いて特許発明の概要説明の資料も作成する。

３．侵害予防調査の結果の活用

侵害予防調査を実施しただけでは、他者の特許権の侵害を防ぐことはできない。調査の結果を踏まえて、まずは実施予定品が各特許文献の特許発明の技術的範囲に属するか否かの検証が行われる。その後、例えば次のようなリスクヘッジが行われる。

（１）侵害鑑定

侵害鑑定とは、実施予定品が、他者の特許権を侵害し得るものか否かについて、弁理士が専門的な見解を述べたものである。まずは侵害鑑定を実施し、実施予定品が本当に特許発明の技術的範囲に属するか否かを確認する。実施予定品が特許発明の技術的範囲に属しない旨の鑑定書の内容は、特許権者から警告等があった場合に有効な反論材料となる。

（２）設計変更

侵害鑑定の結果等により、他者の特許権を侵害する可能性が考えられる場合、その対策として、実施予定品の設計変更を行うことが考えられる。

なお、侵害予防調査や侵害鑑定は、設計変更前の実施予定品に基づいて実施されているため、設計変更をする場合には、改めて侵害予防調査や侵害鑑定を実施する必要がある。

（３）特許無効

特許を無効にすべき旨の審決が確定したときは、特許権は、初めから存在しなかつたものとみされる（特許法第125条）。よって、特許を無効にすることで、自社の製品やサービスの実施をすることができる。実際に警告や訴訟が発生したときに無効審判を請求するケースもあり、その場合にも備えて、無効資料調査や無効鑑定が行われる。無効資料調査では、無効理由のうち、新規性及び進歩性を否定し得る先行技術文献を調査する。

（4）実施権の許諾や特許権の譲受け

特許権者から特許権の実施権の許諾や特許権の譲受けができれば、製品やサービスの実施をすることができる。ただし、一方的な権利の許諾や譲渡交渉は成功する確率が低い。そのため、相互に特許権の実施の許諾をするクロスライセンスを行うこともある。クロスライセンスに備えるため、特許権者の侵害する可能性がある特許権を把握することを目的とした特許調査を行うことがある。特許調査により、まずは自社特許を把握するが、自社以外の第三者の特許も把握することもある。

後者の場合、第三者からの特許権の譲受けによって、特許権者になることも考えられる。

（5）対抗特許による牽制

特許権者が侵害する可能性がある特許権に係る自社特許を把握し、管理することも対策となる。また、特許権者が侵害する可能性がある特許権に係る自社特許を創出するため、特許出願・権利化を行うことも考えられる。

特許を保有する他者は、相手が一の特許権を侵害しているからといって、警告や訴訟を行うとは限らない。例えば他者自身が相手の特許権を侵害している可能性がある場合である。そのため、他者への牽制のために、この他者が侵害する可能性がある特許権に係る自社特許を管理すること自体が有効な対策となる。

4．事業保全とつながる侵害予防調査

事業保全とつながる侵害予防調査は、侵害予防調査の調査結果の活用、つまり、（1）侵害鑑定、（2）設計変更、（3）特許無効、（4）実施権の許諾や特許権の譲受、（5）対抗特許による牽制を見据えた特許調査である。

もちろん、上述のように、リリース判定等で継続的に実施できるように、網羅性とコストのバランスを最適化した侵害予防調査も、事業保全とつながる侵害予防調査の重要な基本要素である。

（1）侵害鑑定や特許無効とつながる侵害予防調査

ア．クレームチャート

侵害鑑定や特許無効とつながる侵害予防調査では、調査報告書に、クレームチャートを付することがある。ランクの高い特許文献について、① 実施予定品の各構成に対して、② 特許発明の構成要件（特許文献の請求項の構成要件）、③ 構成要件に対応する明細書中の記載（サポート箇所）、及び④ 備考の対比表である。備考には、構成要件の各用語について、用語を定義した明細書中の記載を記入する。

実施予定品	実施予定品の構成	特許文献①の請求項	特許文献①のサポート箇所	備考
ランク		A	B	
構成A	●●プログラムは、XXをXXする	XXXする●●部と、	【0012】●●部123は、…	XXは、…をいう【0023】
構成B	■■プログラムは、YYをYYする	YYYする●●部と、	【0034】●●部124は、…	YYは、…をいう【0023】
構成C	-			
不実施構成	-			

【図表6】クレームチャート

① 構成と② 構成要件の対比によって、例えば侵害鑑定において、実施予定品と特許発明の対比が容易になる。また、③ サポート箇所、④ 用語の定義によって、無効審判でのサポート要件違反や権利範囲の限定解釈等の検証材料になる。

イ．特許発明の趣旨

侵害鑑定や特許無効とつながる侵害予防調査としては、特許発明のポイントや目的といった特許発明の趣旨について記載することがある。特許発明の趣旨は、用途(技術分野)、課題、作用、効果等からも認定され、特に実施予定品の趣旨と異なる点があれば言及しておく。これらの情報は、実施予定品と特許発明の対比での相違点、限定解釈や他者による訂正の方向性等の特許リスク回避の戦略を策定する上で、重要な情報である。

また、請求項と実施形態の相違点も、有益な情報である。実施形態は限定的な特定分野の発明であるにもかかわらず、請求項が大幅に上位概念化されているときがある。この場合、例えば請求項は広いが実施形態はかなり限定的である、又は実施予定品の用途と特許文献の実施形態の用途は全く違う、といった情報を提供する。

ウ．審査経過

審査経過も、限定解釈に資することがある。侵害鑑定とつながる侵害予防調査では、審査経過情報やその際の引用文献も添付することがある。その際、最終的な特許の特許請求の範囲と出願時（又は出願審査時）の特許請求の範囲を比較して補正で追加・変更があった箇所を明示することもある。

これにより、侵害鑑定で、限定解釈の可能性についても検証しやすくなる。

3節　特許無効とつながる無効資料調査

樋口 晃士

1．調査対象の検討

無効資料調査とは、無効にしたい特許について、新規性・進歩性を否定する根拠となる文献がないかどうかを確認する調査である。無効資料調査の対象となる特許は、侵害予防調査やSDI（定期）調査などで把握した特許であって、自社の製品やサービスの製造・販売等の障壁となる可能性がある特許である。なお、異議申立てや情報提供の特許調査でも、無効資料調査と同じ手法が用いられる。無効資料調査の調査対象は、原則的には、対象特許の特許請求の範囲である。しかし、特許請求の範囲は、訂正される可能性もある。よって、特許権侵害事件等では、訂正後の特許発明の技術的範囲に、自社の実施品が含まれないようにすること、つまり、技術的範囲から外したい内容も把握しておくことが求められる。また、訂正後の特許発明の技術的範囲をより限定的にするためには、対象特許の明細書の実施形態も考慮することが好ましい。

このように、調査対象を検討する際には、① 対象特許の特許請求の範囲を把握することが原則ではあるが、② 自社の実施品、③ 対象特許の明細書の実施形態も考慮することがある。このように、特許無効とつながる無効資料調査では、特許請求の範囲の訂正への対策につながることも事前に考慮する。

2．対象特許の事前情報収集

（1）特許権の有効性

無効資料調査を行う前に、対象特許の情報をJ-PlatPat等により収集する。ここで収集する内容としては、審査経過情報、年金情報、権利の存続期間満了日などである。例えば対象特許が年金未払により消滅していた場合、又は対象特許の権利の存続期間満了が近く、満了まで待つことで特許権侵害リスクがなくなる場合など、無効資料調査を実施する必要がないケースがあるためである。

ただし、特許発明の過去の実施が、対象特許の存続期間内である場合、過去の実施に対して損害賠償を請求される可能性がある。この場合、損害賠償請求を避けるために、特許無効調査を実施して、特許無効審判を行うこともある。

（2）審査経過情報

対象特許の特許権が存続している場合には、審査経過情報を確認する。審査経過情報からは、例えば審査で挙げられた拒絶理由や引用文献、意見書・補正書の内容、審査時の調査範囲、拒絶査定不服審判の審判請求書や審決の内容等を確認する。これらの情報から対象特許発明の特徴を理解するとともに、特許発明と引用文献に記載の発明との一致点・相違点を把握し、どのような文献を見つける必要があるのかを検討する。

また、近年の審査経過情報には、検索報告書が含まれている場合がある。検索報告書には、引用文献以外の文献も記載されているが、さらに、検索の際に使用した検索式が記載されている。審査の段階でどのようなキーワードや分類を用いて検索したのかを把握することができる。

（3）ファミリー情報

対象特許のファミリーの外国特許出願等についても、審査経過等を確認することが望ましい。これは、請求項が同一又は類似となる外国特許出願の審査において、日本の特許調査で挙げられなかった文献があり、その文献を無効資料にできる可能性があるからである。

これらの情報は、後述するように、３．調査方針の検討や４．検索式作成のポイントにつながる。

なお、図表１はJ-PlatPatの経過情報の画面であり、検索報告書や、拒絶理由通知書、外国特許の情報を収集する際に有用である。

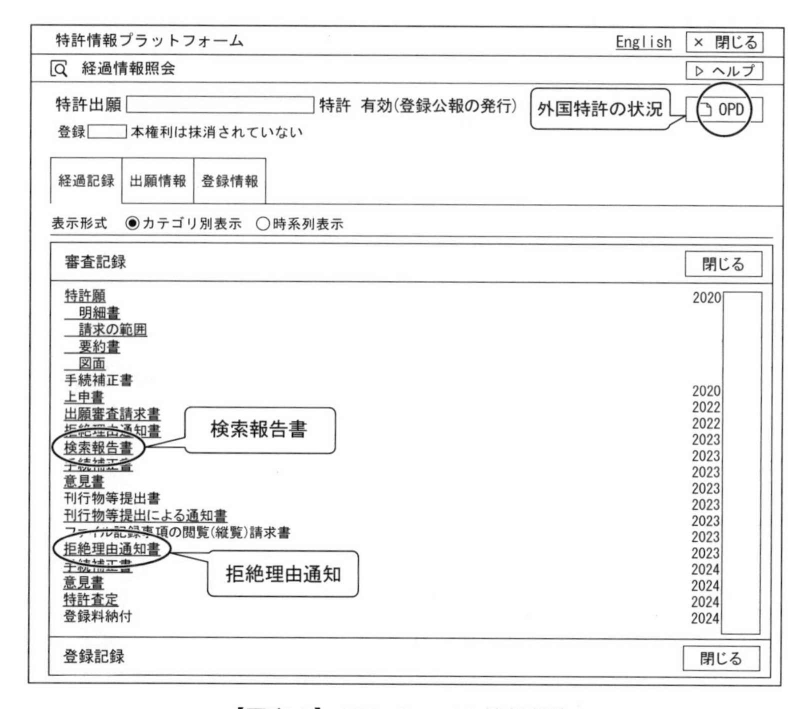

【図表１】J-PlatPat での情報収集

3．調査方針の検討

対象特許を検討し、上記の情報を収集した後に行うのが調査方針の検討である。これは、情報取集することで、特許発明の特徴を理解するとともに、特許発明と引用文献に記載の発明との一致点・相違点を整理し、必要な文献をどのように探すのか等の調査方針を検討する。

（1）進歩性違反とつながる無効資料調査

通常の無効資料調査の場合、新規性（特許法第29条第１項）の観点から、対象特許の特許発明に最も近い文献を抽出する。一方で、無効審判では、新規性違反よりも進歩性違反（特許法第29条第２項）が主たる無効理由とされる。

そのため、特許無効とつながる無効資料調査は、対象特許を進歩性違反にすること主目的とした特許調査となる。この無効資料調査では、調査方針を検討する際に、主引例と副引例といった引用文献の組合せを考慮する。副引例とは、対象特許の特許発明と主引例に記載の発明との相違点となる構成について記載された文献である。

大きな調査方針として、主引例を探す無効資料調査（パターンｉ）、主引例は審査経過の文献として副引例を探す無効資料調査（パターンⅱ）、主引例を探した後に副引例を探す無効資料調査（パターンⅲ）がある。

文献	パターンⅰ	パターンⅱ	パターンⅲ
主引例	○	× （審査経過の文献）	○
副引例	×	○	○

○：検索式を用いた調査

【図表２】無効資料調査のパターン

（2）主引例

無効理由となる進歩性違反は、その発明の属する技術の分野における通常の知識を有する者が公知発明に基いて容易に発明をすることができたときは、特許を受けることができないと規定されている（特許法第29条第２項）。その審査基準では、特許出願に係る発明を審査する審査官は、先行技術の中から、論理付けに最も適した一の引用発明を選んで主引用発明とし、所定の手順により、主引用発明から出発して、当業者が請求項に係る発明に容易に到達する論理付けができるか否かを判断する（※1）ことで、進歩性を判断する。

この主引例の候補は例えば次の２つの手法で選定する。

ア．審査経過情報による選定

上記パターンⅱの場合、審査経過情報から情報収集した文献の中から、主引例の候補となる文献を幾つか選定する。主引例の候補となる文献は、対象特許又はそのファミリーの特許出願等の審査過程等で挙げられている文献となる場合が多いが、明細書先行技術文献の欄に記載した文献になることもある。後者の場合、出願人が出願時に知っている文献であり、新規性違反としての採用は難しいが、副引例との組み合わせる場合には、有効な文献になることがある。

イ．通常の無効資料調査による選定

上記パターンｉ、ⅲの場合、無効資料調査の調査結果、抽出した文献から、主引例の候補となる文献を幾つか選定する。

もちろん、審査経過情報から情報収集した文献も考慮する。

（3）主引例の候補に応じた調査方針

特許無効とつながる無効資料調査では、主引例の候補を選定した後、各主引例の候補に対して、どのような副引例を組み合わせれば、進歩性違反として、対象特許を無効にできるかを検討する（上記パターンⅱ、ⅲ）。そのため、副引例は、主引例の候補ごとに調査範囲を検討し、最終的に全体でどのような文献まで広げることができるのかを検討し、調査範囲を検討する。

（4）副引例

進歩性については、主引例に係る主引用発明に、副引例に係る副引用発明を適用することで、進歩性が否定されることがある。審査段階ではあるものの、進歩性の審査基準には、進歩性が否定される方向に働く要素として、主引用発明に副引用発明を適用する動機付けについて記載されている。

進歩性が否定される方向に働く要素		進歩性が肯定される方向に働く要素
・主引用発明に副引用発明を適用する動機付け (1) 技術分野の関連性 (2) 課題の共通性 (3) 作用、機能の共通性 (4) 引用発明の内容中の示唆 ・主引用発明からの設定変更等 ・先行技術の単なる寄せ集め	⇔	・有利な効果 ・阻害要因 例：副引用発明が主引用発明に適用されると、主引用発明がその目的に反するものとなるような場合等

【図表３】論理付けのための主な要素（※1）

進歩性の具体的な判断として、① 技術分野の関連性、② 課題の共通性、③ 作用、機能の共通性、④ 引用発明の内容中の示唆等が審査基準に記載されている。

副引例を探す無効資料調査では、これらの事項①～④を考慮して、副引例を調査する。つまり、特許無効とつながる無効資料調査では、対象特許の特許発明と主引例に記載の発明との相違点となる構成が記載され、さらに、主引用発明に適用する動機付けがある文献を、副引例として調査する。なお、調査範囲を検討する際には、上述したように、②　自社の実施品、③　対象特許の明細書の実施形態も考慮して、調査範囲を検討する。

（5）その他

副引例として探すべき所望の文献の概要（相違点の構成、①　技術分野、②　課題、③　作用、機能等）が決まった後、検索式による調査をする前に、そのような所望の文献は、どこに存在しているかを検討する。例えば所望の文献と類似する発明に係る特許出願をしている出願人、所望の文献と類似する発明に係る特許出願が多い国や出願年である。また、所望の文献は、特許文献に限らず、カタログや雑誌であることもある。

このような事前の調査を行う理由は、無効資料調査においては、文献を網羅的に探す必要はなく、１件でも無効化できる（主引例に組み合わせることができる。）文献が見つかればよいからである。無効資料調査については、見つかる可能性が高い範囲を多数調査する方がよいので、そのような範囲を把握するために、事前の調査を行う。

４．検索式作成のポイント

ここでは、特許文献を調査する場合の検索式作成のポイントについて説明する。

（1）調査期間

調査範囲の日付について説明する。対象特許が日本の特許で、調査範囲が日本である場合は、対象特許の出願前に「出願」された特許出願を調査範囲とするのが一般的である。これは、新規性・進歩性だけでなく、特許法第29条の２も考慮して調査範囲とするのが一般的だからである。次に、対象特許が日本の特許で、調査範囲が海外である場合には、対象特許の出願前に「公報が発行」された特許出願を調査範囲とするのが一般的である。特許法第29条の２の対象となるのは、日本の特許出願に限られるからである。

ただし、このような場合でも、対象特許の出願前に「公報が発行」でなく、「出願日」とするケースもある。これは、調査範囲が海外であっても、外国特許のファミリーに日本の特許出願がある場合には、特許法第29条の２を適用できるケースがあるのと、日本の特許出願がなくてもファミリーの中にもっと早く公開されている特許文献がある場合があるからである。

（2）特許分類

特許分類について説明する。原則として、対象特許に付与されている特許分類を用いて調査を行う。また、対象特許に付与されていないが、対象特許に付与されている特許分類に近い特許分類、FIやIPCの場合であれば、付与されている特許分類の下位や上位の分類、Fタームであれば、同じテーマコード内で関連しそうな特許分類がないか検討する。さらに、上述したように調査範囲を広げて探せる場合、広げた際に使える特許分類がないか等を検討する。

（3）キーワード

キーワードについて説明する。一般的には、キーワードのみで検索式を立てるケースは少ない。特許分類だけではうまく件数を減らせない場合に、キーワードを使用するケースが多い。また、特許分類の付与が完全ではなく、正確に付与されていないケースもあり、特許分類だけでは、重要な特許文献が調査範囲に含まれないケースがある。そのため、特許分類だけで十分ではなく、キーワードを使用する必要がある。そして、どのようなキーワードを使用するかは、実際に検索式を作成しながら、キーワードを選定するとよい。また、キーワードは、同じ意味であっても出願人等によって、様々な使われ方、つまり類義語又は同義語がある。そのため明細書記載のキーワードだけでなく、類義語等も用いて調査を行う方がよい。類義語は、Weblio（※2）等で簡単に探すことができる。

ただし、使用する類義語によっては、多くのノイズを含んだ調査範囲となってしまうため、可能性の高い類義語を使用する、又は件数が多くなってしまう類義語には他のキーワードと組み合わせるなどの配慮が必要である。つまり、キーワードを漏れなく網羅的に使用するのではなく、適合率（有用な情報が含まれている割合）を向上させるためには、どのようなキーワードを用いるのがよいかを検討する必要がある。

（4）検索式の作成の基本

基本的には、特許分類とキーワードを用いて検索式を作成するが、実際の検索式の作成に当たっては、２つの方法がある。１つ目は、見つかる可能性の高い小さな集合（最終的な母集合が1000件程度なら小さな集合は100件以下）を作成し、次に可能性の高い集合、次に可能性の高い集合…と集合を作成して、最終的にそれらの小さな集合を全部含めたものを母集合（調査範囲）とする方法である。可能性の高い集合の作成においては、特許分類やキーワードだけで、集合を作成する必要はなく、上述したように、企業名、年代を用いて集合を作成してもよい。

２つ目は、調査範囲を明確化して行う方法である。これは、構成要素がＡ、Ｂ、Ｃ、Ｄとある場合、構成要素ＡとＢは必須の要素で、構成要素ＣとＤは必須の要素ではないことなどを調査範囲の設定時に考え、調査のストーリーや調査範囲を論理的に明確化して調査範囲とする方法である。

前者の場合は、可能性の高い集合から作成するので、最初の小さな集合を作成してスクリーニング、次の小さな集合を作成してスクリーニングの順番に行えるので優先度の高い範囲から効率良く調査することができる。ただし、調査範囲を余り論理的に作成していない場合があり、論理的に抜けている調査範囲がある可能性もある。

後者の場合は、論理的に調査範囲を設定しているため、どこまで調査範囲としたかが明確になる。そのため、追加で調査を行う場合、論理的に●●の範囲は調査を行ったが、前回○○は調査範囲としていないので、○○を追加調査できるなどが明確になる。ただし、（母集合の件数に関わりなく）母集合を論理的に作成してからスクリーニングを行うため、前者と比べて効率が悪いケースが多くなる。

（５）検索式作成のポイント

検索式作成のポイントとして、どのような特許文献が必要かを具体的にイメージすることが重要である。現在の調査で見つかっていない（開示されていない）構成要素を含んだ発明はどのようなものである可能性があるのかを具体的にイメージする必要がある。対象特許と同じ構成を有する発明だけを探す必要なく、一部の構成が違っていても又は一部の構成の開示がなくても、進歩性（他の文献との組合せ）でも無効を主張することができるため、一部の構成が違っているものはどのようなものがあり得るのかを具体的にイメージし、そのイメージしたものを抽出する検索式を作成することが重要である。

そして、具体的にイメージする際には、スクリーニングにつながることを考慮するとよい。スクリーニングにつながることを考慮してとは、特許文献のどの部分（特許請求の範囲、要約、図面など）をどのように見るか、つまり、スクリーニングを実際にする場面を想定し、どのような特許文献ならスクリーニングしやすく、時間をかけずに済むかを考慮するとよい。

例えば図面で簡単に判断できるなら検索式で母集合の件数を減らすことに時間をかけることはしない。また、特許文献の全文を確認するのは時間がかかるため、要約、特許請求の範囲、発明の名称等を確認することで、ある程度全文の内容（必要な記載の有無）を判断できる検索式にできないかを検討する。例えば要約等に○○という構成があると全文に△△の記載がある可能性が高いのではないかと予想し、全文に△△のキーワードを使用するのではなく、要約等に○○のキーワードを使用できないか等を検討する。もちろん、無効資料調査のため、どこに（実施例の一部に）記載があったとしても有効な特許文献として使えるため、△△のキーワードを全文に使用することは問題ではないが、適合率（有用な情報が含まれている割合）を向上させることを目的として、検索式を作成することが望ましい。飽くまでもどのようにすれば効率良く（時間をかけずに）調査が行えるかを前提に検索式を作成する必要がある。

更なる検索式のポイントとして、複数の調査観点で検索式を作成する必要がある。上述したように、検索式作成では具体的にイメージする必要があるが、1つのパターンをイメージするだけでなく、様々な角度や観点からイメージし、それを検索式に反映させることで、複数の調査観点で検索式を作成する必要がある。

最後に、検索式の妥当性を判断する1つの方法として、対象特許や上記2．対象特許の事前情報収集で見つかった特許文献が、当該検索式で作成した母集合に含まれるのかを確認するとよい。それらの特許文献が含まれないようであれば、検索式を再考すべきである。

5．スクリーニング

ここではスクリーニングの方法について説明する。

無効資料調査では、侵害予防調査と異なり、特許請求の範囲だけでなく、実施例に必要な記載があれば対象特許の無効を主張することができる資料となるため、実施例を含めた全文を確認する必要がある。

しかし、検索式で作成した母集合の全ての特許文献の全文を確認するとあまりにも効率が悪く、時間がかかってしまう。そのため、どのようにして効率良く見るかを検討しながらスクリーニングするとよい。例えばスクリーニングする最初の数十件から百件程度は、スクリーニング実施者の対象特許の技術だけでなく周辺技術の知識を深めるため、丁寧に、実施例の細部まで時間をかけて読む方がよい。ただし、読んでいる特許文献に技術的な不明事項があったとしても、深入りはせず、技術的に不明な事項があるという程度でとどめてよい。

これは、その後のスクリーニングで、他の特許文献に詳細に分かりやすく記載されている場合があるからである。また、技術的に不明な事項があっても、それが必要な特許文献を抽出するために必須の知識でない場合もあるからである。数十件から百件程度を丁寧に読み終えた後は、要約、特許請求の範囲、図面等だけで、全文のどこかに記載があるかを想像し、全文に記載がなさそうなら全文を確認せずに次の特許文献のスクリーニングに移る。

特に検索式作成時における各集合の意図を思い出し、現在見ている特許文献はどの集合に含まれるかを想像し、その集合はどのような調査観点（意図）で作成したのかを思い出す。そうすることにより、調査観点（意図）と異なるならノイズの可能性が高いと判断し、調査観点（意図）どおりなら更に詳細を確認する必要があると判断でき、スクリーニングにかける時間を短くし、効率良く行うことができる。

特に無効資料調査のスクリーニングにおいては、スクリーニングしている特許文献に記載されている内容まで理解するのではなく、必要な（欲しい）記載があるかどうかを判断するだけでよい。また無効資料調査において、スクリーニングしている特許文献に、主引例に記載のない箇所（副引例がある場合には、主引例と副引例でも記載がない箇所）の開示の有無だけを、第一段階として判断すればよい。

そして、開示がある場合には、第二段階として、主引例と組み合わせて無効にできるロジックができるか、又は現在の主引例に代わる新たな主引例になれるかを検討する。新たな主引例になれる場合は、次からのスクリーニングにおいて、新たな主引例に記載がない箇所があるかどうかを判断し、これを繰り返すことになる。

つまり､スクリーニングする基準が徐々に変わっていくことが望ましい。これは、１件でも開示がある特許文献が見つかれば有効な証拠となる無効資料調査や先行技術調査の特有のものである。ただし、公知技術ではなく、周知技術（その技術分野において一般に知られている技術）であると無効審判等で主張するためには、一般に３件の特許文献が必要と言われているため、周知を主張する場合には注意が必要である。なお、開示があるか微妙な場合や開示の有無の検討に時間がかかる場合、該当特許文献に印を付けて、次の特許文献のスクリーニング（スクリーニングの基準は変えず）に移るのがよい。その後のスクリーニングにより、その印を付けた特許文献よりも、もっと良い開示のある特許文献（開示があることが容易に判断できる特許文献）が見つかる可能性があるからである。

そして、母集合の全ての特許文献のスクリーニングが終わった際に、マークを付けた特許文献を詳細に精読し、開示の有無を確認するとよい。なお、当然ではあるが､もしマークを付けた特許文献の後に､もっと良い開示のある特許文献が見つかった場合はマークした特許文献を詳細に精読する必要はない。

最後に、スクリーニングにおいて従属項についてまで無効資料を探す場合の留意点について述べる。独立項を無効にする資料が見つからない段階で、従属項のみの開示の有無まで、全ての特許文献で確認しようとすると、確認作業に時間がかかり効率が悪くなってしまう。そのため、従属項の記載については、スクリーニングする際において、頭の片隅に従属項の構成要素を入れておく程度でよく、独立項の開示を探している最中に気が付けばその特許文献にマークを入れておく程度にしておくとよい。もちろん､独立項の無効化が主張できそうな資料が見つかった場合には、従属項についても資料を探す必要があり、既にスクリーニングした特許文献に従属項の開示がある可能性のある特許文献がある場合（見落としている可能性がある場合）には、再度スクリーニングする必要がある。そのため、独立項が無効になる可能性が高い場合は、最初から従属項についても開示の有無を確認しておく方がよい。

6．追加調査

全ての特許文献のスクリーニングが終了すると、抽出した特許文献の詳細な検討を行い、抽出した特許文献のみで、対象特許の無効が主張できるかどうかを検討することになる。

ここで、抽出した特許文献のみでは、対象特許の無効が主張できない場合には、追加調査が可能か否かを検討すべきである。これは、追加調査を行う予算（時間）や範囲（非特許文献や、既に行った特許調査の範囲外）があるかどうかも含めて検討する必要がある。

特に特許文献については、作成した検索式で当初にイメージしたとおりの特許文献が全て含まれており、漏れはないのかを検討すべきである。漏れの可能性があるなら追加調査を行って見つかる可能性があるからである。実際にスクリーニングをすると、当初想定できなかった類義語や同義語が見つかる可能性、漏れていた特許分類や気になる特許分類が見つかる可能性、当初イメージできなかったが新たな無効にできる可能性のある特許文献のイメージが湧く可能性、等がある。

このような場合には、追加で調査を行うことが有効的だと思われる。ただし、追加調査を行う予算（時間）を考慮する必要はある。無効資料調査の場合、調査範囲を際限なく広く設定することも可能であり、予算、効率、見つかる可能性を考慮する必要があるからである。

また、対象特許の無効が主張できる資料が見つかった場合でも、追加調査の必要性の検討を行う方がよい。これは、特許法において、特許権が設定登録された後であっても、無効理由等が見つかった場合などにおいて、減縮を目的として、特許請求の範囲を訂正することが可能だからである。訂正審判等で、対象特許の請求の範囲が減縮等されることで引用文献との差異が生まれ、対象特許が無効とされず、減縮されても対象特許の実施となり侵害する場合には、実施ができない可能性があるからである。そのため、訂正審判につながることを考慮し、追加調査の必要性を検討することが望ましい。

実際問題として、どのように減縮されるのかは、対象特許の権利者の意向や明細書の記載次第のため予想が難しい場合がある。しかし、どのような減縮であれば問題があるかどうかは検討できるため、減縮されて問題がある技術についてのみ追加調査を行うのも一つの方法である。

７．報告書、対比表の作成

（１）報告書

報告書には、抽出特許文献の内容、抽出特許文献の開示状況、抽出特許文献以外の状況、結論、検索式を含めるのが望ましい。抽出特許文献の内容や開示状況は、後述する対比表等で詳細に記載することとなるが、簡易的にでも記載することで報告書のみでもある程度内容を把握できるようにすることが望ましい。また、可能であれば、抽出特許文献以外の内容も記載すべきである。例えば抽出特許文献以外にも同様の開示がある文献がないか等である。これは、対象特許について訂正審判が行われた場合に追加で調査を行って見つかる可能性が高いのか低いのかの目安となるからである。

（２）対比表

対象特許と抽出した文献の構成要件を対比した対比表を作成することで、どの構成について開示があり、又は開示がないかを整理して把握することが容易となる。

また、第三者への説明の際も、対比表を用いることで、開示状況の説明が容易となるため、対比表を作成することが望ましい。対比表には、対象特許の各構成要件だけでなく、技術分野や課題等も記載することが望ましい。これらは、進歩性否定における副引用発明適用の動機付けの判断に役立つからである。また、対比表には、図面での把握が容易になる場合、図面を用いて対比するとよい。

さらに、対比表には、開示箇所（頁番号、段落など）、開示の有無を示すマーク（開示あり：○、一部の開示がある：△、開示なし：×）、開示に対するコメントを記載することで、第三者にも開示内容の把握が容易となる。特に開示に対するコメントを用いて、開示内容については正確に記載する必要がある。つまり、どのような開示があるのかと、その開示内容からどのようなことが言えるのか（考えられるのか）は、分けて記載する必要がある。第三者にどのような記載があるのかを正確に把握させるためである。

<table>
<tr><th colspan="3" rowspan="3">構成要件</th><th colspan="2">抽出文献</th></tr>
<tr><th>1</th><th>2</th></tr>
<tr><th>公報番号：特開****-****
公報発行日：2014年4月3日
出願人名：*****
発明の名称：******</th><th>公報番号：特開****-****
公報発行日：2005年10月20日
出願人名：***
発明の名称：*****</th></tr>
<tr><td rowspan="8">請求項1</td><td rowspan="2">1-1</td><td rowspan="2">****方法であって、</td><td>○</td><td>○</td></tr>
<tr><td>p. 5　33行目
【0023】*****

p. 6　20-23行目
【0028】*****</td><td>p. 3　22-24行目
【0001】*****

p. 5　32-40行目
【0013】*****</td></tr>
<tr><td rowspan="2">1-2</td><td rowspan="2">****と、</td><td>○</td><td>△</td></tr>
<tr><td>p. 6　22-26行目
【0028】*****

※******との明確な記載はありませんが、*****を同義と考えました。</td><td>p. 5　32-40行目
【0013】*****

※*****との明確な記載はありません。</td></tr>
<tr><td rowspan="2">1-3</td><td rowspan="2">****と、</td><td>○</td><td>○</td></tr>
<tr><td>p. 7　40-43行目
【0036】*****</td><td>p. 9　1-5行目
【0030】*****</td></tr>
<tr><td rowspan="2">1-4</td><td rowspan="2">******方法。</td><td>○</td><td>×</td></tr>
<tr><td>p. 7　40-43行目
【0036】*****</td><td></td></tr>
<tr><td colspan="2" rowspan="2">技術分野</td><td rowspan="2">******</td><td>○</td><td>○</td></tr>
<tr><td>p. 2　3-4行目
【0001】*****</td><td>p. 2　2-4行目
【0001】*****</td></tr>
<tr><td colspan="2" rowspan="2">課題</td><td rowspan="2">******</td><td>○</td><td>△</td></tr>
<tr><td>p. 2　8-10行目
【0005】*****</td><td>p. 5　32-40行目
【0013】*****

※*****の記載あるが、*****の記載はありません。</td></tr>
</table>

【図表４】対比表サンプル

（３）特許異議申立て、無効審判に向けて

特許異議申立制度（特許法第113条）では、何人も特許公報の発行の日から６月以内に限り、特許庁長官に、特許異議の申立てをすることができる。特許公報の発行の日から６月以内に書面を提出する必要があるため、対象特許が見つかった場合は早急に調査を行い、無効となる資料を用意する必要がある。

また、何人も申し立てることができるため、ダミーで行えば特許権者に知られることなく申立てを行える。

特許無効審判制度（特許法第123条）では、特許後（設定登録後）であれば、特許権消滅後でも利害関係人に限りその特許を無効にすることについて審判を請求することができ、無効になれば（無効にすべき旨の審決が確定したとき）、特許権は、初めから存在しなかったものとみなされる（特許法第125条）。

特許異議の申立てには、その理由及び必要な証拠の表示（特許法第115条第１項第３号）を、無効審判では、請求の趣旨及びその理由（特許法第131条第１項３号）を特許庁長官に提出する必要があり、請求の趣旨及びその理由は、特許を無効にする根拠となる事実を具体的に特定し、かつ、立証を要する事実ごとに証拠との関係を記載したものでなければならない（特許法第131条第２項）と規定されている。そのため、上述した対比表等を無効審判の審判請求書につながるように記載して活用するのがよい。

８．まとめ

以上、本稿では、無効資料調査における対象特許の情報収集から検索式作成のポイント、スクリーニング方法、追加調査の必要性、報告書の作成について説明した。「特許無効とつながる無効資料調査」を活用し、無効資料調査の結果を用いて対象特許の有効性を否定できる文献が効率良く発見され、鑑定や特許無効審判等につながり、実施する事業の継続に役立つ情報収集とつながれば幸いである。なお、無効資料調査が必要になった場合には、知財部だけで行うのではなく、特許事務所や専門の調査機関に調査を依頼し、専門家に判断してもらうのも一つの方法である。

＜参考文献・注釈＞

※1　特許庁「特許・実用新案審査基準（第Ⅲ部第２章第２節）」
※2　Weblio のウェブサイト
https://thesaurus.weblio.jp

第５章

探索する特許調査分析

1節　用途探索とつながる特許分析

小出 智也・石井 友莉恵

1．用途探索の重要性

多くの製品やサービスには、市場に投入する導入期、売上げや利益が急増していく成長期、利益の伸びが鈍化する成熟期を経て、やがて利益が減少していく衰退期を迎えるプロダクト・ライフサイクルが存在する。また、近年、ユーザーニーズの移り変わりの早さや多様化により、製品やサービスの寿命は短命化する傾向にある。

そのため、企業は継続的に利益を確保し、永続的な成長を遂げるために、自社保有技術について、新たな市場を開拓し、事業を拡大させていくことが求められる。

【図表１】アンゾフの成長マトリクス

図表１に、事業の成長や拡大を検討する際に用いられる「アンゾフの成長マトリクス」と呼ばれるフレームワークを示す。縦軸を「市場」、横軸を「技術・製品」とし、それぞれを「既存」「新規」の２区分に分け、図表１のように①～④の４象限に分割して事業戦略の方向性を導き出すものである。

なお、「市場」は「海外市場」などといったエリアの意味も持つが、本稿において「(新規) 市場」という場合、「(異) 業種・(異) 分野」の意味を意図している。例えば「市場開拓」は、既存製品の海外進出や海外展開といったエリア開拓の意味ではなく、「自動車向け塗料を製造するメーカーが、その顔料分散技術を応用して化粧品業界に進出する」といった、保有技術を起点として異業種・異分野へ進出することを意味している。

(１) 市場浸透戦略 (既存市場×既存技術)

既存の技術・製品を用いて既存の市場での浸透を狙う戦略である。既に市場に投入されている自社製品やサービスのシェア向上や販売数量、購入頻度などのアップを狙った施策を実行する。①～④の中で最もリスクが低く、事業展開しやすい戦略といえる。

(２) 市場開拓戦略 (新規市場×既存技術)

既存の技術を用いて新たな市場を開拓する戦略である。自社保有技術が応用できる異業種・異分野をターゲットとするが、市場規模や競合環境なども加味しながら有望市場を探索する。専門外の領域に進出していくため、①よりもリスクが高い戦略となる。

(３) 製品開発戦略 (既存市場×新規技術)

既存の市場向けに新たな技術を投入する戦略である。既に形成されている市場から新規な顧客ニーズを汲み取り、競合他社と差別化された製品・サービスを開発する必要がある。新たな技術の開発には多額の研究開発費や設備投資が必要になることも多く、その場合は②よりもリスクが高い戦略となる。

(４) 多角化戦略 (新規市場×新規技術)

新たな技術を新たな市場に向けて展開する戦略である。新たな技術開発や市場開拓はいずれもリスクを伴うため、①～④の中で最もリスクの高い戦略といえる。

以上のとおり、新たな技術開発や市場開拓はいずれもリスクを伴うものであるが、事業を拡大させていく上でこのリスクは避けて通れない。まずは技術と市場のどちらかは既存のリソースを活用した方が、リスクを極力回避しつつ、成功率の高い事業戦略となり得ると思われる (図表２)。

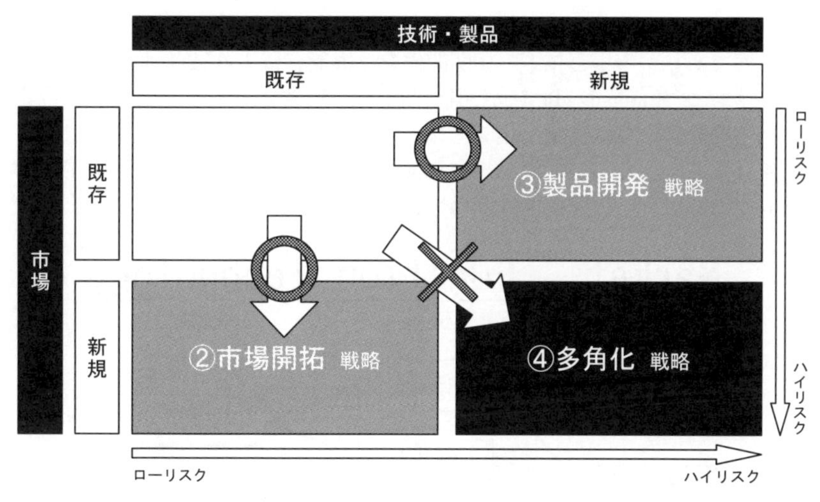

【図表２】アンゾフの成長マトリクス

一方で、多くの企業にとって、技術者や技術、知的財産権やノウハウ等の無体財産は、長年の研究開発活動の結晶であり、最も重要な資産である。まずは最も重要な資産たる自社の無体財産に軸足を置き、その無体財産を活用できる新たな市場を探索する②の市場開拓戦略が最も有効な事業戦略となり得ると思われる。

よって本稿では、自社保有技術を起点として、新たな市場を探索する特許分析の手法を紹介する。なお、自社技術を新たな用途に展開することで、新たな市場を開拓することを目的とし、特許情報を活用して新たな用途を探索する用途探索について説明する。

２．用途探索の手法

（１）ADL 社の MFT® フレームワークに基づく分析

自社保有技術を活用できる新たな市場を探索するのは簡単なことではない。技術は様々な要素を含んでおり、常に市場と一対一で結び付いているものではない。そのため、直接技術から市場を結び付けようとしても、特定の要素に偏った見方をしてしまったり、既にある先入観から視野が狭くなってしまうなど、適切な切り口で検討することが難しい。このような場合に、技術を機能ごとに要素分解した上で、各要素につながる市場を考えるために有効なフレームワークとして Arthur D. Little（以下、ADL 社）が開発した「MFT® フレームワーク（※1）」がある。

MFT®とは、Market（市場）、Function（機能）、Technology（技術）の頭文字を取ったものであり、市場と技術の相関関係を「機能」により結び付ける手法としてコンサルティング企業のADL社が90年代後半に開発し、多くの企業の新規事業、研究・技術開発ひいては知財マネジメント（特許分析も含む。）に活用されてきた。機能に着目することで、市場から技術、技術から市場、の双方の視点からのアプローチを検討する際に、市場と技術の関係性を分かりやすく整理することができる。

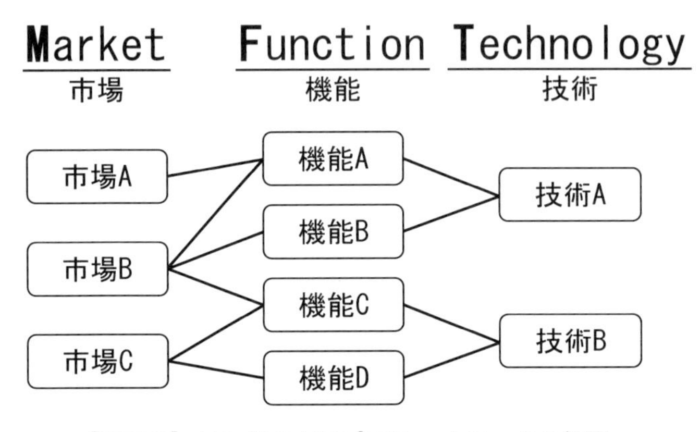

【図表３】ADL社のMFT®フレームワークの概要

MFT®フレームワークを用いて技術から市場（用途）を探索する際の分析手法について、自社のコア技術が「光触媒を利用したコーティング材」であった場合を仮想例として説明する。図表４に、その概要を示した。

〈前提技術〉

光触媒とは、「光が当たると触媒作業（化学反応の速度を変えること）を発揮する材料（※1）」のこと。酸化チタンがよく知られている。

〈作用〉

酸化還元反応を促進することで、抗菌、大気や水浄化の作用を発揮する。また、光が当たることで表面が濡れやすくなる性質があり、防汚、防曇の作用を発揮する。

〈自社技術〉

光触媒を利用したコーティング材
（現状用途）建築物の外壁
→防汚作用により汚れを雨で洗い流すことができる。

【図表４】分析事例（光触媒を利用したコーティング材）の概要

まずは自社の技術である「光触媒を利用したコーティング材」が持つ機能や効果を抽出する。自社の開発部門へのヒアリングや、対象技術について特許分析をすることによる課題や効果の抽出など、様々な抽出方法がある。ここでは、コーティング材の既存市場とコア技術を結ぶコア機能として「防汚性」が抽出されたと仮定し、「防汚性」に焦点を当てて特許調査を行うこととする。

次に、「防汚性」について、特許調査の検索式を作成し、分析を実施する。この検索式は、特許分類などにより特定の分野への限定は行わず、関連するキーワードを中心に作成することが望ましい。今回の目的は新たな用途を探索することであるため、検討する元の集合が特定の分野に限られていると、分野の広がりがなくなってしまうおそれがあるためである。また、今回のように、コア機能を抽出して機能の検索式を作成することで、探索する市場（用途）や技術の自由度を増やすことができる。

その後、作成した機能の検索式で検索を行い、検索結果の母集合についてIPCなどの特許分類を集計することで、技術分野を分析し、新たな用途の抽出を行う。特に出願日が新しい特許文献について、既存の用途以外の技術分野が含まれていないかを確認することで、業界として需要の高い分野を抽出できる可能性が高い。

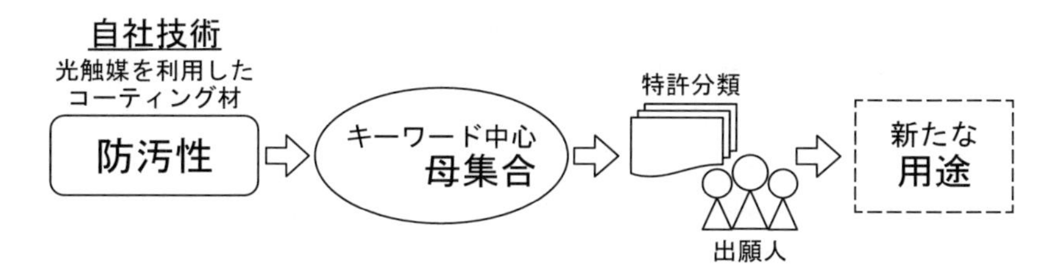

【図表5】ADL社のMFT® フレームワークを活用した特許分析応用例

実際に「防汚性」について、IPC（サブクラス）別の出願件数の集計を行った。IPC（サブクラス）を出願件数の多い順に並べ、上位の20分類について図表6にまとめた。各特許分類について、2004年以降の出願件数の総計と、2019年～2021年の出願件数の和に対する2016年～2018年の出願件数の和の差分を集計した結果を示した。

IPC	総計	差分	分類の説明
B32B	1318	⇩ -92	積層体，すなわち平らなまたは平らでない形状の層から組み立てられた製品
C09D	1303	⇩ -94	コーティング組成物；パテ；塗料除去剤インキ消し；インキ；修正液、ほか
G02B	753	⇩ -15	光学要素，光学系，または光学装置
C08F	576	⇩ -67	炭素-炭素不飽和結合のみが関与する反応によってえられる高分子化合物
C09K	463	⇩ -7	他に分類されない応用される物質；他に分類されない物質の応用
C08L	428	⇩ -32	高分子化合物の組成物
B05D	414	⇩ -19	流動性材料を表面に適用する方法一般
C08G	303	⇩ -33	炭素-炭素不飽和結合のみが関与する反応以外の反応によって得られる高分子化合物
C08J	302	⇩ -27	仕上げ；一般的混合方法；特定のサブクラス（C08Bなど）に包含されない後処理
C08K	249	⇩ -16	無機または非高分子有機物質の添加剤としての使用
B01J	221	⇩ -5	化学的または物理的方法；それらの関連装置
D06M	214	⇩ -6	繊維，より糸，糸，織物，羽毛、ほか
C09J	202	⇩ -26	接着剤；接着方法一般の非機械的観点；他に分類されない接着方法、ほか
C03C	196	⇩ -21	ガラス，うわ薬またはガラス質ほうろうの化学組成；ガラスの表面処理、ほか
C23C	161	⇧ 12	金属質への被覆；金属材料による材料への被覆、ほか
G02F	145	⇧ 1	素子の媒体の光学的性質の変化により光を制御するための光学装置または光学的配置、ほか
G09F	142	⇧ 1	表示；広告；サイン；ラベルまたはネームプレート；シール
B29C	135	⇩ -19	プラスチックの成形または接合；他に分類されない可塑状態の材料の成形；成形品の後処理
E04F	133	⇩ -11	建築物の仕上げ
H01L	112	⇩ -4	クラスH10に包含されない半導体装置

【図表６】「防汚性」の上位特許分類（IPC- サブクラス）

集計した上位特許分類について、自社技術の既存の用途（ここでは、建築物の外壁）以外の技術分野に関連する特許分類に着目し、母集合の出願を数件程度確認した。今回の事例では、「C03C」「G09F」を抽出し、該当する出願について数件程度確認したところ、図表７のような出願の事例を抽出した。これらの事例から、新たな用途の候補として「太陽電池モジュール」「（道路上の）標示具」を抽出した。

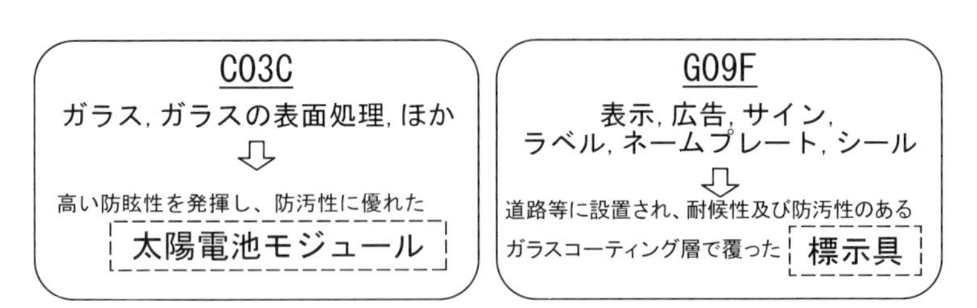

【図表７】「防汚性」の上位特許分類の出願事例

また、IPC などの特許分類以外にも、出願人の集計を行うことも有効である。用途が異なれば、出願を行っている企業なども異なってくる。既存の用途に関連の低い出願人に着目することで、新たな用途を抽出できる可能性がある。

「防汚性」について、出願人に着目した分析として出願人別の出願件数の集計を行い、出願件数の多い上位の出願人について、図表８のマップにまとめた。各出願人について、2004年以降の出願件数の総計と、2010年以降の出願を３年単位に色分けし、年代別の内訳が分かるように示したマップを作成した。

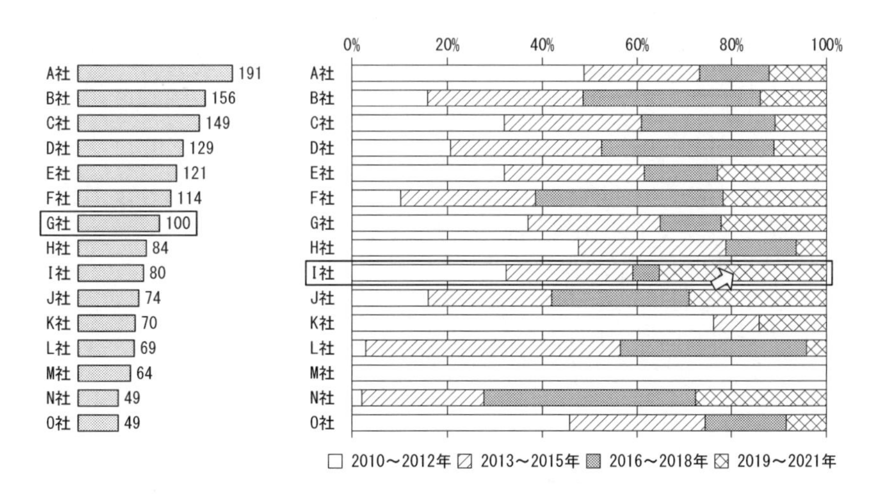

【図表８】「防汚性」の上位出願人（左：総計、右：年代内訳）

集計した上位出願人について、出願件数の多い出願人や、2019年以降出願比率が高い出願人に着目し、母集合の出願を数件程度確認した。今回の事例では、「G社」「I社」を抽出し、該当する出願について数件程度確認したところ、図表９のような出願の事例を抽出した。これらの事例から、新たな用途の候補として「（地面を被覆する）農業用シート」「水中構造物（への適用）」を抽出した。

【図表９】「防汚性」の上位出願人の出願事例

（２）被引用文献に基づく分析

多くの特許データベースでは、被引用文献に関する情報が収録されている。引用・被引用の関係にある特許出願同士は類似の内容を開示している場合が多いが、技術は共通であってもその用途は全く異なる場合もあり、引用先をたどると思わぬ異業種・異分野の特許出願から引用されているケースが存在する。このように、対象母集合の被引用文献情報を分析することで、想定していなかった新たな用途を見いだせる可能性がある。

以下に、被引用文献を用いた分析手法について説明する。

まずは分析対象とする母集合を作成する。母集合は用途探索を行いたい技術の関連自社出願とするか、他者出願も含めた母集合としてもよい。

母集合から被引用文献を抽出し、それらに付与されている特許分類と元の母集合に付与されている特許分類との差分を分析したり、出願人を集計し、異業種・異分野の出願人を抽出したりすることで、新たな用途を見いだすことができる（図表10）。

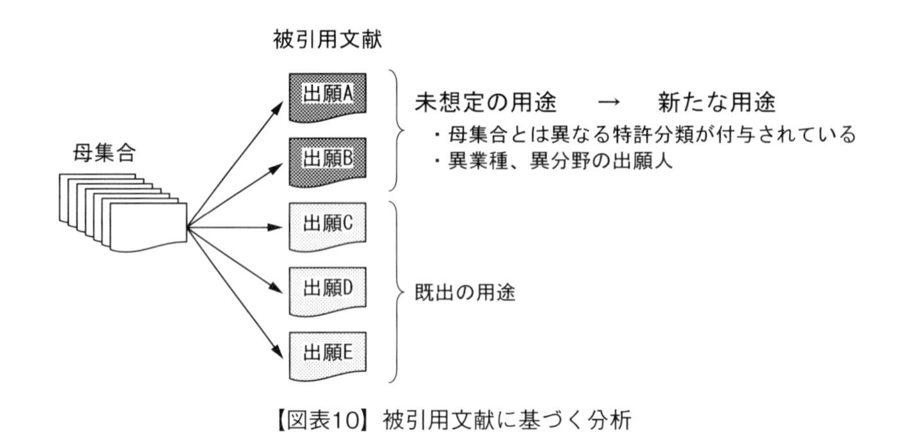

【図表10】被引用文献に基づく分析

前述したとおり、引用・被引用の関係は類似の内容である場合が多いため、被引用文献を分析しても既出の用途が多く、差異が見いだせないケースもある。その場合は、母集合から抽出した被引用文献（ここでは「一次引用」という。）から、それらを更に引用する被引用文献（ここでは「二次引用」という。）を抽出することで、新たな用途が見いだせる場合がある（図表11）。

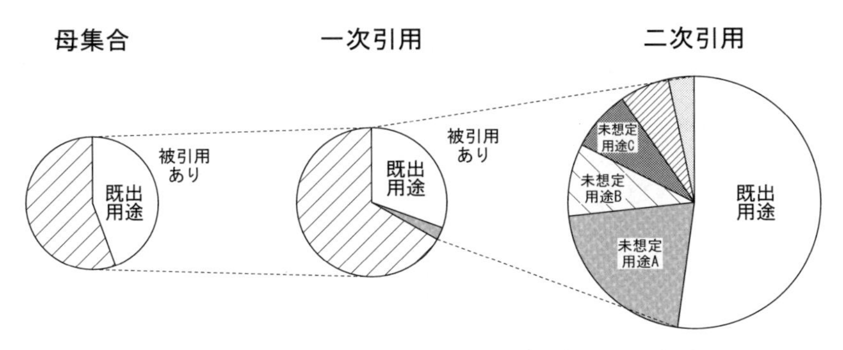

【図表11】被引用文献に基づく分析（二次引用の活用）

（3）テキスト情報に基づく分析

特許文献には、発明の名称や特許請求の範囲、明細書などの文書形式のデータ（テキスト情報）が含まれる。これらのテキスト情報を用いた分析手法として、２つのアプローチを紹介する。

ア．文書解析（テキストマイニング）に基づく分析

テキスト情報を単語や文節などに区切り、特定の技術内容の抽出やカテゴリー分けを実施する文書解析（テキストマイニング）という分析手法がある。特許文献を読み込むことなく、機械的に関連するキーワード（用途）を抽出することができる。

以下に、文書解析を用いた分析手法について、「光触媒を利用したコーティング材」の「大気浄化」を例として説明する。光触媒の概要は上述したとおりのため、説明は省略する。

まず、「大気浄化」について特許出願の母集合を作成し、分析を実施する。この際の母集合についても、MFT®フレームワークと同様に、関連するキーワードを中心に作成することが望ましい。

次に、作成した母集合について、特許調査ツールなどを用いて頻出単語の抽出を行う。ここでは、特許調査支援サービス「PatentSQUARE（※3）」の提供する機能である「特徴語」を使用する。「特徴語」は、「蓄積されている全公報データ内の単語と個々の公報データ内の単語を比較し、出現頻度などから単語に重み付け（※4）」したものである。

特徴語	集計数	特徴語	集計数
空気浄化	440	酸化チタン	440
浄化装置	406	放電電極	54
空気清浄機	168	汚染物質	53
フイルター	78	空気の流れ	51
ケーシング	67	送風ファン	50
室内空気	66	プレフイルタ	50
本体ケース	62	空気調和機	49
フイルタ	62	熱交換器	46
空気清浄装置	61	換気装置	44
ウイルス	60	発生装置	44

【図表12】「大気浄化」の特徴語

「大気浄化」について抽出した特徴語を上記の図表12にまとめた。この結果から、新たな用途の候補として「空気清浄機」「熱交換器」などを抽出した。

イ．発明の名称に基づく分析

発明の名称は、発明の内容を分かりやすく簡潔に表したものである。発明の名称を確認することで、発明の技術分野（用途）をある程度推測することができる。

以下に、発明の名称を用いた分析手法について、「光触媒を利用したコーティング材」の「防曇性」を例として説明する。光触媒の概要は上述したとおりのため、説明は省略する。

まず、「防曇性」について特許出願の母集合を作成し、分析を実施する。この際の母集合についても、MFT®フレームワークと同様に、関連するキーワードを中心に作成することが望ましい。

次に、作成した母集合のうち、出願日が新しい近年の出願について、「発明の名称」のスクリーニングを実施する。発明の名称の記載から、新たな用途の抽出を行う。

実際に、「防曇性」の2020年以降の出願（約200件）について、「発明の名称」を確認した。その結果、図表13のような出願の事例を抽出した。これらの事例から、新たな用途の候補として「車両用灯具」「セキュリティカメラ」を抽出した。

防曇性
2020年以降の出願（約200件）
車両用灯具
セキュリティカメラ用防曇膜付き
透明物品及び　セキュリティカメラ

【図表13】「防曇性」の発明名称の出願事例

3．用途探索の結果の活用

本稿ではここまで、様々なアプローチによる新たな用途探索について紹介した。本稿のアプローチでは、自社のコア技術をそのまま検索に用いるのではなく、市場、機能、技術に分けてコア技術と市場を結ぶ機能（コア機能）を抽出し、機能を検索に用いている。これにより、市場や技術の自由度が高い母集合を形成でき、広い観点で市場（用途）を探索できる。

今回事例を挙げたものについては、特定のコア機能に着目して分析を実施し、新たな用途の候補を抽出した。実際には、自社技術が持つその他の機能についても、同様の分析を実施することで、異なる視点に基づく新たな用途を抽出することができる。

今回は用途探索を目的としたが、事業を遂行する上では、新たな用途を抽出することがゴールではない。用途を抽出した後には、実際に自社技術を転用することができるのか否かを検証する必要がある。特許情報から抽出された出願事例などを参考に、開発部門などとともに自社技術の洗い出しや比較を行うのがよいであろう。また、競合他社の把握や、自社だけでは実施が困難な場合にはパートナーの検討も必要となる。その際にも、特許分析を活用することが有効である。

さらに、抽出した用途について実際に事業化を行う際には、市場動向の収集も重要となる。既に市場として成熟された領域であるのか、市場のニーズはあるのか、など、特許情報の側面からだけでない様々な観点からの情報を踏まえた上で、事業化の判断を行うことが必要である。

＜参考文献・注釈＞

※1　MFT®は、アーサー・ディ・リトル・ジャパン株式会社により商標第6736647号として登録済みで、Market Function Technology®の略称。Market Function Technology®は、アーサー・ディ・リトル・ジャパン株式会社により商標第

6860143号として登録済み。

※2　光触媒工業会「光触媒入門」
https://www.piaj.gr.jp/guidance/beginning

※3　特許調査支援サービス「PatentSQUARE」
https://www.panasonic.com/jp/business/its/patentsquare.html

※4　特許調査支援サービス「PatentSQUARE」FAQ
https://faq.it-sol.panasonic.biz/faq/show/1045

2節　パートナー探索とつながる特許分析

吉田 美奈・白石 克豊

近年、オープンイノベーションやビジネスにおけるエコシステムのように、自身及び他者が持つ技術や知識等を組み合わせて革新的な事業、製品、サービス等を創出し、市場を開拓することが進展してきている。それに伴い、特許権の活用は、独占排他権の活用からライセンスや開放といった実施権の活用へ、クローズ領域での活用からオープン領域での活用へ比重が変化している。別観点から述べると、製品やサービスをモジュール化し、モジュールごとにクローズ領域とオープン領域を設定し、独占排他権を活用するクローズ領域と実施権を活用するオープン領域とをミックスさせ、オープン領域で他者の技術等を活用しながら市場を開拓しつつ、クローズ領域で自身の事業を保護、利益を確保するといった知財戦略が取られている。

更に特徴的なことは、従前のオープン領域では、多数のプレーヤーが価格競争を起こさせてモジュールの価格を下げ、収益を上げることが困難になっていた。つまり、クローズ領域を形成する特許権者等のみが収益を上げる産業構造が構築される傾向があった。

一方、今般のオープン領域では、オープン領域に位置する、オープン領域でともに市場を開拓していくパートナーである共創パートナーも、特許権者等の自身とともに付加価値や収益を上げることができ、競争領域を形成する自身に多様性を提供している。これにより、オープン領域を形成する自身及び共創パートナーは、持続性の高いビジネスエコシステムを形成できるようになっている。

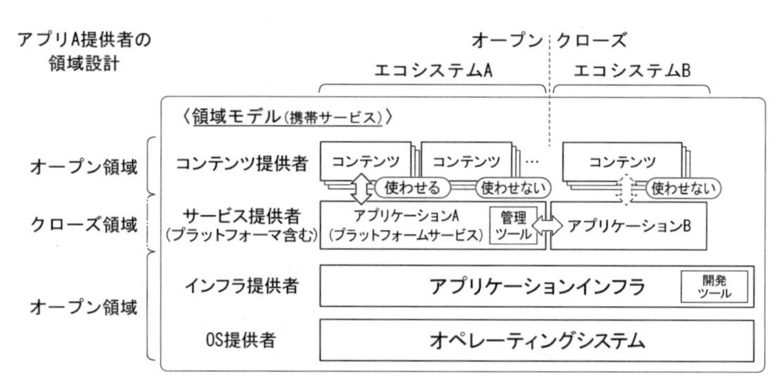

【図表1】オープン／クローズ領域の概念

このような時代変化の中で、オープン領域でともに市場を開拓していく、言わば共創仲間となり得る「共創パートナー」の選定は、事業の成功や持続性を左右する大変重要なテーマである。本稿では、自社事業のパートナーとなり得る相手先企業を探すために、どのような特許分析を実施すればよいかについて説明する。

１．パートナー探索を考えた時に

パートナー探索を検討する前段階では、どの領域で共創パートナーと共創し、どの領域に自社を位置付けて事業を成功させて持続させていくか、といったオープン&クローズ戦略を策定する。つまり、パートナー探索も、共創パートナーと共創するオープン領域の技術分野によって、特許分析に使用するための具体的な検索式が定まる。その際は、自社にて実施中、又は自社にて実施予定の事業について、関連技術や関連特許をどのように活用していくか、あらかじめ検討しておくことも重要である。

本稿では、まずオープン&クローズ戦略について概略を説明し、その後、パートナー探索のために実施する特許分析について詳説する。

なお、出願人・特許権者が企業である場合について先に述べ、最後に、出願人・特許権者が大学・研究機関である場合について付記する。

２．オープン戦略とクローズ戦略

オープン&クローズ戦略の説明のため、形式的に、オープン戦略とクローズ戦略に分けて説明する。

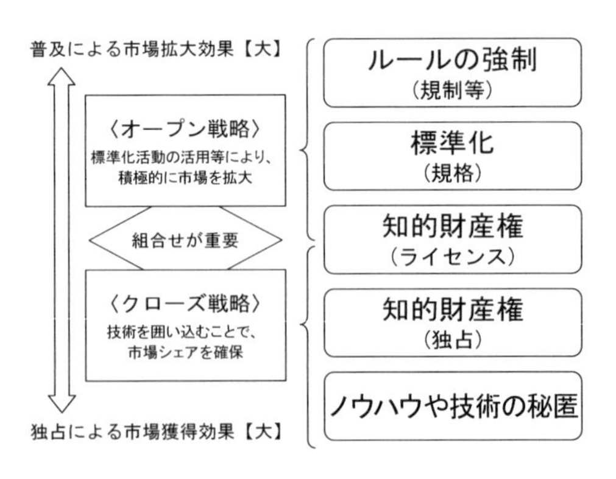

【図表２】オープン＆クローズ戦略の概念図

（1）オープン戦略

オープン戦略とは、自社の技術等を積極的に他社に実施させ、自社の製品やサービスの普及や市場の拡大を目的とする戦略である。例えば自社事業に関連する技術に関する特許を保有し、他社に実施許諾（有償、無償を問わない。）を行ったり、クロスライセンスを締結したりして特許を使用してもらい、特許に係る商品・サービスの普及や市場の拡大を狙う運用戦略である。オープン戦略をとる場合としては、次のような例が挙げられる。

・特定の技術を実施する際に、複数の実施方法がある場合
・自社が保有する特許に係る技術を、広く他社に実施してもらう場合
　自社特許を広く他社に使用してもらうことにより、自社技術を実質的に業界のデファクトスタンダードとして確立させたり、自社技術に基づく事業を拡張したりすることによって、シェアの拡大が期待される。
・技術規格の標準化団体に所属して技術の標準化を行う場合
　自社が標準化作業に関わることにより、自社技術を標準規格に反映させることが可能な場合がある。

（2）オープン戦略の事例

オープン戦略の参考になる事例を以下に紹介する。

・ダイキン工業株式会社：冷媒R32特許技術のオープン化による地球温暖化対応空調機のマーケット拡張（※1、※2、※3）

ダイキン工業株式会社（以下、ダイキン工業）は、従来の冷媒（代替フロンR410A）に比べて地球温暖化係数が約３分の１の冷媒R32を使用した空調機を開発し、基本特許・関連特許を世界各国で取得した。ダイキン工業では、冷媒R32を使用した空調機を広く販売し、地球温暖化対策に寄与する目的で、冷媒R32に関連する特許技術をオープン化し、その度合いを段階的に拡大する方針を進めてきた。オープン化の流れは以下のとおりである。

平成23(2011)年：温暖化影響の少ない冷媒への切替えに向けた取組を加速するため、新興国においてR32空調機に関する93件の特許を「無償開放」
平成27(2015)年：各国の環境規制の機運の高まりに合わせ、先進国においても「無償開放」を行うことを発表（※1）
平成31(2019)年：平成23年以降に出願した特許（約180件）に関しても、「無償開放」をアナウンス。同社の『特許権不行使の誓約』の中で、事前許可も契約も不要であること、係争等の場合に誓約を取り消し得ること等を明記（※2）

このような特許のオープン化により、冷媒R32を使用するエアコンの販売台数は他社製も含め拡大しており〈平成29(2017)年３月から平成30(2018)年12月までの間に累積販売台数は世界で2700万台から6800万台に拡大〉、環境保護にも貢献している（※4)。

また、特許のオープン化は、冷媒R32の取扱いを容易にするための標準化活動にも寄与した。従来、冷媒R32はISO規格の「可燃」に分類されており、冷媒R32を用いた製品には高い安全性レベルが求められていた。そこで、ダイキン工業は、微燃性冷媒の標準化活動を実施し、冷媒のISO規格に「微燃」分類を設けることを目指した。平成23(2011)年に冷媒R32に関連する特許の無償開放を実施したことは、平成26(2014)年に冷媒のISO規格において、新たに「微燃」分類が設けられたことに大きな影響を与えている（図表３)。(※5)

ISO規格に「微燃」分類が設けられて以降、冷媒R32の取扱いが容易になり、冷媒R32を用いた空調機のマーケットを拡張することに寄与した。

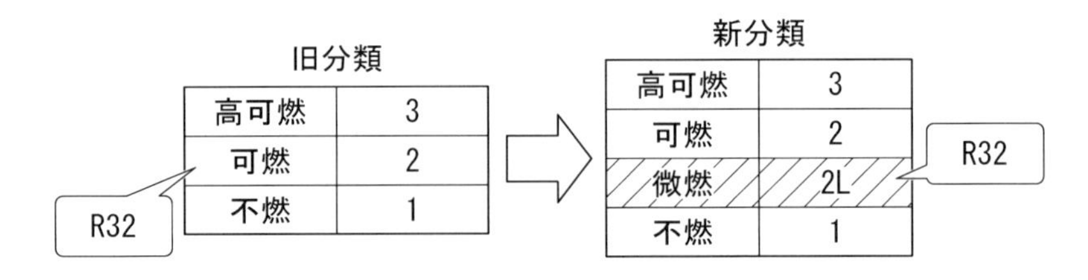

【図表３】ISO規格の変更概念図（微燃分類の創設）

（特許庁「経営戦略を成功に導く知財戦略【実践事例集】42頁、図２〈令和２(2020)年〉より作成）

上記では、オープン戦略の参考のため、オープン化の部分について紹介した。一方で、ダイキン工業は、無条件で特許を無償開放しているわけではなく、前述のとおり、「権利不行使の誓約」において係争等の場合に誓約を取り消し得る、といった防御的取消しの条項を設けている。この条項は、条件付きのクローズ領域とも捉えることができ、その意味では、オープン&クローズ戦略と捉えることもできる。

（３）クローズ戦略

クローズ戦略とは、自社の技術等を他社に実施させずに、自社の収益に寄与する技術等を保護して収益や事業の持続性を確保することを目的とする戦略である。例えば自社事業に関する特許権を自社にて保有し、特許技術の開放や他社へのライセンス等を行わない運用戦略である。クローズ戦略をとる場合としては、開発・製造から販売・流通までを自社で一貫して行うような垂直統合型の事業において、自社事業の中心的なコア技術が他社に実施されると、自社事業が成り立たなくなる場合等が挙げられる。クローズ戦略は、自社の強みとなる技術を安全に運用するための戦略である。

（4）オープン＆クローズ戦略（戦略の組合せ）

オープン戦略又はクローズ戦略の一方を実施するのみでは、事業の推進が難しくなる。例えばオープン戦略のみでは、自社のコア技術のコモデティ化を招き、また、プロダクトサイクルが短くなりコア技術の陳腐化を早めるだけとなる。一方、クローズ戦略のみでは、ニッチ市場で事業が先細っていく、又は他社の技術革新等による代替品が登場することも起こる。

これに対し、オープン戦略とクローズ戦略とを組み合わせて行うオープン＆クローズ戦略が知られている。つまり、オープン戦略、クローズ戦略のいずれか一方を採用するのではなく、自社事業に関連する技術のうち、オープン戦略によって他社に実施させるオープン領域と、クローズ戦略によって他社に実施させないクローズ領域とを設け、これら２種類の戦略をハイブリッド化した事業展開を図るケースが多い。
具体的には、自社の製品やサービスをモジュール化し、モジュールごとにオープン領域にするかクローズ領域にするかといった領域設計を行う。なお、モジュールとは、例えば製品の場合は部品、部品の場合は材料、システムの場合は装置、アプリケーションの場合はレイヤー、プログラムの場合はプログラムモジュールを指す。

例えば自社事業の中心的な技術（コア技術）を用いたコアモジュールについてはクローズ領域に位置付け、自社で独占実施する。一方、コアモジュール以外の周辺モジュールであって、コア技術と関係の低い周辺モジュールについては、オープン領域に位置付け、共創パートナーに実施させる。

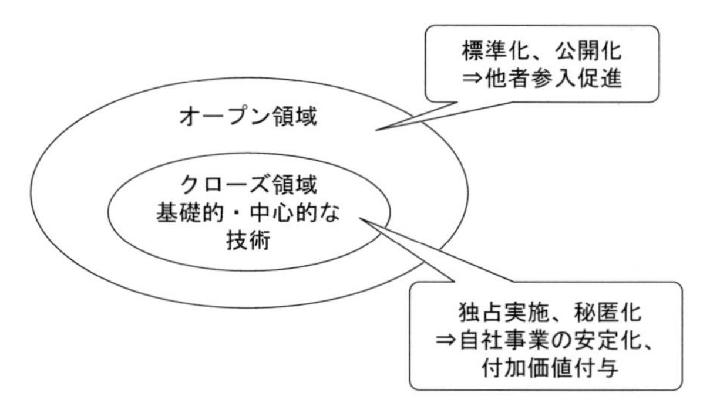

【図表４】オープン＆クローズ戦略の概念図

このようなオープン＆クローズ戦略を採用することにより、周辺モジュールを他社と共創し、製品やサービスの普及や市場の拡大を図る一方、コアモジュールで自社の収益を確保し、市場の開拓と収益を両立することができる。また、コアモジュールの技術を保護することで製品やサービスの付加価値を持続的に提供できる。

（５）オープン＆クローズ戦略の事例

オープン＆クローズ戦略を採用した企業について、以下に紹介する。

ア．トヨタ自動車株式会社：特許の実施権を無償提供して車両電動化の普及に取り組む（※6）

トヨタ自動車株式会社（以下、トヨタ自動車）は、令和元(2019)年４月、ハイブリッド車開発で培ったモーター・PCU・システム制御等車両電動化技術の特許実施権を無償で提供することを発表した。

トヨタ自動車は、従来より、特許の実施権提供を行っていたが、車両電動化技術については、電動車普及への貢献の観点からこれまでの知的財産の基本方針を一歩進め、同社が単独で保有する約２万3740件の特許実施権を無償で提供することとした。また、併せて、トヨタ自動車が保有する電動車開発に必要な車両電動化システムを活用する際の、電動車の製品化に向けた技術サポートも実施することとした。(※6)

これらの実施は、車両電動化技術に関する大規模なオープン戦略の一環であると考えられる。一方、トヨタ自動車は、自社が開放した特許に対応・関係する周辺特許を保有していると考えられ、他社が電気自動車を開発する際の参入障壁をクローズ戦略として確保しているものと考えられる。

トヨタ自動車は、従来より、CO_2排出量削減に向けたチャレンジングな経営目標を掲げて取り組んでおり、上記のオープン＆クローズ戦略によって、世界での電動車の開発や市場の活性化をリードするとともに、CO_2排出量削減による地球温暖化の抑制に貢献することとしている。

イ．インテルコーポレーション：パーソナルコンピュータの爆発的普及を実現（※7）

米国半導体メーカーのインテルコーポレーション（以下、インテル）は、オープン戦略として、デスクトップ型PC（以下、単にPC）のマザーボードの仕様規格を標準化して公開した(※8)。これにより、米国内外多数の基板／PCメーカーがマザーボード市場に参入することとなった。その結果、PCのハードウエア価格は下落し、世界的なPCの普及につながった。

その一方、インテルは、クローズ戦略として、マザーボードに搭載されるマイクロプロセッサー（以下、MPU）に関する技術を秘匿し、MPU市場を独占することで、PCの普及とともに莫大な利益を得ることとなった。(※8)

つまり、インテルの例は、プラットフォーマーに対し、規格を標準化してオープンにすることで、自身が持つコア技術のインプリメント先を安定的に地固めし、コア技術の価値を保護するとともに、MPUの需要・供給の拡大、安定化と利益増大を実現させた好例である。

3．パートナー探索とつながる特許分析

自社事業を実施する際に、オープン＆クローズ戦略を策定し、その戦略を遂行するためには、共創パートナーを選定することが重要になる。

以下では、パートナー探索を行うための特許分析の手法について述べる。

（1）パートナー探索のための特許分析

オープン領域及びクローズ領域の領域設計を行うため、自社事業に関連する技術について特許分析を行い、自社及び他社の特許保有状況を精査することが必要になる。また、ここで自社及び他社の特許保有状況について特許分析を実施することにより、自社が保有する特許を実施するパートナー候補に関する情報も得ることができる。

以下、特許分析の実施手順について述べる。

ア．技術分野の要素分解

自社事業に関連する技術分野について、どのような技術要素で成り立っているか、複数の技術要素に分解してみる。

分解した技術要素は、特定の技術分野における中心的な技術（コア技術：自社独占が必須の技術）、及びコア技術を補う周辺領域技術に整理することができる。この際、周辺領域技術は、次のように整理し、運用戦略と結び付けることができる。

・自社で保有した方がよい技術（特許及びノウハウ）→クローズ戦略対象
・他社より技術導入した方がよい技術→クローズ戦略／オープン戦略対象
・他社に開放した方がよい技術→オープン戦略対象

イ．技術要素に関する特許分析

コア技術、周辺領域技術（自社保有、他社より導入希望、及び開放）のそれぞれについて、技術要素に関する特許分析を実施する。

なお、全ての技術要素の調査を実施することが難しい場合は、自社事業を実施するのに必要な技術要素（コア技術及び周辺領域技術を問わない。）に優先順位を付与し、優先順位の高い技術要素を先行して分析することができる。

ウ．技術要素関連特許の出願人・特許権者分析

コア技術及び周辺領域技術に関連する特許に関して出願人・特許権者による分析を行い、コア技術・周辺領域技術と出願人・特許権者との関連性について整理する。なお、自社及び他社それぞれについて詳細分析を行うとよい。

	コア技術A	コア技術B	周辺技術C	周辺技術D	周辺技術E	周辺技術F	周辺技術G	周辺技術H
自社	136	82	9	7	27	0	0	5
A社	26	12	22	20	12	1	5	2
B社	58	30	0	6	16	0	0	0
C社	47	12	13	14	1	3	10	4
D社	30	1	7	20	10	0	1	6
E社	32	15	9	14	9	1	5	3
G社	23	6	5	1	6	0	5	0

【図表５】出願人・特許権者×技術の分布

技術の詳細	2014	2015	2016	2017	2018	2019	2020	2021	2022	2023
技術A	31	36	34	28	36	34	40	52	36	12
技術B	13	10	12	8	10	9	13	20	10	2
技術C	5	4	3	5	10	9	14	16	8	0
技術D	16	18	21	25	22	24	25	28	23	14
技術E	1	3	3	6	10	9	12	14	8	0
技術F	8	2	4	8	6	10	9	8	1	0
技術G	21	15	20	22	19	17	24	26	19	7
技術H	0	1	3	5	10	16	18	25	14	8
技術I	2	4	5	4	11	15	16	17	8	4
技術J	15	20	18	16	14	20	23	22	10	3
技術K	8	11	14	18	26	24	22	20	7	1
技術L	3	3	5	10	15	17	21	26	11	0

【図表６】出願人・特許権者別の技術詳細の分析

これにより、周辺領域技術（他社より導入希望及び開放）に類似した技術や応用可能な技術を有する出願人・特許権者（他社）を抽出することができる。これらの出願人・特許権者は、共創パートナー候補となり得る。

一方、周辺領域技術の自社特許の保有状況を確認することにより、他社にライセンス供与又は開放可能な自社特許群を把握することができる。

コア技術についても、自社特許の保有状況及び他社の保有状況が把握できるため、自社及び他社保有特許によるコア技術の技術要素カバー状況の確認に役立つ。自社のノウハウに関連する他社保有特許の有無の確認も可能となる。

なお、出願人・特許権者分析の際は、国際特許分類（IPC）等の特許分類を利用した分析を実施し、ヒートマップ等の形式で、出願人・特許権者ごとに自社及び他社の保有特許の技術的特徴を可視化して特徴を捉えることも可能である。

エ．関連特許の発明者分析（キーマン分析）

特許リストの発明者欄から統計を算出し、出願件数が多い発明者や、一定期間に集中して関連出願を行っている発明者をキーマン候補として抽出する。さらに、インターネット情報や論文情報を検索して、キーマン候補とコネクションがある企業・組織を探索する。このように、キーマン候補の情報からも、パートナー候補となり得る出願人・特許権者を探索することが可能である。

オ．運用戦略の選択時及びパートナー探索時の留意事項

以下、運用戦略の選択時やパートナー探索時に気付いた点を留意事項として挙げる。

- まず、自社技術（特許及びノウハウ）を把握する。特にコア技術（重要な技術）及び周辺領域技術（補助的な技術）に分類して把握する。
- 他社に自社技術と類似の技術（特許）があるかどうかを把握する。
- 自社で保有すべきコア技術（特許及びノウハウ）は、クローズ戦略で管理する。
- 自社にはないが他社にある技術（特許）で、自社に必要な技術は、クローズ戦略に基づきライセンス等の取得を試みるか、クロスライセンスを実施し、有用な技術を確保する。
- 自社にもある程度の技術があるが、事業拡大のため、更に拡張すべき技術（特許）は、オープン戦略〈特許開放（無償実施許諾）、規格化〉により拡張を試み、パートナー探索につなげる。
- 自社で使用しない技術は、特許移転やライセンスの対象となり得る。

（2）パートナー探索のための特許分析事例

実際にはどのように特許分析を行い、パートナー探索につなげることができるのであろうか。以下に、２つの例を紹介する。

ア．モジュール化の手法を用いたパートナー探索

自社の商品やサービスをモジュールに分解し、モジュールごとにオープン領域かクローズ領域かを割り当てる。例えば自社の商品が家電製品である場合、その家電製品を部品モジュールに分解し、自社のコア技術が適用されて成り立つ部品モジュールをクローズ領域､その他の部品モジュール（例えば汎用モジュール）をオープン領域に割り当てる。これにより、当該家電製品全体として見た場合に、自社の固有の技術が広く他社に伝搬することを防ぐことができるため、自社利益の源泉を確保でき、一方、オープン領域での協業者を増やせば、他社に使わせる技術によって製造される部品モジュールの単価が価格競争により低下する仕組みが成り立つ。このようなオープン＆クローズ戦略によって家電製品市場を拡大させることができる土壌において、オープン領域に該当する部品モジュールを製造する他企業の中から共創パートナーを探索する。

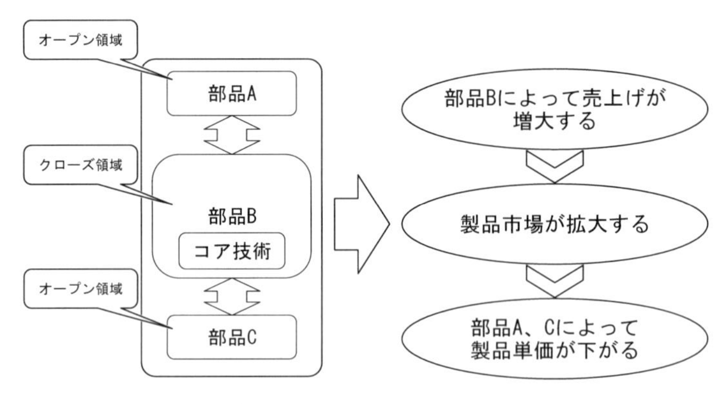

【図表７】商品やサービスのモジュール化

イ．OSI 参照モデルを利用したパートナー探索

計算機・データ通信・通信制御に関する技術についての事業を想定し、特許分析を試みる。例として、自社のコア技術が、DX 関連のソフトウエア技術である場合とする。一つの分析の例として、こうした技術が、OSI 参照モデル（第１層～第７層）のどの階層に属する技術であるかを検討することも、パートナーを選定する上での一助となる。

OSI 参照モデルは、国際標準化機構（ISO）によって策定された、コンピュータ等 ICT 機器の通信機能を階層構造に分割したモデルである。

第7層　アプリケーション層	アプリケーション、サービス
第6層　プレゼンテーション層	データの表現方式・形式
第5層　セッション層	接続制御・管理
第4層　トランスポート層	データ通信制御
第3層　ネットワーク層	アドレス管理・ルーティング
第2層　データリンク層	通信区間のデータ送受信
第1層　物理層	電気信号・伝送方法

【図表８】OSI 参照モデルの概要

OSI 参照モデルは、階層ごとに通信機能が定義付けられているため、例えば自社のコア技術がアプリケーション層（OSI 参照モデルの第７層）に対応する技術である場合、アプリケーション層とは異なる別の層に属する技術を保有する企業からパートナーを選ぶことにより、自社及びパートナー双方の技術のバッティングを回避することはもちろん、技術の相乗効果を得る関係となり得るものと考えられる。すなわち、パートナーを探索する際は、自社のコア技術と競合する他社をパートナーとして選択するのではなく、自社のコア技術とは競合せず、別の技術的な強みを持つ他社をパートナー候補として検討することが望ましい。

次に、図表９に、計算機・データ通信・通信制御の技術分野に関する主要な出願人・特許権者の出願件数ランキングを示す。なお、このランキングには、自社（K社）が含まれている。

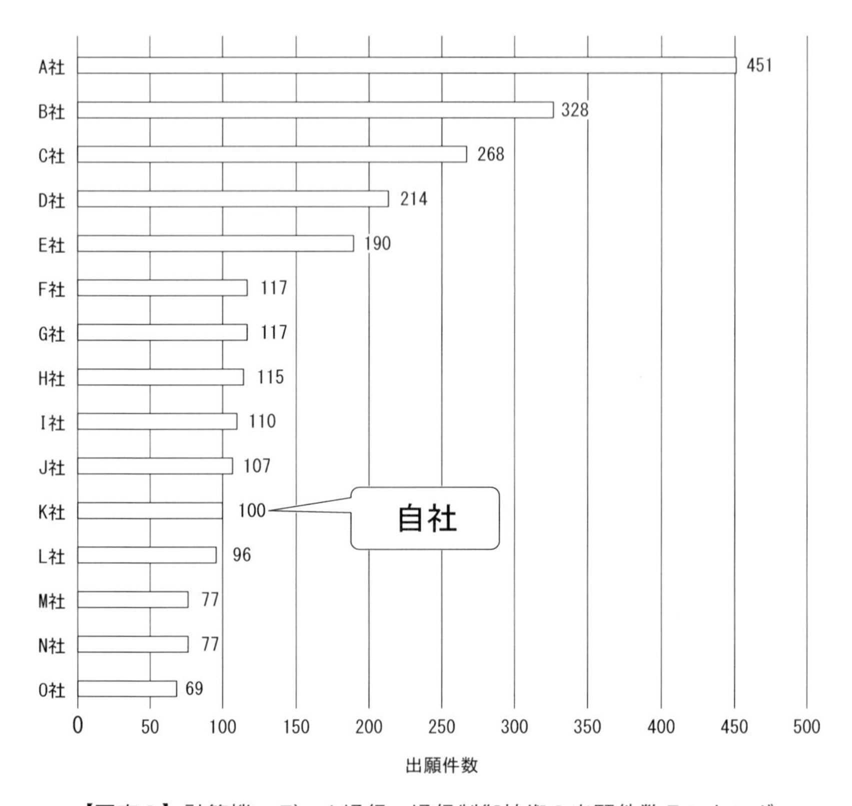

【図表９】計算機・データ通信・通信制御技術の出願件数ランキング

図表９のような当該技術分野における出願人・権利者の出願件数ランキングのグラフを作成することにより、有力なパートナー候補のインデックスを得ることができる。また、ランキングからは、業界における特許出願件数での自社のポジションを知ることができ、自社に対する数量的勢力の大小に基づいてパートナー候補を絞ることができる。

次に、図表10に、計算機・データ通信・通信制御の技術分野の主要出願人・特許権者の出願が属するOSI参照モデル（第１層〜第７層）の階層別の件数を示す。

図表10において、アプリケーション層に関する技術についての出願が多い自社（K社）と、データリンク層及びネットワーク層に関する技術についての出願が多い他社（B社）とを実線で囲み示した。このように、自社（K社）は、階層が異なる技術の傾向を示すB社をパートナーの候補に選定することも有効な手段である。

出願人/権利者	物理層	データリンク層	ネットワーク層	トランスポート層	セッション層	プレゼンテーション層	アプリケーション層
A社(451)	12	9	8	13	9	1	6
B社(328)	9	20	15	10	13	5	7
C社(268)	2	6	3	3	10	2	2
D社(214)	5	8	6	4	4	1	2
E社(190)	5	9	1	6	4	1	2
F社(117)	4	10	5	4	3	3	4
G社(117)	1	2	1	2	5	1	2
H社(115)	0	1	0	0	0	1	0
I社(110)	0	1	0	2	4	0	0
J社(107)	3	4	2	2	3	1	1
K社(100) 自社	7	5	3	2	5	1	18
L社(96)	5	7	3	4	2	2	4
M社(77)	2	5	4	3	3	2	3
N社(77)	8	8	5	5	4	1	5
O社(69)	1	5	1	2	2	0	0

【図表10】出願人・権利者ごとのOSI参照モデルの階層内訳

なお、以上では、説明の簡便のため、OSI参照モデルのレイヤー（層）を用いた手法の説明をしたが、実際は、アプリケーション層の中で、領域を分けてパートナー探索を行うことが多い。その場合、例えば図表1のように、OS（オペレーティングシステム）、アプリストアや基本的なAPIを提供するアプリケーションインフラ、店舗やゲーム等のサービス基盤やサービスを提供するアプリケーション、サービス基盤上でコンテンツを提供するサプライヤーといったレイヤーで分類することもある。おおむね、自社のサービスが位置するレイヤーはクローズ領域で、他のレイヤーはオープン領域となる。また、製品やサービスがアプリケーションであれば、アプリケーションをプログラムモジュールの設計に準じて論理的なモジュールに分けることもある。

4．大学・研究機関におけるパートナー探索

大学や研究機関では、特許権を自身で保有することは可能であるが、自身の技術を単独で実施することは難しい。そのため、自身が保有する特許群を活用する場合、他者に実施させることが多い。

自身の保有する特許を実施させるためのパートナーを探索する方法としては、企業の場合と同様に、特許分析を手掛かりとする方法が用いられる。

一方、パートナーを探索することとは別に、大学や研究機関発のベンチャー企業を設立し、当該ベンチャー企業に自身が保有する特許をライセンス供与するなどにより、実施してもらう方法も挙げられる。

５．パートナー探索後のパートナー選定

パートナー探索後は、探索した共創パートナーの候補から、共創パートナーを選定する。選定に際しては、各候補のファイナンス分析を含む市場分析とともに、知財情報を用いた無形財産評価、シナジー分析、知財デューデリジェンス等を行う。ここでも、上記の特許分析で用いた母集合やパテントマップを用いる。

選定した共創パートナーとは、自社の特許権等も活用した提携やアライアンス、又は買収や合併も判断した上で、交渉や契約を行う。

６．まとめ

以上のように、パートナー探索の実施に際しては、自社事業に関連する技術分野に関する特許分析を行うという、事前の準備が大切である。事前の準備を行うことで、オープン領域とクローズ領域の領域設計を行い、共創パートナーの探索を進めることが可能となる。オープン領域における共創パートナーとの共創は、オープン&クローズ戦略の下、事業の拡大につながるとともに自社の収益にもつながり、また、事業の持続性にもつながっていく。

本稿がその一助となれば、幸いである。

＜参考文献・注釈＞

※1　ダイキン工業株式会社コーポレートニュース「次世代冷媒を用いた空調機の特許を全世界で無償開放」(2015.09.10)
https://www.daikin.co.jp/-/media/Project/Daikin/daikin_co_jp/corporate/ip/intellectual_property/pdf/press_20150910-pdf.pdf

※2　ダイキン工業株式会社コーポレートニュース「低温暖化冷媒HFC-32を用いた空調機の特許権不行使を宣言」(2019.07.01)
https://www.daikin.co.jp/press/2019/20190701

※3　特許庁「経営戦略を成功に導く知財戦略【実践事例集】」(令和２(2020)年６月) pp.40-47

https://www.jpo.go.jp/support/example/document/chizai_senryaku_2020/all.pdf
※4　前掲注3 pp.44-45 図4
※5　前掲注3 pp.41-42
※6　トヨタ自動車株式会社ニュースリリース「トヨタ自動車、ハイブリッド車開発で培ったモーター・PCU・システム制御等車両電動化技術の特許実施権を無償で提供（2019.04.03)、トヨタ自動車株式会社「車両電動化技術に関する特許実施権の無償提供」スライド資料（2019.04.03)
https://global.toyota/jp/newsroom/corporate/27511695.html
※7　立本博文「PCのバス・アーキテクチャの変遷と競争優位—なぜIntelは、プラットフォーム・リーダシップを獲得できたか—」(2007.07)
https://merc.e.u-tokyo.ac.jp/mmrc/dp/pdf/MMRC171_2007.pdf
※8　前掲注7 pp.35-37

第６章

適応する
特許調査分析サービス

1節1　ランドスケープデザインとは
1節2　照明技術の用途探索のための分析事例
1節3　カーボンネガティブ新規事業の提案事例
1節4　医療 AI 技術の知財戦略提案のための分析事例
2節　アレンジサービス／アウトソーシング
3節　大学／研究機関向けサービス

1節1　ランドスケープデザインとは

西澤 和純・石井 友莉恵

1．ランドスケープデザインの定義

「ランドスケープデザイン」（※）とは、弊所が提供する知財分析サービスであり、知財情報（Intellectual Property）等を駆使してお客さまの内外の状況や環境（Landscape）を分析し、経営や事業に資する情報提供や提案を行うものである。情報提供や提案だけでなく、発明発掘や特許出願等によって知財戦略を具体化し、経営や事業に資する知的財産をデザイン（Design）できることが、「ランドスケープデザイン」という名称の由来である。

本稿では、まずはランドスケープデザインの特徴を簡単に説明し、その後、第6章1節2、3、4で幾つかの仮想事例を示す。具体的な手法については、第3章1節　事業戦略とつながるランドスケープデザインでも説明する。

2．ランドスケープデザインの特徴

ランドスケープデザインは、お客さまとのコミュニケーションを重視し、お客さまと共創する対話型・適応型サービスである。本サービスの代表的な特徴は以下のとおりである。

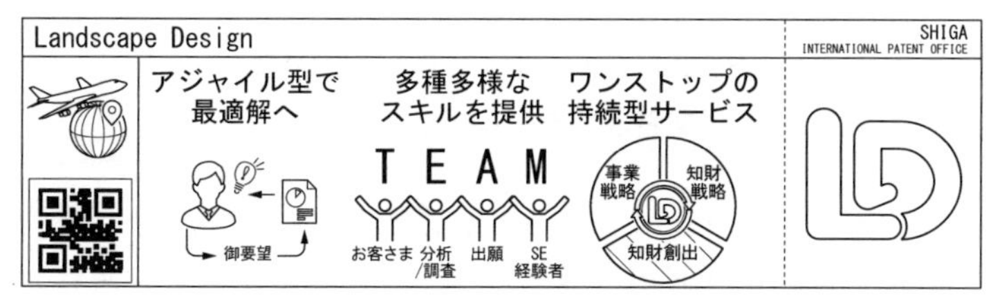

【図表1】ランドスケープデザインの特徴

（1）アジャイル型のサービス（対話型・適応型）

ランドスケープデザインは、集計・分析の試行結果をお客さまへ報告して完結ではなく、報告結果から生じた御要望に対応し、再度集計・分析・報告といったイテレーションを繰り返す「アジャイル型」の分析サービスであることが特徴である。

具体的には、集計・分析を行い、その報告時に疑問点や新たな御要望を掘り起こしながら、その疑問点の解消や御要望に向けた更なる集計・分析を行う。このように、御要望に適応することで、お客さまの経営戦略や事業戦略、内部情報と分析を擦り合わせながら、最終的な提案につなげている。

このようなアジャイル型の特許分析では、経営部門や事業部門に対する最終報告の前に、お客さまの知財部門と一緒に、経営部門や事業部門とも擦り合わせを行うので、御要望に合致した提案を行うことができるとともに、検討不足や情報不足の発生を抑制できる。

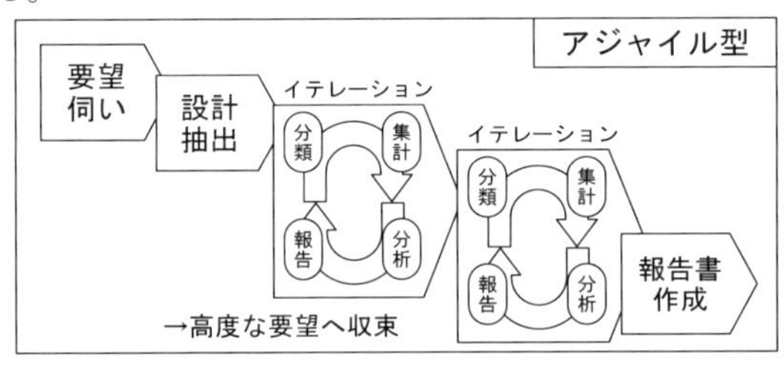

【図表2】アジャイル型のサービス

（2）多種多様なスキルの提供

【図表3】チーム型のサービス

ランドスケープデザインは、お客さまの知財部門と特許事務所メンバーが一体となったチーム体制で、経営部門や事業部門に対して特許分析を含む提案を行う。特許事務所メンバーは、特許調査分析のスキルを有する調査分析担当に加え、お客さまの特許出願に携わっている特許技術者、必要な場合、システム開発やツール開発の経験を有するシステムエンジニア経験者等も、チームへ参加する。

このようなチーム体制を構築することで、調査分析担当だけではなく、多種の人材による多様なスキル・経験を結集し、市場情報やお客さま固有の情報も考慮して、きめ細やかに特許情報を分析する。

ア．調査分析担当

調査分析担当は、主として、特許調査分析ツールの取扱い、検索式の作成、集計、公報の読み込み、市場情報の収集等を、日常的に行っている、言わば特許調査分析の専門家である。このように、調査分析担当は、チームに対して特許調査分析スキルを提供する。

イ．特許技術者

特許技術者は、日常よりお客さまの特許出願の権利化などを担当する弁理士やその補助者である。特許技術者は、特許の専門家であると同時に、特許分析の対象となる技術の専門的知識や技術、その動向等の最新知識を有している。また、特許技術者は、日常業務でお客さまとコミュニケーションを密にしており、お客さまの事業や技術の方針から具体的内容まで、事業の業界情報やお客さま固有の情報を知っている。お客さまの承諾を受けた上で、お客さま固有の情報をチームで共有し、また、内部レビューでお客さま視点の意見を言う。

特許技術者がチームへ参加することにより、お客さまとのコミュニケーションが円滑になり、また、特許調査分析の前提情報、例えば事業の業界情報、技術動向、お客さま固有の情報等を、チームへインプットできる。また、特許技術者は、お客さまの視点に立って内部レビューができるので、特許分析の精度の向上も図ることができる。このように、特許技術者は、チームに対して技術の専門的知識や技術動向等の情報はもちろん、お客さまとのコミュニケーション、お客さま固有の情報、お客さま視点等も提供する。

また、本書のテーマである、つながる特許調査分析の観点からは、特許技術者は、ランドスケープデザインの前後をつなぐ、という意味で重要な役割を果たす。特許技術者は、上述のように、事業の業界情報、技術動向、お客さま固有の情報等を、チームへインプットすることで、日常業務で収集した情報をランドスケープデザインとつなげる。

一方で、特許技術者は、ランドスケープデザインによる分析結果に基づいて、次のアクションを行うこととなる。具体的には、ランドスケープデザインによる分析結果（ランドスケープ）に基づき戦略が策定され、特許技術者は、その戦略遂行のための特許出願権利化や鑑定等のアクションを行って、戦略に沿った知財ポートフォリオを実現（デザイン）する。

このように、特許技術者は、ランドスケープデザインの結果を、特許出願権利化や鑑定等のアクション、ひいては知財ポートフォリオとつなげる。

ウ．システムエンジニア経験者

システムエンジニア経験者は、システム開発やツール開発の経験を有する者であり、データマイニングの知識や経験を有する者もいる。システムエンジニア経験者の経験をいかして、例えば表計算ツールの開発やカスタマイズを行うことで、最適な「集計・分析ツール」や「見える化」を実現する。市販されている画一的な集計・分析ツールによる出力だけでなく、お客さまに特化した集計結果のグラフやマップのカスタマイズも可能であり、例えば特許分析の結果の見せ方について、多様なバリエーションを提供する。

このように、システムエンジニア経験者は、チームに対して、集計・分析のツールのカスタマイズ等により、集計・分析の効率化や特許分析の結果の見せ方のバリエーション等を提供する。

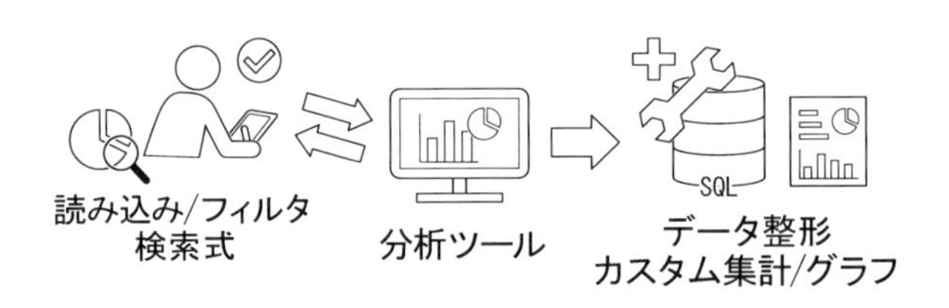

【図表4】スキル補完

エ．その他

ランドスケープデザインは、その他、弁護士あるいは外国弁理士、又は外部のコンサルタントあるいは現地代理人等、最適な人材をチームに加え、又は最適な外部人材とも連携し、お客さまの経営・事業の役に立つ知財サービスを提供する。

（3）ワンストップの持続型サービス

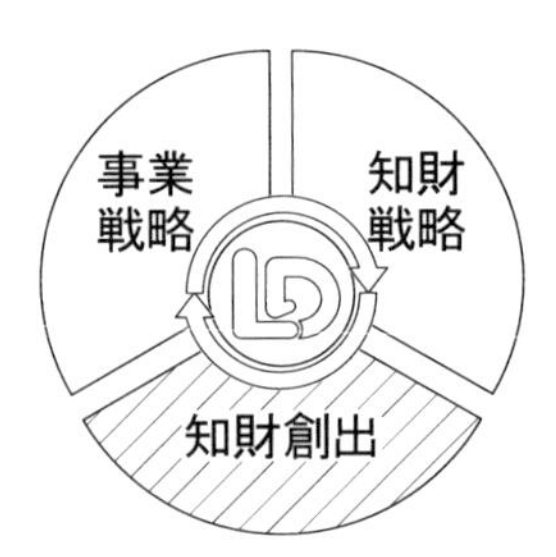

【図表5】ワンストップの持続型サービス

ランドスケープデザインは、分析結果に基づく事業戦略策定の後、それに応じた知財戦略の遂行に向け、発明発掘や特許出願・権利化などの知財創出を含む、次の知財活動とつながる。ここで、特許分析が可能な特許事務所では、分析内容やその結果を特許技術者と共有することで、円滑に戦略の遂行へ移行するとともに、分析から知財創出へつながるワンストップサービスを提供できる。ランドスケープデザインは、このように分析だけでなく、総合的にお客さまの知財活動を支援するワンストップサービスであることが特徴である。

また、知財創出の結果は、次の回のランドスケープデザインにおいて、KPI や知財ポートフォリオとして見える化され、戦略遂行の進捗状況として評価される。この進捗状況は、事業戦略や知財戦略、知財創出等の知財活動にフィードバックされる。以上のように、ランドスケープデザインは、事業戦略、知財戦略、知財創出等の知財活動を循環させ、この循環を持続させる持続型サービスである。

3．ランドスケープデザインの概要

ランドスケープデザインについて、集計サンプルを参照しながら、基本的な分析内容を説明する。全体像として、各パートとそのアウトプット例は、図表6のとおりである。

（1）全体像

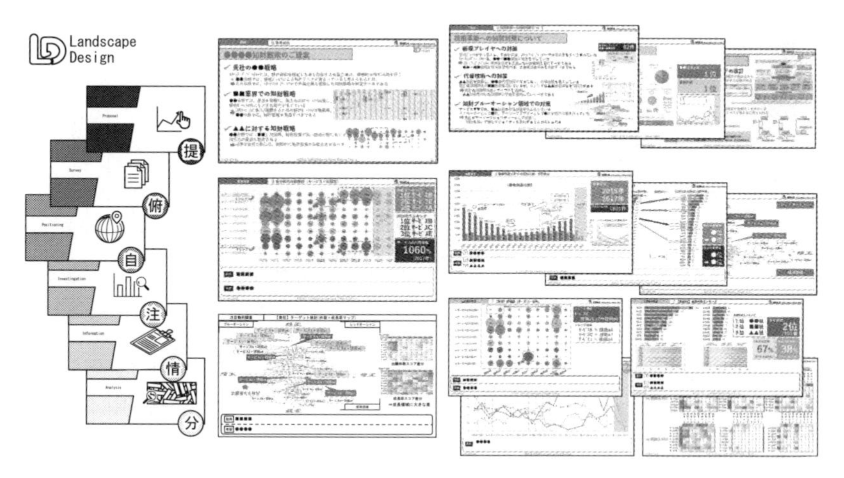

【図表6】アウトプット全体像

ランドスケープデザインは、大きく、提案、俯瞰調査、自己分析、注目調査、市場情報等、分析のパートに分かれる。
以下、各パートについて、サンプルを交えながら説明する。

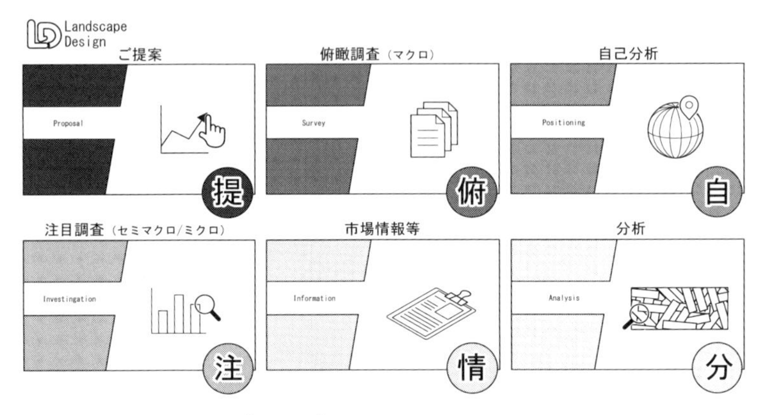

【図表7】アウトプットの構成

（2）提案パート

提案パートは、エグゼクティブサマリーである。提案パートには、目的や要望、課題を整理し、それらに対する提案とその根拠が集計結果や市場情報等を交えながら提示される。

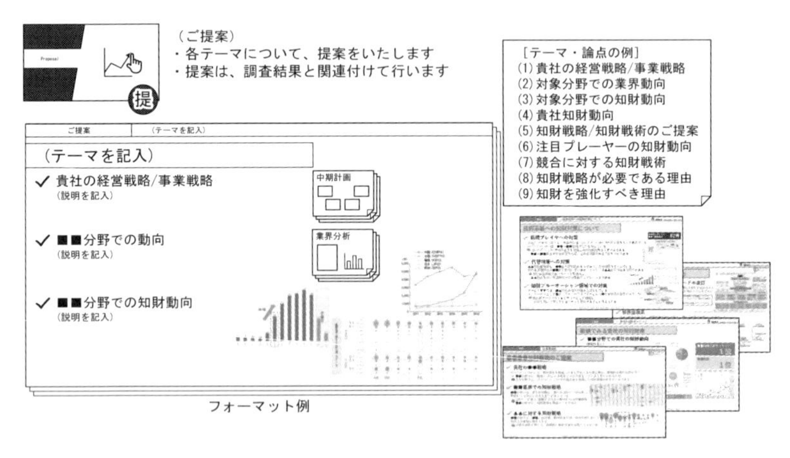

【図表8】提案パートのサンプル

図表８は、提案パートにおける提案のサンプル例である。提案パートでは、目的や要望から策定された分析テーマや論点について、要約が記載される。分析のテーマや論点としては、例えば①　貴社の経営戦略／事業戦略、②　対象分野での業界動向、③　対象分野での知財動向、④　貴社知財動向、⑤　知財戦略／知財戦術の御提案、⑥　注目プレーヤーの知財動向、⑦　競合に対する知財戦術、⑧　知財戦略が必要である理由、⑨　知財を強化すべき理由、⑩　製品サービス・研究開発の新規テーマ、⑪　強みをいかした新規用途、⑫　パートナー探索、⑬　コーポレートガバナンスの開示、⑭　グローバルの特許ポートフォリオの戦略と遂行等が挙げられる。

（３）俯瞰調査パート

俯瞰調査パートは、対象事業（業界）、対象製品・サービス、又は対象技術等の対象分野について、特許情報を俯瞰するパートである。俯瞰調査パートは、対象分野の公報群（母集合）について、例えば出願人、出願年、分類などの軸で、出願件数を集計したグラフやマップが提示される。俯瞰調査パートのサンプルは、図表９のとおりである。

ア．単純集計

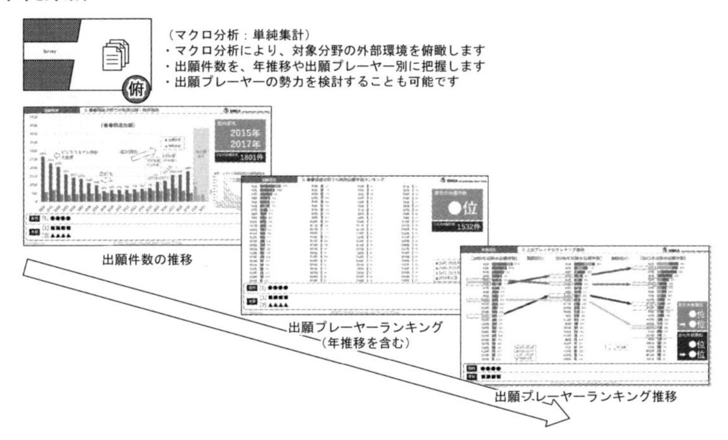

【図表９】俯瞰調査パートのサンプル（単純集計例）

図表９は、俯瞰調査パートにおける単純集計の例である。俯瞰調査パートでは、対象分野の公報群（母集合）について、例えば出願年ごとの出願件数、出願人（出願プレーヤー）のランキング等を集計する。これらの集計により、対象分野全体の技術や特許のトレンド、プレーヤーを大まかに把握することができる。

イ．クロス集計

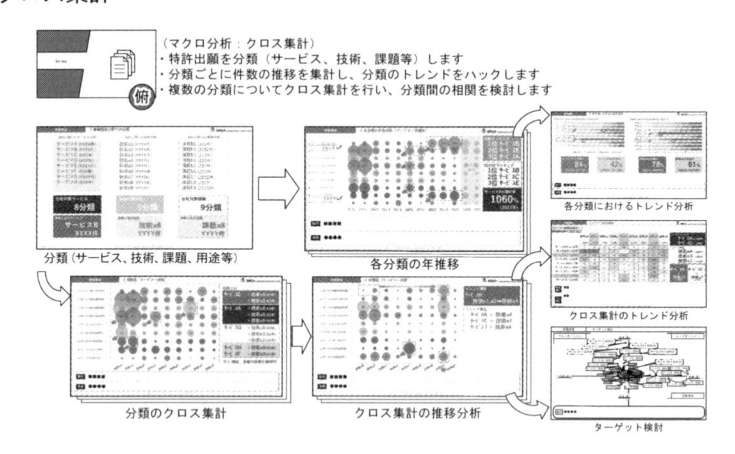

【図表10】俯瞰調査パートのサンプル（クロス集計例）

図表10は、俯瞰調査パートにおけるクロス集計の例である。俯瞰調査パートでは、対象分野の公報群（母集合）について、２軸で出願件数を集計したマップを記載する。２軸の各軸は、例えば分類、出願人、出願年などである。分類は、技術、課題、製品・サービスなどであり、典型的には特許分類（IPC、FI、Ｆターム）であるが、検索式で分類を作成することもある。これらの集計により、俯瞰調査パートでは、分類間（課題と技術等）、出願人と分類、分類と出願人等、各軸の関係を把握することができる。

また、もう一つの軸を意識して、クロス集計を行うことがある。典型的には、出願年の特定期間（例えば３年）ごとに、分類同士（技術と課題）のクロス集計を行う。これにより、クロス集計の時間推移を分析することができる。また、例えば競合が特定技術や特定課題に注力し始めたことや、特定の課題を解決するアプローチ（技術）が変化したこと等も知ることができる。

図表11は、俯瞰調査パートにおけるターゲット検討の例である。ターゲットとは、今後、知財投資を行う対象領域のことである。典型的には、出願件数とその増加率を軸としたマップに対して、クロス集計結果の値（例えば課題と技術の組ごとの出願件数とその増加率）をプロットした散布図である。その際、増加率を増加率の偏差値とし、成長率と定義することで、見やすいマップとなる場合がある。

このマップにおいて、出願件数が多く成長率も高い領域は、特許の競争が激しい、レッドオーシャン領域である。一方、出願件数が少なく成長率が高い領域は、特許の競争が少ない、ブルーオーシャン領域である。

ウ．ターゲット検討

（マクロ分析：ターゲット検討）
・弊所の調査ツール機能（第三者提供可能な機能）をご利用いただけます
・外部データ（評価値、訴訟）との結合・集計も可能です

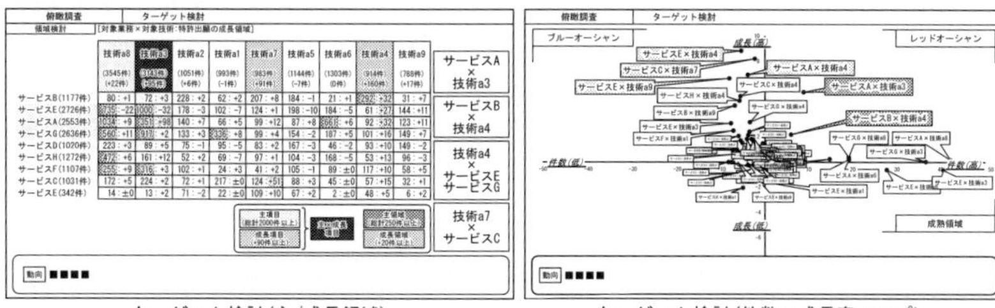

【図表11】俯瞰調査パートのサンプル（ターゲット検討例）

ブルーオーシャン領域には、この領域に属する公報に係る技術や発明のうち、有望と考えられる技術や発明に知財投資を行うことで基本特許を取得でき、この基本特許の発明を実施する事業において競争優位に立てる場合がある。ブルーオーシャン領域において、技術や発明が有望と考えられるか否かは、市場規模や将来性などの市場情報も含めて検討する。

エ．要因分析

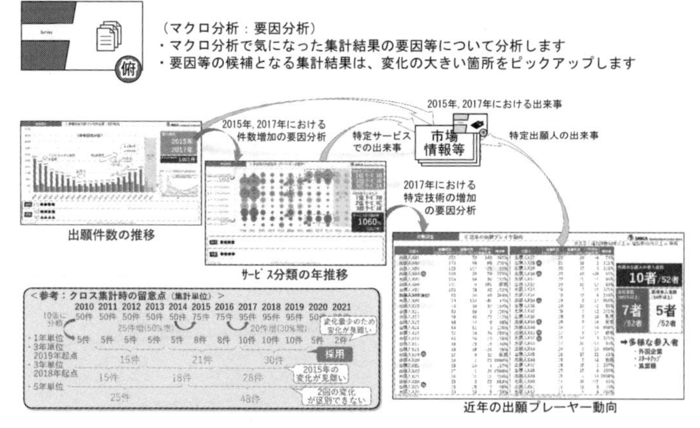

【図表12】俯瞰調査パートのサンプル（要因分析例）

図表12のサンプルは、俯瞰調査パートにおける要因分析の例である。集計結果からは、数値の高さを前提として、変化を見つけることが、分析上は重要になる。変化は、絶対的な変化と相対的な変化があり、また、急激な変化と緩やかな変化がある。これら４つの観点から変化を探る。変化は､集計軸や集計単位を変えることで、より鮮明に表れるので、変化に焦点を当てる場合には、恣意的になり過ぎない程度に工夫することもある。

変化を見つけた場合、その変化の要因を分析する。この要因分析のため、市場情報へもアクセスする。例えば出願件数が対象分野全体（複数の出願人）で増加する場合、新技術や国家施策等の大型投資、レギュレーションの変化などが要因として挙がることがある。また、例えば出願件数が特定出願人や出願人群で増加することもあり、この場合、規制緩和による新規参入や外国企業の国内市場参入といったことが要因として挙がることもある。

（4）自己分析パート

自己分析パートは、依頼者の特許ポートフォリオを俯瞰し、そのポジショニングや状況を分析するパートである。

ア．集計

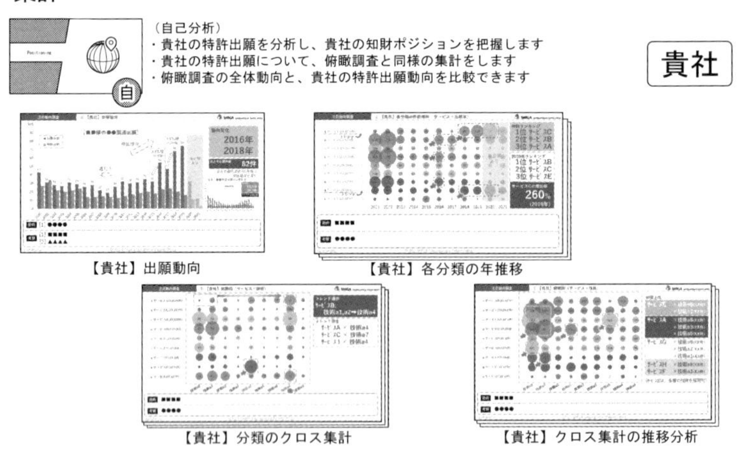

【図表13】自己分析パートのサンプル（集計例）

図表13のサンプルは、自己分析パートにおける集計の例である。自己分析パートでは、俯瞰調査パートと同じ単純集計とクロス集計を行う。ただし、集計の対象は、

自身（依頼者）の公報に絞り込まれている。

自己分析では、例えば自身の内部環境情報を客観的に確認することができる。また、俯瞰調査パートの集計結果と自己分析パートの集計結果の対比によって、対象分野における全体傾向と自身の傾向の相違点を認識できる。この相違点は、強みや特徴であることが多いが、トレンドに遅れている場合もある。

イ．ターゲット検討

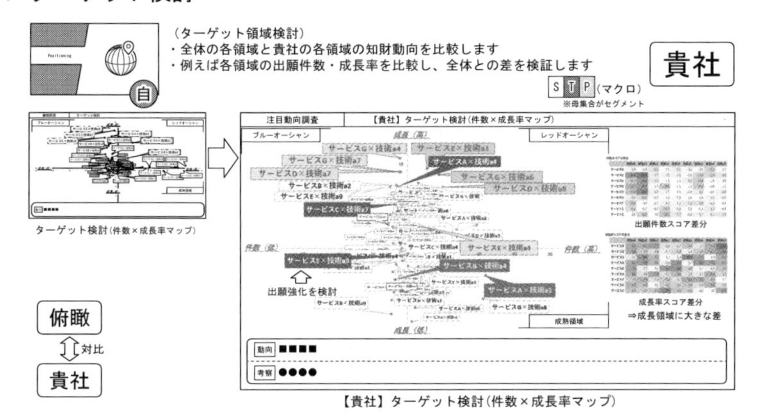

【図表14】自己分析パートのサンプル（ターゲット検討例）

図表14のサンプルは、自己分析パートにおけるターゲット検討の例である。このターゲット検討は、俯瞰調査パートとの対比で行う。俯瞰調査パートのマップにおいて、レッドオーシャン領域にプロットされた課題と技術の組、及びブルーオーシャン領域にプロットされた課題と技術の組が、自身のマップでどこに位置するかを分析する。例えばブルーオーシャン領域の課題と技術の組の成長率が低い場合、この課題に対して、この技術を用いて課題解決を図る発明に対して知財投資を行って特許出願を推進し、成長率を高めることが考えられる。

（5）注目調査パート

注目調査パートは、依頼者が注目する対象を、自社との対比も交えて調査するパートである。例えば注目出願人として、競合、新規参入、業界リーダー等が挙げられ、これらの出願人と依頼者の出願件数の差を取るなどして対比する。また、注目グループとしては、企業規模、国内／外資、ベンチャー等でグルーピングする。注目領域としては、選定された技術と課題、選定された製品・サービスと出願年等が挙げられる。

ア．典型的な手順

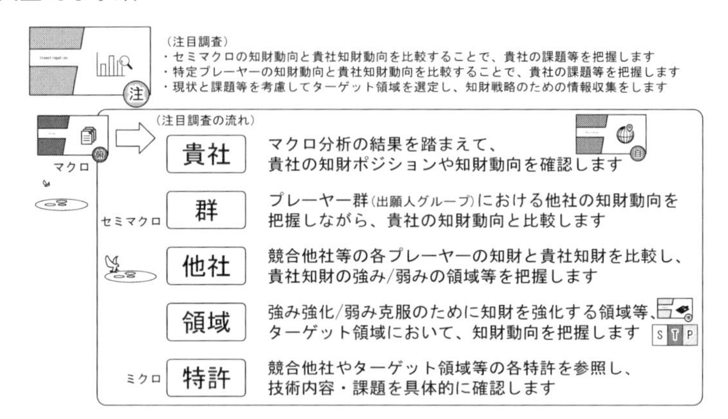

【図表15】注目調査パートの典型手順

俯瞰調査パートは、対象分野全体のマクロ分析であった。自己分析パートは、自身の特許のポジショニング等の自己分析であった。注目調査パートでは、これらの結果を踏まえ、注目する観点で調査（注目調査）を行う。典型的な手順としては、注目グループ（群）、注目出願人（他社等）、注目領域のセミマクロ分析から、その分析の結果から注目する公報のミクロ分析へ落とし込んでいく。注目調査パートでも、俯瞰調査パート及び自己分析パートと同じ単純集計とクロス集計を行う。

イ．注目調査（注目グループ）

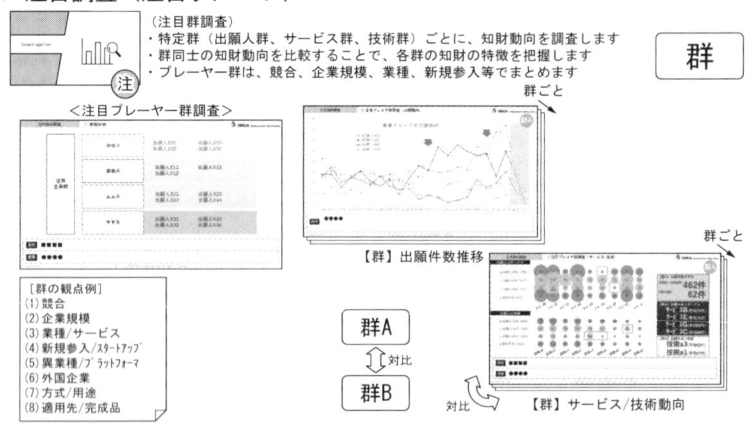

【図表16】注目調査パートのサンプル（注目グループ調査例）

注目グループの注目調査では、例えば同等の性質を持つ出願人をグルーピングして、各グループの傾向を調査する。グルーピングの観点としては、①（市場）の競合、② 企業規模、③ 業種／サービス、④ 新規参入／スタートアップ、⑤ 異業種／プラットフォーマー、⑥ 外国企業、⑦ 方式／用途、⑧ 適用先／完成品等が挙げられる。

例えば大企業と中小企業、日本企業と外国企業、又は新規参入組と古参組では、特許出願の傾向が異なることがある。また、競合と認識する数社の動向を把握したい、異業種やプラットフォーマーの企業群の動向を把握したい、とのニーズがある。

このような事情から、出願人をグルーピングしてグループごとの動向を調査するのが、注目グループの注目調査である。実際、グループごとを対比することで、各グループの特徴が鮮明になることがある。例えば新規参入組と古参組では、課題と技術のマップにおいて、特許ポートフォリオが異なることがある。古参組としては、新規参入組によるイノベーションに対するリスクヘッジとして、新規参入組の注力領域にも、知財投資を行うことがある。

ウ．注目調査（注目出願人）

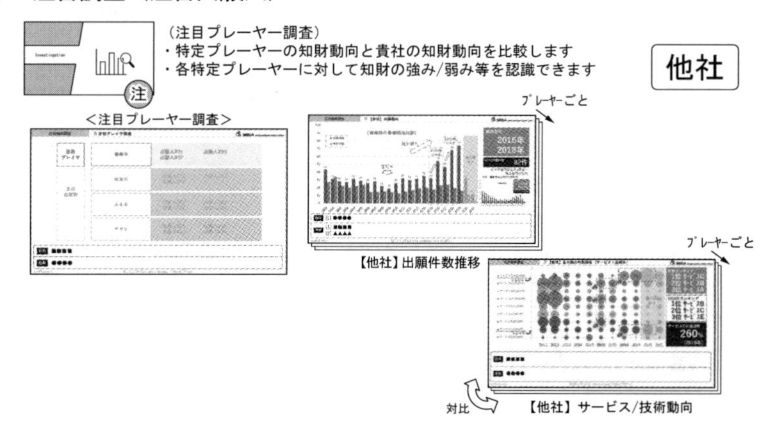

【図表17】注目調査パートのサンプル（注目プレーヤー調査例）

注目出願人（注目プレーヤー）の注目調査では、各出願人の傾向を調査する。基本的には、競合他社が抽出されることが多い。

自身と各出願人の集計結果は、差を取ることで対比できる。例えば課題と技術を２軸とするマップにおいて、出願件数の差を取ったときに、どの領域でも同様の件数になる場合、自身とその出願人は、同様の特許ポートフォリオを構築していると考えられる。一方で、出願件数の差を取ったときに、領域間で差が大きい場合、自身とその出願人の特許ポートフォリオには異なる特徴があり、技術や特許についてすみ分けができている場合がある。

このような差分マップによって、各出願人と相対的に、どの領域を強化すべきかといった特許ポートフォリオを検討できる。

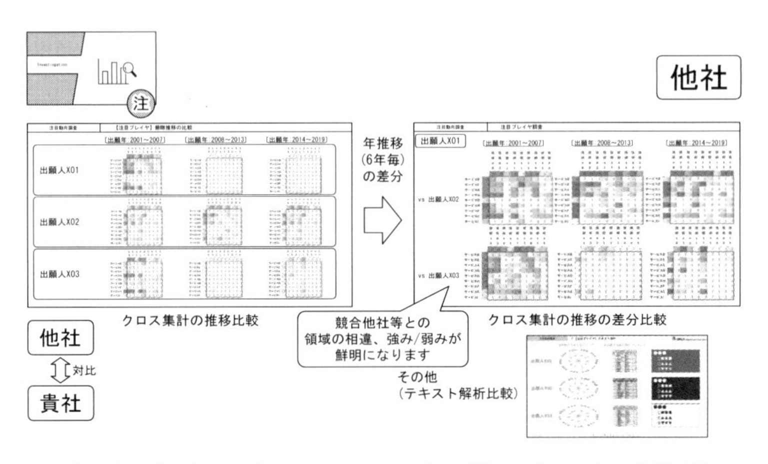

【図表18】注目調査パートのサンプル（注目プレーヤー対比例）

エ．注目調査（注目領域）

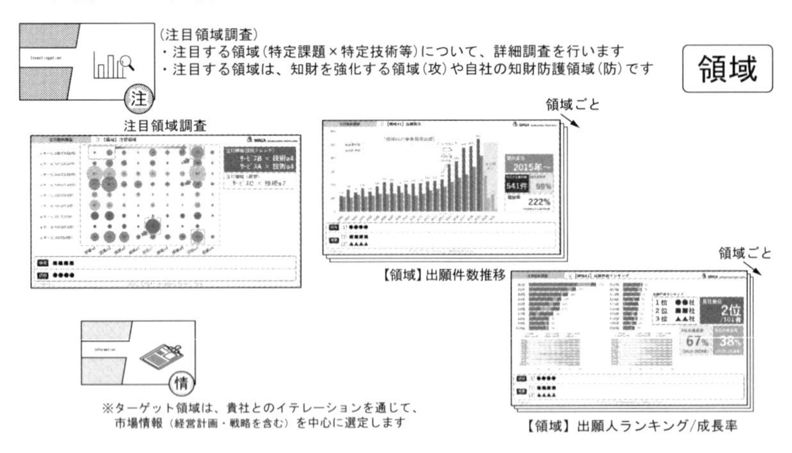

【図表19】注目調査パートのサンプル（注目領域調査例）

注目領域の注目調査では、注目する領域、例えば課題と技術で特定される領域や技術と出願年で特定される領域について調査する。具体的には、特定の領域に絞って、出願傾向や主要出願人を調査する。この調査は、通常は、他の調査の結果、ターゲット領域の候補を選定した後に行われる。

オ．その他（特許紹介：ミクロ分析）

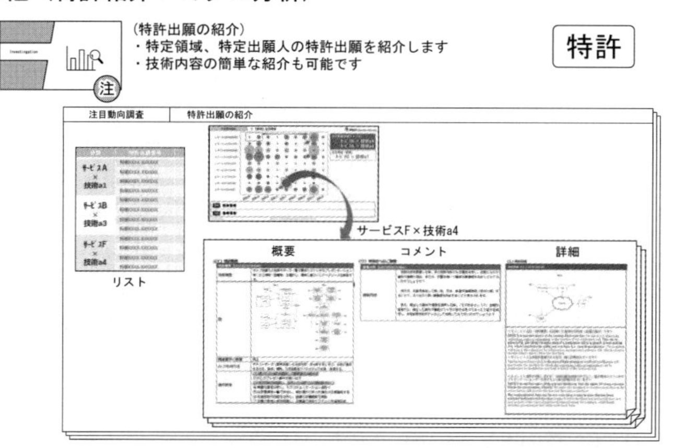

【図表20】注目調査パートのサンプル（特許紹介例）

例えば注目領域が選定された場合等に、具体的に、その領域には、どのような出願人がどのような技術や特許を有しているのか、ミクロ分析による動向や代表的な特許の内容等を、紹介する機会が設けられる。

カ．その他（キーマン分析）

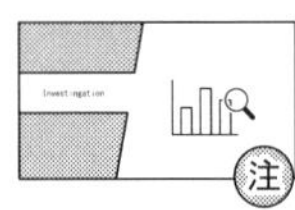

（適応調査：キーマン抽出、流行予測）
・技術分野や各社のキーマンを抽出します
・キーマンの最近の出願から、今後の流行/注力技術・製品を予測します

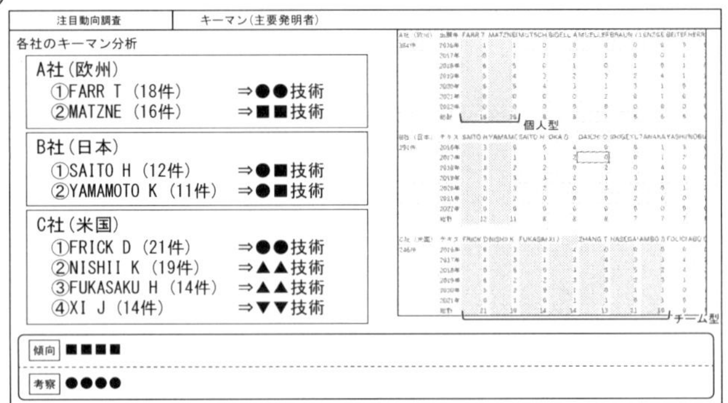

【図表21】注目調査パートのサンプル（キーマン分析例）

その他の注目調査では、キーマンを見つけ出すキーマン分析を行うことがある。キーマンは、発明件数の多い発明者である。キーマンが特定できれば、キーマンにアプローチして共創を持ち掛けることも可能であり、また、キーマンが最近注力する技術や商品・サービスは今後出願人が注力する可能性もある。

このように、キーマンを特定して、そこへのアプローチをすることやその動向を把握することは、非常に有益である。

キ．その他（SWOT 分析に基づく知財分析）

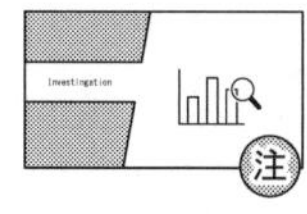

（適応調査：SWOT分析に基づく知財分析）
・注力分野に対して、強みを活用する領域、弱みを克服する領域の知財状況を分析します
・強みは、貴社特許出願から知財の強み領域を抽出することも可能です
・ミクロ分析等により、強み活用/弱み克服のための知財創出につなげます

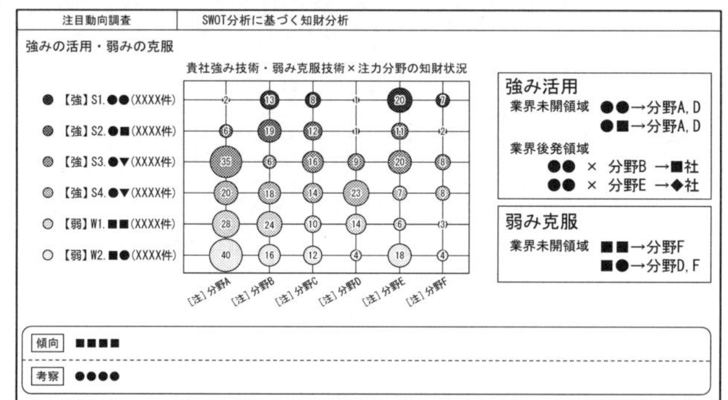

【図表22】注目調査パートのサンプル（SWOT 分析例）

その他の注目調査として、SWOT 分析に基づく知財分析を行うこともある。SWOT 分析において、「強み（S）×機会（O）」では、自社の強みをいかして機会をとらえる方法を検討し、「弱み（W）×機会（O）」では、自社の弱みを克服して機会に挑戦する方法を検討する。「強み（S）×脅威（T）」では、自社の強みをいかして脅威を避ける方法を検討し、「弱み（W）×脅威（T）」では、自社の弱みを理解して脅威の影響を最小限にとどめる方法を検討するのが定石である。

強みをいかす領域、又は弱みを克服する領域（例えば課題と技術）の動向を分析して、強みをいかすこと又は弱みを克服することが可能なのかを検証する。また、強みをいかす又は弱みを克服するために、どのような知財を創出すべきかを検討して提案する。なお、強みや弱みをマップから抽出することもある。

（6）市場情報パート

市場情報は、主として、市場情報を提示するパートである。例えば注目出願人や関連する製品・サービス等の市場情報が提示される。例えば特許リスクに関する分析が含まれる場合、このパートには、知財情報として、各国の裁判例や係争ニュースが提示されることもある。

ア．市場情報

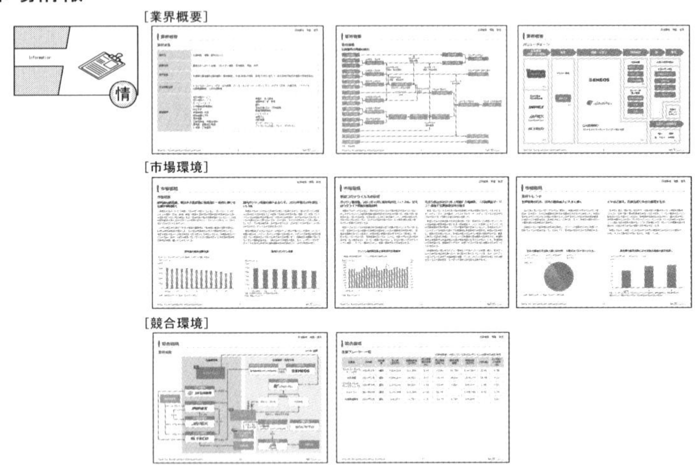

【図表23】市場情報パートのサンプル（業界情報）

市場情報は、市場情報を入手するツールやWeb検索などを用いて収集する。例えば業界情報が挙げられるが、その他、依頼者や各出願人のIR情報（特に中期経営計画や知財統合報告書）や公的機関が発行する統計資料も収集すると役立つ。

イ．市場情報と知財情報の相関分析

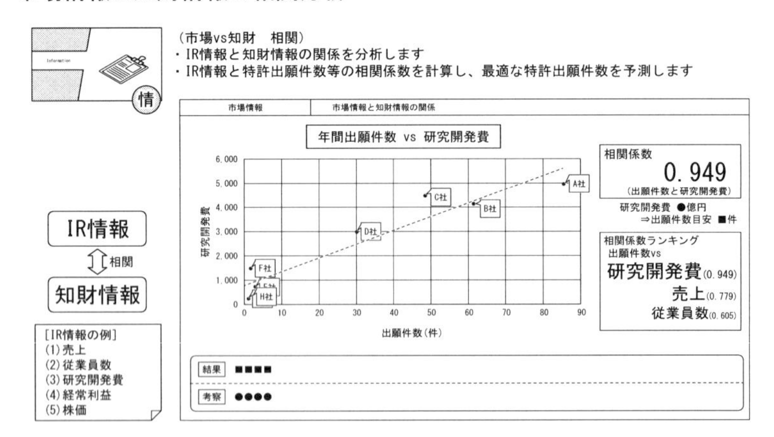

【図表24】市場情報パートのサンプル（業界情報）

市場情報のうち、定量的な情報については、各集計結果と相関が取れる場合がある。例えば研究開発費と出願件数は相関があることが多く、他者の研究開発費と出願件数の相関係数等を算出しておくことで、他者の今後の研究開発費の見込みが分かれば出願件数を予測できる。この出願件数の予想は、セグメントごとの予想にも適用できる。

（7）分析パート

分析のパートは、俯瞰調査、自己分析、注目調査の結果から、分析の目的や要望に沿った分析を行い、提案をするパートである。

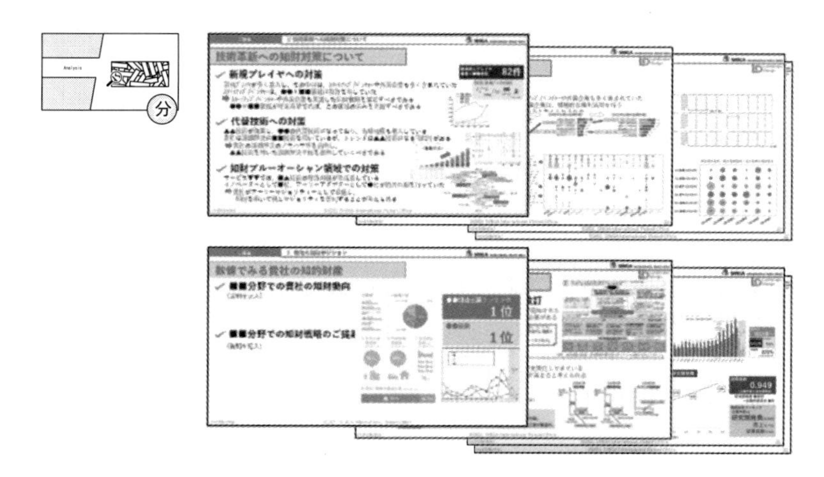

【図表25】分析パートのサンプル

分析パートは、俯瞰調査パート、自己分析パート、注目調査パート、市場情報パートにおける調査分析の結果をまとめるパートである。この分析パートの要約が提案パートになる。分析パートでは、提案パートと同様に、分析の目的や要望、課題を整理し、それらに対する提案とその根拠が集計結果や市場情報等に基づいて示される。

「ランドスケープデザイン」は、特許情報を用いて俯瞰的（Landscape）で有用な情報を提供するとともに、経営や事業に資する特許ポートフォリオをデザイン(Design)するものである。特許ポートフォリオをデザインするためには、提案には、知財創出の提案も含める。例えばターゲット検討で定まった領域について、発明発掘会を提案する。このような活動により、分析時の目的や要望を特許技術者等と共有した状況で、その目的や要望に沿った発明発掘ができ、目的や要望に沿って充実した特許ポートフォリオを円滑に構築できる。

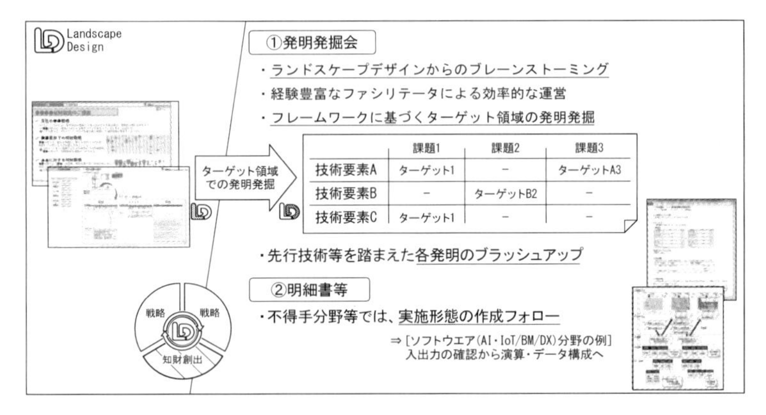

【図表26】知財創出提案のサンプル

※　ランドスケープデザイン（LD）は、弁理士法人志賀国際特許事務所の登録商標（登録第6666556号）である。

1節2　照明技術の用途探索のための分析事例

石井 友莉恵

1．分析事例の概要

本稿では、ランドスケープデザイン（※1）の分析事例を紹介する。仮想事例として、LED 照明を製造・販売するX社から、照明以外の用途の探索を依頼された場合について説明する。

<X社の概要>
LED光源や照明器具、それらの制御システムなどの開発を行う日本企業。
製品は、室内照明、街頭、看板、イルミネーションなどへ活用されている。

<今回の分析の背景と目的>
外国の格安LED製品の台頭もあり、各製品の事業環境が悪化しているため、LED照明技術をいかした新事業を立ち上げたく、特許分析を依頼した。

【図表1】分析事例（X社）の概要

2．分析事例の詳細

分析は、以下の自社分析、俯瞰調査、注目調査の3ステップで実施する。各ステップの詳細を説明する。

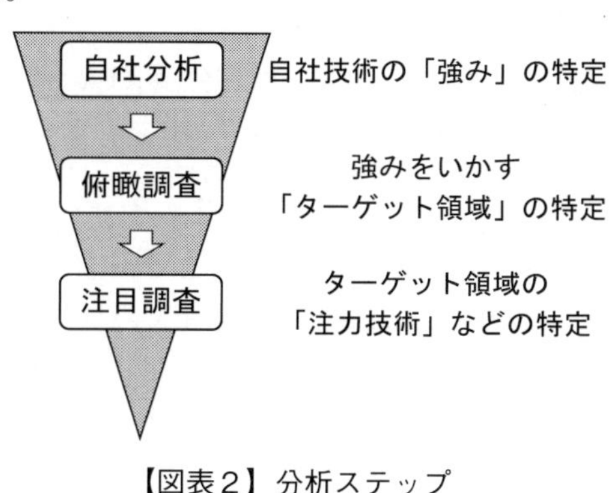

【図表2】分析ステップ

（1） 自社分析

自社技術の有望用途を探索するに当たり、まずは現状把握として自社技術を整理し、「特徴点（強み）」の特定を行う。ここでは、依頼元の顧客であるＸ社の特許出願の分析を実施した。

Ｘ社の特許出願について、特許分類（IPC）と出願年を軸として、特許分類別の件数推移を集計し、その結果を以下の表にまとめた。図表３から、Ｘ社は制御技術、特に光の色度の調整に関して出願件数が多いことが分かる。この結果から、Ｘ社の強みを制御技術（特に光の色度調整）であると特定した。

		2017年	2018年	2020年	2021年	総計
H05B37/02	電気的光源の回路装置一般の制御	5	20	10	8	43
F21Y115/10	発光ダイオード［LED］	0	12	5	0	17
F21S2/00	特定のメイングループに分類されない照明装置のシステム	0	10	5	0	15
H05B45/20	光の色度の調整	0	10	0	5	15
H01L33/62	半導体素子本体へまたは半導体本体から電流を流す部品	5	10	0	0	15
H01L33/00	光の放出に特に適用される少なくとも1つの電位障壁または表面障壁を有する半導体装置，ほか	5	10	0	0	15
H01L33/50	波長変換要素	0	0	5	5	10
H05B45/325	パルス幅変調［PWM］	5	0	0	5	10

【図表３】Ｘ社の特許出願：特許分類（IPC）別件数推移

（2） 俯瞰調査

次に、自社分析により特定したＸ社の強みをいかす「ターゲット領域」の特定を行う。ここでは、Ｘ社の強みである「LED照明における光の色度調整技術」について、特許出願の母集合を作成して分析を実施した。

LED照明の光の色度調整技術について、特許分類（IPC）別の出願件数とその増加率の分布を以下の図表４にまとめた。図表４では、各特許分類（IPC）の出願件数を横軸に、2014年～2017年の出願件数の和に対する、2018年～2021年の出願件数の和の増加率を縦軸にマッピングした。出願件数が多く、増加率の低い技術が成熟した領域である一方、増加率の高い技術は成長している（成長する）領域であり、かつ、出願件数の少ない技術は、競争が少ない領域であると推察することができる。つまり、このマップから、特許出願から見る技術の成長領域（ターゲット領域）を特定することができる。図表４では、「植物生態一般」の出願の増加率が最も高いことが分かる。この結果から、LED照明における光の色度調整技術において、植物生態一般の技術がターゲット領域であると特定した。

植物生態一般の技術は、おおむねLED農業（植物工場等）に関する技術であった。

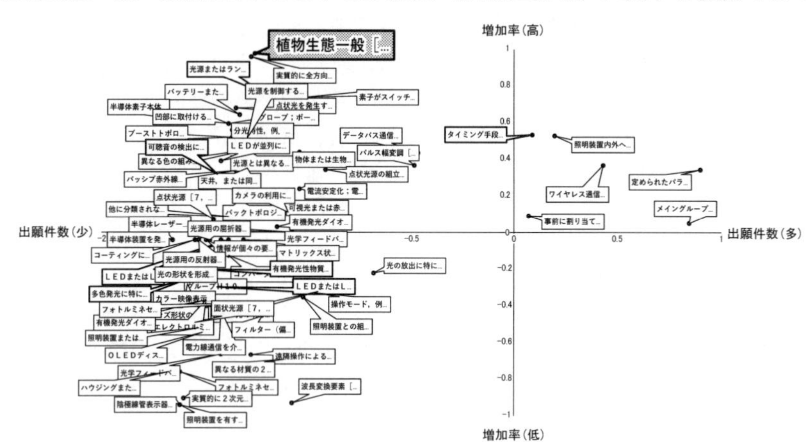

【図表４】LED照明の光の色度調整技術：出願件数×増加率

さらに、特定したターゲット領域について、市場規模を確認した。LED農業の市場分析について、「2024年に46億6000万米ドルと推定され、2029年までに82億8000万米ドルに達すると予測されており、予測期間（2024年から2029年）中に12.20%のCAGRで成長する」（※２）と予測されており、市場規模からもLED農業は成長市場であることが確認できる。

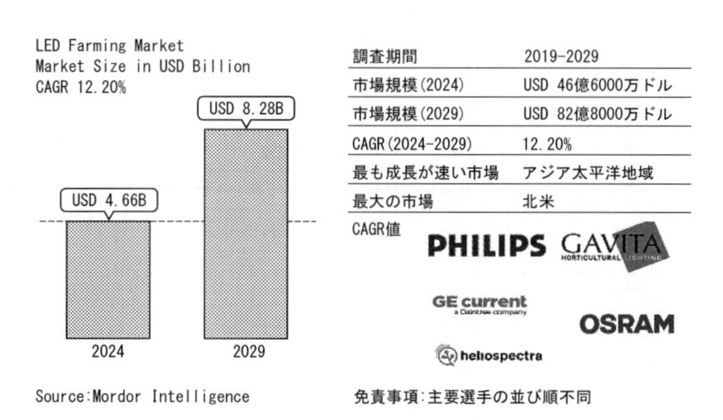

【図表５】LED農業の市場規模（※２）

（Mordor Intelligence「LEDファーミング市場規模と市場規模株式分析－成長傾向と成長傾向予測（2024～2029年）」より作成）

（3）注目調査

次に、俯瞰調査により特定したターゲット領域について、深掘りした分析を実施する。新たな用途候補であるターゲット領域に対して、注力技術や課題、主要なプレーヤーなどを分析することで、今後の開発方向性や事業の進め方などの検討材料とする。ここでは、特定したターゲット領域から、「LED 照明における農業関連技術」について、特許出願の母集合を作成して分析を実施した。

ア．注目技術分析

LED 照明の農業関連技術について、X社の強みである制御関連の技術動向を分析するために、制御に着目した特許分類（Ｆターム）別の出願件数を集計し、その結果を以下の表にまとめた。図表６から、光の制御や補光に関して出願件数が多く、特に光質の制御に関する出願件数が最多であることが分かる。この結果から、LED 照明の農業関連技術における制御技術では、光質の制御が注力技術であると推察される。

Fターム	内容	出願件数
2B022DA08	環境制御＞光の制御、補光＞光質の制御	296
2B022DA01	環境制御＞光の制御、補光	258
2B022DA03	環境制御＞光の制御、補光＞光導体を用いた装置	78
2B022DA17	環境制御＞温度制御	65
2B022DA19	環境制御＞その他の環境因子の制御	63
2B022DA05	環境制御＞光の制御、補光＞光反射装置	61
2B022DA02	環境制御＞光の制御、補光＞間欠照明	46
2B022DA20	環境制御＞複数の環境因子の制御	44
2B022DA15	環境制御＞CO2処理（方法，その他）＞CO2濃度の制御	16
2B022DA12	環境制御＞CO2処理（方法，その他）＞CO2供給装置	14
2B022DA06	環境制御＞光の制御、補光＞光反射装置＞シート、マットの敷設	13
2B022DA09	環境制御＞光の制御、補光＞光質の制御＞紫外線除去	14
2B022DA11	環境制御＞CO2処理（方法，その他）	13

【図表６】LED 照明の農業関連技術：特許分類（Ｆターム）別出願件数

イ．注目プレーヤー分析

また、LED 照明の農業関連技術について、主要なプレーヤーを把握するために、出願件数の多い上位の出願人の件数推移を集計し、その結果を以下の図表７にまとめた。図表７から、出願件数が最も多いプレーヤーはA社であるが、最近は出願件数が減少傾向にあること、Ｂ社やＦ社の出願件数が2019年に急増していることが分かる。また、Ｆ社は韓国のLEDメーカーであるため、外国企業による国内市場への参入も推察される。

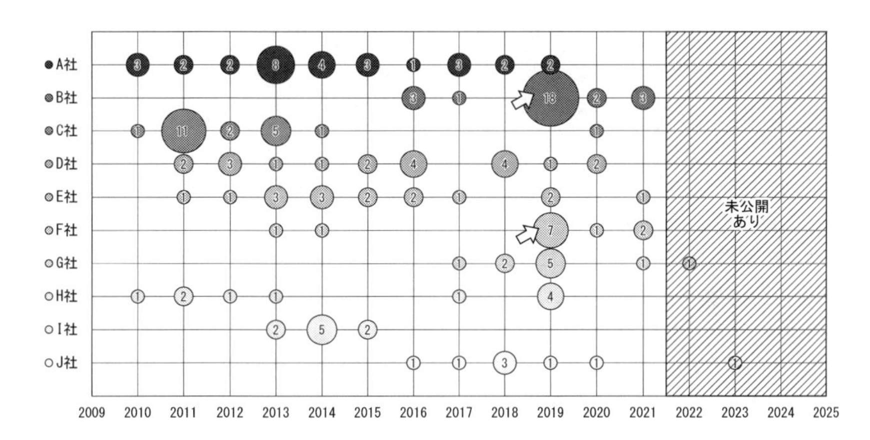

【図表７】LED照明の農業関連技術：上位出願人の出願件数推移

（4）ミクロ分析（技術分析）

光質の制御について、農業関連技術とそれ以外の一般的なLED照明技術について、公報を読み込んだ。その結果、基本的なLED照明の制御、例えば周波数や出力の基本制御、日光や温度等の環境に応じた制御については、農業関連技術でも特許出願の多数を占めていた。その他、農業関連技術固有のものとしては、対象植物の品種や肥料に応じた制御の特許出願があった。一方で、一般的なLED照明技術にあって、農業関連技術にないものとしては、画像解析による光質の制御の特許出願が見つかった。

<table>
<tr><th>用途</th><th>共通技術</th><th>LED農業固有</th><th>一般LED照明</th></tr>
<tr><td>LED農業</td><td rowspan="2">基本制御
環境に応じた制御</td><td>品種に応じた制御
肥料に応じた制御</td><td></td></tr>
<tr><td>一般LED照明
(LED農業以外)</td><td></td><td>画像解析による制御</td></tr>
</table>

【図表８】ミクロ分析

（5）報告会と追加分析

ア．報告会と要望

分析結果の報告として、LED 農業（植物工場等）を新規用途の第一候補として提案した後、市場調査も経て、これが第一案として採用された。

その後、事業部門を交えて分析結果の報告をするとともに、ミクロ分析に基づいて、画像解析による光質の制御を LED 農業に適用することの有用性を議論した。その結果、有用性が高い可能性があるとともに、家庭用照明や街頭で画像解析を導入していることが判明した。また、X 社の照明は、本来、きめ細かい光質の制御ができるにもかかわらず、一般的な LED 照明の市場ではきめ細かさに対するニーズは低かったということも分かった。

これらの結果、X 社は、LED 農業（植物工場等）において、画像解析による光質の制御やきめ細かい光質の制御をいかして、付加価値を創出する可能性を有することを検証することとなった。

また、注目プレーヤー分析では、F 社が韓国の LED メーカーであったため、海外の特許出願の分析の要望があった。

イ．追加分析（海外分析への展開）

報告会において、海外の特許出願の分析の要望があったため、LED 照明の農業関連技術をターゲットとして、分析を実施した。X 社が今回の分析で特定したターゲット領域において、更なる事業拡大を図る際には、海外への事業展開を行う場合も想定され、ターゲット国も見据えたいとしたためである。

LED 照明の農業関連技術について、出願国別の出願件数を集計し、出願件数上位10社の件数推移を以下の図表９及び図表10にまとめた。中国の出願件数が他国に比べて圧倒的に多いが、2017年に出願件数のピークを迎えた後は大幅に出願件数が減少している。中国に次いで出願件数の多い韓国は、2018年以降に出願件数が増加傾向にある。また、出願件数は少ないが、インドも2019年以降に出願件数が増加傾向にある。この結果から、LED 照明の農業関連技術については、韓国とインドが成長市場であると推察される。

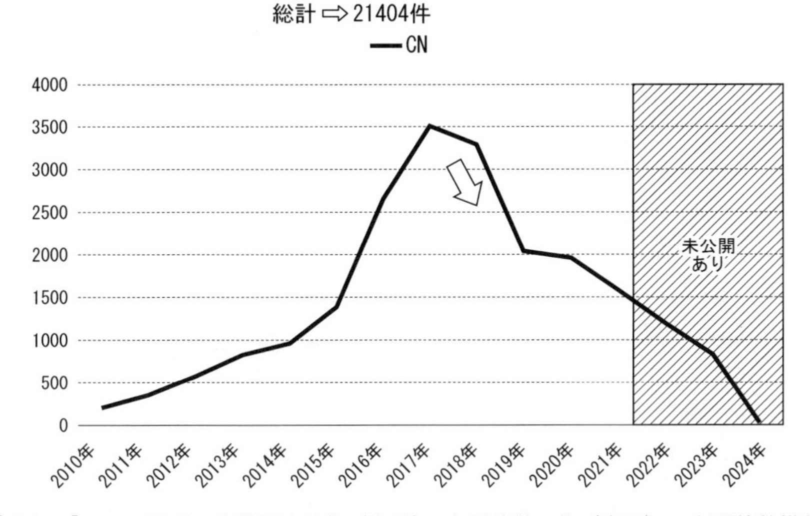

【図表９】LED 照明の農業関連技術（海外）：出願件数１位（中国）の出願件数推移

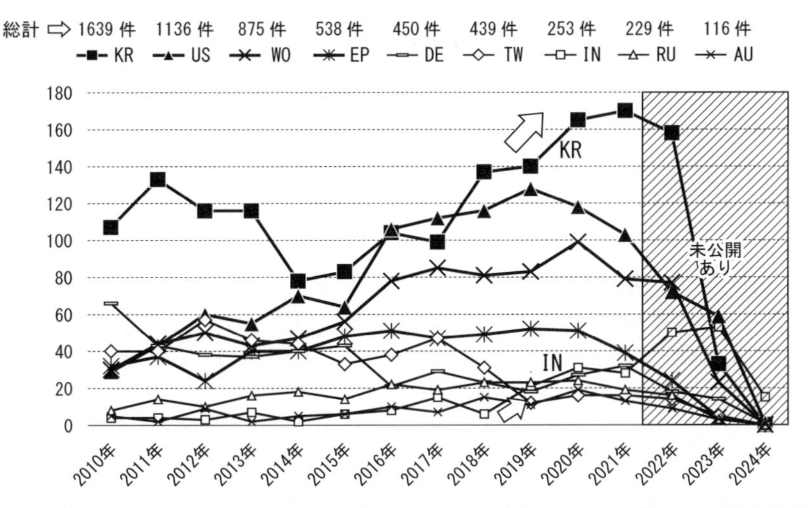

【図表10】LED 照明の農業関連技術（海外）：出願件数２位～10位の出願件数推移

また、成長市場である韓国とインドについて、主要なプレーヤーを把握するために、出願件数の多い上位の出願人の件数推移を集計し、その結果を以下の図表11にまとめた。韓国、インドはともに大学や研究機関などが上位を占めている。また、韓国出願の上位プレーヤーであるAC社、AI社や、インド出願の上位プレーヤーであるBA社、BG社は、LED照明を植物栽培に活用した製品の開発・販売を行う企業である。

KR

出願人	件数
AA大学	24
AB機構	23
AC社	11
AD大学	11
AE研究所	10
AF大学	9
AG機構	9
AH大学	8
AI社	8

IN

出願人	件数
BA社	10
BB大学	7
BC大学	5
BD大学	5
BE大学	4
BF大学	4
BG社	4
BH大学	4
BI大学	3
BJ機構	3
BK大学	3

：大学，研究機関等

【図表11】LED照明の農業関連技術（海外）：韓国・インドの上位出願人の出願件数

（6）報告会（2回目）

追加分析の結果､韓国とインドを成長市場として特定した。その後の市場調査で、中東やシンガポールも有望国となり､国の人口､国の宗教（食物の制限）､国の面積、国の気候が有望国を選択する基準となることも分かってきた。有望国のうち、LED農業の特許出願がまだ少ない国については、積極的に特許出願を行って、特許網を構築する方針になった。

また、事業部門の研究により、LED農業（植物工場等）において、植物の葉を赤外線カメラで撮影した画像を画像解析すると葉脈を検出でき、葉脈の状態に合わせて光質をきめ細かく制御することで、植物の成長を促すことができる事実も判明した。その他、植物の画像解析によって、植物の状態、疫病や害虫も検出でき、それらに応じた光質のきめ細かい制御によって、植物の品質や生産量が大きく変わることも分かってきた。このように、LED農業（植物工場等）を知財投資先として、特に有望国において、画像解析による光質の制御やきめ細かい光質の制御の発明に係る特許出願を権利化し、特許網を構築する方針となった。

3．まとめ

ここまでに実施した自社分析、俯瞰調査、及び注目調査において分析した内容について、依頼元のX社への提案内容を下記の図表12にまとめた。図表12では、左から右にかけて現状〜将来を示している。

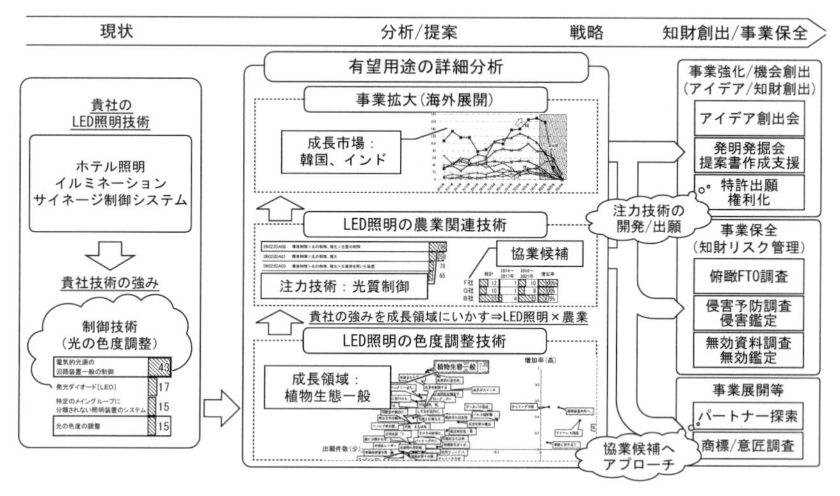

【図表12】X社の有望用途探索：分析結果まとめ

初めの現状分析では、自社技術を分析し、自社の特徴点（強み）を特定した。今回の事例では、制御技術（特に光の色度調整）を強みと特定した。

その後、有望用途に関する詳細分析として、大きく３つの分析を実施した。１つ目に、自社の強みをいかすターゲット領域を特定するため、自社の強みに特化した集合について分析を実施した。今回の事例では、LED照明の光の色度調整技術について植物生態一般に関する技術が成長領域であることを特定した。その際に、市場規模などの特許出願以外の外部情報を参照し、成長領域である裏付けを実施した。

２つ目に、新たな用途候補であるターゲット領域に対して、注力技術や主要なプレーヤーを分析することで、実際に事業を行う際の開発方向性や主要プレーヤー（競合／協業候補）を抽出した。今回の事例では､光質制御を注力技術として抽出した。また、ミクロ分析と研究の結果、LED 農業（植物工場等）を知財投資先として、特に有望国において、画像解析による光質の制御やきめ細かい光質の制御の発明に係る特許出願を権利化して、特許網を構築する方針となった。

最後に３つ目として、海外の特許出願についても分析を実施し、今後の事業拡大に伴う海外展開先の候補として、成長市場を特定した。今回の事例では、韓国とインドを成長市場として特定した。

今回の分析事例では、有望用途の探索を目的とし、候補となる用途の注力技術や主要プレーヤー、海外展開先の候補について分析を実施した。実際に事業を行う際には、注力技術についての開発やそれに伴う特許出願・権利化、事業保全のための知財リスク管理、また、必要に応じて他者とパートナーを組むなど、様々な検討が必要となる。その際にも、注力技術や成長市場、主要プレーヤーなどといった今回の分析結果を活用し、異なる観点で改めてランドスケープデザインを実施することで、自他者や業界全体の動向を把握・予測した上で、戦略的なポートフォリオの構築・実行を実現することができる。

＜参考文献・注釈＞

※1　ランドスケープデザイン（LD）は、弁理士法人志賀国際特許事務所の登録商標（登録第6666556号）である。

※2　Mordor Intelligence「LED ファーミング市場規模と市場規模株式分析－成長傾向と成長傾向予測（2024～2029年）」
https://www.mordorintelligence.com/ja/industry-reports/led-farming-market

1節3　カーボンネガティブ新規事業の提案事例

白石 克豊

本稿では、ランドスケープデザイン（※1）の分析事例を紹介する。仮想事例として、化学製品、医療機器の製造・販売、電気工事関係のほか、環境・エネルギー関連のソリューション事業を手掛けるT社からランドスケープデザインの依頼を受けたとして説明する。

1．T社からの分析依頼の概要

（1）依頼の背景

T社では、長期ビジョンの目標として掲げている、カーボンニュートラル等の循環型社会の構築に貢献する事業を展開しようとしている。同社の知的財産部は、社内のソリューション事業部から、カーボンネガティブを実現するための新規事業の技術企画、事業企画に、特許情報を利用できないかという相談を受けた。このソリューション事業部では、例えば一酸化炭素と水素とからメタノールを合成し、酸化させて酢酸等の原料を生成するような新規事業の可能性を探っていた。

そこで、知的財産部は、ランドスケープデザインを弊所に依頼した、という想定である。

（2）T社の要望

自社が長期ビジョンの目標として掲げる循環型社会の構築への貢献に向け、その実現に寄与する自社技術を抽出し、また、その技術を活用したソリューション案を検討してほしい。

2．分析結果の概要

（1）分析結果へのアプローチ

ア．原則的なアプローチ

本分析では、To Be（将来の姿）は、循環型社会の構築である。このように、To Beは、経営計画や事業戦略との整合性も考慮し、中期計画等の長期ビジョンから設定することが多い。一方、本ケースでは、T社は、自社の強みを総合的・客観的に把握しきれていないことを想定している。実際、このようなケースは多く、特許情報を用いて、全社や他者も含めた形で自社の強みを分析することが求められる。

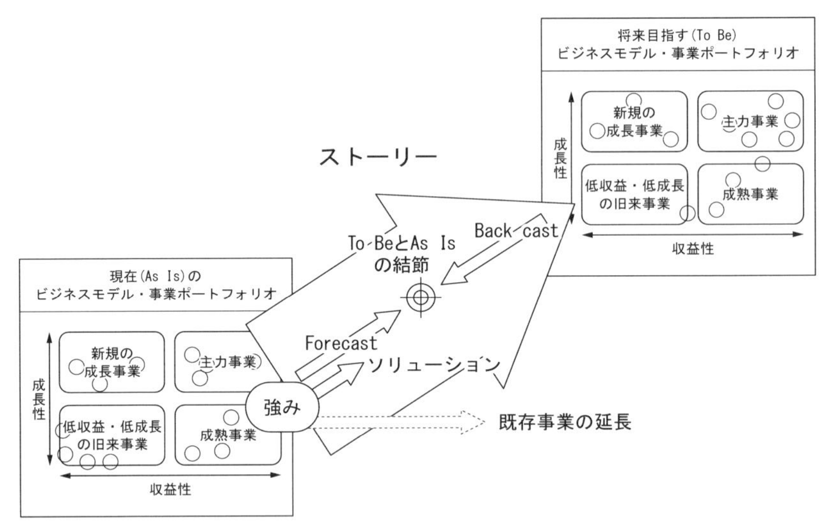

【図表１】分析結果へのアプローチ概要図

このようなケースでは、To Beからバックキャストしつつ、As Is（現在）として把握した自社の強みをフォアキャストし、As IsからTo Beへ向かうストーリーを構築する。そして、As Is から、To BeとAs Isの結節へと向かい、現状の事業の延長とは異なる方向へ導くための基準ベクトルとしてのソリューション案を検討する。

ソリューションは、循環型社会の構築といった課題解決手段であるとともに、自社の企業価値向上のソリューションにもなる。

イ．本分析のアプローチ

本分析では、To Beからのバックキャストとして、カーボンネガティブ、特にCO_2還元をターゲットとした事業戦略を採用するケースを想定する。また、T社は、既にCO_2還元に関する特許出願をしており、その中から、事業戦略の遂行のため、コア技術を探索する。

通常は、上述の「原則的なアプローチ」のとおり、自身の全般的なコア技術を抽出して強みとし、その強みとTo Beの結節を認定する。一方、本分析では、自身の全般的なコア技術ではなく、先にTo Beからバックキャストしたカーボンネガティブに関連する技術に絞って、T社の独自技術に係る特許文献を抽出する。
その後、抽出した独自技術と他者技術との比較により、抽出した独自技術がコア技術であることを裏付けることによって、コア技術を探索する事例を紹介する。

(2) 分析結果の概要

実際の報告会では結論を含むサマリーを先に説明するため、本稿でも、先に結論を述べる。
分析の結果、T社の特許出願から、次の技術を、カーボンネガティブに関係するコア技術として抽出した。また、事業部門と知財部門に、コア技術に関連する特許情報を紹介し、このコア技術を用いたソリューション案を提案した。

[T社のコア技術（カーボンネガティブ関係)]
ダイヤモンド電極による可視光 CO_2還元技術

[ソリューションの検討例]
① 廃棄ガス発生施設隣接型の循環システムA
② 廃棄ガス発生施設隣接型の循環システムB
③ CO_2還元パネルとソーラーパネルのハイブリッド型循環システム

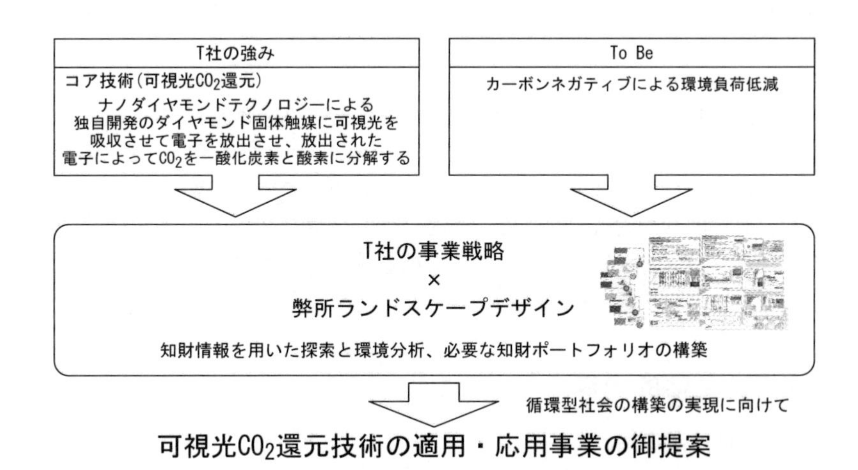

【図表2】分析結果の概要

３．分析手順の概要

上記結論を導く過程である分析手順について説明する。

Ｔ社からの要望及び依頼の背景に基づいて、以下のような手順で分析を行った。

（１）カーボンネガティブに関連するＴ社の独自技術の抽出

事前知識として、Ｔ社からのヒアリングや同社に関するインターネット情報から、Ｔ社の内部環境の情報を収集する。その後、Ｔ社の出願に係る特許文献から、カーボンネガティブに関する技術に係る特許文献を抽出する。

抽出したＴ社の特許文献について、環境負荷低減に対する貢献度（還元効率等）を評価し、Ｔ社の独自技術を抽出する。独自技術を抽出するときには、内部環境との整合性にも留意する。

（２）Ｔ社のコア技術の認定

同様に、事前情報として、業界情報や競合情報等の外部環境の情報を収集する。

その後、Ｔ社の独自技術についての検索式を作成し、検索結果の特許文献群（母集合）を特許分類で分類して俯瞰マップを作成した。この俯瞰マップを用いて分析することにより、Ｔ社の強みを把握する。

特許文献には、他者の特許文献も含め、出願件数や評価値の合計で自社と他者の差がある特許分類等に係る技術をコア技術として認定する。

（３）Ｔ社が目指すべき事業の探索とソリューション案の検討

As Is からTo Beに向かうためのソリューション案を探索する。この探索の作業においては、Ｔ社の内部環境から得られる事業の前提条件を基軸として特許情報を分析し、具体的な検討につなげる。検討では、複数のソリューション案を提示する。ここで、ソリューション案は、１つの案とはせずに複数の案を検討し、選択肢を設けておくことが重要である。

４．分析の具体的内容

（１）Ｔ社独自技術の抽出

カーボンネガティブに関係する特許文献として、CO_2還元に関する特許文献を収集し（集合Ａ:2004年以降の出願1081件）、この集合Ａに含まれるＴ社の特許文献（45件）に係る技術を評価した。評価においては、環境負荷低減に対する貢献度（一例として、還元効率）を評価指標とした。

評価の結果、集合Aに含まれるT社の特許文献の中から、還元反応に必要なエネルギーとして太陽光を利用した低環境負荷型の還元電極である、ダイヤモンド電極／触媒に関する技術に係る出願を抽出した（7件）。

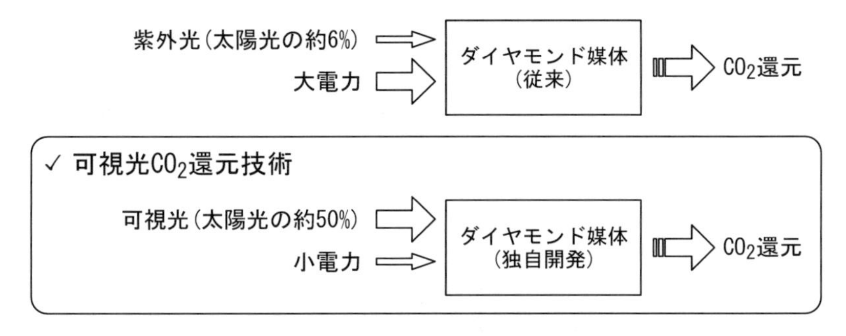

【図表3】光線照射によるダイヤモンド電極の CO_2 還元

これら抽出した出願に係る発明は、ナノダイヤモンドテクノロジーによる独自開発のダイヤモンド固体触媒に可視光を吸収させて電子を放出させ、放出された電子によって二酸化炭素を一酸化炭素と酸素に分解する技術（以下、可視光 CO_2 還元技術）である。この発明により、太陽光を照射するだけで、周囲の空間に生成される水和電子によって CO_2 を一酸化炭素と酸素に、H_2O を水素と酸素に効率良く分解することができる。従来のダイヤモンド電極では、紫外光を照射することで CO_2 還元作用が発揮されることが知られていたが、多くの電力を要することから還元効率は必ずしも高くはなかった。それに対し、T社のダイヤモンド電極は、可視光を照射し、従来よりも少ない電力で、効率良く CO_2 還元を行うことが可能である（図表3参照）。

出願Dに係る発明は環境負荷低減に大きく貢献し得る技術であると考え、このダイヤモンド電極による可視光 CO_2 還元技術をT社独自技術として抽出した。

（2）外部環境の分析とT社のコア技術の特定

抽出した発明がダイヤモンド電極／触媒に関するものであることから、ダイヤモンド電極／触媒に関する出願の集合（集合B：2004年以降の出願1225件）を作成した。また、本分析の目的が環境負荷低減に関するものであることから、再生可能エネルギー／環境負荷低減に関して電極を用いる技術に関する出願の集合（集合C：

2004年以降の出願4962件）を作成した。これら集合Ａ、Ｂ、Ｃが全て重複する部分集合は41件であり、この部分集合に、上記のダイヤモンド電極／触媒に関する技術に係る出願の一部が含まれていることを確認した（図表４参照）。

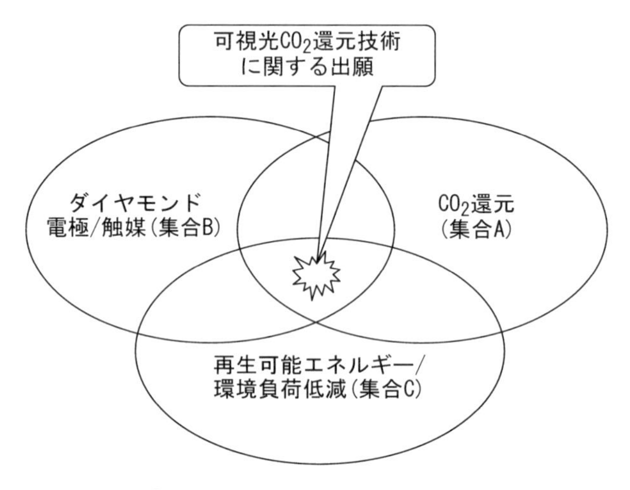

【図表４】集合Ａ、Ｂ、Ｃの関係

集合Ａ、Ｂ、Ｃが全て重複する41件の部分集合を準コア技術の集合とし、この集合についてＴ社の外部環境を分析した。

まず、準コア技術の集合から出願件数上位をグラフ化した（図表５参照）。

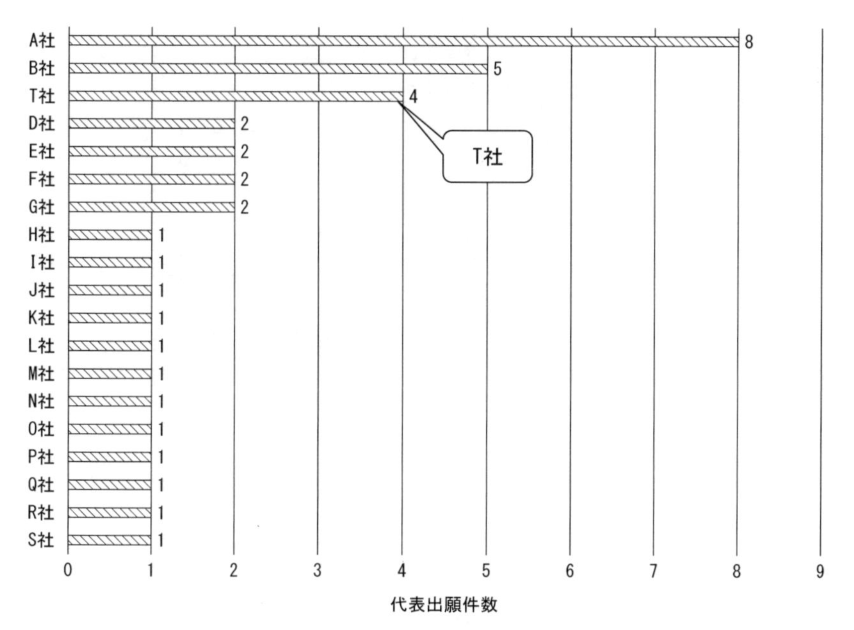

【図表５】準コア技術の集合　出願件数上位

図表５における出願件数上位３者が準コア技術における主要プレーヤーであると推定される。

次に、T社及び主要プレーヤーそれぞれについて、出願に付与されている分類コード（ここではIPC）の分布をグラフ化した（図表６参照）。

出願人/権利者	触媒調製のための含浸/被覆/沈澱プロセス	一酸化炭素	銅基合金	無機化合物/非金属の電解製造	水の電気分解による水素/酸素の電解製造	一酸化炭素/合成ガス	多孔/有孔の電極	多孔質電極	ガス拡散電極	1層以上の電気触媒コーティングを基材上に有する電極	複数の層の電気触媒コーティングを特徴とする電極	担体上に担持された電気触媒を有する電極	金属/合金からなる電極	炭素からなる電極	触媒化合物が非貴金属の酸化物である電極	非環式/環式炭化水素の電解製造	還元による有機化合物の電解製造	酸素含有化合物の電解製造	二酸化炭素の還元による有機化合物の電解製造	槽、槽の組立体/構造部品
	B01J 37/02	C01B 32/40	C22C 9/00	C25B 1/00	C25B 1/04	C25B 1/23	C25B 11/03	C25B 11/031	C25B 11/032	C25B 11/052	C25B 11/053	C25B 11/054	C25B 11/061	C25B 11/065	C25B 11/077	C25B 3/03	C25B 3/04	C25B 3/07	C25B 3/26	C25B 9/00
B社	0	0	0	4	2	2	6	0	0	2	0	1	0	3	0	0	4	0	3	6
I社	2	1	0	0	0	4	0	0	3	1	0	3	0	5	0	0	0	0	1	1
C研究所	0	0	0	0	2	1	2	1	2	4	0	0	0	4	2	1	0	2	3	2
P社	0	0	0	0	0	0	0	0	0	0	0	0	0	0	0	0	2	0	0	1
F社	2	0	2	0	0	2	0	2	0	0	2	0	2	2	2	2	0	2	2	0
K社	2	0	2	0	0	2	0	2	0	0	2	0	2	2	2	2	0	2	2	0
D大学	2	0	2	0	0	2	0	2	0	0	2	0	2	2	2	2	0	2	2	0
T社	0	0	0	0	0	1	0	0	0	0	0	0	0	1	0	0	0	0	0	1

【図表6】 T社及び上位プレーヤーの出願のIPC分布

図表6において、T社の出願に付与されているIPCは以下のものである。
（ア）一酸化炭素／合成ガス（C25B1/23）
（イ）炭素からなる電極（C25B11/065）
（ウ）槽、槽の組立体／構造部品（C25B9/00）

次に、準コア技術集合を、上記（ア）及び（イ）のIPCがともに付与された出願に絞り込んだところ、15件を抽出した（図表7参照）。

公報番号	出願人・権利者	発明等の名称
特開2024-0XXXXX	B社	電解装置、・・・
特開2024-0XXXXX	K社	カソード電極、カソード電極と基材との複合体、・・・
特開2024-0XXXXX	Y社	二酸化炭素の電解・・・
特開2024-0XXXXX	H大学	二酸化炭素還元電極用触媒、その触媒を含む二酸化炭素還元電極、・・・
特開2023-1XXXXX	I社	複合体及びその製造方法、分散剤、電極、イオン交換膜・・・
特開2023-1XXXXX	B社	電解セル用電極触媒層、電解セル用電極、及び・・・
特表2022-5XXXXX	S社	モジュール電解槽スタックおよび高圧で、かつ高い変換率で二酸化炭素を・・・
WO24/0XXXXX	K社	カソード電極、カソード電極と基材との複合体、カソード電極を備えた電解還元装置及び・・・
WO23/1XXXXX	O大学	触媒及びその製造方法、カソード、イオン交換膜-電極接合体・・・
WO23/1XXXXX	I社	触媒、カソード、イオン交換膜-電極接合体及び・・・
WO23/1XXXXX	I社	二酸化炭素還元触媒用添加剤、触媒層、カソード、イオン交換膜・・・
WO23/0XXXXX	T社	ダイヤモンド電極、・・・
特許074XXXXX	E社	CO2還元用電極触媒、CO2還元用電極触媒の製造方法、CO2還元電極・・・
特許074XXXXX	C研究所	ガス拡散型電解フローセル用のカソード電極、及び・・・
特許074XXXXX	U大学	電気化学的変換、・・・

【図表7】（ア）及び（イ）に絞った15件のリスト

この15件について要約及び請求項を読み込み確認したところ、太陽光（可視光）を照射してCO_2還元を行う技術は、T社独自技術のみであった。

すなわち、T社独自技術はT社の強みであり、CO_2還元集合AによるCO_2還元に関するプレーヤーの多さからすると十分ニーズがあると考えられる。

よって、「ダイヤモンド電極による可視光CO_2還元技術」を、T社のコア技術の一つとして決定した。

（3）目指すべき事業の探索

T社の新規事業を考える前提条件として、以下の点を挙げる。

〜可視光CO_2還元技術を実施するための基本条件〜

・ダイヤモンド電極／触媒の周囲に、多くの二酸化炭素が存在すること

CO_2は大気中に含まれるが、石油工場や火力発電所等から排出される廃棄ガスに含まれるCO_2を積極利用することで、カーボンネガティブ社会に大きく貢献できる。

・可視光線を効率良く受光させること

環境負荷低減の観点から、可視光線として太陽光線を用いることを想定する。また、CO_2の還元量は、電極／触媒への単位面積又は単位時間当たりの照射量に関係すると考えられる。

〜Ｔ社の内部環境〜

Ｔ社からのヒアリングの内容及び同社のウェブサイトの情報によれば、Ｔ社は再生可能エネルギーの生成（風力発電や太陽光発電等）に関するソリューション事業を手掛けており、また、一酸化炭素をアルコール等の化学品に加工する事業を模索していた。

以上の前提条件を基軸とし、以下の２点を重点に検討した。

（ア）CO貯蔵／加工事業の模索

Ｔ社のコア技術を利用して一酸化炭素を大量に生成する施設を実現する必要があるのではないか。

（イ）再生可能エネルギーに関する既存事業の存在

Ｔ社のコア技術が可視光（太陽光）を利用する技術であることから、Ｔ社のコア技術と太陽光発電技術には、太陽光を効率的に受光させたいとする、共通した技術課題があるものと考えた。そこで、太陽光発電（ソーラーパネル）の技術・ノウハウを活用することとした。

そこで、次の２ステップで、関連する特許文献を分析した。

Step１：CO_2還元に関する集合Ａを、発明の名称、請求項又は要約に「光合成」「太陽光」「太陽電池」等のワードが使用されている出願に絞り込んだ。つまり、光合成、太陽光、太陽電池等が関係するCO_2還元技術を抽出した。

その結果、90件の特許文献が抽出された。この抽出された90件には、二酸化炭素還元装置／電極、電気化学反応装置、人工光合成装置、光エネルギー利用システム等の特許文献が多く含まれていた。また、出願件数上位者の出願件数推移によれば、首位のＫ社が平成29(2017)年以降に継続して出願を行っていることが分かった（図表８参照）。

出願人/権利者(代表出願数)	2007	2008	2009	2010	2011	2012	2013	2014	2015	2016	2017	2018	2019	2020	2021	2022
K社(27)	0	0	0	0	0	0	0	0	0	0	7	5	6	2	2	5
MS(9)	0	0	2	0	1	2	0	1	2	1	0	0	0	0	1	0
B社(9)	0	0	0	0	0	0	4	2	2	1	0	0	0	0	1	0
P社(8)	0	0	0	0	0	1	1	4	1	0	1	0	0	0	1	0
N社(5)	0	0	0	0	0	0	0	1	0	0	1	0	0	1	2	0
D社(4)	0	0	0	0	0	0	0	1	0	2	1	0	0	0	0	0
F社(3)	0	0	0	1	1	0	0	0	1	0	0	0	0	0	0	0
S社(2)	0	0	0	0	0	0	0	0	0	0	0	0	2	0	0	0
H社(2)	0	0	0	0	2	0	0	0	0	0	0	0	0	0	0	0
I社(2)	1	0	1	0	0	0	0	0	0	0	0	0	0	0	0	0
J社(2)	0	0	0	0	0	0	0	1	1	0	0	0	0	0	0	0

【図表8】CO_2還元で太陽光等に関する出願を行っているプレーヤー

要約及び請求項を確認し、K社の特許を含む幾つかの上位出願人の特許文献を抽出した。以下、４つの事例を挙げる。

事例１：二酸化炭素を輸送して還元する例
＜特許第7332571号の請求項１、２　下線は本願補正時のもの＞

「【請求項１】
二酸化炭素を還元させる還元装置と、
二酸化炭素を前記還元装置に輸送する輸送経路と、
二酸化炭素分離装置と、
被燃焼物を燃焼させて二酸化炭素を生じさせ、かつ前記還元装置とは別の装置である燃焼炉とを備え、
前記輸送経路において、再生利用エネルギーおよび排熱の少なくともいずれかにより二酸化炭素を加熱させ、
前記排熱が、前記燃焼炉で発生した熱であり、
前記輸送経路の二酸化炭素が、前記二酸化炭素分離装置により二酸化炭素を含む排気ガスから二酸化炭素を分離されたものであり、
前記排気ガスが前記燃焼炉で発生した排気ガスであり、前記輸送経路が、分離された前記二酸化炭素を前記燃焼炉で発生した熱により加熱されるように循環させる循環経路であり、かつ
前記還元装置が、二酸化炭素と水素から逆シフト反応により一酸化炭素と水を生成させる逆シフト反応装置である、二酸化炭素還元システム。
【請求項２】
前記再生利用エネルギーが、太陽光発電、風力発電、水力発電、波力発電、潮力発電、バイオマス発電、地熱発電、太陽熱、および地中熱からなる群から選択される少なくとも１つを利用したものである、請求項１に記載の二酸化炭素還元システム。」

事例２：太陽電池と電極を組み合わせる技術に関する例
＜特許第6787289号の請求項１、図１　下線は本願補正時のもの＞

「【請求項１】
酸化触媒機能をもつ部材を含む酸化電極と、
還元触媒機能をもつ部材を含む還元電極と、

直列接続された４～６セルの結晶シリコン太陽電池を含み、光電変換によって得た電力によって、酸化電極と還元電極間に電位差を与える光電変換部と、

を含み、

結晶シリコン太陽電池／酸化電極／還元電極の順、または結晶シリコン太陽電池／還元電極／酸化電極の順に配置され、

酸化電極および還元電極のいずれをも介さずに結晶シリコン電池に光を入射させるとともに、

酸化電極と還元電極との空間が反応室となっており、この反応室に外部から電解液が循環される、

酸化還元反応セル。」

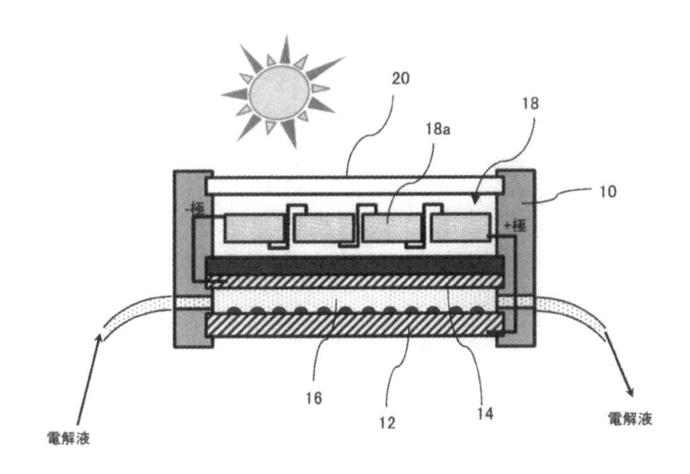

【図表９】事例２の図１

事例３：一酸化炭素に関する例

＜特開2012-101199の請求項１、段落0009＞

「【請求項１】

２種類以上の出発原料を加熱して反応生成物を得る反応生成物の製造方法であって、

前記出発原料を加熱する第１の加熱源として太陽光を用い、第２の加熱源として太陽光とは別の加熱源を用いて、互いに混合される前の前記出発原料の各々を個別に加熱して活性化する工程と、

活性化された前記出発原料同士に反応を生起させて反応生成物を得る工程と、
を有し、
前記出発原料を加熱する前記第1の加熱源のエネルギー量に応じて前記出発原料の供給量を制御するか、又は、前記出発原料の供給量に応じて前記第１の加熱源のエネルギー量を制御することを特徴とする反応生成物の製造方法。」
「【０００９】
本発明は上記した問題を解決するためになされたもので、太陽光からエネルギが得られなくとも反応生成物を継続して得ることが可能であり、このため、反応生成物を工業的規模で連続生産するに適切な、しかも、太陽光が得られるときには反応生成物の生成量を増加させることが可能な反応生成物の製造方法及びその装置を提供することを目的とする。」

事例４：光エネルギーにより電荷分離を行う技術の例
< 特許第6339255号の請求項１、段落0085、図７　下線は本願補正時のもの >

「【請求項１】
第１溶液槽と、第２溶液槽と、で構成される溶液槽と、
前記第１溶液槽内に収容される第１電極と、前記第２溶液槽内に収容される第２電極と、前記第１電極と前記第２電極との間に形成され、光エネルギーにより電荷分離を行う光起電力層と、を備え、前記第１溶液槽と前記第２溶液槽とを分離する積層体と、
前記積層体に隣接して形成され、前記積層体とともに前記第１溶液槽と前記第２溶液槽とを分離するイオン透過部材と、
前記溶液槽内に収容され、前記イオン透過部材の光照射側で、かつ前記イオン透過部材の少なくとも一部にオーバーラップして配置される反射部材と、
を具備する光電気化学反応装置。」
「【００８５】
図７の構造１に示すように、反射部材91の断面形状は、反射または屈折を生じさせる形状であり、例えば三角形状である。構造１では、上方から照射した光は、反射部材91と反射部材91の内側の空気との界面で全反射し、第１電極11を介して光起電力層31に入射することができる。」

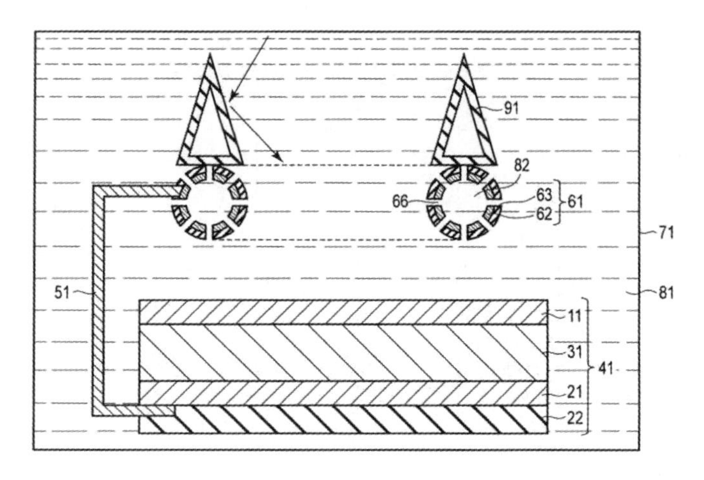

【図表10】事例４の図７

Step２：太陽光発電において発電効率を向上させるための技術に関する出願の集合（集合Ｄ：2004年以降の出願1846件）を作成した。この集合Ｄは、集合Ｃ（再生可能エネルギー／環境負荷低減に関して電極を用いる技術に関する出願の集合）と一部重複している（図表11参照）。

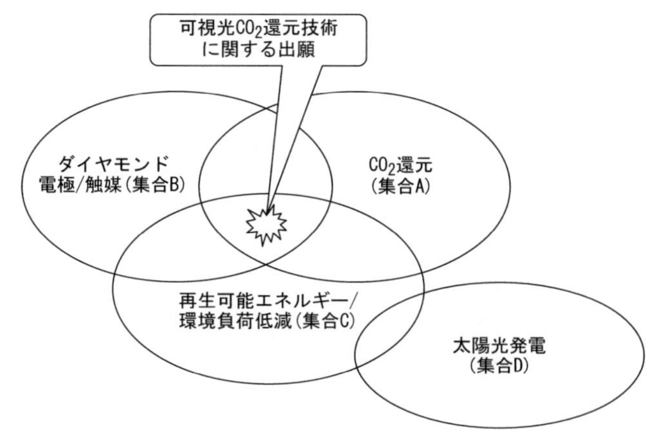

【図表11】集合Ｄの追加

集合Ｄから出願件数上位をグラフ化した（図表12参照）。

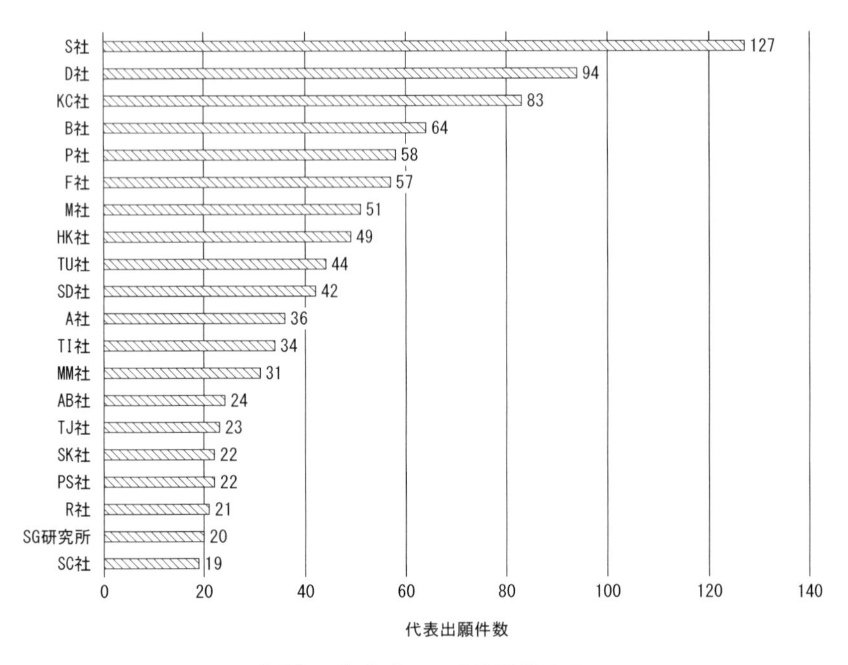

【図表12】集合Ｄ　出願件数上位

太陽光発電（発電効率向上）の出願上位には、ソーラーパネル、太陽光発電機材メーカーの他、印刷・材料メーカー等がランクインしている。

次に、太陽光発電（発電効率向上）の上位プレーヤーそれぞれについて、出願に付与されている分類コード（ここではIPC）の分布をグラフ化した（図表13参照）。

図表13において、Ｔ社のコア技術との関係が強いと考えられるIPCを以下のものとした。

（ア）合成樹脂からなる積層体（B32B27）

（イ）層間の関係を特徴とする積層体（B32B7）

（ウ）光の変換に関しないPVモジュールの構造上の細部（H02S30）

（エ）PVモジュールと結合した構成部品／付属品（H02S40）

上記（ア）～（エ）に着目して特許文献を確認したところ、太陽光パネルに設ける保護シートや、発電効率向上のためにPVモジュールに結合させる構成に関する出願を抽出した。以下、３つの事例を挙げる。

出願人/権利者(代表出願件数)	合成樹脂からなる積層体	層間の関係を特徴とする積層体	高分子物質を含む成形品の製造	無機物質の添加剤としての使用	有機配合成分の使用	発光性物質	屋根ふきと関連する特殊装置/器具	レンズ以外の光学要素	形を特徴とする非絶縁導体/導電物体	半導体装置	赤外線/可視光等に感応する半導体装置	交流幹線¥交流配電網のための回路装置	PVモジュールの支持構造	光の変換に関しないPVモジュールの構造上の細部	PVモジュールと結合した構成部品/付属品
	B32B27	B32B7	C08J5	C08K3	C08K5	C09K11	E04D13	G02B5	H01B5	H01L21	H01L31	H02J3	H02S20	H02S30	H02S40
S社(127)	1	0	0	0	0	0	1	5	0	1	116	7	0	2	7
D社(94)	24	9	2	3	2	0	0	5	0	1	87	0	0	0	3
KC社(83)	0	0	0	0	0	0	13	1	0	0	75	5	2	1	4
B社(64)	1	0	3	6	17	1	0	0	0	3	64	0	0	0	0
P社(58)	0	0	0	0	0	0	2	0	0	2	53	3	0	1	1
F社(57)	18	5	6	4	4	0	0	0	2	0	45	0	0	0	0
M社(51)	0	0	0	1	1	1	0	0	0	1	49	1	0	0	0
HK社(49)	0	0	0	5	3	14	0	0	0	8	47	0	0	0	0
TU社(44)	28	6	1	0	0	0	0	0	0	0	44	0	0	0	0
SD社(42)	0	0	0	0	0	0	1	0	0	0	41	1	0	0	0
A社(36)	1	1	1	1	0	1	1	3	0	0	36	0	0	0	0
TI社(34)	8	1	1	0	2	0	0	0	0	0	34	0	0	0	0
MM社(31)	0	0	0	1	1	0	0	0	11	0	30	0	0	0	0
AB社(24)	0	0	0	0	0	0	0	0	3	4	24	0	0	0	0
TJ社(23)	0	0	0	0	0	1	0	2	0	1	22	1	0	0	0
SK社(22)	0	0	0	0	0	0	0	0	0	0	21	0	7	3	5
PS社(22)	0	0	0	0	0	0	0	0	0	0	19	1	0	0	0
R社(21)	9	0	3	0	0	0	0	2	0	0	21	0	0	0	0
SG研究所(20)	0	0	0	0	0	2	0	0	0	3	14	0	0	0	0
SC社(19)	3	0	0	0	0	0	4	1	0	0	16	0	7	4	0

【図表13】太陽光発電（発電効率向上）の位プレーヤーの出願のIPC分布

事例５：合成樹脂からなる積層体の例
＜特許第7388488号の請求項１、図１　下線は本願補正時のもの＞

「【請求項１】
ポリエステル系樹脂、ポリプロピレン、又はフッ素をベース樹脂とする樹脂基材層と、
前記樹脂基材層の一方の面に形成されている暗色易接着層と、を備え、
前記暗色易接着層は、
架橋性置換基含有アクリル樹脂がポリイソシアネート化合物により架橋されている架橋樹脂と、
有機系暗色顔料と、
シランカップリング剤と、を含有し、
前記シランカップリング剤は、イソシアネート基を有するシランカップリング剤であって、該シランカップリング剤の前記暗色易接着層中における含有量が、1.8質量％以上2.3質量％以下である、
太陽電池モジュール用の裏面保護シート。」

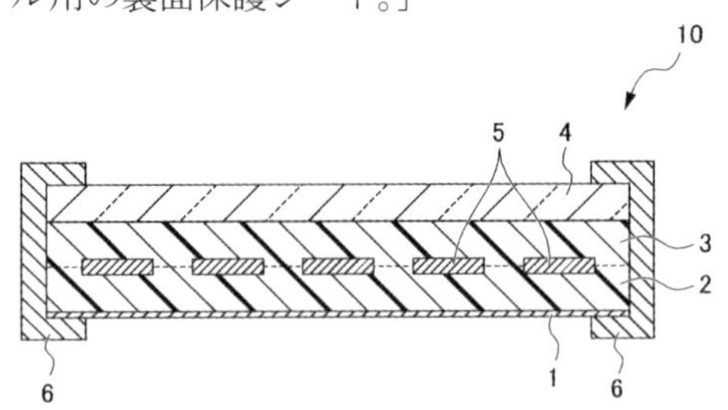

【図表14】事例５の図１

事例６：PV モジュールと結合した構成部品の例（１）
＜特許第6637835号の請求項１、段落0041　下線は本願補正時のもの＞

「【請求項１】
搭載領域を有するリードフレームと、該リードフレームの搭載領域上に設けられた集光光電変換素子と、前記リードフレーム上に形成され、前記集光光電変換素子に太陽光を集光するための集光レンズとからなる集光型光電変換素子モジュールを具備し、
該集光型光電変換素子モジュールは、複数の前記集光型光電変換素子モジュールが連結されてモジュールアレイが形成され、

該モジュールアレイが、前記集光レンズに対向する位置に設置された太陽電池セル基板に取り付けられた集光型光電変換素子アレイモジュールであって、
前記集光レンズは、透明な熱硬化性樹脂からなるものであり、
前記集光レンズの前記太陽電池セル基板に平行な断面は、六角形形状のものであり、
前記太陽電池セル基板は、前記リードフレーム上の前記集光光電変換素子又は電極に当たらなかった散乱された太陽光が当たるものであることを特徴とする集光型光電変換素子アレイモジュール。」
「【００４１】
本発明の集光型光電変換素子アレイモジュールであれば、集光光電変換素子上の集光面積を向上させることができ、散乱された太陽光は太陽電池セル基板に当てることができるものとなる。従って、本発明の集光型光電変換素子アレイモジュールは、太陽光を高効率的に集光できるものとなる。また、本発明の集光型光電変換素子アレイモジュールにおけるモジュールアレイは、透明な熱硬化性樹脂で成型した良品の六角形の集光レンズから作製された集光型光電変換素子モジュールの集合体、あるいは集光レンズのブロック構造体からなる集光型光電変換素子モジュールと単独の集光型光電変換素子モジュールの組み合わせからなる集合体とすることができる。特に、選別した良品の単独集光レンズから作製された集光型光電変換素子モジュールのみを用いてモジュールアレイとすることによって、良品、均質、安定な集光型光電変換素子アレイモジュールとなり、より経済性、量産性に優れた高効率でコストパフォーマンスに優れたものとなる。また、散乱された太陽光を太陽電池セル基板に最大量当てることができるため、太陽電池セル基板（散乱用太陽電池）の発電効率も向上させることができる。」

事例７：PV モジュールと結合した構成部品の例（２）
< 特開2023-618の請求項１、段落0008、図１>

「【請求項１】
複数の多面体と、
各々の前記多面体の２以上の面に設けてなる太陽光発電パネルと、
を備え、
前記多面体が、前記多面体の頂点で連結されてなることを特徴とする太陽光発電装置。」
「【０００８】
上記構成により、平面上に１面の太陽光発電パネルが設けられた太陽光発電より

も設置面積当たりの発電量を大きくできる特長がある。多面体の複数の面に太陽光発電パネルが設けられて、多面体の上方の面のみならず、その他の面も含めて各々の面に設けられた太陽光発電パネルが発電できるからである。また、多面体の複数の面に太陽光発電パネルが設けられることで、様々な角度から入射される太陽光に対しいずれかの面で効率良く発電できる。太陽の日照時間内において、太陽の高度、方位を問わず、様々な位置、角度、方位を向いた多面体の面のいずれかに太陽光を効率良く入射できるからである。上記構成により、１の多面体より設置面積当たりの発電量を大きくできる特長がある。例えば、垂直方向に複数の多面体を配置することで各々の多面体の面で発電でき、また他の多面体の面に反射した太陽光を間接的に照射することもできるからである。」

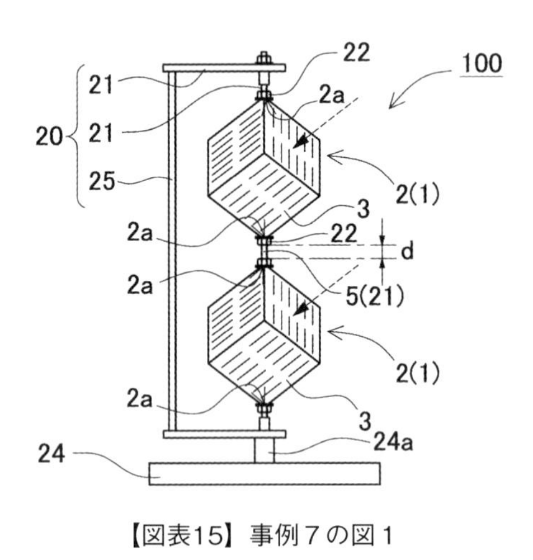

【図表15】事例７の図１

（４）新規ソリューションの検討

カーボンニュートラル等と環境負荷低減が地球規模の社会課題であるところ、循環型社会の構築に貢献するＴ社の新規事業として、Ｔ社の独自技術である「ダイヤモンド電極による可視光 CO_2還元技術」をコア技術とすることを提案する。

二酸化炭素は大気中に自然に存在するものであるが、集中的に効率良く還元を行わせるため、工場や火力発電所等から排出される工業廃棄ガスに含まれる二酸化炭素を還元材料とするソリューション案が検討できる。

先にも述べたとおり、Ｔ社のコア技術は、可視光が多分に含まれる太陽光をダイヤモンド電極／触媒に照射することにより一酸化炭素を生成する技術である。よって、理論的には、例えば化石燃料を消費することによって排出される石油工場や火力発電所の煙突に、T社独自のダイヤモンド電極／触媒を、太陽光を良好に受光可能なように設置すればよいと考えられる。しかしながら、大量の一酸化炭素を生成するためには、ダイヤモンド電極／触媒の受光面積を広くするなど、太陽光の受光効率をより高くする必要がある。

そこで、以下、３つの循環システムを検討した。

ア．廃棄ガス発生施設隣接型の循環システムA

ベーシックな第１の提案として、廃棄ガス発生施設隣接型の循環システムAを提案する。

具体的には、廃棄ガスの発生施設（例えば石油工場、火力発電所）内／外に、廃棄ガスから二酸化炭素を分離・抽出する設備（CO_2分離設備）とCO_2還元パネル設備を設け、施設から排出される二酸化炭素をできるだけ効率良くCO_2還元パネルに導入するラインを構築する。このライン構築の技術は、例えば前述した事例１が参考となり、本事例の出願人が協業者となり得る。

CO_2還元パネルは、T社のコア技術であるダイヤモンド電極／触媒を、太陽光（可視光）が透過可能な略密閉パッケージ化したパネルの集合体として地上や施設の屋上等に並設されるものとする。ダイヤモンド電極／触媒を、太陽光を受光可能なようにパッケージ化する技術は、ソーラーパネルの光電素子や保護シートの積層技術の適用／応用が可能であると考えられ、例えば前述した事例４、５が参考となり、本事例の出願人が協業者となり得る。

CO_2還元パネルで生成された一酸化炭素は、その後段に設置するCO貯蔵タンクに貯蔵される。さらに、貯蔵された一酸化炭素を原料として、アルコール等化学品を生成する設備を設けてもよい。一酸化炭素を原料としてメタノール等の化成品を生成する技術は、CO_2還元集合Aの特許文献に開示された、幾つもの技術が適用可能である。

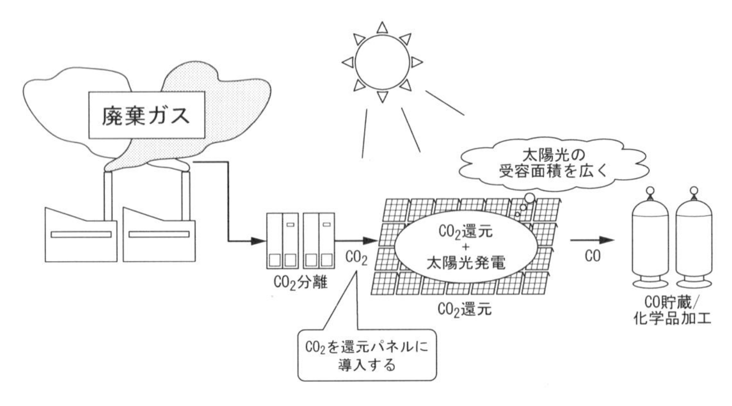

【図表16】第１の提案

イ．廃棄ガス発生施設隣接型の循環システムＢ

次に、第１の提案の応用となる、第２の提案である廃棄ガス発生施設隣接型の循環システムＢを説明する。

この廃棄ガス発生施設隣接型の循環システムＢは、太陽光CO_2還元と太陽光発電の共通の技術課題である、効率的な太陽光の受光を実現するために工夫されたソーラーパネルの技術を応用するものである。

具体的には、CO_2還元パネルの受光部に、太陽光を反射、屈折又は拡散させる光学部材を組み込んだり、受光面を多面的に構成したりするなど、構造的に受光効率を向上させる技術を適用したものである。例えば事例６、７が参考となり、本事例の出願人が協業者となり得る。

ウ．CO_2還元パネルとソーラーパネルのハイブリッド型循環システム

次に、第１の提案の応用であり、かつ、既存のソーラーパネルの置き換えともなり得る第３の提案として、CO_2還元パネルとソーラーパネルのハイブリッド型循環システムを提案する。

このハイブリッド型循環システムは、太陽光CO_2還元と太陽光発電の共通の技術課題である、効率的な太陽光の受光を実現するために、ソーラーパネルの技術を応用し、かつ、CO_2還元と太陽光発電とをともに行う循環システムである。

具体的には、CO_2還元パネルとソーラーパネルを、ともに太陽光を受光可能にパネル内に実装し、太陽光の照射量に応じて二酸化炭素の供給量を調整（電気的な制御）したり、CO_2還元パネル及びソーラーパネルへの太陽光照射量の割合を、時間により調整（機構制御）したりする。

この機構制御は、例えば二酸化炭素の排出量が多い時間帯は、CO_2還元パネルへの照射がソーラーパネルよりも多くなるよう、両パネルの位置関係を調整するものである。例えば事例２、３、６が参考となり、本事例の出願人が協業者となり得る。

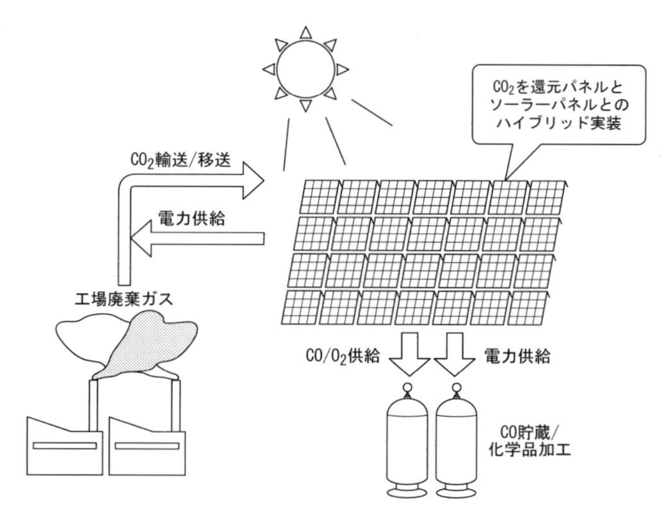

【図表17】第３の提案

本事例では、Ｔ社が長期ビジョンの目標に定めている循環型社会の構築に貢献できる自社の独自技術を抽出し、その技術を活用したソリューションを提案してほしいとの要望に対し、Ｔ社の強みである「ダイヤモンド電極による可視光CO_2還元技術」をＴ社のコア技術として決定し、３つの循環システムによるソリューション案を検討できた。これにより、Ｔ社が循環型社会の構築に貢献できるソリューションを実現できるものと考える。

（５）次の知財活動

本分析の結果、ソリューションの採択が行われる。採択されたソリューションでは、その開発段階において発明発掘会を行うことで、特許網を構築する。この場合、実装からの発明発掘であり、発明発掘スキームのツール「課題－技術要素マトリクス」（※２）を用いるのが有効である。

このような知財創出活動によって、To Be の知財ポートフォリオが形成される。

＜参考文献・注釈＞

※1　ランドスケープデザイン（LD）は、弁理士法人志賀国際特許事務所の登録商標（登録第6666556号）である。

※2　志賀国際特許事務所 知財実務シリーズ出版委員会『競争力を高める特許リエゾン 改訂版』pp. 55-65（発明推進協会［2022］）

1節4　医療AI技術の知財戦略提案のための分析事例

鈴木 佐知子

1．医療AIに関するランドスケープデザイン

本稿では、ランドスケープデザイン（※1）の分析事例を紹介する。仮想事例として、医療AIに関するランドスケープデザインについて説明する。

AI（人工知能）は様々な分野で適用されているが、厚生労働省が「保健医療分野AI開発加速コンソーシアム」を設置するなど、健康、医療、介護、福祉といった医療系分野においても、AIを利用した技術の開発が促進されている。本稿では、医療系分野に適用したAIを、「医療AI」と呼ぶ。

医療AIに関する技術とは、AI技術と医療技術との両方が融合した技術である。AIと医療の技術力を兼ね備えているのは、一部の大企業であり、その他の多くは、AI技術又は医療技術のどちらか一方の技術力を備えるにとどまっている。

本稿では、AI技術力のあるIT系の企業、及び医療系分野の技術力のある医療系の企業に対して、医療AIに関する知財戦略を提案することを想定した事例紹介を行う。

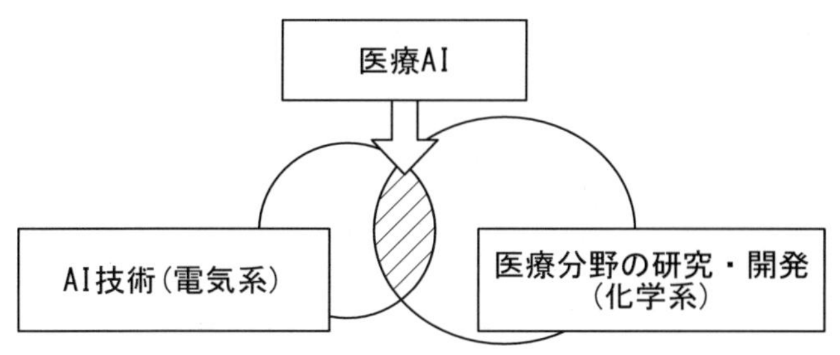

【図表1】医療AIのイメージ

2．医療AIに関する特許分析

（1）検索集合の作成

検索集合は、特許分類、キーワードを用いた検索式を作成し、AIによる健康・医療・介護・福祉分野に関する技術が含まれるように作成する。

なお、調査対象は検索時点（2024年５月）において、公開された特許出願を対象としており、未公開分は調査、分析の対象外となっている。

検索集合の作成

SA:AIによる遺伝子医療

SB:AIによる医療診断

SC:AIによるバイオ・化学・ヘルスケアに適合した情報通信技術(ICT)

SD:AIによる社会福祉事業システム

SE:生物学的モデルに基づく計算による医療、遺伝子、介護

検索式:SA+SB+SC+SD+SE

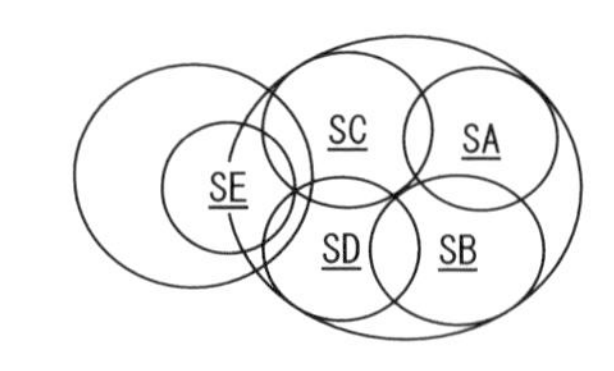

【図表２】検索式と検索集合

（２）出願件数の推移

図表３は、作成した検索集合に基づき、横軸に出願年、縦軸に出願件数の推移を表すグラフである。

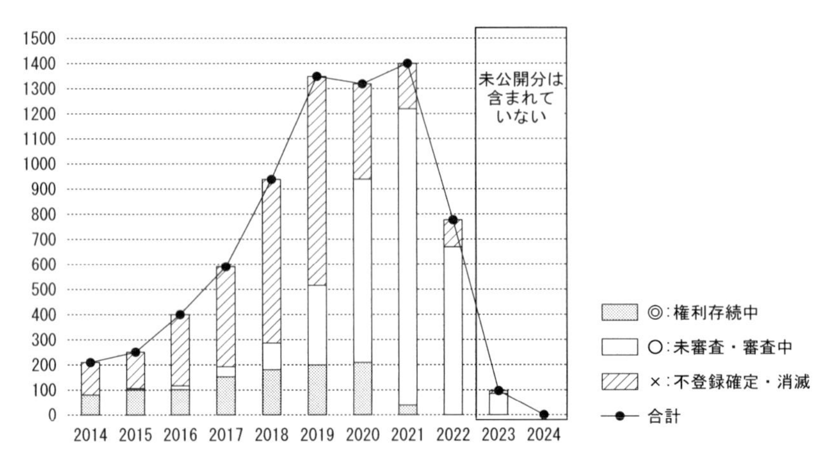

【図表３】出願件数の推移グラフ

公表年	概要
2017年	厚生労働省により、医療AIを導入すべき 6つの重点領域を選定 ※「保険医療分野におけるAI活用推進懇談会」 報告書
2018年	「保険医療分野AI開発加速コンソーシアム」の設立
2020年	AI活用に向けた工程表を公表 ※「保険医療分野AI開発加速コンソーシアム議論の整理と今後の方向性を踏まえた工程表について」
	内閣府は、創薬支援、ビッグデータ・プログラム医療機器の活用を重点的に支援する、と公表 ※2024年度(令和6年度)の 「AI関連の主要な施策について」

【図表４】医療 AI に係る施策動向（※2）

（厚生労働省「第５回 保健医療分野 AI 開発加速コンソーシアム 参考資料３〈健康・医療・介護領域において AI の開発・利活用が期待できる分野／領域（案）〉」より作成）

特許出願件数の推移では、2017年から2019年にかけて急増し、2021年にピークに達している。一方、医療 AI に係る施策動向では、厚生労働省より2017年に重点領域に選定され、2018年に「保健医療分野 AI 開発加速コンソーシアム」が設立されるなど、活発な動きが起こっていた（※2）。これらの動向との相関が高く、施策に対応して特許出願が増加したことも考えられる。

内閣府は2024年度の「AI 関連の主要な施策について」（※3）において、創薬支援、ビッグデータ・プログラム医療機器の活用を重点的に支援する、と公表している。このことから、今後、創薬支援等の AI 技術について、特許出願が増加すると推測できる。

（3）出願人ランキング

図表５は、作成した検索集合に基づき、横軸に出願件数、縦軸に出願人を表すグラフである。

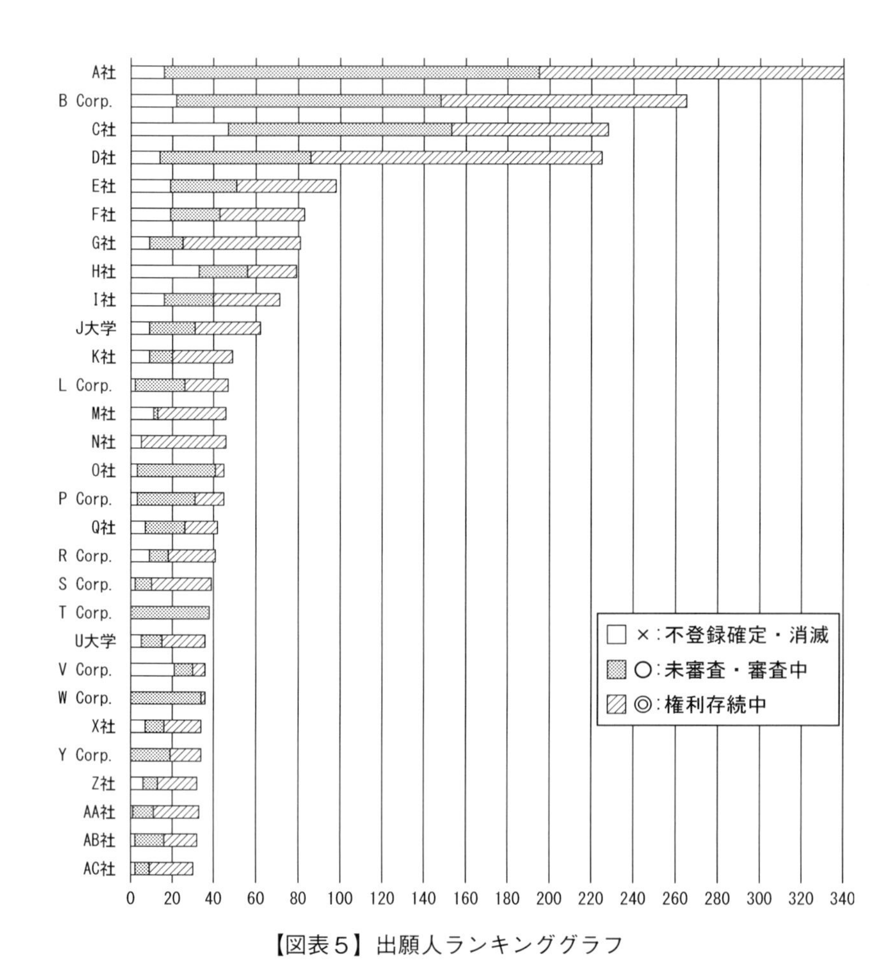

【図表５】出願人ランキンググラフ

出願件数に基づく出願人ランキングでは、国内外の大手電機メーカーや医療メーカーが上位となっていた。医療 AI に関する技術は、特に欧米において先行しているので、出願人ランキングには、外国企業の名も複数見られた。また、大学等の研究機関による出願も多いことが特徴的であった。

（4）出願人別件数推移

図表６は、作成した検索集合に基づき、横軸に出願年、縦軸に出願人、セルの数字は出願件数を表すグラフである。

	2014年	2015年	2016年	2017年	2018年	2019年	2020年	2021年	2022年	2023年	2024年
A社	8	2	7	4	57	81	53	57	62	9	0
B Corp.	10	14	14	22	38	54	46	56	11	0	0
C社	8	9	8	16	27	51	36	45	27	1	0
D社	4	5	6	17	47	73	17	38	17	1	0
E社	3	2	6	18	12	17	15	12	11	2	0
F社	7	1	6	7	6	21	11	15	9	0	0
G社	3	4	4	10	24	18	5	4	9	0	0
H社	0	0	0	16	9	26	16	9	2	1	0
I社	0	4	5	14	7	10	15	9	7	0	0
J大学	2	4	2	5	6	18	6	13	6	0	0
K社	1	0	2	11	14	7	6	7	1	0	0
L Corp.	0	0	0	1	15	11	6	8	6	0	0
M社	3	12	8	3	9	9	0	1	1	0	0
N社	5	11	9	8	10	2	1	0	0	0	0
O社	1	0	0	0	3	2	6	11	22	0	0
P Corp.	1	0	1	0	7	6	8	16	5	1	0
Q社	0	0	4	3	3	8	3	6	15	0	0
R Corp.	0	1	1	1	0	17	16	4	1	0	0
S Corp.	5	7	5	2	11	2	2	5	0	0	0
T Corp.	0	0	0	0	0	2	8	24	4	0	0
U大学	0	1	3	3	8	8	3	8	2	0	0
V Corp.	0	0	0	0	0	6	14	16	0	0	0
W Corp.	0	0	0	0	0	3	2	26	4	1	0
X社	0	0	1	0	10	12	4	6	1	0	0
Y Corp.	0	0	6	2	2	4	10	8	2	0	0
Z社	2	0	2	12	6	1	5	4	2	0	0
AA社	0	0	8	0	5	11	4	2	3	0	0
AB社	0	0	1	3	5	7	7	5	4	0	0
AC社	1	4	2	6	3	3	6	0	5	0	0

【図表６】出願人別件数推移

上位出願人の件数の推移は、全体の件数推移と同様に2017年から2019年に出願件数が急増し、2021年にピークに達する傾向が見られる。

2017年以前の件数が多く、近年の件数が少ない、縮小傾向となっている出願人がいる一方で、2021年以降の出願件数が多く、拡大傾向となっている出願人がいることが分かる。

（５）技術分野別出願件数

作成した検索集合に付与された特許分類（FI）のうち、付与された件数が多い分類は、厚生労働省が選定した「医療 AI を導入すべき６つの重点領域」（※3）に対応する技術分野（図表８）であることが確認できた。図表７のように、特許分類（FI）をグルーピングした分析を行うことで、６つの重点領域における動向を捉えることができる。

図表９は、作成した検索集合に基づき、横軸に出願件数、縦軸に技術分野を表すグラフである。

FI	FIの説明	領域
C12M	酵素学/微生物学のための装置	①ゲノム医療
C12N	微生物/酵素;その組成物;微生物の増殖, 保存，維持;突然変異/遺伝子工学;培地	
C12Q	酵素，核酸/微生物を含む測定/試験方法	
G16B	バイオインフォマティクス	
G01T	原子核放射線またはX線の測定	②画像診断支援
G02B	光学要素，光学系，/光学装置	
G06T	イメージデータ処理/発生一般	
G06V	イメージ/ビデオの認識/理解	
H04N	画像通信	
A61B	診断;手術;個人識別	③診断・治療支援
G16H	ヘルスケアインフォマティクス	
A61K	医療用製剤，歯科用製剤又は化粧用製剤	④医薬品開発
A61P	化合物/医薬製剤の特殊な治療活性	
G01N	材料の化学的/物理的性質の調査/分析	
G16C	ケモインフォマティクス	
G08B	信号/呼出し装置;指令発信装置;警報装置	⑤介護・認知症
A61M	人体の中へ/表面に媒体を導入する装置	⑥手術支援
G06F、 G06N、 G06Q、 G16Y	電気的デジタルデータ処理、特定の 計算モデルに基づく計算装置、 情報通信技術［ICT］、 モノのインターネット［IoT］	⑦その他

【図表７】技術分野（特許分類FI）

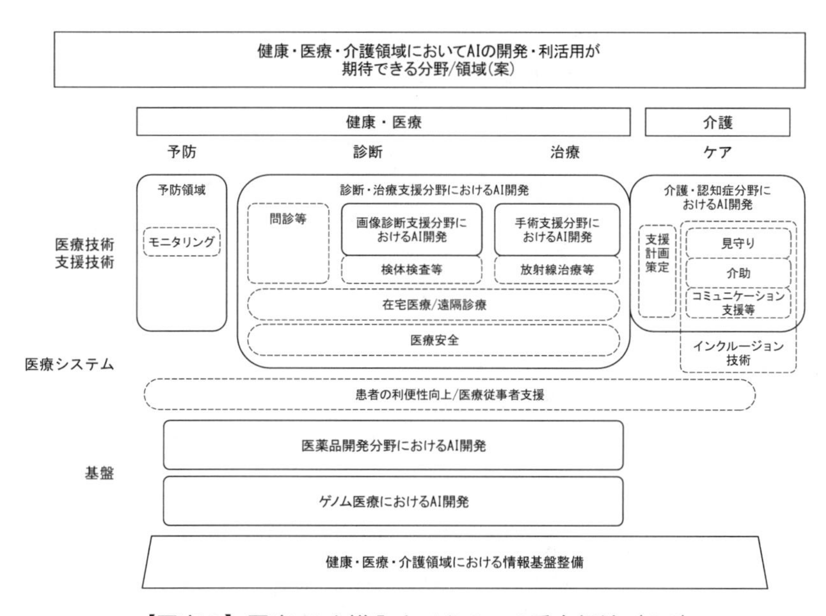

【図表8】医療AIを導入すべき6つの重点領域（※3）

（内閣府「AI関連の主要な施策について（案）」より作成）

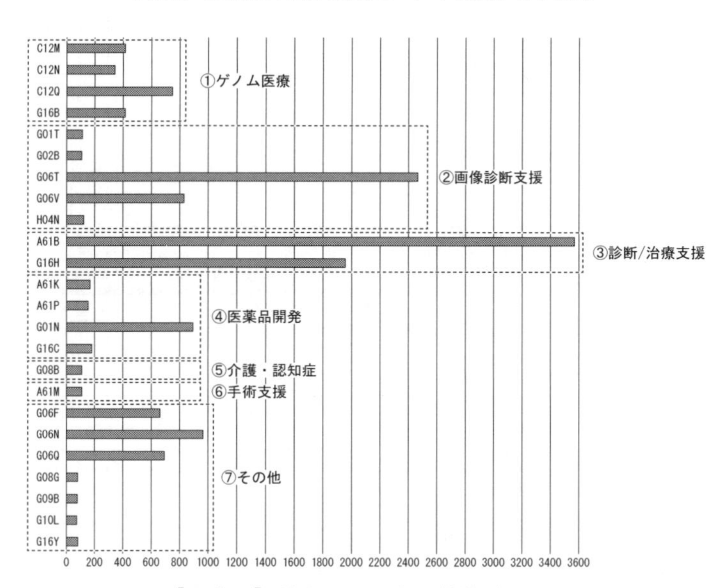

【図表9】技術分野別出願件数グラフ

グラフでは、③ 診断／治療支援、② 画像診断支援に関連する技術分野の件数が多く、⑤ 介護・認知症、⑥ 手術支援に関連する技術分野の件数が少ない傾向が見られる。厚生労働省は、６つの重点領域の中でも、①～④を実用化が比較的早い領域とし、⑤、⑥は段階的に取り組むべき領域としており、特許出願にも同様の傾向が見られている。このように、医療AIでは、施策と特許出願の相関について裏付けることもでき、特許分類（FI）のグルーピングの信頼性も高めることができる。

⑦ そのほかには、主にAI等の機械学習モデルやICT技術の特許分類の件数が多く、AIに関するコア技術、ICT技術等のソフトウエア系技術を特徴とした特許出願も多くあると想定される。

（6）出願人による技術分野別出願件数

図表10は、作成した検索集合に基づき、横軸に技術分野、縦軸に出願人、セルの数字は出願件数を表すグラフである。

	①ゲノム医療				②画像診断支援					③診断／治療支援		④医薬品開発				⑤介護・認知症	⑥手術支援	⑦その他			
	C12M	C12N	C12Q	G16B	G01T	G02B	G06T	G06V	H04N	A61B	G16H	A61K	A61P	G01N	G16C	G08B	A61M	G06F	G06N	G06Q	G16Y
A社	4	0	2	0	21	1	171	36	1	254	110	0	0	20	0	1	0	18	43	11	0
B Corp.	3	1	4	5	14	1	92	33	0	192	68	1	1	23	0	3	6	22	13	12	3
C社	3	1	2	0	2	1	169	30	37	117	54	0	0	7	0	15	0	20	23	17	2
D社	13	1	8	1	5	15	115	20	4	167	41	0	0	10	3	0	0	28	23	13	0
E社	1	0	0	4	0	1	49	10	1	51	25	0	0	1	5	2	0	16	20	14	1
F社	6	3	5	3	0	0	13	2	0	35	29	0	0	4	5	1	1	10	20	28	2
G社	0	0	0	1	0	2	22	10	4	37	31	0	0	3	1	1	0	9	11	15	0
H社	12	2	10	2	0	10	33	14	6	39	18	0	0	16	0	0	0	6	6	6	1
I社	0	1	1	0	1	0	44	14	3	35	27	0	0	13	0	3	0	3	9	12	1
J大学	8	1	7	1	0	1	24	5	0	38	12	0	0	4	1	0	0	2	5	5	1
K社	0	0	0	1	0	0	11	0	2	34	7	1	0	1	4	1	7	4	9	11	2
L Corp.	6	4	13	37	0	0	5	1	0	0	1	0	0	0	0	0	0	9	23	0	0
M社	1	0	0	0	0	8	19	2	6	38	4	0	0	3	0	0	0	3	3	1	0
N社	0	0	0	0	0	0	2	0	0	37	6	0	0	0	0	0	0	9	4	9	1
O社	7	3	6	0	0	0	5	1	0	20	24	0	0	5	0	0	2	0	2	2	0
P Corp.	1	0	1	6	0	0	15	4	2	17	10	0	0	0	5	0	1	9	16	5	1
Q社	0	0	0	0	0	0	4	0	0	26	12	0	0	0	1	0	0	7	8	6	2
R Corp.	0	0	0	0	0	13	10	2	1	41	5	0	0	0	0	0	0	1	3	0	0
S Corp.	6	0	7	2	0	0	37	37	0	0	1	0	0	33	0	0	0	6	1	0	0
T Corp.	0	2	0	3	2	0	24	19	0	17	8	1	1	7	3	0	0	2	4	1	0
U大学	2	2	5	2	0	0	13	3	0	22	6	0	0	8	0	0	1	5	3	1	0
V Corp.	0	0	0	0	0	0	6	0	1	20	22	0	0	0	0	0	0	3	5	10	1
W Corp.	0	0	0	0	0	0	2	0	0	34	3	0	0	1	0	0	1	2	8	1	0
X社	7	1	8	1	0	0	24	12	0	12	4	0	0	9	0	0	0	3	4	0	0
Y Corp.	3	2	3	6	0	0	6	4	0	9	17	0	0	7	1	0	0	0	6	1	1
Z社	0	0	0	0	0	0	19	1	5	18	3	0	0	0	0	6	0	1	1	2	0
AA社	0	0	0	0	0	0	13	2	1	27	5	0	0	1	1	0	0	0	2	0	0
AB社	0	0	0	0	0	0	17	1	0	29	4	0	0	5	0	0	0	0	0	0	0
AC社	0	0	0	0	0	0	18	4	1	23	2	0	0	1	0	0	0	2	5	1	0

【図表10】出願人による技術分野別出願件数グラフ

上位出願人では、② 画像診断支援、③ 診断／治療支援、⑦ その他の出願が多い。これらの技術は、親和性が高いため、例えば画像特徴量に基づき診断する診断支援装置の識別器等のような、複合的な技術的特徴を備えた特許出願が多くなされていると想定される。

特定の出願人によって、① ゲノム医療、④ 医薬品開発、⑤ 介護・認知症に注力して特許出願がなされている。特に① ゲノム医療や、④ 医薬品開発は、高い技術力が必要とされるため、限られた企業や大学、研究所等によって出願されている。

⑤ 介護・認知症、⑥ 手術支援について、注力している出願人は少ないが、先述のとおり、これらの技術分野は段階的に取り組むべき領域と対応しているため、今後、特許出願が増加するのではないかと推測される。

3. 特許分析に基づく知財戦略の提案

上記特許分析と、「保健医療分野におけるAI開発の方向性について」（※4）に記載された６つの重点領域に関する施策とに基づき、IT系ベンチャー企業、医療系大手企業を例として、医療AIに関する知財戦略をどのように進めていくべきか、提案を試みる。

懇談会を踏まえた対応①

懇談会では、次の画面からAI開発を進めるべき重要6領域を選定。
①我が国における医療技術の強みの発揮
②我が国の保健医療分野の課題の解決（医療情報の増大、医師の偏在等）
これら6領域を中に、AIの研究開発を加速化させる。

【AIの実用化が比較的早いと考えられる領域】

領域	我が国の強み（○）/課題（△）	AIの開発に向けた厚生労働省の主な施策（民間企業におけるAI開発を促進するための基盤を整備）
①ゲノム医療	△欧米に比べて取組に遅れ	・国立がん研究センターにがんゲノム情報管理センターを整備し、ゲノム情報を集約 ・がんゲノム情報管理センターが臨床情報や遺伝子解析情報等を横串で解析する知識データベースを構築
②画像診断支援	○日本の高い開発能力 ○診断系医療機器の貿易収支も黒字（1,000億円）	・関連医学会（日本病理学会、日本消化器内視鏡学会、日本医学放射線学会、日本眼科学会）が連携して画像データベースを構築 ・厚生労働省が、医師法上や医薬品医療機器法上の取扱を明確化
③診断・治療支援（問診や一般的検査等）	△医療情報の増大によって医療従事者の負担が増加 △医師の地域偏在や診療科偏在の対応が必要 △難病では診断確定までに長い期間	・日本医療研究開発機構（AMED）研究費により、難病領域を幅広くカバーする情報基盤を構築 ・厚生労働省が、医師法上や医薬品医療機器法上の取扱を明確化
④医薬品開発	○日本は医薬品創出能力を持つ数少ない国の一つ ○技術貿易収支でも大幅な黒字（3,000億円）	・国立研究開発法人 医薬品基盤・健康・栄養研究所が、創薬ターゲットの探索に向けた知識データベースを構築 ・国立研究開発法人 医薬品基盤・健康・栄養研究所、理化学研究所、及び京都大学が中心となり、製薬企業とIT企業のマッチングを支援

【AIの実用化に向けて段階的に取り組むべきと考えられる領域】

領域	我が国の強み（○）/課題（△）	AIの開発に向けた厚生労働省の主な施策（民間企業におけるAI開発を促進するための基盤を整備）
⑤介護・認知症	△高齢者の自立支援の促進 △介護者の業務負担軽減	・厚生労働科学研究費補助金により、介護における早期発見・重症化予防に向けたデータ収集及び予測ツールの開発
⑥手術支援	○手術データの統合の取組で日本が先行 △外科医は数が少なく、負担軽減が必要	・厚生労働科学研究費補助金により、手術関連データを相互に連結するためのインターフェースの標準化を実施

【図表11】６つの重点領域の施策（※４）
（厚生労働省「第１回 保健医療分野AI開発加速コンソーシアム 資料２〈保健医療分野におけるAI開発の方向性について〉」より作成）

領域	知財戦略の提案
①ゲノム医療	専門性が高い(研究設備の投資、開発が長期化等)ため、限られた出願人のみとなっている。 ⇒医療系大手企業の技術力をいかして権利化、知財ポートフォリオの形成を促進するとよい。
②画像診断支援	AIとの親和性も高く、電気系ベンチャー企業も参入しやすいが、既に研究・開発が進んでいる領域。特許出願も多数。 ⇒新規参入するのは容易ではない可能性も考慮すべき。
③診断・治療支援	AIとの親和性も高く、電気系ベンチャー企業も参入しやすいが、既に研究・開発が進んでいる領域。特許出願も多数。 ⇒新規参入するのは容易ではない可能性も考慮すべき。
④医薬品開発	専門性が高い(研究設備の投資、開発が長期化等)ため、限られた出願人のみとなっている。 ⇒医療系大手企業の技術力をいかして権利化、知財ポートフォリオの形成を促進するとよい。
⑤介護・認知症	今後取り組むべき領域のため、いまだ出願数は多くない。 ⇒AIとの親和性も高いと思われるので、電気系ベンチャー企業、医療系大手企業、ともに新規参入するメリットは大きい。
⑥手術支援	今後取り組むべき領域のため、いまだ出願数は多くない。 ⇒AIとの親和性も高いと思われるので、電気系ベンチャー企業、医療系大手企業、ともに新規参入するメリットは大きい。

【図表12】知財戦略の提案

（1）① ゲノム医療、④ 医薬品開発の分野における提案

① ゲノム医療は、欧米に比べて取組に遅れはあるが、特に「がん」の実用化に向けて推進体制が構築されており、今後、実用化が促進されていくものと想定される。④ 医薬品開発は、日本は医薬品の創出能力を有しており、我が国の強みとなっている。これらの技術領域は有力である一方、専門性が高く、研究設備の投資や開発が長期化することなどが障壁となり得るため、限られた出願人のみが参入可能な領域である。これらの① ゲノム医療の「がん」及び④ 医薬品開発の分野については、参入障壁が高いからこそ、医療系大手企業には、その技術力をいかして、基本特許の取得を奨励し、競合他社と均衡を保つための知財ポートフォリオを形成することを提案する。

（2）② 画像診断支援、③ 診断・治療支援の分野における提案

② 画像診断支援において、日本は診断支援系の医療機器について高い開発能力を有しており、我が国の強みとなっている。③ 診断・治療支援には、医療従事者の負担や医師の地域偏在、診療科偏在等、早急に解決すべき課題があり、AIの開発をしやすくするための施策がなされている。

これらの技術領域は、AIとの親和性も高く、医療系の技術力を有していないIT系ベンチャー企業も参入可能な領域である。一方で、② 画像診断支援や③ 診断・治療支援といった診断支援分野については、既に研究・開発が進んでいる領域であり、特許出願も多数あり、単独で新規参入するのは容易でない可能性がある。そのため、IT系ベンチャー企業は、付加価値の高い独自技術に磨きをかけ、対抗特許を取得してクロスライセンスをすること、又は特許権者とエコシステムを形成すること等を提案する。

（3）⑤ 介護・認知症、⑥ 手術支援の分野における提案

⑤ 介護・認知症には、今後も増加する高齢者の介護者業務の負担軽減、⑥ 手術支援には、今後の不足が予想される外科医の負担軽減等、解決すべき課題があり、厚生労働省科学研究費助成金により、開発支援が進められている。これらの技術領域は、実用化に向けて段階的に取り組むべきと考えられているため、いまだ出願件数は多くない。AIとの親和性も高いため、IT系ベンチャー企業、医療系大手企業、ともに新規参入するメリットは大きいと思われる。これらの⑤ 介護・認知症、及び⑥ 手術支援の分野における参入障壁は、① ゲノム医療の「がん」及び④ 医薬品開発の分野と比較して高くはないため、特許を多数保有するなど、特許権を活用して優位に立つための知財ポートフォリオを形成することを提案する。

（4）その他

本稿の分析は仮想事例であるため、やや一般的な提案を行った。実際は、依頼者のコア技術、コア機能、企業規模、市場や特許のポジショニング等を考慮の上、競合他社等の特定プレーヤー、プレーヤー群に対する相対的なセミマクロ分析を行って、依頼者向けの具体的な知財戦略を提案する。

4. まとめ

AI技術力のあるIT系ベンチャー企業、医療分野に特化した技術力のある医療系大手企業に対して、AI医療に関する知財戦略を提案することを想定し、ランドスケープデザインによる分析事例を紹介した。本事例紹介では、医療AIを導入すべき6つの重点領域と、特許分類に基づく技術分野との対応に基づき、各重点領域について、IT系企業、医療系企業に対する知財戦略の提案を行った。

ランドスケープデザインでは、知財情報から動向を分析し、分析結果と市場情報（本事例では、施策情報）等とに基づき考察することで、知財戦略の検討や今後の事業展開の指針等を行うものである。

本事例紹介によって、ランドスケープデザインの理解が少しでも深めていただければ幸いである。

＜参考文献・注釈＞

※1　ランドスケープデザイン（LD）は、弁理士法人志賀国際特許事務所の登録商標（登録第6666556号）である。

※2　厚生労働省「第５回　保健医療分野AI開発加速コンソーシアム　参考資料３〈健康・医療・介護領域においてAIの開発・利活用が期待できる分野／領域（案）〉

https://www.mhlw.go.jp/content/10601000/000478778.pdf

※3　内閣府「AI関連の主要な施策について（案）」

https://www8.cao.go.jp/cstp/ai/ai_senryaku/4kai/shisaku.pdf

※4　厚生労働省（第１回　保健医療分野AI開発加速コンソーシアム　資料２〈保健医療分野におけるAI開発の方向性について〉）

https://www.mhlw.go.jp/content/10601000/000337597.pdf

2節　アレンジサービス／アウトソーシング

小出 智也

特許調査分析に対する要望は様々であり、画一的なメニューのみでは依頼元が満足するサービスを提供することはできない。また、特許調査分析のコスト（作業量や作業期間）は、読み込む公報の件数に依存し、その件数は特許検索の後に確定するので、コストの予測が困難であることが多い。依頼元の満足度を高めるためには、要望を十分にヒアリングし、依頼元が達成したい真の目的と投資するコストに合わせて、最適な形にアレンジすることが重要である。

本稿では、様々な要望に対する特許調査分析のアレンジ方法について述べる。さらに、企業等の知財部門においては、社内リソースでは特許調査分析に対応しきれないなどの場合は、特許事務所や調査会社へのアウトソーシングを検討することになるが、その際のメリット及びデメリットについても述べる。

1．アレンジサービス

ひとえに要望といっても、特許調査の背景にある真の目的、予算や納期等のコスト、特許調査の目的や種別によって様々な要望が存在する。例えばコストは、調査の規模（読み込み件数や調査対象国数）や独自の分類・集計を行うかなどに応じて変動する（図表１）。

（料金小）		（料金大）
件数減	[依頼件数]	件数増
国数減	[対象国]	国数増
簡易調査	[調査方法]	通常調査
件数絞込（キーワード分類活用）	[読み込み母集合]	件数増
特許分類	[分類付与]	独自分類
ツール集計	[集計]	独自集計
一部調査（STEP分け、絞込）	[STEP]	全調査

【図表１】特許調査分析における費用変動要因

また、依頼元は必ずしも特許調査に精通しているとは限らない。特許調査に不慣れな依頼元の場合、自らの要望をうまく言語化することができないケースも多い。特許調査を最適な形にアレンジするためには、第一に要望を十分にヒアリングし、真に達成したい目的の把握から始まることを忘れてはならない。

以下に要望に対するアレンジの方法を紹介する。

（1）コストに応じたアレンジ

基本的に調査にかかるコストは、読み込み（スクリーニング）の件数に依存することが大半であろう。特に侵害予防調査の場合、コストの制約があるからといって、闇雲に件数（母集合）を絞り込むことは、特許権侵害の可能性がある特許を見落としてしまい、特許リスクを高める結果となってしまうため、推奨されない。以下に幾つかの例を挙げるが、特許データベースに実装されている検索機能等を活用することで、例えば特許リスクとコストのトレードオフにおいて、このバランスの最適化を図ることができる。

ア．パテントファミリー単位での調査

調査対象国が多数ある場合、国ごとに個別で調査を行うのは時間も費用も多くかかり大規模な調査となる。この場合は、パテントファミリー単位（以下、単に「ファミリー単位」という。）での調査が効率的である。複数国の特許出願をファミリー単位でまとめて一括検索することで、一度の検索で複数国を対象とした調査を実施することが可能である。

公報の読み込み作業を行う際には、ファミリーの中から代表１件を選択し、読み込みを行う。代表１件を選択する際には、読み込みが容易な言語で優先順位を付けると効率的な作業を行うことができる（例えば日本語（JP）＞英語（US, EP 等）＞その他）（図表２）。その他、技術トレンドや事業としての側面から優先度が高い国を選択することも考えられる。

ファミリー単位での調査を実施するに当たり、特に侵害予防調査においては注意が必要である。同一ファミリーであっても国ごとに状況は様々であり、同一ファミリー間でクレーム（権利範囲）の内容が異なる場合もあるため、最終的には国ごとの公報に記載されたクレームの内容を確認すべきである。侵害予防調査においては、例えばノイズ除去までをファミリー単位で行うことで、効率化を図ることができる。

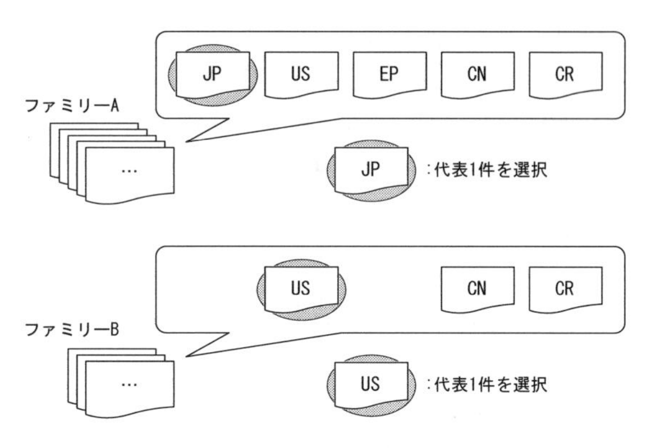

【図表２】パテントファミリー単位での調査

イ．優先順位を付けた調査

侵害予防調査の場合は、懸案となる特許を漏れなく抽出する必要があるため、費用削減や納期短縮を理由として意図的に件数（母集合）を絞り込むことはできない。工夫を施すとすれば、まずは登録特許（権利化されているもの）のみを調査対象とし、公開段階で権利範囲が確定していないものは別途リスト化しておき、その後の追加調査で確認することが考えられる。

また、特許データベースにおいて、個別特許の注目度や重要度を定量化する指標として、独自のパラメータに基づいてスコアリングを行う機能や、人工知能（AI）を利用して関連性の高い順（類似順）にソーティングする機能などが実装されている。それらを利用して母集合内で優先順位を付けて読み込みを行うことも有効である（図表３）。

No.	特許スコア	公報番号
1	46	JP○○○○○○
2	60	JP△△△△△△
3	59	JP▲▲▲▲▲▲
4	81	JP××××××
5	23	US○○○○○○
6	96	US△△△△△△
7	80	US▲▲▲▲▲▲
8	54	US××××××
9	67	EP○○○○○○
10	33	EP△△△△△△
11	44	EP▲▲▲▲▲▲
12	86	EP××××××

特許スコアの高い順に並び替え

No.	特許スコア	公報番号
6	96	US△△△△△△
12	86	EP××××××
4	81	JP××××××
7	80	US▲▲▲▲▲▲
9	67	EP○○○○○○
2	60	JP△△△△△△
3	59	JP▲▲▲▲▲▲
8	54	US××××××
1	46	JP○○○○○○
11	44	EP▲▲▲▲▲▲
10	33	EP△△△△△△
5	23	US○○○○○○

【図表３】スコアリングによる読み込み公報の優先順位付け

また、侵害予防調査の場合には、被引用文献数を指標として、被引用文献数の高い順に優先順位を付けて読み込みを行うことも考えられる。被引用文献数が多いということは、基本発明に係る出願である可能性が高い。基本発明である場合、特許発明の技術的範囲も広い可能性が高く、特許権侵害のリスクが高いと仮定できる。

ウ．報告形式を簡略化した調査

その他、調査結果の報告形式を簡略化することで費用や納期を抑えることもできる。例えば従来、抽出した文献の概要をまとめる作業（説明資料の作成）を行っていたところ、抽出した文献のみの報告（文献のPDFファイルや出願番号などの書誌事項をまとめたリストの提示）とする、などである。

ただし、報告相手が誰なのか（開発部門や事業部門、経営層など）、また、報告相手の特許調査に関する知識レベルなども考慮し、最低限相手が理解・納得できる報告形式とすることが前提である。

（２）部分的なアレンジ

特許調査分析において、特に文献の読み込み作業や分類付け作業は、多大な工数を要するものである。特許調査を専門とする部署や人員が存在する場合であっても、特許分析等の別の業務に人的リソースを割り当てたいケースや、急遽大量の文献の読み込みが発生して通常業務が圧迫されるケース、また、SDI等で定期的に発生する読み込み業務が負担となっている場合もあるであろう。

このように、読み込み作業や分類付け作業のような特許調査の一部分のみを、特許事務所等が代行することも考えられる。読み込み作業や分類付け作業を行うに当たっての基準（ノイズ判定など）を事前に擦り合わせておけば、比較的アウトソーシングしやすい業務であると思われる。また、特許事務所に、このような特許調査を依頼して代行させることは、その後の特許出願や鑑定等と円滑につながる。

（３）STEPを分けるアレンジ

例えば侵害予防調査において、リスクは可能な限り早期に把握することが望ましい。しかし、詳細仕様が定まっていない段階で、コストをかけて徹底的に調査を行ったとしても、その後の設計変更等により調査対象が変更となり、その調査自体が無駄となってしまう可能性がある。そのため、開発の初期段階では、主に基本特許や重要特許の把握を目的としたリスクが高い特許を検索する予備的な調査を行う。その後、詳細仕様がある程度定まってきた段階で、網羅的に特許を検索する本調査を行うことで、リスクを徹底的に洗い出すことが望ましい（図表４）。また、開発の初期段階で基本特許や重要特許等のリスクが高い特許を把握しておくことで、目的を外さずに侵害リスクの低い方向へ開発方針をシフトできるといったメリットも享受できる。

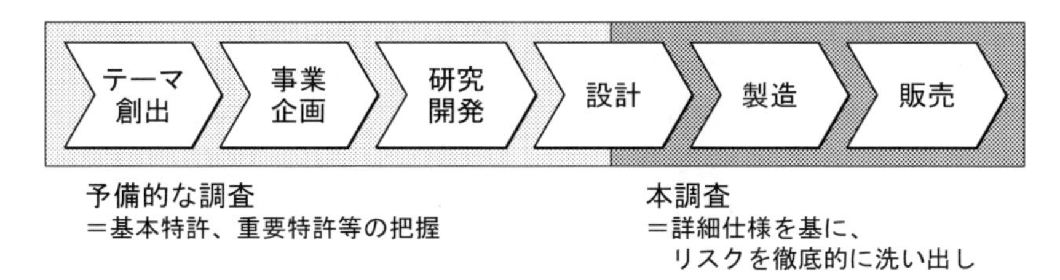

【図表４】段階的な侵害予防調査

その他、侵害予防調査に限らず、予算や納期に応じて特許調査分析の作業全体を幾つかの段階（第一弾、第二弾、…）に分割することが考えられる。

（4）情報を相互活用できる組合せのアレンジ

検索キーワード、検索式の一部、集計結果、母集合、読み込み結果等、調査内容や調査結果を相互に活用できる特許調査分析の組合せがある。例えば動向調査と先行技術調査、無効資料調査と先行技術調査等の組合せである。これらの組合せでは、検索キーワードや検索式の一部を活用できる。その他、次のような相互活用も考えられる。

動向調査と先行技術調査の組合せでは、動向調査で集計した領域（「課題 vs 技術」「出願人 vs　技術」等）からターゲット領域を選定し、そのターゲット領域において出願をする場合、集計結果等を先行技術調査に活用できる。選定したターゲット領域に属する公報を優先して読み込むことで、効率化を図ることができる。

無効資料調査と先行技術調査の組合せでは、懸案となる対象特許を無効にする準備とともに対抗特許を出願する場合、収集した無効資料か対象特許文献を先行技術文献とすることができる。ただし、対象特許文献を先行技術文献とする場合、特許発明を知っている（特許法第101条第５号）証拠にもなり得るので注意が必要である。ここで、無効資料調査と先行技術調査では、基準となる出願日は対象特許の出願日（優先日がある場合、優先日）と調査時点で異なるので、その点にも留意すべきである。

２．アウトソーシング

以下に特許調査を外部（特許事務所や調査会社）にアウトソーシングする際のメリット及びデメリットについて述べる。以下に述べる点は、特許調査にかかわらずアウトソーシング一般に当てはまることではあるが、外部利用の際は以下のメリット及びデメリットの両面を検討した上で依頼をすることが望ましい。

（1）アウトソーシングのメリット

アウトソーシングのメリットとしては、主に以下の点が挙げられる。

ア．コア業務への集中

アウトソーシングを導入することにより、自社にとって重要度の高いコア業務へ自社のリソースを配分することが可能になる。コア業務に集中できる環境が整備されることで、社員の生産性向上やモチベーションアップ、労働時間の削減等の効果も期待できよう。

イ．リソースの柔軟な確保

アウトソーシングは都度必要な時に依頼できるため、繁忙期のみのスポット的利用や、大型案件や緊急案件の発生時などの一時的なリソースの拡張にも利用できる。

ウ．第三者視点の介在（客観的な判断）

外部専門家である第三者の視点を介在させることで、客観的な判断を仰ぐことができる。また、自社だけでは気が付かなかった問題や課題が指摘され、業務改善につながったり、思いがけない新たな視点が得られることもある。

エ．外部の専門的ノウハウや設備の活用

アウトソーシング先が持つ高度な技術や専門的ノウハウ・知識などを自社内で活用することができる。社内に専門家がいない異分野領域の案件も依頼できる点もメリットである。

また、効率的な特許調査を行うためには、機能が充実した商用の特許データベースを使用することが必須と思われる。通常、特許調査分析サービスを提供する特許事務所や調査会社はそれらを複数契約している。特許調査をアウトソーシングすることで、それらを導入するコストや手間がかからず、機能やメリットを享受することができる。

オ．次の知財活動とのつながり

特許事務所に特許調査をアウトソーシングするとき、その結果を用いた知財活動（例えば特許出願、鑑定等）も同じ特許事務所へ依頼する場合には、特許調査の結果の共有等によって特許調査と知財活動を円滑につなげることができる。

（2）アウトソーシングのデメリット

アウトソーシングのデメリットとしては、主に以下の点が挙げられる。

ア．逆にコストアップにつながるおそれがある

アウトソーシングがコスト削減につながるのは至極当然のことであるが、コスト削減のために特許調査をアウトソーシングしたのに、逆に外注費がかさんでしまった、という事態もあり得る。特許調査は案件ごとに「技術内容」「調査種別」「調査方法」「報告形式」等が異なる性質上、委託側と受託側双方での擦合せが必須である。双方のコミュニケーションの齟齬によって擦合せに時間を要し、結局期待したコストメリットが生まれなかった、という可能性もあり得るため、事前の打合せや依頼の仕方に工夫が必要であると同時に、アウトソーシングする業務の見極めも重要である。

イ．社内にノウハウが蓄積されない

アウトソーシングした業務においては、外部の知識やノウハウを活用する関係上、自社内にノウハウが蓄積されない。アウトソーシング先が事業撤退やサービス終了等により、強制的にアウトソーシング不能の状況が訪れる可能性もある。

（3）アウトソーシングサービスの例

弊所の「読込アウトソーシングサービス」は、アウトソーシングのメリットを最大化するサービスとして登場し、その期待に応える内容となっている。

本サービスは、読み込み作業や分類付け作業のように、特許調査で最もコストを要する部分について、メリットの高いアウトソーシングを実現するサービスである。

読込アウトソーシングサービス

大量の特許文献の
ノイズ除去、抽出、分類付けが発生…
読込アウトソーシング

文献が大量…
他にやるべき業務が…
早く読込むのは苦手…
大量すぎて見落としが…

少量の文献チェックで業務完了！
分析業務に集中できた
最適な文献が見つかった
早い
アウトソーシング
読込工数削減
出願実務者
重要文献/分類データ

■ 読込アウトソーシングのメリット
お客様の負担減（工数削減）
⇒ 多大な工数を要する読込業務から解放され、コア業務へ集中できます
技術理解・特許実務に基づくアウトプット
⇒ 出願権利化・訴訟審判の実務者と連携することで、
技術理解や特許実務に基づく高品質・高精度なアウトプットを提供します
国内外出願や鑑定/審判等、次の知財活動への連携もスムーズです
第三者による客観的な判断結果
⇒ 特許侵害予防等に資する第三者による客観的な判断結果を提供します

■ 読込アウトソーシングの作業例
ノイズ除去
関連性のない公報（ノイズ）を除去します
抽出（公報ピックアップ）
内容を精読し、関連する公報を選択、抽出します
分類付け
お客様の分類基準で、各公報を分類付けしたリストを作成します

【図表５】読込アウトソーシングサービス

３．まとめ

本稿では、様々な要望に対する特許調査分析のアレンジ方法について述べた。要望には、大きく目的とコストがあり、例えば特許リスクとコストがトレードオフの関係になる。コストに大きく影響するのは、公報の読み込み件数である。そこで、本稿では、目的に応じて公報の読み込み件数を抑制し、特許リスクとコストのバランスを最適化する工夫等を紹介した。

また、特許調査分析を外部（特許事務所や調査会社）にアウトソーシングする際のメリット及びデメリットについても述べた。弊所の「読込アウトソーシングサービス」は、そのメリットを十分に享受できるサービスとなっている。

以上、本稿で述べた事項は、いかに精度を保ちつつ効率的に特許調査分析を行うかという視点に立つものであり、特許調査分析に従事する多くの皆さまにとって、参考になれば幸いである。

3節　大学／研究機関向けサービス

西澤 和純・髙柳 美香

1．大学等の知的財産

（1）大学等で特許を出願する意義

日本の大学には「1．教育、2．研究、3．社会貢献」という3つの使命がある。2006年12月の教育基本法の改正において「大学は、学術の中心として、高い教養と専門的能力を培うとともに、深く真理を探究して新たな知見を創造し、これらの成果を広く社会に提供することにより、社会の発展に寄与するものとする。」（教育基本法第7条）と定められたことにより、第3の使命として「社会貢献」が定められた。「社会貢献」の実現の一例として、大学の研究成果を基に民間企業と共同研究を行うことや、大学の研究者による起業等を行うことで、研究成果の社会一般への還元や普及が挙げられる。（※1）

共同研究や起業時には、コアとなる研究内容やビジネスモデル（以下、コア技術）が必要となる。このコア技術を説明する手段として論文や学会でのポスター発表なども考えられる。しかし、コア技術の社会実装、より広い社会への普及と持続等のための出口戦略を見据えた場合には、コア技術を権利に変え、その権利を活用することが有効であり、そこでお勧めしたいのが特許出願である。

論文等による発表は、研究成果の周知によりその分野での研究が活発化し、より一層の研究発展に寄与することが可能となる。しかし一方で、社会実装へ進まず研究段階で踏みとどまる可能性があることや、研究内容が開示されたことにより民間企業を含めた競合相手への無償の情報供与となってしまう側面もある。

一方、特許出願では、その後に特許権を取得することで民間企業に特許権の譲渡やライセンスを供与して産業化を促進したり、民間企業との共同研究交渉の材料に用いて過度な技術流出を防止しながら次の研究開発投資のための持続的な収入を得たりすることができる。このように、大学での特許権は、基本的には共創・協業やオープンイノベーションの制御に用いることができるが、研究機関や大学発ベンチャーにおいては、競合相手に先んじて特許出願を行うことで、その後の競合相手の進出を阻むこともできる。

なお、御存じのように新規性喪失の例外規定（特許法第30条）を活用することで、論文発表を特許出願に先んじて行うことも可能である。

（2）大学等による近年の出願と収入額の推移

特許庁発行による特許行政年次報告書2023年版（※4）によると、大学等からの特許出願件数は近年7000件程度で推移している。

件数に大きな変動は見られないが、同報告書に記載の下図（図表１）のとおり特許権実施等件数は伸び続けている。特許権実施等収入額も2016年からに比べて伸びてきている（図表２）。特許権による収入以外にも、特許出願等を基にした民間企業との共同研究により研究費等を得るケースもある。今後も特許出願を利用した大学等による資金受入れ金額は増加していくものと思われる。

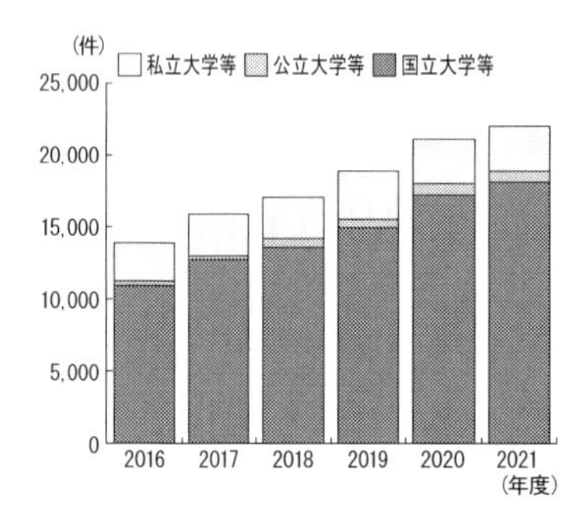

単位：件

	2016年度	2017年度	2018年度	2019年度	2020年度	2021年度
国立大学等	10,925	12,736	13,686	14,992	17,269	18,161
公立大学等	351	358	477	608	742	743
私立大学等	2,556	2,704	2,839	3,184	3,045	3,055
合計	13,832	15,798	17,002	18,784	21,056	21,959

（備考）・特許権（受ける権利を含む）のみを対象とし、実施許諾及び譲渡の件数を計上。
・国立大学等は、国立大学・国立高等専門学校・大学共同利用機関を指し、公立大学等は、公立大学（短期大学を含む）・公立高等専門学校を指し、私立大学等は、私立大学（短期大学を含む）・私立高等専門学校を指す。

【図表１】特許権実施等件数の推移（※2）

（特許庁「特許行政年次報告書2023年版」p. 58より作成）

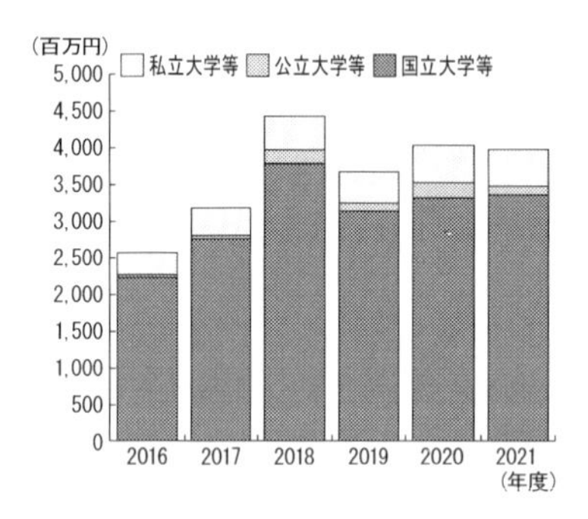

単位：百万円

	2016年度	2017年度	2018年度	2019年度	2020年度	2021年度
国立大学等	2,232	2,755	3,784	3,153	3,320	3,364
公立大学等	36	45	176	88	206	138
私立大学等	307	379	451	420	509	464
合計	2,576	3,179	4,411	3,662	4,035	3,965

（備考）・百万円未満は四捨五入。
・特許権（受ける権利を含む）のみを対象とし、実施許諾及び譲渡による収入を計上。
・国立大学等は、国立大学・国立高等専門学校・大学共同利用機関を指し、公立大学等は、公立大学（短期大学を含む）・公立高等専門学校を指し、私立大学等は、私立大学（短期大学を含む）・私立高等専門学校を指す。

【図表２】特許権実施等収入額の推移（※2）

（特許庁「特許行政年次報告書2023年版」p. 58より作成）

（3）大学等の知的財産の特徴

ア．大学等の社会実装の特徴

大学等の知的財産については、下記の特徴があると考えられる。

［Ａ］コア技術と市場が直結しない

［Ｂ］社会実装には、パートナーが必要になる

［Ａ］に関して、大学等のコア技術は、基礎技術であり、企業における製品・サービス等の応用技術と比較して、市場までの距離がある。［Ｂ］に関して、大学等は、大学の使命（教育、研究、社会貢献）からも分かるとおり、ビジネスを行う主体ではない。一方で、基礎研究は基本的・共通的な技術であることが多く、社会実装において、多方面へ展開できる場合が多いことが強みであると考えられる。

弊所は、上記の特徴［Ａ］、［Ｂ］を考慮し、かつ、大学の強みをいかした社会実装・普及・持続のための知財戦略モデルを構築し、そこに必要な特許調査分析を、「社会実装・普及・持続とつながる特許調査分析」と位置付けている。

イ．大学における知的財産モデル

弊所は、2018年より、文部科学省の調査事業「コア技術等からインパクトある事業化を果たすための知的財産戦略のあり方に関する調査」及び「産学官連携による地域イノベーション創出に必要な知的財産戦略のあり方に関する調査」を受託し、大学等に関する調査分析サービスも提供している。これらの事業では、事業調査会社や、イノベーションマネジメントでグローバルに活動しているコンサルティング企業Arthur D. Little（以下、ADL社）とも協働して、大学等の知的財産評価や勉強会を実施してきた。大学向けの特許分析として「大学の強みを社会に活かす事業化×知財戦略」の勉強会（※5）において紹介した、大学における知的財産モデル（※6）について紹介する。

大学における知的財産モデルは、ADL社が開発したMFT®（Market Function Technology）（※7）のフレームワークが非常に有用であることに鑑み、弊所にて必要な知的財産を検証し、MFT®と知的財産の関係を「提供機能」と「技術」の中に示したものである。

MFT®は、市場（Market）の要求と、それを実現する技術（Technology）の相関関係を、両者の中央に位置する機能（Function）によって結び付け、様々な業界や事業における市場・課題・開発技術の連関関係を整理するのに有効なツールとして、ADL社にて90年代から新規事業、研究・技術開発ひいては知財マネジメント（特許分析含む。）に活用されてきた（※8）。大学等のコア技術は、基本技術であるため、技術と市場が遠くて直接結び付けるのが難しいことから、コア技術と市場を「提供

機能」を介して結節していくという考え方が重要になり、提供機能を介し結節することの重要性は従前から ADL 社にて提唱されてきている（※9）。

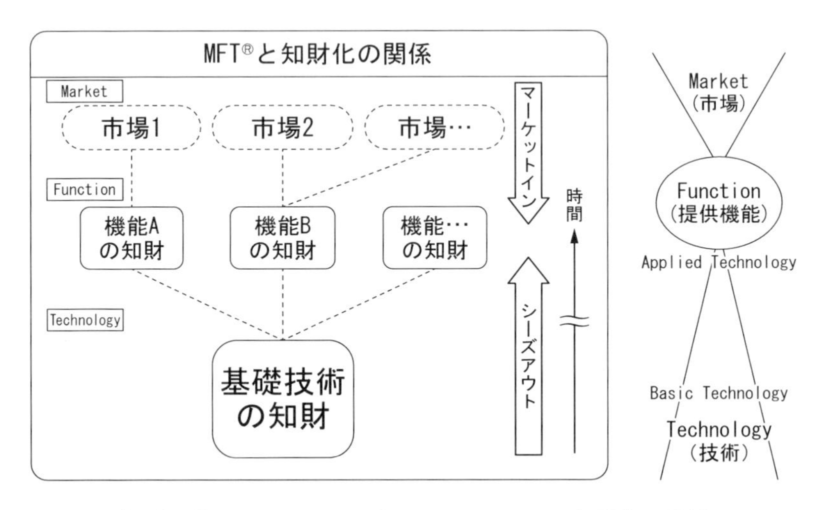

【図表３】ADL 社の MFT® フレームワークと知財化の関係

ウ．社会実装のエコシステム（領域／パートナー構造／知財活用例）

一方、社会実装時の権利活用の観点から検討すると、大学は直接的にコア技術に係る事業を行う事業体ではない。そのため、大学等のコア技術を、社会実装するためには、パートナーが必要になる。

このパートナーを、社会実装、普及と持続の観点を考慮して、２種類の役割を持ったパートナーに分類した（図表４）。具体的には､社会実装を共創するコアパートナーと普及を加速する連携パートナーであり、大学等がこれらのパートナーとともにエコシステムを形成することで、この社会実装が持続され、大きな社会貢献につながる。

コアパートナーは、典型的にはシードステージやアーリーステージから共同研究等でつながるパートナーであり、社会実装や製品の生産・サービス提供を共創し、その後の事業が成長した際に、高いインセンティブを得るに値するパートナーである。連携パートナーは、例えばミドルステージ以降、市場拡大時につながるパートナーであり､多数存在する。このようなパートナー構造の下､大学等と各パートナーのつながりを制御するために特許権は活用される。この制御を、特許権で形成される４つの領域に分け、MFT® における知財戦略のフレームワークを構築する。

４つの領域とは、他者に実施させない「フルクローズ領域」、特定の者だけが実施できる「セミクローズ領域」､普及のために多数の仲間に積極的に実施させる「セミオープン領域」、誰でも自由に実施できる「フルオープン領域」である。

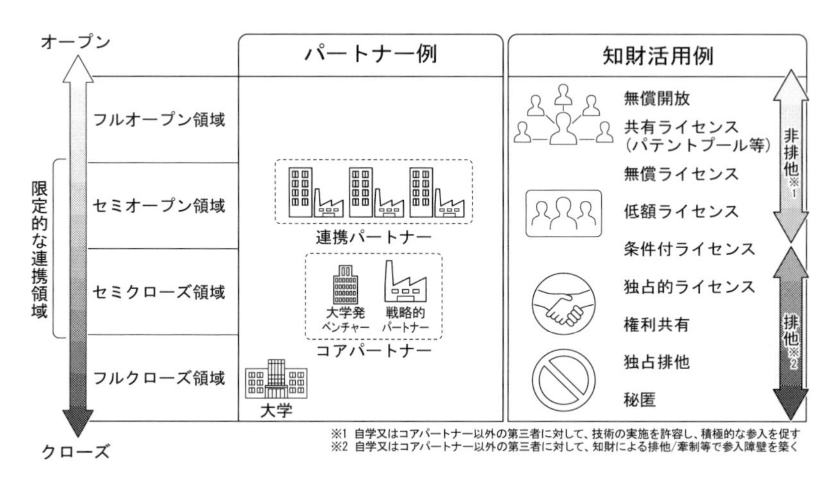

【図表４】大学の社会実装パートナーと知財活用例

「フルクローズ領域」は、特許権を用いた独占排他、又は秘密管理等による秘匿によって形成でき、この領域には大学等のコア技術のうち、他者に実施させないものを配置する。「セミクローズ領域」は、特許権を用いた権利共有や独占的ライセンスによって形成でき、この領域にはコア技術又はその関連技術のうち、特定の者だけに実施させるものを配置する。典型的には、生産技術や部品技術、共通プログラム等（プラットフォーム機能、AI＋ビッグデータ等）の技術である。「セミオープン領域」は、特許権を用いた条件付きライセンス、低額あるいは無償のライセンスによって形成でき、この領域には応用技術、例えば完成品やAPIの技術を配置する。「フルオープン領域」は、特許権を用いた無償開放等によって形成できる。

現実的には、公益性の高い大学等としては、クローズ領域を設定することは難しさも伴う場合もある。一方で、通常の研究活動中で、大学等の技術力・人材・ノウハウがフルクローズ領域になり、共同研究契約における特許権の取扱い（権利共有やライセンス契約等）がセミクローズ領域になっていることもある。

エ．大学等の知財戦略モデル（知財戦略と知財化の関係）

図表４の大学とパートナーによる社会実装のエコシステムにおいて、図表５の「コア技術」に係る特許（基礎技術の知財）と「機能」に係る特許（機能の知財）は、以下の役割を果たす。

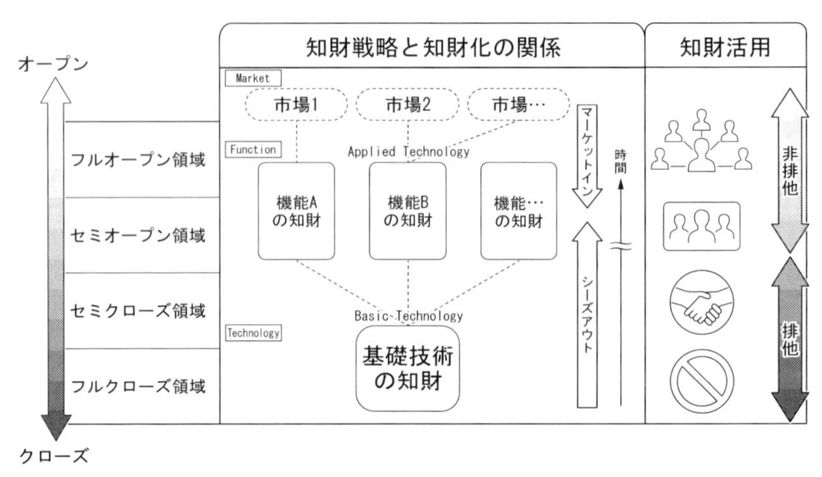

【図表5】大学の社会実装パートナーと知財活用例

「コア技術」に係る特許（基礎技術の知財）の特許権は、その排他機能を発揮させ、フルクローズ領域やセミクローズ領域を形成することに用いられる。一方、「機能」に係る特許（機能の知財）の特許権は、その協調機能を発揮させて、セミオープン領域やフルオープン領域を形成することに用いられる。

オ．大学等の知財戦略モデルの例

具体的なイメージを喚起するため、以下に仮想例を挙げる。知財戦略モデルでは、図上、モジュール（部品、プロセス、プログラムモジュール等）や製品・サービスを記載するが、各モジュールが機能や技術を有している。実例については、「大学の強みを社会に活かす事業化×知財戦略」の勉強会の資料（※6）に記載されている。

図表6において、角丸四角のノードは市場又はモノ（プログラムを含む。）・方法等を表し、ノードとノードを結ぶ線（リンク）には機能や技術を記している。

（ア）仮想事例1

仮想事例1は、バイオ分野の例であり、生産技術をクローズ領域に配置し、生産物を用いた製品をセミオープン領域に配置したモデルである。各製品は、各市場の要求に応じた機能を有している。

各物質の生産技術の一部をコアパートナーのみに実施させ、基本的な物質を生産させる。

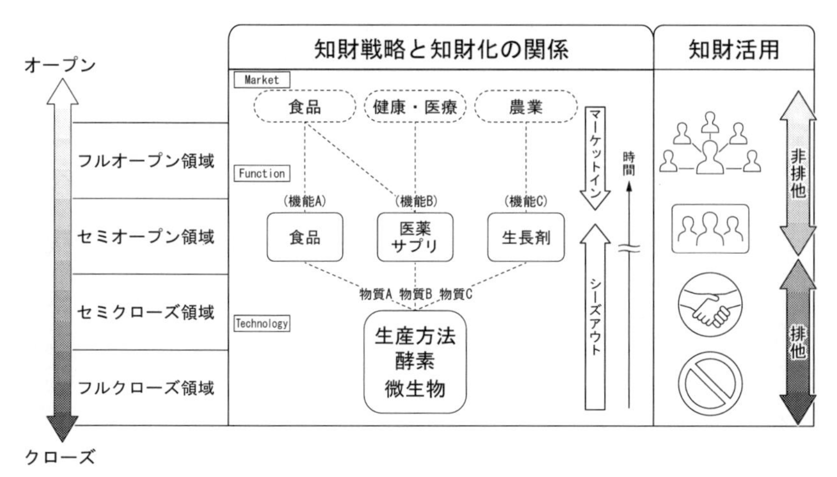

【図表6】知財戦略モデル例１

生産された物質の加工品や加工技術を連携パートナーに実施させ、各市場の要求に応じた機能を有する製品を生産・販売させる。各市場では、連携パートナーが製品の販売を拡大することで、各物質の流通量もコア技術の使用も増加する。このように、コア技術の社会実装・普及・持続が図られる。

（イ）仮想事例２

仮想事例２は、繊維やフィルタに関する技術をクローズ領域に配置し、浄水器やろ過装置を用いた製品をセミオープン領域に配置したモデルである。繊維やフィルタの技術の一部をコアパートナーのみに実施させ、フィルタを生産させる。

フィルタを搭載した浄水器やろ過装置の技術を連携パートナーに実施させ、各市場の要求に応じた機能を有する浄水器やろ過装置を生産・販売させる。各市場では、連携パートナーが浄水器やろ過装置の販売を拡大することで、フィルタの流通量も繊維関連のコア技術の使用も増加する。このように、コア技術の社会実装・普及・持続が図られる。

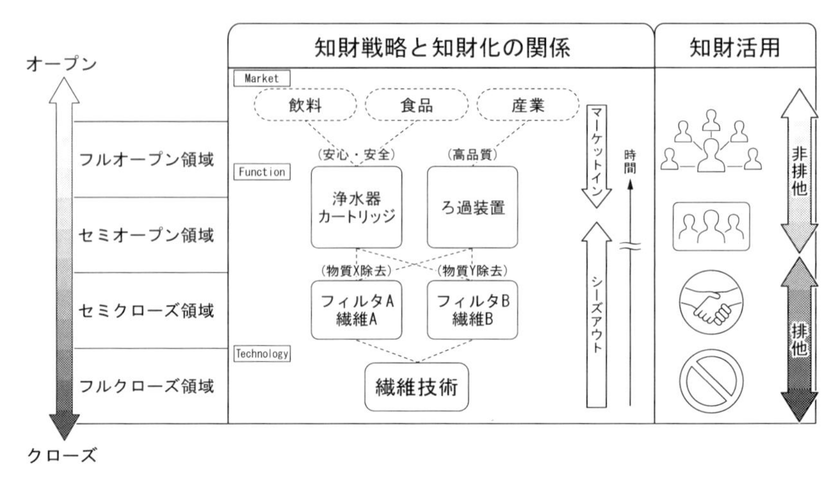

【図表７】知財戦略モデル例２

（ウ）仮想事例３

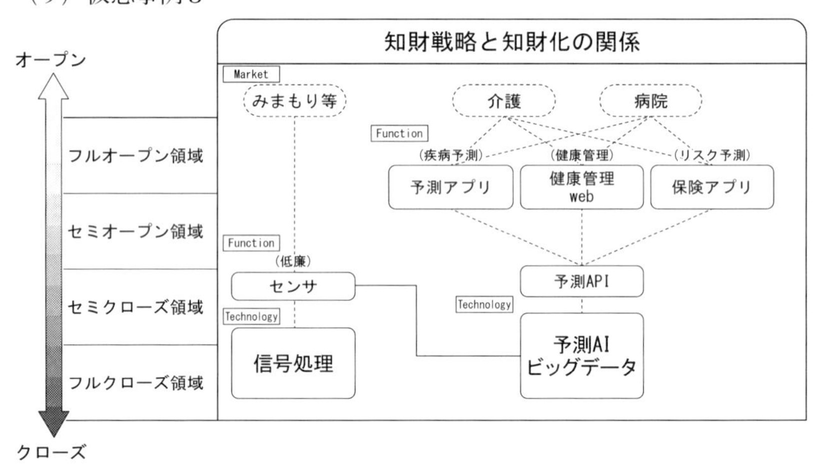

【図表８】知財戦略モデル例３

仮想事例３は、センサの信号処理技術、センサで得られるビッグデータ、及びビッグデータで機械学習を行った予測AI（学習済みモデル）をクローズ領域に配置し、予測APIを介して、アプリケーション（予測アプリ、健康管理web、保険アプリ）をセミオープン領域に配置したモデルである。センサの生産や予測APIの技術の一部をコアパートナーのみに実施させ、センサの生産と予測APIの開発・管理を行わせる。予測APIを連携パートナーに使用させ、各市場の要求に応じたアプリケーションを開発・頒布させる。各市場では、連携パートナーがアプリケーションの頒布・販売を拡大することで、予測APIの利用回数やセンサの流通量も増加する。このように、コア技術の社会実装・普及・持続が図られる。

カ．大学等の知的財産の特徴のまとめ

以上のように、大学等のコア技術は基本技術であるため、技術と市場が遠くて直接結び付けるのが難しいことから、コア技術と市場を「提供機能」を介して結節していくという考え方が重要になる。「コア技術」の特許権は、その排他機能を発揮させて、コアパートナーのインセンティブを担保しながら、社会実装を共創するために用いられる。「機能」の特許権は、その協調機能を発揮させて、連携パートナーを呼び込むとともに関係を制御するために用いられる。そして、これらの特許権を用いた「フルクローズ領域」「セミクローズ領域」「フルオープン領域」又は「フルクローズ領域」の組合せと各領域への技術等の配置によって最適なエコシステムを形成することで、社会実装と普及が持続され、大きな社会貢献につながる。

2．大学等の特許調査

（1）大学等において特許調査をする意義

大学等では特許を実施しないため、特許調査をする意味がないのではないかと思われる場合もある。しかし、弊所では大学／研究機関からの調査依頼は増加している。従来、調査の種別は先行技術調査が多かったが、近年は動向調査やランドスケープデザイン（※3）、侵害予防調査といった依頼も増加している。この背景には、より良い社会実装・普及・持続のために用途や実装先・協業先の探索、又はより良い知財戦略を検討する大学／研究機関が増加していることが一因として考えられる。社会実装に至る製品・サービスについては、特許権侵害を回避しなければならず、そのような製品・サービスの増加に伴い、侵害予防調査も増加する。先行技術調査については、日常の研究成果の結果、主として中長期的に社会実装される可能性のある基礎技術（シーズ）について出願要否を選定するため、継続的に実施されることが望ましい。

なお、特許調査の際には、前述の大学等の知的財産の特徴を捉えつつ、知財戦略モデルに沿った特許調査分析として、「社会実装・普及・持続とつながる特許調査分析」を念頭に置くことを提唱したい。

（２）大学等における特許調査

大学等における特許調査は、通常の特許調査と比較して社会実装・普及・持続とつながる特許調査分析の観点が重要になる。実際に調査・分析に着手するに当たり、まずはコア技術について関連する特許の有無やノウハウ保護としている部分を整理する。既に複数の出願があるのであれば、それらがどのような関係にあるのか、また、今後どのような出願をしていきたいかを整理するとよい。

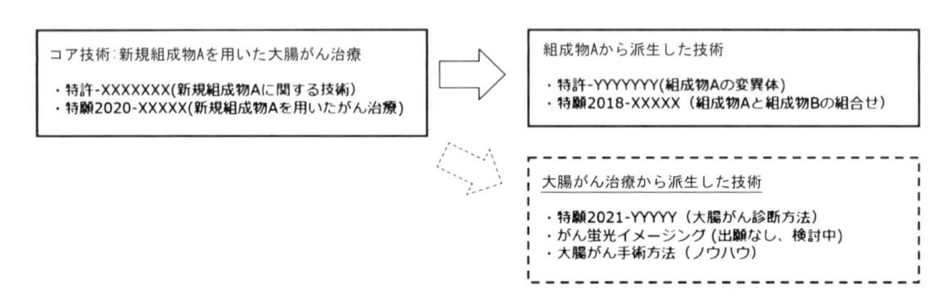

【図表９】保有するコア技術とその関連技術整理の一例

コア技術を整理することで、今後出願していきたい技術分野や、コア技術の中で権利化されている（又は権利取得予定の）技術範囲が明確になり、調査・分析対象技術をより具体的に特定できる。

以下では特許調査・分析として要望の多い（１）先行技術調査、（２）侵害予防調査、（３）ランドスケープデザイン・動向調査について、社会実装・普及・持続とつながる特許調査分析を念頭に詳細を述べる。

３．大学等における各種特許調査

（１）先行技術調査

先行技術調査は、出願しようとする発明が他者によって既に出願されていないかどうかを確認する調査である。調査の結果、関連する発明があった場合、発明を差別化する、又は特許請求の範囲の記載を調整する等、その発明により出願が拒絶されることに対して対策を講じることができる。

社会実装・普及・持続とつながる先行技術調査としては、発明に係るコア技術と類似する「技術」（Technology）の把握に加え、適用先の「市場」（Market）や「機能」（Function）に関する情報提供を行うことも可能である。つまり、調査で見つかった先行技術（Technology）が、何の市場（Market）に対してどのような機能（Function）を提供するものなのかといった、MFT® 情報（図表３参照）を提供することがある。

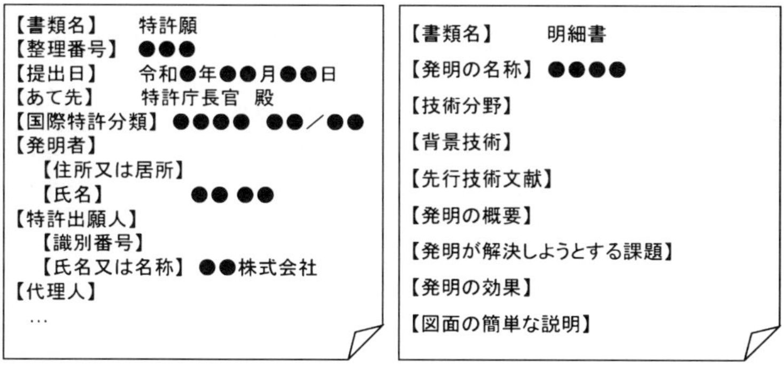

【書類名】　特許願
【整理番号】　●●●
【提出日】　令和●年●●月●●日
【あて先】　特許庁長官　殿
【国際特許分類】　●●●●　●●／●●
【発明者】
【住所又は居所】
【氏名】　●● ●●
【特許出願人】
【識別番号】
【氏名又は名称】　●●株式会社
【代理人】
…

【書類名】　明細書
【発明の名称】　●●●●
【技術分野】
【背景技術】
【先行技術文献】
【発明の概要】
【発明が解決しようとする課題】
【発明の効果】
【図面の簡単な説明】

【図表10】特許公開公報

例えば明細書の【発明の名称】【技術分野】【背景技術】【発明が解決しようとする課題】【発明の効果】、及び願書（特許願）の【国際特許分類】は、「市場」の要求や「機能」の情報が含まれることがある。この「市場」の要求や「機能」の情報を抽出して提供することで、発明者が自身のコア技術を、この「市場」や「機能」に適用することを検討する機会を創出できる。

また、明細書の【特許出願人】は、パートナー又は競合の候補、【発明者】は、共同研究者又はライバルの候補となる。

ア．「コア技術」に関する先行技術調査

第１のケースとして、基礎技術、つまり「コア技術」に関する先行技術調査について説明する。この調査は、「コア技術」に係る特許（基礎技術の知財）の出願のための先行技術調査となる。大学等の特許出願は日頃の研究成果であり、社会実装がかなり先のシーズ段階であることが多い。

第１のケースでは、通常どおり、「コア技術」からキーワードや分類を特定し、特許公開公報の検索を行う。検索の結果、必要なフィルタリングを行い、読み込んだ上で関連する文献を数件抽出する。

その結果を調査報告書にまとめるとき、関連する文献を１つだけでなく、複数報告するとともに、特許公開公報から、出願人、市場、機能、課題、及び解決手段といった内容も列挙する。また、ほかにどのような市場があったか、要望がある場合は、市場ごとに最も関連する文献を報告することもある。

No.	1	2	3
文献番号	特開XXXX-XXXXXX	特開YYYY-YYYYYY	特開ZZZZ-ZZZZZZ
出願人	●●株式会社	株式会社■■	▲▲大学
市場	市場1	市場2	市場3
機能	機能A	機能B	機能A
課題	…	…	…
解決手段	… 代表図	… 代表図	… 代表図

【図表11】報告例（コア技術）

図表11は、「コア技術」に係る先行技術調査の報告例である。各文献は、技術の関連が強い順に付番され、No. に沿って並べられている。

この報告例では、市場や機能の情報があることで、「コア技術」が機能Ａだけではなく、機能Ｂとして採用できることが分かる。また、「コア技術」を機能Ａに採用した場合、市場１だけではなく市場３にも適用できることが分かる。さらに、各市場及び機能について、パートナーの候補となる出願人の情報も得ることができる。

まずは「コア技術」に関連が強い文献１を把握し、「コア技術」に係る出願が可能か、又は技術や権利において更なる差別化を検討することとなる。一方で、「社会実装・普及・持続とつながる特許調査分析」では、更に２番目や３番目（No. ２やNo. ３）等、次に関連が強い文献の情報を提供する。通常、最も関連の強い文献（No. １）の場合、「コア技術」が想定する市場や機能と一致することも多く、逆に、その関連性が強いものを選定することは進歩性を検討する上でも重要になる。
一方で、社会実装・普及・持続につなげるためには、「コア技術」（Technology）に係る特許（知財化）だけではなく、「市場」（Market）の探索や「機能」（Function）に係る特許の観点も必要になる。本調査では、次に関連が強い文献の「市場」及び「機能」の情報を提供することで、新たな「市場」又は「機能」の気付きを得ることができる。

このように、「コア技術」の知財化だけを目的とするのでなく、知財戦略モデルを意識して、「市場」又は「機能」の開拓の情報も提供する。これが、「社会実装・普及・持続とつながる先行技術調査」の一例である。

また、興味のある「市場」や「機能」を見つけた場合には、その実施をする形態を想定した上でキーワードや特許分類を設定し、絞り込み又は新たな調査を行うことで、「市場」の要求や「機能」を提供する技術が記載された文献を見つけることができ、将来の社会実装を意識した発明発掘や研究者への刺激につながることもある。

イ.「機能」に関する先行技術調査

第２のケースとして、市場とコア技術の結節である「機能」に関する先行技術調査について説明する。時間軸上は第１のケースの何年か後、社会実装に向けた検討や社会実装の初期段階で、コア技術を用いた事業戦略・知財戦略を立案した上での先行技術調査を行うようなケースである。

社会実装・普及・持続とつながる先行技術調査としては、例えば「コア技術」(Technology)、及び戦略上のターゲットとなる「機能」(Function) の２つの観点で調査を行うことになる。

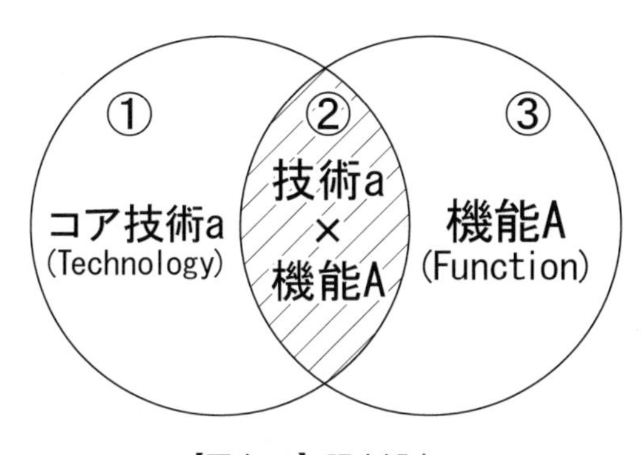

【図表12】調査観点

ここで、コア技術ａ×機能Ａの集合を作成するプロセスとして、次の３つのパターンが考えられる。

[P1] 技術ａと機能Ａを掛け合わせた母集合（斜線部分）を作成する
[P2] 技術ａの母集合を作成し、機能Ａで絞り込んだ集合を作成する
[P3] 機能Ａの母集合を作成し、技術ａで絞り込んだ集合を作成する

社会実装・普及・持続とつながる先行技術調査では、基本的には、[P3] のプロ

セスを実施する。その理由は、社会実装において、コア技術ａで機能Ａを提供する際に、同一の機能Ａを提供する他の技術ｂを確認したい、というニーズが発生することがあるからである。社会実装において、コア技術ａと競合する技術は、関連性の強い技術ｃだけでなく、コア技術ａが提供する機能Ａを提供する他の技術ｂとなることもある。そのため、技術ｂを確認したいという、ニーズが発生する。

上記［P3］のプロセスであれば、機能Ａの母集合があるので、技術ａの補集合③を読み込むことで、集合④に含まれる文献を見つけて、技術ｂを含む他の技術を抽出することができる。

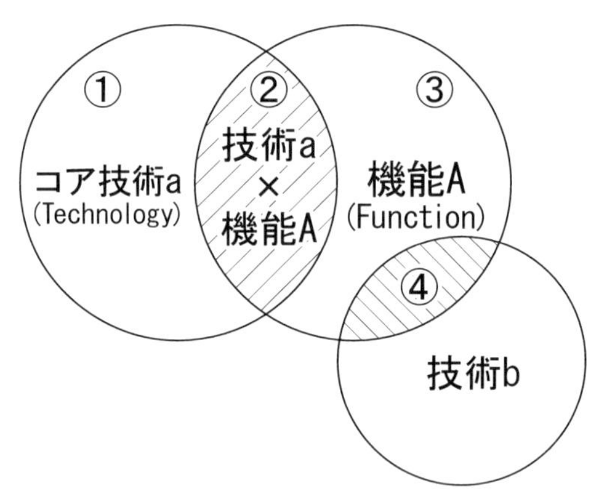

【図表13】同一の機能を提供する他の技術

応用技術の場合、類似技術は機能が類似することが多い。しかし、基礎技術では、技術が類似するからといって機能の類似性が高くない、又はほかに機能の類似性が高い技術がある場合がある。市場の要求は機能であるから、市場での競合性が高いのは、類似する技術よりも、類似の機能を提供する技術となる。

つまり、社会実装・普及・持続とつながる先行技術調査としては、コア技術ａに対して、図表14のように、技術としての関連性が強く技術競合する技術ｃだけではなく、市場での技術ｃの代替になる可能性があり、市場競合する技術ｂの情報も提供する。

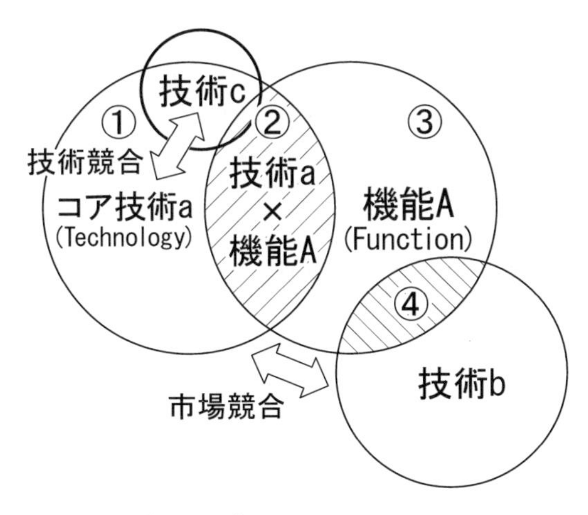

【図表14】市場競合する技術

この先行技術調査では、コア技術ａと最も関連が強い技術ｃが見つかり、機能Ａを提供する機能として有望な技術ｂも見つかる場合は、その情報を特許出願にもつなぐことができる。つまり、機能Ａの知財化にあっては、技術ｃと差別化した上で、技術ｂが提供する機能Ａも権利範囲に含まれるような請求項を作成して特許出願を行うのである。

このように、この先行技術調査は次の特許出願につながり、コア技術ａに係る特許に加え、市場競合に対応できる機能Ａに係る特許が創出される。この機能Ａに係る特許は、技術ｂが提供する機能Ａも含むことから、例えばこの特許を活用して技術ａの技術ｂへの置き換えを抑制しながら、技術ａの普及を推進させ、持続可能なものにする。これにより、先行技術調査は、機能Ａの知財化を介して技術ａが社会実装・普及・持続につながるのである。

また副次的な効果として、技術ｂが提供する機能Ａとの差別化を図るため、機能Ａの性能を高める観点から、コア技術ａの改良発明が創出されることもある。この改良発明は、社会実装の後の製品・サービスの次の一手になり得るので、事業の継続やパートナーとの関係維持につながることがある。

（2）侵害予防調査

社会実装やその持続において、他者の特許権を侵害してはならない。そのためには、社会実装をする製品・サービスについて、侵害予防調査が欠かせない。大学等での侵害予防調査は、コア技術の観点に加えて、機能の観点でも調査が必要になる。

換言すれば、大学等は、自分自身のみならず、コアパートナーや連携パートナー等のパートナー（大学発ベンチャーを含む）が他者の特許権を侵害せず、エコシステム全体で、特許リスクを回避･低減することを検討する。これまでは、パートナーとなる企業等が侵害予防調査を依頼するケースが多かったが、近年では、大学等自身が侵害予防調査を依頼するケースも増えている。

ア.「コア技術」に関する侵害予防術調査

時として、研究は同時多発的に様々な場所で行われている。ほんの数箇月の差で同じ発明が他者から出願されたばかりに、コア技術の事業化に暗雲が立ち込める可能性もゼロではない。また、コア技術やコア技術のために用いる技術が権利化されていたために、実施段階で特許権の侵害となる可能性もある。このため、侵害予防調査を行うことは、実施前に障害となる特許を把握し、障害となる特許を避けるように実施をしていくのか、特許を無効化させるのか、ライセンスを受けるようにするか等の検討に役立つ。また､コア技術が侵害する可能性が低い調査結果であれば、実施先企業へのアピールともなる。

コア技術については、コアパートナーの利益の源泉にもなるので、入念な侵害予防調査が必要となる。ただし、コア技術は大学等の独自性が強く、論文発表もされるケースが多いので、他者が権利を取っていることは多くはない。また、発明者の学会論文で、引用・被引用している研究者がいれば、研究者名や所属する大学等の名称で、発明者や出願人を調べることも有益である。侵害予防調査は調査対象を明確にした上で行うことが望ましい。まだ研究途中でコア技術が絞り込めていない場合は、調査対象を広げて調査することも可能であるが、抽出される特許が多くなってしまうことや、今後の実施形態によっては調査範囲外となることが懸念される。

イ.「機能」に関する侵害予防調査

見落とされがちなのが､機能の観点での侵害予防調査である。機能に係る特許は、コア技術と同一又は類似の技術を用いた用途発明として、又は他の技術を用いた機能の発明として出願され、コア技術を用いた場合も包含して権利化されている可能性がある。したがって、機能の観点での侵害予防調査では、機能のキーワードや分類を用いて母集合を作成し、最初はコア技術で絞り込まないように注意する。このため、実施する際の製品・サービス等も想定した上で、それらの機能について調査対象を確定することが好ましい。

コア技術ａと機能Ａの積集合②の部分は重複するので、読み込みを行う場合には、技術と機能の両観点を評価する形で読み込みを行うと、読み込み作業を効率化することもできる。この積集合②の特許は、技術と機能の両面で社会実装と類似するとともに、訂正等で権利範囲が限定されても回避が困難なことがあるため、リスクの高い特許であることが多い。

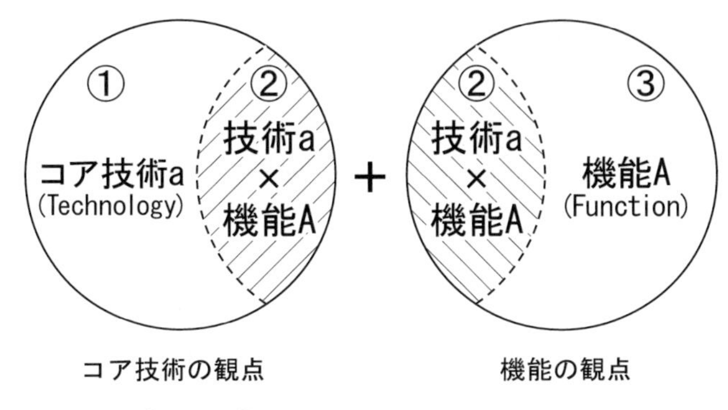

【図表15】技術と機能の両観点での調査

（3）動向調査・ランドスケープデザイン

ア．市場調査と特許分析

大学等が自らのコア技術を社会実装・普及・持続していくためには、製品・サービス等の具現化といった点は必須であるが、その前段階で、市場情報と知財情報に基づく市場の選定が重要な役割を果たす。たとえ良い市場があったとしても、市場の要求に応えた上で他者と差別化もできないと、普及や持続に至らないことが常である。大量生産設備等を持たない大学等において、この差別化要素となるのが、技術や知的財産権である。したがって、大学等でも、例えばSTP（セグメンテーション、ターゲティング、ポジショニング）分析等の事業調査の結果に基づいて市場の候補を挙げ、各市場の要求を把握した上で、知財情報を用いて、コア技術やコア技術を用いて提供する機能の差別化優位性を加味し、社会実装を行う市場を選定することがある。

その際、動向調査やランドスケープデザイン等の特許分析は、事業調査に対して、市場の要求に応える「機能」を提供できるか、また、「技術」又は「知的財産権」で差別化できるか、といった情報を、知財情報から分析して提供する役割を担う。このような特許分析では、技術力や法律力が必要となり、また、発明者や具体的な研究内容を日々の知財活動で把握していることが有効に働く。この能力や経験を有していることが、産学連携部門や知財部門の強み、ときには特許事務所も含めたチームの強みにもなっている。

イ．特許分析の手法

最初に分析する項目で一般的なものとして、コア技術に関連する技術がどのような経年推移で出願されてきているのか、特許が何件程度出願されているのか、競合プレーヤー・コア技術の展開先の事業を行う企業・研究者はどこか（誰か）の把握等が挙げられる。

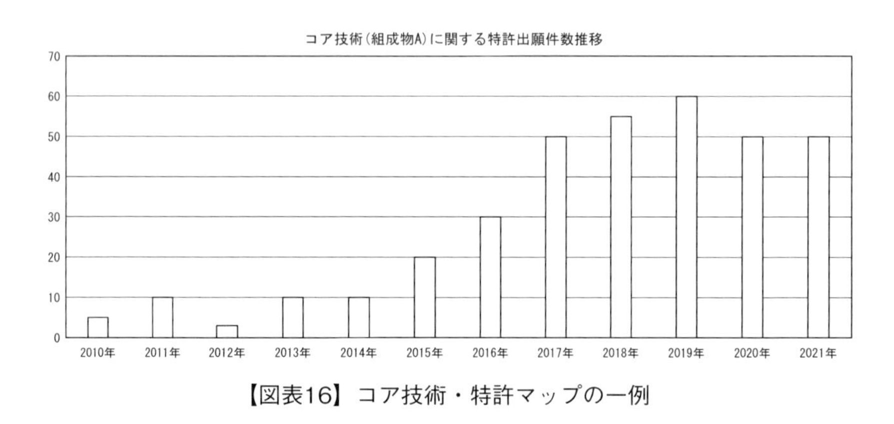

【図表16】コア技術・特許マップの一例

市場調査に適応し、社会実装・普及・持続とつながる特許分析には、［技術についての特許分析］だけでなく、［機能についての特許分析］、及び［技術×機能についての特許分析］を行う。主な分析テーマは、市場調査結果の裏付け、市場の動向、内部環境・外部環境の把握、差別化優位性や強み弱みの検証、特定者やグループの対比、パートナーや用途の探索、保有特許の分析等である。

（ア）技術についての特許分析

技術についての特許分析では、具体的には、（ⅰ）自身の技術が他者の技術と比べて技術的に差別化優位性のある技術であるのか、（ⅱ）自身やコアパートナーの技術が法律的に優位性のある技術であるのか、といった技術と知的財産権の両面からの差別化優位性の評価に必要な情報を、客観的な数値や審査結果、公報等の資料で提示しながら分析する。

（ⅰ）において、論文や学会についての分析は、発明者からヒアリングが主体となり、比較的簡単な裏付け調査を行いながら、コア技術を整理する。これに加えて、

（ⅰ）では、知財情報も用いて技術の優位性について分析を行うが、技術的観点が強いことから、係属中やみなし取下げとなった特許出願も含む公開公報

を用いる。出願年／出願人／分類を基軸に出願件数等のマップを作成するとともに、ミクロ分析を行う。分類は、特許分類、キーワード等を用いた独自分類、読み込みによって付与した技術区分による分類である。

（ⅱ）では、主に特許文献を用いて特許権の状況を分析する。ただし、将来的な優位性も検証するので、出願継続中の公開公報も併せて分析する。また、権利満了や消滅（年金未払等）した特許は原則除いて分析する。マップとしては、（ⅰ）と同様に、出願年／特許権者／分類を基軸に特許件数等のマップを作成するとともに、ミクロ分析を行う。

（ⅰ）と（ⅱ）のマップでは、出願人を、大学グループ、企業グループにグルーピングして、各グループのマップを作成する。また、コア技術については、件数よりも権利の価値を重視する場合、被引用文献数や調査分析ツールの評価値を集計する。

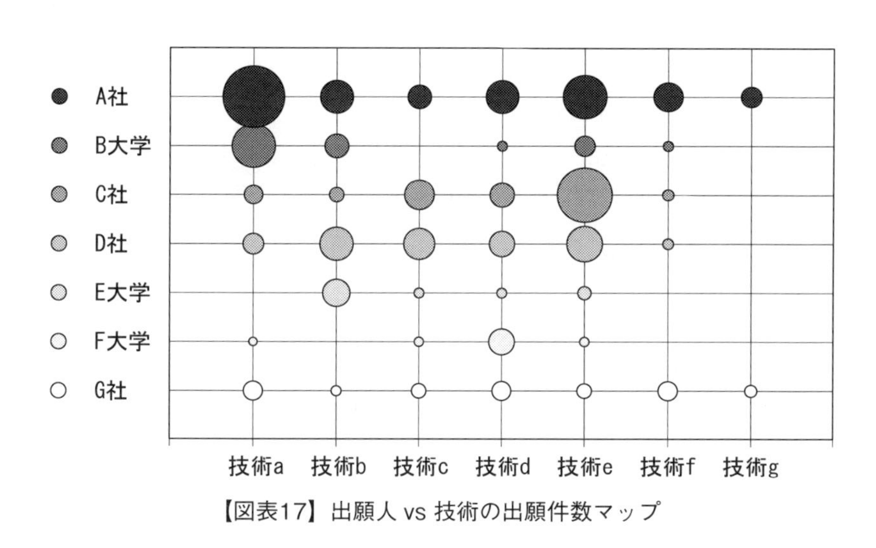

【図表17】出願人 vs 技術の出願件数マップ

図表17、18は、出願人と技術のマップの例であり、図表17は出願件数、図表18は評価値を集計したものである。図表の例では、大学は、企業との比較で、出願件数は少ないものの、評価値としては高くなっている。

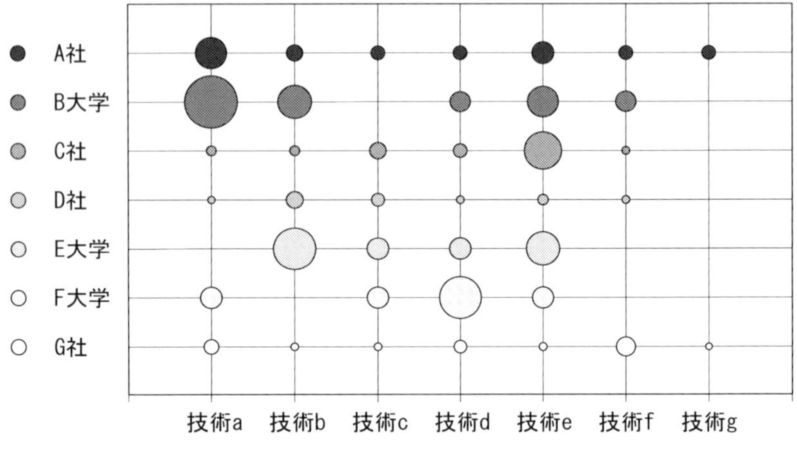

【図表18】出願人 vs 技術の評価値マップ

（イ）機能についての特許分析

技術についての特許分析では、具体的には、①　自身とパートナーが提供する機能が他者の機能と比べて機能的に差別化優位性のある技術であるのか、②自身やコアパートナーの機能が法律的に優位性のある機能であるのか、といった機能と知的財産権の両面から分析する。上述のとおり（図表18を参照）、技術は類似しないが、提供する機能が同一あるいは類似となる代替品も、市場では競合することがある。

市場や市場での製品・サービス、機能に関連するキーワードと特許分類を用いて検索式を作成し、検索結果を母集合とする。マップは、上記と同様であるが、分類は、機能的な分類を採用あるいは作成する。

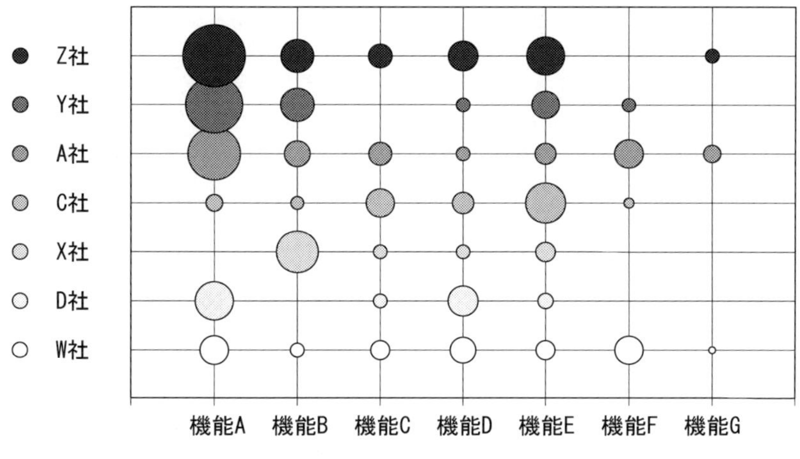

【図表19】出願人 vs 機能の出願件数マップ

（ウ）技術と機能の組についての特許分析

技術は類似しないが提供する機能が同一あるいは類似となる代替品について、どのような技術が用いられているかを検証することは、機能の差別化優位性を検証する上でも、差別化していく上でも有効である。機能Aについて、検索式分類又はクラスタリング等を用いて、機能Aに用いられる技術を統計的に分類する。

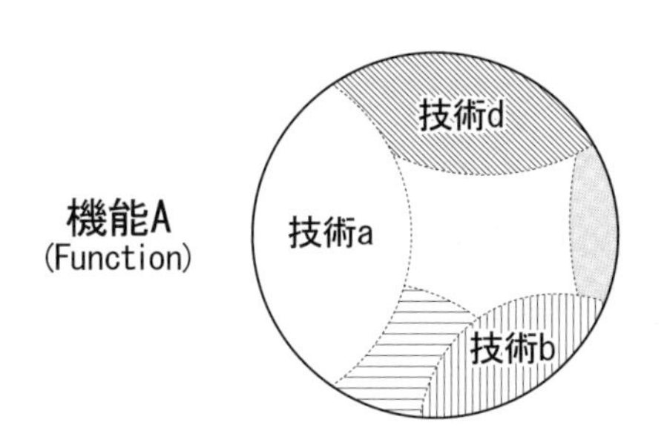

【図表20】同一機能・非類似の技術の概念図

検索式分類とクラスタリングの違いは、具体的な技術を特定するのが分類の先か後かの違いである。検索式分類では、技術を特定した上で、技術に関するキーワード又は特許分類で作成した検索式を用いて、公開公報等を分類する。

検索式分類には、前者の場合、各分類の集計をしながら、未分類の公報を参照して新たな分類を作るような手法も含まれる。一方、クラスタリングは、テキスト解析によって、記載が類似する公開公報等を分類する。分類の後、クラスタに属する公開公報の情報を用いて分類にラベル付けをするが、このラベルが技術（次の図表の例では組成物）になる。近年のクラスタリングツールでは、ラベルとして代表語を自動で選定して表示するものもある。

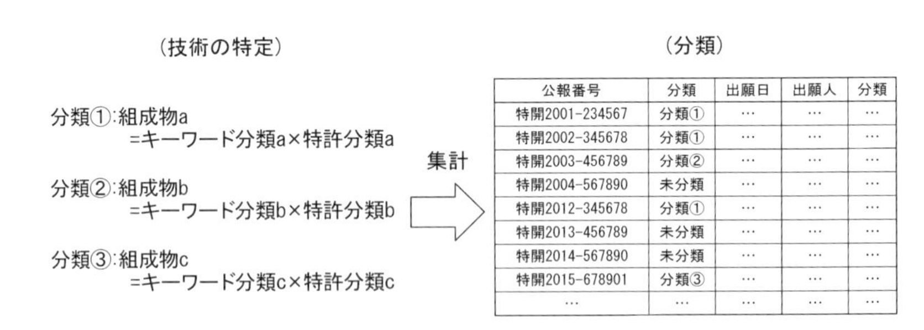

公報番号	分類	出願日	出願人	分類
特開2001-234567	分類①	…	…	…
特開2002-345678	分類①	…	…	…
特開2003-456789	分類②	…	…	…
特開2004-567890	未分類	…	…	…
特開2012-345678	分類①	…	…	…
特開2013-456789	未分類	…	…	…
特開2014-567890	未分類	…	…	…
特開2015-678901	分類③	…	…	…
…	…	…	…	…

【図表21】検索式分類の概念図

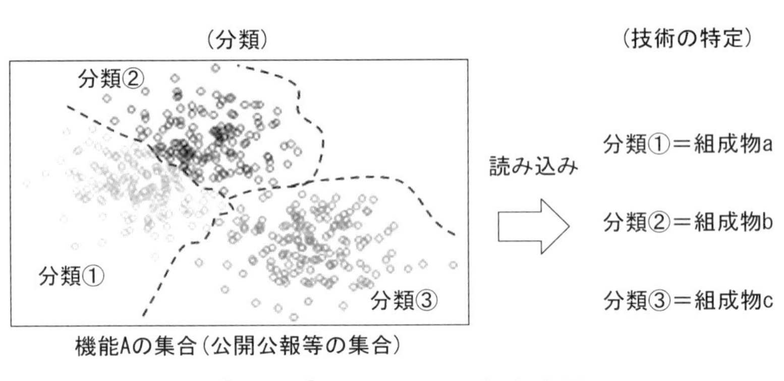

【図表22】クラスタリングの概念図

このような分類により、例えば技術は類似しないが提供する機能が同一あるいは類似となる代替品を把握することができ、市場での競合リスクを検証できる。

具体的には、社会実装品と他者の代替品について、技術の相違に基づく機能の相違（機能の高さや付加機能等）を検証し、差別化優位性を見いだしておく。さらに、この差別化優位性を高めるため、新たな発明が創出されることもあり、いわゆるマーケットインの発明創出の機会にもなる。

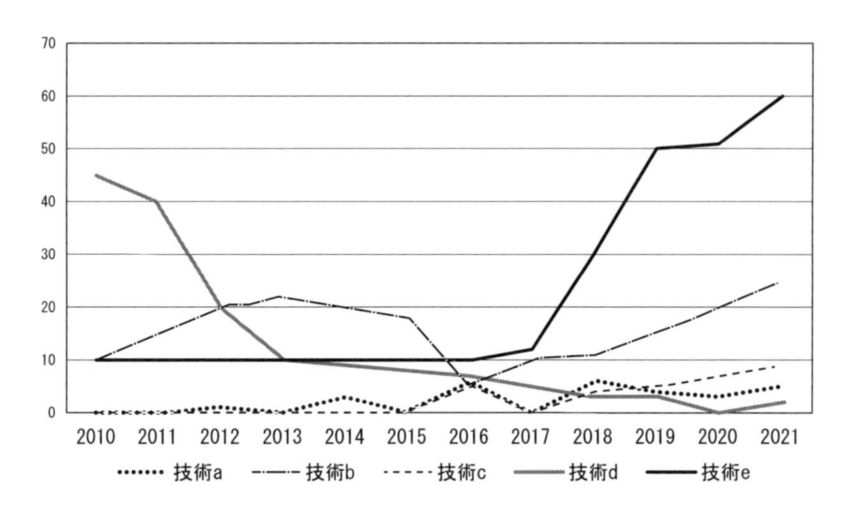

【図表23】 機能Ａに関する　技術ａ～ｅの経年推移

例えば図表23は、機能Ａについて、技術の分類ごとに、出願件数の出願年の推移をマップしたグラフである。このグラフからは、機能Ａに用いる技術として、過去には技術ｄが用いられたが、技術ｅが主流になっていると推測される。また、技術ｂは比較的安定した需要があると推測される。この場合、自身のコア技術ａを用いた機能Ａと技術ｅを用いた機能Ａを比較し、差別化優位性を検討する。差別化優位性を見いだせた場合には、差別化優位性を高めるための発明の検討を研究者等に提案する。同様に、技術ｃ、技術ｂ、技術ｄを用いた機能Ａについても検討する。

（エ）その他の知財分析

上記では、特許権について説明した。社会実装の普及・持続の観点からは、商標権も重要となる。特に商品及び役務は、それらが提供する機能との組合せにおいて、有益に利用できる。商標分析においては、商品及び役務の区分、又は特許分析で登場したプレーヤー名（出願人名・特許権者）を用いて検索をする。出願年／特許権者／区分に特許件数等のマップを作成するとともに、ミクロ分析を行う。マップの作成に際しては、区分の細分化やフィルタリングを行うこともある。

また、外国も含む場合には、国ごとに同様のマップを作成するとともに、グローバルのファミリーのマップ、及び国間の比較を行うマップを作成する。

ウ．目的別の特許分析

上述の「特許分析の手法」では、社会実装・普及・持続とつながる特許分析の例を示した。基本的には、通常の特許分析の手法と同じであるが、「技術」と「機能」を意識する点が異なっている。

以下では、目的別に、特許分析のポイントを説明する。

（ア）パートナー探索

共同研究先、コアパートナー、又は連携パートナー等のパートナーを探索あるいは評価するための分析である。パートナーの要望は、シナジーの創出であることが多い。技術的なシナジーについては、主に出願人と技術のマップを用いる。シナジーを大きく分けると、強みの強化と弱みの克服がある。技術的な強みの強化を図る場合、同一技術の特許出願件数が多い（又は割合が大きい）出願人をパートナーとして選定できる。一方、弱みの克服を図る場合、同一技術の特許出願件数が少ない（又は割合が小さい）出願人をパートナーとして選定できる。

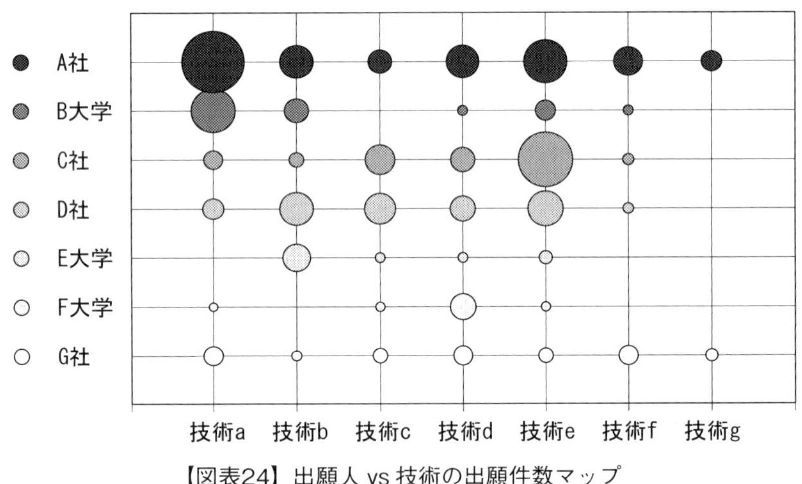

【図表24】出願人 vs 技術の出願件数マップ

図表24の例は、自身がＢ大学であり、コア技術ａを有するケースである。Ｂ大学として、技術的な強みの強化のニーズに応えることができる可能性があるＡ社、又は技術的な弱みの克服のニーズに応えることができる可能性があるＣ社又はＤ社を第一候補として選定することが考えられる。このような分析は、パートナーの関

係構築後においても、シナジーの創出を評価することに利用できる。

一方、機能的なシナジーについても、同様に、主として出願人と技術のマップを用いる。シナジーについては、機能的な強みの強化が求められることが多い。

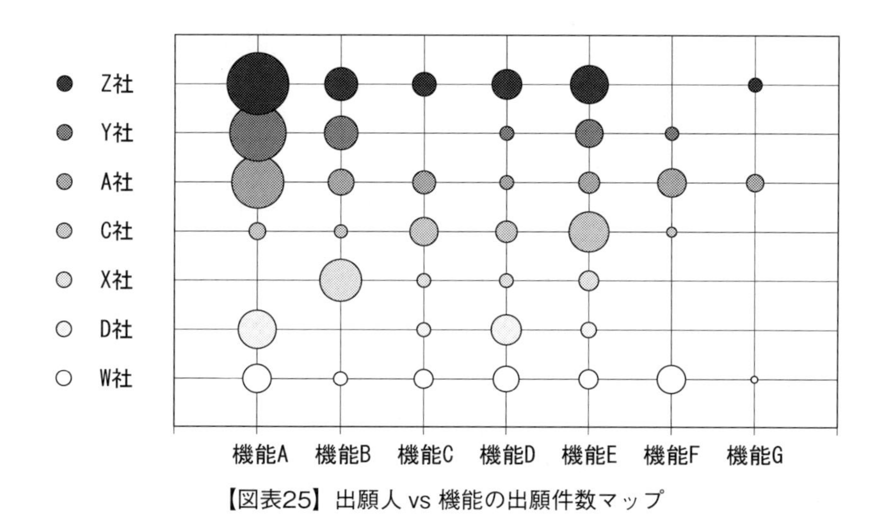

【図表25】出願人 vs 機能の出願件数マップ

図表25の例は、機能的な強みの強化のニーズに応えることができる可能性があるＺ社、Ｙ社、又はＡ社を候補として選定することが考えられる。ここで、技術ａのシナジーも考慮する場合には、Ａ社を第一候補として選定することが考えられる。

一方、コア技術ａを用いた機能Ａの差別化優位性を見いだせている場合には、技術ａを有していない（出願人 vs 技術のマップに現れない）Ｚ社、Ｙ社へのアプローチの方が有効になることもある。

ただし、機能を提供する連携パートナーについては、市場における売上げ・販売数等の販売力やブランド力、生産力等がより重視されることがあり、市場調査で選定されることが多い。

なお、大学等では、地域への貢献の観点が求められることもある。例えば出願人や発明者の住所等を用いて、地域の企業を見つけ出すことも可能である。

（イ）用途探索

大学／研究機関の基礎研究は、社会実装において、多方面へ展開できることが多いことが強みである。特許情報による用途探索は、社会実装の選択肢を知る上で大変有益である。特許情報による用途探索は、市場調査と比較しても、技術的に関連する用途を、社会実装前の段階も含めて、多様な技術を網羅的に探索できることがメリットといえる。また、特許情報からは、アプローチ先の企業等やキーパーソンを、出願人や発明者から直接的に知ることもでき、明細書等の内容からアプローチ先の所有する技術力等も事前に把握できる。

特許情報による用途探索の詳細は、「第５章１節　用途探索とつながる特許分析」にて説明している。

（ウ）大学知財ガバナンス

a. 知財ガバナンスガイドライン

2023年に、「大学知財ガバナンスガイドライン」（※10）が策定され、大学知財がもたらす社会的・経済的価値を最大化させるためには、大学・スタートアップ・ベンチャーキャピタル・既存企業等のステークホルダーの協調関係の下、大学知財イノベーションエコシステム全体で大学知財の社会実装機会の最大化を図ることが重要であることが示された。

このガイドラインでは、大学知財の意義として、大学の研究成果の活用の促進、ステークホルダーの投資、特許収入を大学の研究活動等に投入した研究と社会実装の好循環を挙げ、研究成果を社会に提供し社会の発展に寄与するという大学の使命を果たす上で、大学知財は大きな役割を果たすものであると位置付けられている。

ここで、ステークホルダーとの対話において、知財ガバナンスの提示が求められる。この点は、先に検討が進んでいる「知財・無形資産ガバナンスガイドライン」（※11）が参考になる。このガイドラインに先立ち、「コーポレートガバナンス・コード」には、2021年６月の改訂により、知的財産への投資等を開示すべきである旨が記載されている。各企業は、統合報告書等で知的財産の開示をしているので、各企業の開示内容はサンプルとしても参考になるし、共同研究を検討する際に共同研究先の企業の戦略を知ることは提案の検討材料ともなる。

b. 特許分析

知的財産への投資等の開示手法としては、現在の位置付けを明確にし、現在（As Is）と将来（To Be）のギャップを埋めるための投資の一つとして、知財・無形資産の投資・活用戦略を位置付けることが重要となる。そのためには、現在（As Is）として、知財情報を用いて、外部環境も含めた上で客観的に、自身の強みとなるコア技術を認定する。また、エコシステムパートナーの現在（As Is）も把握する。

次に、大学知財イノベーションエコシステム全体の将来（To Be）の知財ポートフォリオを把握し、知財観点から有望な将来像であることを検証する。そして、将来（To Be）に到達するために、将来（To Be）からバックキャストして現在(As Is)の強みをいかすことができる知財投資戦略を策定する。将来(To Be）に向けて現在（As Is）の知財投資戦略をどのようにすべきか、一連の流れ（ストーリー）をもって、ステークホルダーへの情報開示や対話につなげていく。

現在（As Is）の把握や将来（To Be）の探索や検証ため、特許分析が用いられる。　また、ストーリーを構築する上でも、他者の知的財産への投資等の開示に加えて、他者の特許情報が役立つことがある。特に大学等の特許は基本特許も多く、エコシステムにおいて、現在（As Is）の大きな強みとなっていること、又は将来（To Be）やストーリー上でキーとなる知的財産となっていることがある。一方で、大学等の特許は件数が多くない分野もあるので、大学等の知財評価をする上では、被引用文献数等の評価指標やミクロ分析による評価を行うべきと考えられる。

大学知財ガバナンスは、その開示が始まったばかりであり、もっと具体的な手法の開示や具体例が増加する見込みである。その増加に合わせて、特許分析のフレームワークや表現等も発展していくと考えられる。

＜参考文献・注釈＞

※1　特許庁「大学における知的財産マネジメント」(2016)
https://www.jpo.go.jp/news/kokusai/developing/training/textbook/document/index/64_Intellectual_Property_j.pdf

※2　特許庁「特許行政年次報告書2023年版」pp.55-58（大学等における知的財産活動)
https://www.jpo.go.jp/resources/report/nenji/2023/document/index/all.pdf

※3　ランドスケープデザイン（登録商標第6666556号）：志賀国際特許事務所が提供する知財分析サービスであり、知財情報（Intellectual Property）等を駆使してお客さまの内外の状況や環境（Landscape）を分析し、経営や事業に資する情報提供や提案を行うサービスである。情報提供や提案だけでなく、発明発掘や特許出願等によって知財戦略を具体化し、経営や事業に資する知的財産をデザイン（Design）することもできることが、「ランドスケープデザイン」という名称の由来である。本サービスは、日常よりお客さまの特許出願等を担当する弁理士・特許技術者と調査分析者が、お客さまの知財部門

と一体となって、経営層や事業部門へ知財情報を説明し、そのフィードバックに基づいて再分析を繰り返すことで、経営戦略・事業戦略と擦り合わせながら提案を行うアジャイル型のサービスである。

※4　前掲注2 pp.55-58

※5　文部科学省「令和４年度【文部科学省主催勉強会】大学の強みを社会に活かす事業化×知財戦略 資料」
https://www.mext.go.jp/a_menu/kagaku/platform/mext_00001.html

※6　西澤和純「知財戦略の重要性と知財化スキル」
https://www.mext.go.jp/content/20230118-mxt_sanchi01-000026221_1.pdf

※7　MFT®は、アーサー・ディ・リトル・ジャパン株式会社により商標第6736647号として登録済みで、Market Function Technology®の略称。Market Function Technology®は、アーサー・ディ・リトル・ジャパン株式会社により商標第6860143号として登録済み。

※8　アーサー・ディ・リトル・ジャパン「ADLが開発した『MFT』フレームワーク」
https://www.adlittle.com/jp-ja/mft-framework-developed-arthur-d-little

※9　三ツ谷翔太：アーサー・ディ・リトル・ジャパン「事業化戦略策定時の有用な考え方・ツールの紹介」(2022.12.14)
https://www.mext.go.jp/content/20230110-mxt_sanchi01-000026221_3.pdf

※10　内閣府・文部科学省・経済産業省「大学知財ガバナンスガイドライン」(2023.03.29)
https://www.kantei.go.jp/jp/singi/titeki2/tyousakai/daigaku_gov/governance_guideline.html

※11　内閣府・文部科学省・経済産業省「知財・無形資産の投資・活用戦略の開示及びガバナンスに関するガイドライン Ver2.0の策定」(2023.03.27)
https://www.kantei.go.jp/jp/singi/titeki2/tyousakai/tousi_kentokai/governance_guideline_v2.html

事項索引

〔さ行〕

〔た行〕

〔な行〕

〔は行〕

〔ま行〕

〔や行〕

〔ら行〕

〔わ行〕

おわりに

『競争力を高める特許調査分析』執筆者一同

本書は、私ども志賀国際特許事務所の専門の調査分析員が、お客さまの知的財産部門、弊所の特許技術者や訴訟審判部門、外部の現地代理人やコンサルティング会社等とともに業務で行っている特許調査分析を介し、紡ぎつないできた「つながる特許調査分析」の実務体験に基づいて記述したものである。

他の調査会社でも特許調査分析を行っているが、今回、私どもが発刊した書籍は、特許技術者と調査分析員が共創した特許調査分析業務を、一冊の本に集約したことに特徴がある。

2015年の弊所の創立50周年から毎年発刊してきた知財実務シリーズも、創立60年目を迎える2025年までに、第８シリーズ目に至った。この10年で「発明の利用」は大きく変化し、次の10年では、「つながる特許調査分析」は、つながる先の活動や特許調査分析の変化に合わせて、更に進化すると考えられる。

本書を手に取られた知財部門や特許事務所の方々が、本書に記載された特許調査分析スキルを更に発展させ、日本や世界の産業の発展への貢献とつながることができれば幸甚である。

執筆者一覧

相川 陽子　AIKAWA Yoko
九州芸術工科大学（現九州大学）音響設計学科

石井 友莉恵　ISHII Yurie
愛知県立大学 情報科学部 情報科学科

石岡 孝浩　ISHIOKA Takahiro
東京都市大学 工学部

小出 智也　KOIDE Tomoya
法政大学大学院 工学研究科 物質化学専攻 修士課程修了

白石 克豊　SHIRAISHI Katsutoyo
千葉工業大学 工学部 電子工学科

鈴木 佐知子　SUZUKI Sachiko
九州芸術工科大学（現九州大学）音響設計学科

髙柳 美香　TAKAYANAGI Mika
千葉大学大学院 自然科学研究科 修士課程修了（農学）

西澤 和純　NISHIZAWA Kazuyoshi
東京都立大学大学院 理学研究科 物理学専攻 修士課程修了　弁理士

樋口 晃士　HIGUCHI Koji
関西大学 工学部 機械工学科　弁理士

藤原 司郎　FUJIHARA Shiro
山口大学 工学部 電子工学科

吉賀 千恵　YOSHIGA Chie
東京大学大学院　弁理士

吉田 美奈　YOSHIDA Mina

李　娜　LI Na
大阪大学大学院 工学研究科 応用化学専攻 修士課程修了

弁理士法人志賀国際特許事務所の御紹介

1965年　創業
2012年　特許業務法人化
2022年　弁理士法人に改称

知的財産を専門とする日本最大規模の特許事務所である。

特許、意匠、商標に関する国内外への出願・権利化業務並びに審判、訴訟、鑑定、ライセンス、模倣品の水際措置、特許調査など、知的財産権に関する幅広いサービスを提供している。あらゆる技術分野をカバーする弁理士、技術スタッフを擁し、発明の発掘及び出願から権利活用までを一貫してサポートする。

権利取得（出願）はもちろん、特許庁で諸事件を経験した弁理士と、知的財産専門の弁護士が中心となった権利活用へのサポート体制も整っている。

人員構成（2024年12月現在）

・弁理士	133人
・常任顧問弁護士	4人
・中国弁理士	3人
・台湾弁理士	1人
・スタッフ数	800人

サービス概要

特許	意匠・商標	訴訟・審判
・発明発掘 ・出願・中間対応 ・年金管理 ・権利活用	・出願・中間対応 ・侵害品・模倣品対応 ・防護標章・外国著名商標登録 ・税関対応	・鑑定 ・当事者系・査定系審判 ・侵害訴訟 ・審決取消訴訟
契約コンサルティング	**調査**	**その他**
・ライセンス契約 ・技術移転 ・知財評価 ・交渉・コンサルティング	・先行技術調査 ・特許／意匠／商標に係る調査全般 ・知財分析 ・ウオッチング	・知財活用の相談 ・講師派遣 ・各種セミナー開催 ・知財情報の配信

知財実務シリーズの御紹介

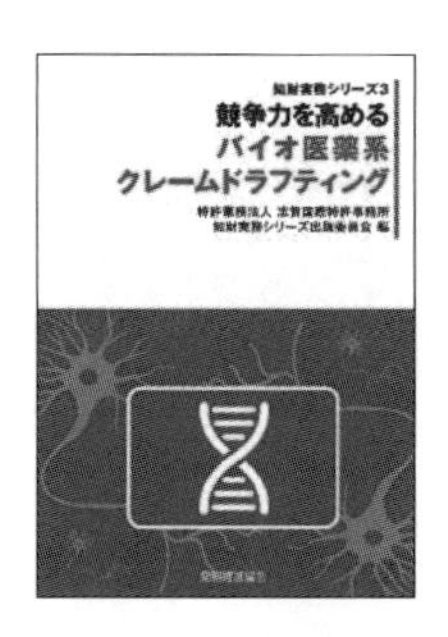

競争力を高める

1．特許リエゾン 改訂版
2．電気系特許明細書の書き方 改訂版
3．バイオ医薬系クレームドラフティング
4．機械系特許明細書の書き方
5．化学・材料系特許明細書の書き方 改訂版
6．商標実務出願から権利の活用まで 改訂版
7．特許訴訟・審判の論点と留意点
8．特許調査分析～つながる特許調査分析～

競争力を高める特許調査分析〜つながる特許調査分析〜

2024（令和６）年 12 月 19 日　初　版　発行
2025（令和７）年 1 月 30 日　初　版　第２刷　発行

編　集　弁理士法人志賀国際特許事務所 知財実務シリーズ出版委員会

発　行　一般社団法人発明推進協会

発行所　一般社団法人発明推進協会
所在地　〒105-0001 東京都港区虎ノ門 2-9-1
TEL　03-3502-5433（編集）　03-3502-5491（販売）

印刷・製本・デザイン　株式会社丸井工文社　Printed in Japan
乱丁・落丁本はお取り替えいたします。
ISBN 978-4-8271-1411-9 C3032